中国社会科学院
庆祝中华人民共和国成立70周年书系
国家哲学社会科学学术研究史

总主编 谢伏瞻

新中国民俗学研究70年

叶涛 / 主编
施爱东 毛巧晖 / 副主编

中国社会科学出版社

图书在版编目（CIP）数据

新中国民俗学研究70年/叶涛主编.—北京：中国社会科学出版社，2019.9（2020.12重印）

（庆祝中华人民共和国成立70周年书系）

ISBN 978-7-5203-4923-9

Ⅰ.①新… Ⅱ.①叶… Ⅲ.①民俗学—研究—中国—1949-2019 Ⅳ.①K892

中国版本图书馆CIP数据核字（2019）第183475号

出 版 人	赵剑英
责任编辑	王莎莎
责任校对	周　昊
责任印制	王　超
出　　版	中国社会科学出版社
社　　址	北京鼓楼西大街甲158号
邮　　编	100720
网　　址	http://www.csspw.cn
发 行 部	010-84083685
门 市 部	010-84029450
经　　销	新华书店及其他书店
印刷装订	北京君升印刷有限公司
版　　次	2019年9月第1版
印　　次	2020年12月第2次印刷
开　　本	710×1000　1/16
印　　张	27
字　　数	376千字
定　　价	159.00元

凡购买中国社会科学出版社图书，如有质量问题请与本社营销中心联系调换
电话：010-84083683
版权所有　侵权必究

中国社会科学院
《庆祝中华人民共和国成立70周年书系》
编撰工作领导小组及委员会名单

编撰工作领导小组：

  组　　长　谢伏瞻

  成　　员　王京清　蔡　昉　高　翔　高培勇　杨笑山

       姜　辉　赵　奇

编撰工作委员会：

  主　　任　谢伏瞻

  成　　员　（按姓氏笔画为序）

      卜宪群　马　援　王　巍　王立民　王立胜
      王立峰　王延中　王京清　王建朗　史　丹
      邢广程　刘丹青　刘跃进　闫　坤　孙壮志
      李　扬　李正华　李　平　李向阳　李国强
      李培林　李新烽　杨伯江　杨笑山　吴白乙
      汪朝光　张　翼　张车伟　张宇燕　陈　甦
      陈光金　陈众议　陈星灿　周　弘　郑筱筠
      房　宁　赵　奇　赵剑英　姜　辉　莫纪宏

夏春涛　高　翔　高培勇　唐绪军　黄　平
黄群慧　朝戈金　蔡　昉　樊建新　潘家华
魏后凯

协调工作小组：

组　长 蔡　昉
副组长 马　援　赵剑英
成　员（按姓氏笔画为序）
　　　　　王子豪　王宏伟　王　茵　云　帆　卢　娜
　　　　　叶　涛　田　侃　曲建君　朱渊寿　刘大先
　　　　　刘　伟　刘红敏　刘　杨　刘爱玲　吴　超
　　　　　宋学立　张　骅　张　洁　张　旭　张崇宁
　　　　　林　帆　金　香　郭建宏　博　悦　蒙　娃

总　序

与时代同发展　与人民齐奋进

谢伏瞻[*]

今年是新中国成立70周年。70年来，中国共产党团结带领中国人民不懈奋斗，中华民族实现了从"东亚病夫"到站起来的伟大飞跃、从站起来到富起来的伟大飞跃，迎来了从富起来到强起来的伟大飞跃。70年来，中国哲学社会科学与时代同发展，与人民齐奋进，繁荣中国学术，发展中国理论，传播中国思想，为党和国家事业发展作出重要贡献。在这重要的历史时刻，我们组织中国社会科学院多学科专家学者编撰了《庆祝中华人民共和国成立70周年书系》，旨在系统回顾总结中国特色社会主义建设的巨大成就，系统梳理中国特色哲学社会科学发展壮大的历史进程，为建设富强民主文明和谐美丽的社会主义现代化强国提供历史经验与理论支持。

壮丽篇章　辉煌成就

70年来，中国共产党创造性地把马克思主义基本原理同中国具体实际相结合，领导全国各族人民进行社会主义革命、建设和改革，

---

[*] 中国社会科学院院长、党组书记，学部主席团主席。

战胜各种艰难曲折和风险考验，取得了举世瞩目的伟大成就，绘就了波澜壮阔、气势恢宏的历史画卷，谱写了感天动地、气壮山河的壮丽凯歌。中华民族正以崭新姿态巍然屹立于世界的东方，一个欣欣向荣的社会主义中国日益走向世界舞台的中央。

我们党团结带领人民，完成了新民主主义革命，建立了中华人民共和国，实现了从几千年封建专制向人民民主的伟大飞跃；完成了社会主义革命，确立社会主义基本制度，推进社会主义建设，实现了中华民族有史以来最为广泛而深刻的社会变革，为当代中国的发展进步奠定了根本政治前提和制度基础；进行改革开放新的伟大革命，破除阻碍国家和民族发展的一切思想和体制障碍，开辟了中国特色社会主义道路，使中国大踏步赶上时代，迎来了实现中华民族伟大复兴的光明前景。今天，我们比历史上任何时期都更接近、更有信心和能力实现中华民族伟大复兴的目标。

中国特色社会主义进入新时代。党的十八大以来，在以习近平同志为核心的党中央坚强领导下，我们党坚定不移地坚持和发展中国特色社会主义，统筹推进"五位一体"总体布局，协调推进"四个全面"战略布局，贯彻新发展理念，适应我国社会主要矛盾已经转化为人民日益增长的美好生活需要和不平衡不充分的发展之间的矛盾的深刻变化，推动我国经济由高速增长阶段向高质量发展阶段转变，综合国力和国际影响力大幅提升。中国特色社会主义道路、理论、制度、文化不断发展，拓展了发展中国家走向现代化的途径，给世界上那些既希望加快发展又希望保持自身独立性的国家和民族提供了全新选择，为解决人类问题贡献了中国智慧和中国方案，为人类发展、为世界社会主义发展做出了重大贡献。

70年来，党领导人民攻坚克难、砥砺奋进，从封闭落后迈向开放进步，从温饱不足迈向全面小康，从积贫积弱迈向繁荣富强，取得了举世瞩目的伟大成就，创造了人类发展史上的伟大奇迹。

经济建设取得辉煌成就。70年来，我国经济社会发生了翻天覆地的历史性变化，主要经济社会指标占世界的比重大幅提高，国际地位和国际影响力显著提升。经济总量大幅跃升，2018年国内生产总值比1952年增长175倍，年均增长8.1%。1960年我国经济总量占全球经济的比重仅为4.37%，2018年已升至16%左右，稳居世界第二大经济体地位。我国经济增速明显高于世界平均水平，成为世界经济增长的第一引擎。1979—2012年，我国经济快速增长，年平均增长率达到9.9%，比同期世界经济平均增长率快7个百分点，也高于世界各主要经济体同期平均水平。1961—1978年，中国对世界经济增长的年均贡献率为1.1%。1979—2012年，中国对世界经济增长的年均贡献率为15.9%，仅次于美国，居世界第二位。2013—2018年，中国对世界经济增长的年均贡献率为28.1%，居世界第一位。人均收入不断增加，1952年我国人均GDP仅为119元，2018年达到64644元，高于中等收入国家平均水平。城镇化率快速提高，1949年我国的城镇化率仅为10.6%，2018年我国常住人口城镇化率达到了59.58%，经历了人类历史上规模最大、速度最快的城镇化进程，成为中国发展史上的一大奇迹。工业成就辉煌，2018年，我国原煤产量为36.8亿吨，比1949年增长114倍；钢材产量为11.1亿吨，增长8503倍；水泥产量为22.1亿吨，增长3344倍。基础设施建设积极推进，2018年年末，我国铁路营业里程达到13.1万公里，比1949年年末增长5倍，其中高速铁路达到2.9万公里，占世界高铁总量60%以上；公路里程为485万公里，增长59倍；定期航班航线里程为838万公里，比1950年年末增长734倍。开放型经济新体制逐步健全，对外贸易、对外投资、外汇储备稳居世界前列。

科技发展实现大跨越。 70年来，中国科技实力伴随着经济发展同步壮大，实现了从大幅落后到跟跑、并跑乃至部分领域领跑的历史性跨越。涌现出一批具有世界领先水平的重大科技成果。李四光等人提出"陆相生油"理论，王淦昌等人发现反西格玛负超子，第一颗原子弹装置爆炸成功，第一枚自行设计制造的运载火箭发射成功，在世界上首次人工合成牛胰岛素，第一颗氢弹空爆成功，陈景润证明了哥德巴赫猜想中的"1+2"，屠呦呦等人成功发现青蒿素，天宫、蛟龙、天眼、悟空、墨子、大飞机等重大科技成果相继问世。相继组织实施了一系列重大科技计划，如国家高技术研究发展（863）计划、国家重点基础研究发展（973）计划、集中解决重大问题的科技攻关（支撑）计划、推动高技术产业化的火炬计划、面向农村的星火计划以及国家自然科学基金、科技型中小企业技术创新基金等。研发人员总量稳居世界首位。我国研发经费投入持续快速增长，2018年达19657亿元，是1991年的138倍，1992—2018年年均增长20.0%。研发经费投入强度更是屡创新高，2014年首次突破2%，2018年提升至2.18%，超过欧盟15国平均水平。按汇率折算，我国已成为仅次于美国的世界第二大研发经费投入国家，为科技事业发展提供了强大的资金保证。

人民生活显著改善。我们党始终把提高人民生活水平作为一切工作的出发点和落脚点，深入贯彻以人民为中心的发展思想，人民获得感显著增强。70年来特别是改革开放以来，从温饱不足迈向全面小康，城乡居民生活发生了翻天覆地的变化。我国人均国民总收入（GNI）大幅提升。据世界银行统计，1962年，我国人均GNI只有70美元，1978年为200美元，2018年达到9470美元，比1962年增长了134.3倍。人均GNI水平与世界平均水平的差距逐渐缩小，1962年相当于世界平均水平的14.6%，2018年相当于世界平均水平的85.3%，比1962年提高了70.7个百分点。在世界银行公布的人均GNI排名中，2018年中国排名第71位（共计192个经济体），比1978年（共计188个经济体）提高104位。组织实施了一系列中长期扶贫规划，从救济式扶贫到开发式扶贫再到精准扶贫，探索出一条符合中国国情的农村扶贫开发道路，为全面建成小康社会奠定了坚实基础。脱贫攻坚战取得决定性进展，贫困人口大幅减少，为世界减贫事业作出了重大贡献。按照我国现行农村贫困标准测算，1978年我国农村贫困人口为7.7亿人，贫困发生率为97.5%。2018年年末农村贫困人口为1660万人，比1978年减少7.5亿人；贫困发生率为1.7%，比1978年下降95.8个百分点，平均每年下降2.4个百分点。我国是最早实现联合国千年发展目标中减贫目标的发展中国家。就业形势长期稳定，就业总量持续增长，从1949年的1.8亿人增加到2018年的7.8亿人，扩大了3.3倍，就业结构调整优化，就业质量显著提升，劳动力市场不断完善。教育事业获得跨越式发展。1970—2016年，我国高等教育毛入学率从0.1%提高到48.4%，2016年我国高等教育毛入学率比中等收入国家平均水平高出13.4个百分点，比世界平均水平高10.9个百分点；中等教育毛入学率从1970年的28.0%提高到2015年的94.3%，2015年我国中等教育毛入学率超过中等收入国家平均水平16.5个百分点，远高于世界平均水平。我国总人口由1949年的5.4亿人发展到2018年的近14亿人，年均增长率约为1.4%。人民身体素质日益改善，居民预期寿命由新中国成立初的35岁提高到2018年的77岁。居民环境卫生条件持续改善。2015年，我国享有基本环境卫生服务人口占总人口比重为75.0%，超过中等收入国家66.1%的平均水平。我国居民基本饮用水服务已基本实现全民覆盖，超过中等偏上收入国家平均水平。

思想文化建设取得重大进展。党对意识形态工作的领导不断加强，党的理论创新全面推进，马克思主义在意识形态领域的指导地位更加巩固，中国特色社会主义和中国梦深入人心，社会主义核心价值观和中华优秀传统文化广泛弘扬。文化事业繁荣兴盛，文化产业快速发展。文化投入力度明显加大。1953—1957年文化事业费总投入为4.97亿元，2018年达到928.33亿元。广播影视制播能力显著增强。新闻出版繁荣发展。2018年，图书品种51.9万种、总印数100.1亿册（张），分别为1950年的42.7倍和37.1倍；期刊品种10139种、总印数22.9亿册，分别为1950年的34.4倍和57.3倍；报纸品种1871种、总印数337.3亿份，分别为1950年的4.9倍和42.2倍。公共文化服务水平不断提高，文艺创作持续繁荣，文化事业和文化产业蓬勃发展，互联网建设管理运用不断完善，全民健身和竞技体育全面发展。主旋律更加响亮，正能量更加强劲，文化自信不断增强,全党全社会思想上的团结统一更加巩固。改革开放后,我国对外文化交流不断扩大和深化,已成为国家整体外交战略的重要组成部分。特别是党的十八大以来,文化交流、文化贸易和文化投资并举的"文化走出去"、推动中华文化走向世界的新格局已逐渐形成,国家文化软实力和中华文化影响力大幅提升。

生态文明建设成效显著。70年来特别是改革开放以来,生态文明建设扎实推进,走出了一条生态文明建设的中国特色道路。党的十八大以来,以习近平同志为核心的党中央高度重视生态文明建设,将其作为统筹推进"五位一体"总体布局的重要内容,形成了习近平生态文明思想,为新时代推进我国生态文明建设提供了根本遵循。国家不断加大自然生态系统建设和环境保护力度,开展水土流失综合治理,加大荒漠化治理力度,扩大森林、湖泊、湿地面积,加强自然保护区保护,实施重大生态修复工程,逐步健全主体功能区制度,推进生态保护红线工作,生态保护和建设不断取得新成效,环境保护投入跨越式增长。20世纪80年代初期,全国环境污染治理投资每年为25亿—30亿元,2017年,投资总额达到9539亿元,比2001年增长7.2倍,年均增长14.0%。污染防治强力推进,治理成效日益彰显。重大生态保护和修复工程进展顺利,森林覆盖率持续提高。生态环境治理明显加强,环境状况得到改善。引导应对气候变化国际合作,成为全球生态文明建设的重要参与者、贡献者、引领者。[①]

新中国70年的辉煌成就充分证明,只有社会主义才能救中国,只有改革开放才能发展中国、发展社会主义、发展马克思主义,只有坚持以人民为中心才能实现党的初心和使命,只有坚持党的全面领导才能确保中国这艘航船沿着正确航向破浪前行,不断开创中国特色社会主义事业新局面,谱写人民美好生活新篇章。

---

① 文中所引用数据皆来自国家统计局发布的《新中国成立70周年经济社会发展成就系列报告》。

繁荣中国学术　发展中国理论　传播中国思想

70年来，我国哲学社会科学与时代同发展、与人民齐奋进，在革命、建设和改革的各个历史时期，为党和国家事业作出了独特贡献，积累了宝贵经验。

一　发展历程

——在马克思主义指导下奠基、开创哲学社会科学。 新中国哲学社会科学事业，是在马克思主义指导下逐步发展起来的。新中国成立前，哲学社会科学基础薄弱，研究与教学机构规模很小，无法适应新中国经济和文化建设的需要。因此，新中国成立前夕通过的具有临时宪法性质的《中国人民政治协商会议共同纲领》明确提出："提倡用科学的历史观点，研究和解释历史、经济、政治、文化及国际事务，奖励优秀的社会科学著作。"新中国成立后，党中央明确要求："用马列主义的思想原则在全国范围内和全体规模上教育人民，是我们党的一项最基本的政治任务。"经过几年努力，确立了马克思主义在哲学社会科学领域的指导地位。国务院规划委员会制定了1956—1967年哲学社会科学研究工作远景规划。1956年，毛泽东同志提出"百花齐放、百家争鸣"，强调"百花齐放、百家争鸣"的方针，"是促进艺术发展和科学进步的方针，是促进中国的社会主义文化繁荣的方针。"在机构设置方面，1955年中国社会科学院的前身——中国科学院哲学社会科学学部成立，并先后建立了14个研究所。马克思主义指导地位的确立，以及科研和教育体系的建立，为新中国哲学社会科学事业的兴起和发展奠定了坚实基础。

——在改革开放新时期恢复、发展壮大哲学社会科学。 党的十一届三中全会开启了改革开放新时期，我国哲学社会科学从十年

"文革"的一片荒芜中迎来了繁荣发展的新阶段。邓小平同志强调"科学当然包括社会科学",重申要切实贯彻"双百"方针,强调政治学、法学、社会学以及世界政治的研究需要赶快补课。1977年,党中央决定在中国科学院哲学社会科学学部的基础上组建中国社会科学院。1982年,全国哲学社会科学规划座谈会召开,强调我国哲学社会科学事业今后必须有一个大的发展。此后,全国哲学社会科学规划领导小组成立,国家社会科学基金设立并逐年开展课题立项资助工作。进入21世纪,党中央始终将哲学社会科学置于重要位置,江泽民同志强调"在认识和改造世界的过程中,哲学社会科学和自然科学同样重要;培养高水平的哲学社会科学家,与培养高水平的自然科学家同样重要;提高全民族的哲学社会科学素质,与提高全民族的自然科学素质同样重要;任用好哲学社会科学人才并充分发挥他们的作用,与任用好自然科学人才并发挥他们的作用同样重要"。《中共中央关于进一步繁荣发展哲学社会科学的意见》等文件发布,有力地推动了哲学社会科学繁荣发展。

——**在新时代加快构建中国特色哲学社会科学**。党的十八大以来,以习近平同志为核心的党中央高度重视哲学社会科学。2016年5月17日,习近平总书记亲自主持哲学社会科学工作座谈会并发表重要讲话,提出加快构建中国特色哲学社会科学的战略任务。2017年3月5日,党中央印发《关于加快构建中国特色哲学社会科学的意见》,对加快构建中国特色哲学社会科学作出战略部署。2017年5月17日,习近平总书记专门就中国社会科学院建院40周年发来贺信,发出了"繁荣中国学术,发展中国理论,传播中国思想"的号召。2019年1月2日、4月9日,习近平总书记分别为中国社会科学院中国历史研究院和中国非洲研究院成立发来贺信,为加快构建中国特色哲学社会科学指明了方向,提供了重要遵循。不到两年的时间内,习近平总书记专门为一个研究单位三次发贺信,这充分说明党中央对哲学社会科学的重视前所未有,对哲学社会科学工作者的关怀前所未有。在党中央坚强领导下,广大哲学社会科学工作者增强"四个意识",坚定"四个自信",做到"两个维护",坚持以习近平新时代中国特色社会主义思想为指导,坚持"二为"方向和"双百"方针,以研究我国改革发展稳定重大理论和实践问题为主攻方向,哲学社会科学领域涌现出一批优秀人才和成果。经过不懈努力,我国哲学社会科学事业取得了历史性成就,发生了历史性变革。

二 主要成就

70年来,在党中央坚强领导和亲切关怀下,我国哲学社会科学取得了重大成就。

马克思主义理论研究宣传不断深入。新中国成立后,党中央组织广大哲学社会科学工作者系统翻译了《马克思恩格斯全集》《列宁全集》《斯大林全集》等马克思主义经典作家的著作,参与编辑出版《毛泽东选集》《毛泽东文集》《邓小平文选》《江泽民文选》《胡锦涛文选》等一批党和国家重要领导人文选。党的十八大以来,参与编辑出版了《习近平谈治国理政》《干在实处 走在前列》《之江新语》,以及"习近平总书记重要论述摘编"等一批代表马克思主义中国化最新成果的重要文献。将《习近平谈治国理政》、"习近平总书记重要论述摘编"翻译成多国文字,积极对外宣传党的创新理论,为传播中国思想作出了重要贡献。先后成立了一批马克思主义研究院(学院)和"邓小平理论研究中心""中国特色社会主义理论体系研究中心",党的十九大以后成立了10家习近平新时代中国特色社会主义思想研究机构,哲学社会科学研究教学机构在研究阐释党的创新理论,深入研究阐释马克思主义中国化的最新成果,推动马克思主义中国化时代化大众化方面发挥了积极作用。

为党和国家服务能力不断增强。新中国成立初期,哲学社会科学工作者围绕国家的经济建设,对商品经济、价值规律等重大现实问题进行深入研讨,推出一批重要研究成果。1978年,哲学社会科学界开展的关于真理标准问题大讨论,推动了全国性的思想解放,为我们党重新确立马克思主义思想路线、为党的十一届三中全会召开作了重要的思想和舆论准备。改革开放以来，哲学社会科学界积极探索中国特色社会主义发展道路，在社会主义市场经济理论、经济体制改革、依法治国、建设社会主义先进文化、生态文明建设等重大问题上，进行了深入研究，积极为党和国家制定政策提供决策咨询建议。党的十八大以来，广大哲学社会科学工作者辛勤耕耘，紧紧围绕统筹推进"五位一体"总体布局、协调推进"四个全面"战略布局，推进国家治理体系和治理能力现代化，构建人类命运共同体和"一带一路"建设等重大理论与实践问题，述学立论、建言献策，推出一批重要成果，很好地发挥了"思想库""智囊团"作用。

学科体系不断健全。新中国成立初期，哲学社会科学的学科设置以历史、语言、考古、经济等学科为主。70年来，特别是改革开放以来，哲学社会科学的研究领域不断拓展和深化。到目前为止，已形成拥有马克思主义研究、历史学、考古学、哲学、文学、语言学、经济学、法学、社会学、人口学、民族学、宗教学、政治学、新闻学、军事学、教育学、艺术学等20多个一级学科、400多个二级学科的较为完整的学科体系。进入新时代，哲学社会科学界深入贯彻落实习近平总书记"5·17"重要讲话精神，加快构建中国特色哲学社会科学学科体系、学术体系、话语体系。

学术研究成果丰硕。70年来，广大哲学社会科学工作者辛勤耕耘、积极探索，推出了一批高水平成果，如《殷周金文集成》《中国历史地图集》《中国语言地图集》《中国史稿》《辩证唯物主义原理》《历史唯物主义原理》《政治经济学》《中华大藏经》《中国政治制度通史》《中华文学通史》《中国民族关系史纲要》《现代汉语词典》等。学术论文的数量逐年递增，质量也不断提升。这些学术成果对传承和弘扬中华民族优秀传统文化、推进社会主义先进文化建设、增强文化自信、提高中华文化的"软实力"发挥了重要作用。

对外交流长足发展。70年来特别是改革开放以来，我国哲学社会科学界对外学术交流与合作的领域不断拓展，规模不断扩大，质量和水平不断提高。目前,我国哲学社会科学对外学术交流遍及世界100多个国家和地区,与国外主要研究机构、学术团体、高等院校等建立了经常性的双边交流关系。坚持"请进来"与"走出去"相结合,一方面将高水平的国外学术成果译介到国内,另一方面将能够代表中国哲学社会科学水平的成果推广到世界,讲好中国故事,传播中国声音,提高了我国哲学社会科学的国际影响力。

人才队伍不断壮大。70年来,我国哲学社会科学研究队伍实现了由少到多、由弱到强的飞跃。新中国成立之初,哲学社会科学人才队伍薄弱。为培养科研人才,中国社会科学院、中国人民大学等一批科研、教育机构相继成立,培养了一批又一批哲学社会科学人才。目前,形成了社会科学院、高等院校、国家政府部门研究机构、党校行政学院和军队五大教研系统,汇聚了60万多专业、多类型、多层次的人才。这样一支规模宏大的哲学社会科学人才队伍,为实现我国哲学社会科学建设目标和任务提供了有力人才支撑。

三 重要启示

70年来,我国哲学社会科学在取得巨大成绩的同时,也积累了宝贵经验,给我们以重要启示。

坚定不移地以马克思主义为指导。马克思主义是科学的理论、人民的理论、实践的理论、不断发展的开放的理论。坚持以马克思主义为指导,是当代中国哲学社会科学区别于其他哲学社会科学的根本标志。习近平新时代中国特色社会主义思想是马克思主义中国化的最新成果,是当代中国马克思主义、21世纪马克思主义,要将这一重要思想贯穿哲学社会科学各学科各领域,切实转化为广大哲学社会科学工作者清醒的理论自觉、坚定的政治信念、科学的思维方法。要不断推进马克思主义中国化时代化大众化,奋力书写研究阐发当代中国马克思主义、21世纪马克思主义的理论学术经典。

坚定不移地践行为人民做学问的理念。为什么人的问题是哲学社会科学研究的根本性、原则性问题。哲学社会科学研究必须搞清楚为谁著书、为谁立说，是为少数人服务还是为绝大多数人服务的问题。脱离了人民，哲学社会科学就不会有吸引力、感染力、影响力、生命力。我国广大哲学社会科学工作者要坚持人民是历史创造者的观点，树立为人民做学问的理想，尊重人民主体地位，聚焦人民实践创造，自觉把个人学术追求同国家和民族发展紧紧联系在一起，努力多出经得起实践、人民、历史检验的研究成果。

坚定不移地以研究回答新时代重大理论和现实问题为主攻方向。习近平总书记反复强调："当代中国的伟大社会变革，不是简单延续我国历史文化的母版，不是简单套用马克思主义经典作家设想的模板，不是其他国家社会主义实践的再版，也不是国外现代化发展的翻版，不可能找到现成的教科书。"哲学社会科学研究，必须立足中国实际，以我们正在做的事情为中心，把研究回答新时代重大理论和现实问题作为主攻方向，从当代中国伟大社会变革中挖掘新材料，发现新问题，提出新观点，构建有学理性的新理论，推出有思想穿透力的精品力作，更好服务于党和国家科学决策，服务于建设社会主义现代化强国，实现中华民族伟大复兴的伟大实践。

坚定不移地加快构建中国特色哲学社会科学"三大体系"。加快构建中国特色哲学社会科学学科体系、学术体系、话语体系，是习近平总书记和党中央提出的战略任务和要求，是新时代我国哲学社会科学事业的崇高使命。要按照立足中国、借鉴国外，挖掘历史、把握当代，关怀人类、面向未来的思路，体现继承性、民族性，原创性、时代性，系统性、专业性的要求，着力构建中国特色哲学社会科学。要着力提升原创能力和水平，立足中国特色社会主义伟大实践，坚持不忘本来、吸收外来、面向未来，善于融通古今中外各种资源，不断推进学科体系、学术体系、话语体系建设创新，构建一个全方位、全领域、全要素的哲学社会科学体系。

坚定不移地全面贯彻"百花齐放、百家争鸣"方针。"百花齐放、百家争鸣"是促进我国哲学社会科学发展的重要方针。贯彻"双百方针"，做到尊重差异、包容多样，鼓励探索、宽容失误，提倡开展平等、健康、活泼和充分说理的学术争鸣，提倡不同学术观点、不同风格学派的交流互鉴。正确区分学术问题和政治问题的界限，对政治原则问题，要旗帜鲜明、立场坚定，敢于斗争、善于交锋；对学术问题，要按照学术规律来对待，不能搞简单化，要发扬民主、相互切磋，营造良好的学术环境。

坚定不移地加强和改善党对哲学社会科学的全面领导。哲学社会科学事业是党和人民的重要事业，哲学社会科学战线是党和人民的重要战线。党对哲学社会科学的全面领导，是我国哲学社会科学事业不断发展壮大的根本保证。加快构建中国特色哲学社会科学，必须坚持和加强党的领导。只有加强和改善党的领导，才能确保哲学社会科学正确的政治方向、学术导向和价值取向；才能不断深化对共产党执政规律、社会主义建设规律、人类社会发展规律的认识，不断开辟当代中国马克思主义、21世纪马克思主义新境界。

《庆祝中华人民共和国成立70周年书系》坚持正确的政治方向和学术导向，力求客观、详实，系统回顾总结新中国成立70年来在政治、经济、社会、法治、民族、生态、外交等方面所取得的巨大成就，系统梳理我国哲学社会科学重要学科发展的历程、成就和经验。书系秉持历史与现实、理论与实践相结合的原则，编撰内容丰富、覆盖面广，分设了国家建设和学科发展两个系列，前者侧重对新中国70年国家发展建设的主要领域进行研究总结；后者侧重对哲学社会科学若干主要学科70年的发展历史进行回顾梳理，结合中国社会科学院特点，学科选择主要按照学部进行划分，同一学部内学科差异较大者单列。书系为新中国成立70年而作，希望新中国成立80年、90年、100年时能够接续编写下去，成为中国社会科学院学者向共和国生日献礼的精品工程。

是为序。

目 录

上编 民间文学

第一章 民间文学思想史 ………………………………… (3)
  第一节 1949—1957年:民间文学体制内的独立 ………… (3)
  第二节 1958—1966年:民间文艺学的高扬 ……………… (6)
  第三节 新时期:民间文艺学的恢复及其文化学走向 ……… (12)
  第四节 20世纪90年代:民间文学研究的本位缺失 ……… (20)
  第五节 新世纪民间文学研究的多维视野与多元范式……… (24)

第二章 神话研究 …………………………………………… (31)
  第一节 神话的界定:多元化视角 ………………………… (32)
  第二节 神话谱系建构和溯源研究 ……………………… (36)
  第三节 神话母题研究与母题索引的编纂 ……………… (41)
  第四节 活态神话与民族志研究 ………………………… (44)
  第五节 从新神话主义到神话主义 ……………………… (47)
  第六节 面向未来的中国神话学 ………………………… (50)

第三章 民间传说研究 …………………………………… (52)
  第一节 "历史演进法"与古史传说研究 ………………… (53)
  第二节 传说的文化审美研究 …………………………… (56)
  第三节 "四大传说"经典的生成 ………………………… (59)
  第四节 语境中的地方话语 ……………………………… (62)

第五节　都市传说的兴起……………………………………(66)
　　第六节　传说的形态学研究…………………………………(67)
　　第七节　传说学的理论建设…………………………………(69)

第四章　民间故事研究……………………………………………(71)
　　第一节　故事研究的分期及特点……………………………(72)
　　第二节　故事学理论研究……………………………………(75)
　　第三节　中国民间故事史的书写……………………………(77)
　　第四节　各国各民族故事的比较研究………………………(79)
　　第五节　故事类型研究………………………………………(81)
　　第六节　故事的文化人类学研究……………………………(85)
　　第七节　故事家及其故事讲述研究…………………………(87)
　　第八节　故事研究的突围之路………………………………(91)

第五章　史诗研究…………………………………………………(98)
　　第一节　史诗的发现与搜集…………………………………(98)
　　第二节　史诗的美学研究及起源研究 ……………………(101)
　　第三节　史诗的情节类型、比较及传承人研究……………(105)
　　第四节　口头诗学研究 ……………………………………(108)

第六章　歌谣研究…………………………………………………(114)
　　第一节　歌谣文本的搜集、整理与出版……………………(115)
　　第二节　歌谣史研究 ………………………………………(120)
　　第三节　歌谣学基础理论的探讨 …………………………(123)
　　第四节　歌谣研究的方法论 ………………………………(126)
　　第五节　歌谣研究中的问题与展望 ………………………(130)

第七章　谚语研究…………………………………………………(133)
　　第一节　谚语的搜集、辑录与整理…………………………(135)

第二节　农谚和气象谚语的搜集与普及 …………………… (137)
　　第三节　谚语作为民族精神建构的重要资源 ………………… (140)
　　第四节　《中国谚语集成》的成绩、经验与反思 ……………… (142)
　　第五节　研究视角的多元化进程 ……………………………… (145)
　　第六节　中国谚语史的书写 …………………………………… (148)
　　第七节　谚语研究范式的转换 ………………………………… (150)

第八章　曲艺说唱研究 ………………………………………… (152)
　　第一节　曲艺研究范式的建立 ………………………………… (152)
　　第二节　从文史研究到多学科参与 …………………………… (156)
　　第三节　研究视角的转变：从静态到动态 …………………… (159)
　　第四节　曲艺资料建设与曲艺史书写的成就与反思 ………… (163)
　　第五节　研究趋势及特点 ……………………………………… (168)

第九章　民间小戏研究 ………………………………………… (170)
　　第一节　1951—1966：作为教化工具的民间小戏 …………… (170)
　　第二节　1978—2000：从文学艺术研究到文化研究 ………… (174)
　　第三节　2001—2018：民间小戏的传承发展到遗产
　　　　　　保护的研究 ………………………………………… (183)

第十章　民间文学搜集整理 …………………………………… (191)
　　第一节　以民歌搜集为主的采风运动 ………………………… (191)
　　第二节　一篇文章引发的论争 ………………………………… (198)
　　第三节　民间文学三套集成工程 ……………………………… (201)
　　第四节　搜集整理的科学性与可读性 ………………………… (204)
　　第五节　非物质文化遗产保护运动的影响 …………………… (207)
　　第六节　反思与重构 …………………………………………… (209)

下编　民俗学

第十一章　民俗学基础理论研究 ……………………………（215）
　第一节　"现在学"理论构想的提出 ……………………………（217）
　第二节　现代性反思的内在歧路 ………………………………（220）
　第三节　先验语境与"生活世界"概念的实践应用 ……………（225）
　第四节　从私民变成公民的目的条件 …………………………（229）
　第五节　实践民俗学：学科的先验奠基与日常生活启蒙 ……（237）

第十二章　岁时节日研究 ………………………………………（242）
　第一节　岁时节日文献志与岁时节日文化史研究 ……………（242）
　第二节　岁时节日研究的分期及特点 …………………………（245）
　第三节　节日理论的研究 ………………………………………（247）
　第四节　节日习俗的研究 ………………………………………（253）
　第五节　岁时节日的应用研究 …………………………………（256）

第十三章　人生仪礼研究 ………………………………………（260）
　第一节　传承与重建：人生仪礼研究的实践转向 ……………（262）
　第二节　人生仪礼的历史研究 …………………………………（270）
　第三节　"过渡礼仪"与"礼俗互动" ……………………………（275）
　第四节　公共民俗学视角下的人生仪礼"非遗"
　　　　　保护研究 …………………………………………………（278）

第十四章　民间游戏研究 ………………………………………（280）
　第一节　民间游戏研究态势 ……………………………………（280）
　第二节　"民间游戏"概念与分类 ………………………………（283）
　第三节　民间游戏价值、功能的讨论 …………………………（286）
　第四节　民间游戏的起源与发展演进研究 ……………………（290）

第五节　回到生活的民间游戏传承 …………………… (295)

第十五章　民间信仰研究 ……………………………………… (300)
第一节　民间信仰研究的发展脉络 …………………… (301)
第二节　新时期以来民俗学在民间信仰研究中的
　　　　理论贡献 …………………………………… (307)
第三节　从事象研究到事件研究——以民俗关系
　　　　为方法 ………………………………………… (314)

第十六章　乡村社会治理研究 ………………………………… (320)
第一节　民俗学乡村社会治理研究的缘起与发展 …… (322)
第二节　民俗学乡村社会治理研究的内容 …………… (328)
第三节　民俗学乡村社会治理研究的特点 …………… (333)

第十七章　旅游民俗研究 ……………………………………… (340)
第一节　民俗旅游资源的开发 ………………………… (341)
第二节　民俗旅游的影响与民俗文化的保护 ………… (347)
第三节　民俗主义与本真性 …………………………… (353)
第四节　旅游民俗学的学科建构和理论探索 ………… (356)

第十八章　学术期刊与学科建设 ……………………………… (362)
第一节　《民间文艺集刊》与民间文艺理论建设的启动 … (363)
第二节　《民间文学》对全国民间文学工作的领导作用 … (365)
第三节　上海民间文化三刊在学科建设中的意义 …… (369)
第四节　《民间文化论坛》对民间文学研究的引领作用 … (373)
第五节　《民俗研究》成长为学科建设的中流砥柱 …… (377)
第六节　《民族文学研究》等学术期刊在学科建设中的
　　　　贡献 …………………………………………… (381)

参考文献 ………………………………………………………… (388)

后　记 …………………………………………………………… (405)

上 编

民间文学

第 一 章

民间文学思想史

毛巧晖

民间文学在民众中产生与传承，它具有区别于作家文学的独特文学性与审美性，其研究就是对这种特殊文学性与审美性的理解与阐释。本章选取基本问题作为切入点，按照民间文学学术史中的基本问题构建历史脉络，将1949—2019年民间文学发展分为五个不同时期进行论述。

第一节 1949—1957年：民间文学体制内的独立

中华人民共和国成立以后，承继了延安时期解放区重视民间文学的思想和政策。1949—1957年，民间文学工作者通过民间文学的思想性与社会价值、学术体系的重新建构和规范，以及口头性特征等方面的探讨实现和深化了民间文学在新的政治体制内的学科蜕变；并在对这些问题的阐释和回应中，凸显了不同学人和学术团体的思想。

一 民间文学研究的学科独立

延安时期,中国共产党从文化政策上号召研究者站在"民间"立场上,向"民间"学习,民间文学与文学一样成为革命的一部分。解放区在中国共产党的领导下,通过知识阶层的努力,建构了与中国其他区域以及历史上完全不同、"全新"的"民间文学"。民间文学的形式、内容、审美等进入研究视野,并且在从搜集到写定等问题上形成了新的科学规范,这一问题链在1949年以后得到进一步发展和深化。1949—1957年民间文学领域主要通过突出和彰显其集体性、口头性、群众性等文学特性构建与实现其学科独立,这首先就集中于对民间文学的思想性和社会历史价值的探讨。

钟敬文在"第一次文代会"上发出了《请多多地注意民间文艺》的呼声,并强调民间文艺的思想性及其社会历史价值[①];1950年3月1日至9月20日《光明日报》"民间文艺"专栏[②]、《民间文艺集刊》亦刊发这一主题的文章;此外,李岳南《民间戏曲歌谣散论》也从这一角度分析了《孔雀东南飞》《白蛇传》。[③]"中国的民间文学工作,作为中国人民的革命事业的一个部分,一方面有自己的传统和特点,同时也是直接在苏联的文学艺术和民间文学工作的经验的影响下成长发展起来的。"[④] 同一时期翻译了苏联关于这方面的文章,如M.高尔基《原始文学的意义》等。

1949年以后,由于对民间文学的理解与研究发生了变化,须对民间文学研究体系进行重建和规范,实现的主要途径就是民间

---

① 转引自钟敬文《请多多地注意民间文艺》,《文艺报》1949年第13期。
② 陈漾:《劳动人民的智慧》,《光明日报》1950年3月7日;方望:《领袖到我们村里来了——民间故事新型》,《光明日报》1950年3月15日;陈毓罴:《歌谣与政治》,《光明日报》1950年5月14日;夏秋冬:《歌谣与政治》,《光明日报》1950年5月21日。
③ 参见李岳南《民间戏曲歌谣散论》,上海出版公司1954年版。
④ 《编后记》,《民间文学》1957年第11期。

文学概论的重新书写。这一时期民间文学领域共出版了五部概论性著作，即钟敬文《民间文艺新论集》（中外出版社1950年版）、赵景深《民间文艺概论》（北新书局1950年版）、克拉耶夫斯基《苏联口头文学概论》（连树声译，东方书店1954年版）、A. M. 阿丝塔霍娃等合编《苏联人民创作引论》（连树声译，东方书店1954年版）、匡扶《民间文学概论》（甘肃人民出版社1957年版）。这五部民间文学概论的共同特征指向新的民间文学研究框架等构建。

民间文学最显著的特征就是口头性。中华人民共和国成立以后，研究者对民间文学这一特性仍时有触及，但他们在探讨中关注点发生了变化。蒋祖怡、赵景深、周扬、郭沫若、老舍对此皆有论及，其中朱自清的观点超越了同时代诸人。《中国歌谣》的雏形是1929—1931年朱自清在大学上课的讲稿，1957年作家出版社整理出版。[①] 在他的理念中，口头性是民间文学的一个判断标准，他认为口头性不仅是民间文学的一种流传方式，还是科学研究民间文学的出发点。他将口头性当作民间文学文学性的特质之一，只是他并未对此进行深入的探究。由于特殊的历史境遇，他的观点并未被继承和发展。

二 解放区学者和钟敬文的民间文学思想脉络

1949年以后，民间文学研究领域出现了一个特殊的群体，即解放区学者如周扬、何其芳、贾芝等，他们在《在延安文艺座谈会上的讲话》（以下简称《讲话》）的指导下，对民间文学进行了新的阐释。《讲话》的核心思想就是文艺与群众的关系，即文艺从群众中来，到群众中去，"他的更大贡献是在最正确最完全地解决了文艺如何到群众中去的问题"。[②] 这一思想成为文艺（包含民间文艺）研究

[①] 朱自清：《中国歌谣》，复旦大学出版社2004年版，第202页。
[②] 周扬：《〈马克思主义与文艺〉序言》，《周扬文集》第一卷，人民文学出版社1984年版，第455页。

的指导和核心,解放区的学人纷纷以新的思想关注和介入民间文艺,掀起了中国民间文艺学史上的又一个高潮,但与前代截然不同。可以说,他们只是对《讲话》中"为人民大众的文艺"之解读,具体而言分为以下两个方面:一是对人民的语言,特别是工农兵语言的重视;二是强调民间文艺的政治性和艺术性。

1949年,钟敬文作为国统区代表应邀参加"第一次文代会"的筹备会,参与了新体制内文学艺术建设工作。① 从他的自述中,可以看到1950—1957年,他逐步适应主流文艺思想,并且成为其中一员。这一时期他的学术论述不少,但是纲领性和总结性的文章居多②,主要提出了新的学术意向和建议。他的研究围绕民间文艺的思想性和艺术性展开,这也是其民间文艺之"新"的外在表现,同时也是与主流话语一致之处,即努力契合新体制对民间文艺学的预想和设计。

第二节 1958—1966年:民间文艺学的高扬

1958年,随着全国开展新民歌搜集运动,民间文学得到前所未有的重视,获得良好的发展契机,相应地,学界加强与深化了对它的研究,并形成了民间文学学术发展历程中的又一高峰,这一发展进程一直持续到1966年。

一 新的民间文艺学

1958年开始民间文学出现了很多新现象,学者们围绕民间文学

---

① 钟敬文:《70年学术经历纪程——〈钟敬文学术论著自选集〉自序》,《北京师范大学学报》(社会科学版)1993年第4期。

② 钟敬文:《关心民间文艺的朋友们集合起来》,《光明日报》"文代会"特刊;钟敬文:《口头文学:一宗重大的民族文化遗产》,北京师范大学出版社1951年版。

的范围、民间文学的主流之争、搜集整理以及民间文学的人民性的讨论对其作了回应。

较早提出民间文学新的范围界限问题的,是克冰(连树声)在《民间文学》1957年5月号发表的《关于人民口头创作》一文。他全面、周详地介绍和阐释了苏联口头文艺学中关于"人民口头创作"的含义与范围,并明确指出民间文学不同于"业余文学"(中国称为"人民创作"或"工农兵创作"),这与学界后来的讨论完全不同。1958年新民歌运动开始后,人人作诗,人人画画,人人唱歌,农民知识分子化,模糊了新民歌与新诗的界限,新故事创作兴盛。周扬发表《新民歌开拓了诗歌的新道路》[1],在他的引导下,研究者们开始思考社会主义社会民间文学的范围及其特征。1961年4月和11月,中国民间文艺研究会(以下简称民研会)研究部与《民间文学》杂志社联合召开了两次"社会主义时期民间文学范围界限问题讨论会",关于社会主义民间文学的范围界限问题的讨论主要包括:第一,社会主义时期民间文学的特征;第二,社会主义时期民间文学的范围界限与合流问题;第三,新民间新故事问题。[2]

20世纪50年代中期出现民间文学主流论,如陆侃如《什么是中国文学史的主流》[3]。"大跃进"中,出版了以民间文学作为中国文学史的"主流"和"正宗"的两部著作:北京大学中文系55级集体编写的《中国文学史》和北京师范大学中文系55级集体编写的《中国民间文学史》。作者们提出了民间文学是中国文学史的"主流"和"正宗"的口号。对这两部书的出现,报刊上充满了一片赞美之词,同时也围绕着"主流"问题展开了争论。《光明日报·文学遗产》《解放日报》《文汇报》《文学评论》《文史哲》《北京师范

---

[1] 周扬:《大规模收集全国民歌》,《人民日报》1958年4月14日。
[2] 参见钟秀《社会主义时期民间文学范围、特征的意见综述》;在中国民间文艺研究会研究部和《民间文学》杂志社召开的讨论会上的发言,均见中国民间文艺研究会研究部编《民间文学参考资料》第二辑,内容资料,1962年。
[3] 陆侃如:《什么是中国文学史的主流》,《文史哲》1954年第1期。

大学学报》《复旦学报》《读书》等刊发了相关文章，中国科学院文学研究所、民研会亦围绕这一话题召开了讨论会。他们的观点主要强调民间文学是"正统""主流"，"以民间文学为中心，改写中国文学史"等。许多学者如程俊英、郭豫适、乔象钟等撰文批评这一论调，何其芳在《光明日报·文学遗产》1959年7月26日起连续三期发表了《文学史讨论中的几个问题》，至此，"主流"论告一段落。

1949年以后，"搜集整理"正式进入民间文学的研究领域和学术范围。它是在继承"五四"以来中国现代搜集工作科学传统基础上提出的。1956年8月，中国科学院文学研究所和民研会共同组成联合调查采风组，由毛星带队，文学研究所孙剑冰、青林，民研会李星华、陶阳、刘超参加。他们的调查宗旨是"摸索总结调查采录口头文学的经验，方法是要到从来没有人去过调查采录的地方去，既不与人重复，又可调查采录些独特的作品和摸索些新经验"。[1] 调查组参与者后来出版了《白族民间故事传说集》[2]《白族民歌集》[3]和《纳西族的歌》[4]。伴随着全国民族识别工作的开展，目前已出版了各少数民族的简史、简志、民族自治区概况等三种民族丛书。1961年4月，成立了整理和研究调查报告的中央机关——中国科学院民族研究所，召开了全国各少数民族社会历史调查组工作会议。调查研究的结果刊印的资料有数十种之多。这些有助于"调查产生民间故事的环境"。[5] 1958年第一次全国民间文学工作者代表大会上提出了"全面搜集、重点整理、大力推广、加强研究"的任务和"古今并重"的原则，针对采录具体提出"全面搜集、忠实记录、

---

[1] 王平凡、白鸿编：《毛星纪念文集》，学苑出版社2004年版，第92页。
[2] 李星华记录整理：《白族民间故事传说集》，人民文学出版社1959年版。
[3] 杨亮才、陶阳记录整理：《白族民歌集》，人民文学出版社1959年版。
[4] 刘超记录整理：《纳西族的歌》，人民文学出版社1959年版。
[5] 中国民间文艺研究会研究部编：《民间文学参考资料》第8辑，内部资料，1963年，第7页。

慎重整理、适当加工"的方针（简称"十六字方针"）①，出版了《中国民间故事选》（第一、二集），第一集中收编 30 个民族 121 篇作品，第二集中收入 31 个民族的故事 125 篇。关于搜集问题的主要观点有：(1) 凡是民间文学作品一律要记录，应当忠实记录，一字不移；(2) 有重点、有选择地记录；(3) 有限度的忠实。关于整理问题的主要观点有：(1) 只有"编辑"工作，而无"整理"工作，即使"整理"，也只限于技术性范围；(2) 认为民间故事的整理应当加工，在方法上可以多种多样；(3) 慎重整理；(4) 从内容到形式、风格，都要创造些新的来，即推陈出新。② 其中第四点后来发展成了"改旧编新"，主要人物是张弘，他认为改旧编新是民间文学的发展规律，搜集—整理—推广是为民间文学服务的方法。整理、改编、创作是广义的整理，都属于民间文学的工作范围，它是民间文学工作者的本职工作。整理基本上是改造民间文学传统作品的手段，是对传统作品"推陈出新"的手段，是改旧的手段；创作是形成新民间文学作品的手段，是编新的手段；改编是不问体裁人为的相互转化的手段，是用非民间文学作品来丰富民间文学的手段。③ 民研会研究部于 1963 年邀请河南、四川、广西、江苏、安徽、吉林 6 个省区的搜集研究者，就此举行了座谈讨论，各省区参加者不仅有经验总结发言，还各自提供了若干传说故事的记录稿和整理稿，以供研究讨论。这次座谈会上提供的文章和记录稿或整理稿，汇编为《民间文学参考资料》的第 6 辑（1963 年 8 月）和第 7 辑（1963 年 9 月）。这一时期关于搜集整理广泛和深入地探讨，是民间文学学科意识提高的一个表现。

周扬在第一次文代会上代表解放区作了《新的人民的文艺》的

---

① 2006 年 8 月 14 日访谈刘超。
② 参见《民间文学》编辑部《关于搜集整理工作的各种不同意见》，《民间文学》1959 年第 7 期。
③ 参见张弘《民间文学改旧编新论》，时代文艺出版社 1991 年版，第 7、16、140—141 页。

报告,他指出,"解放区的文艺是真正新的人民的文艺"①,在今后的文艺工作中必须坚持文艺为人民服务、首先是为工农兵服务的精神以及新文艺的方向,也就是《讲话》所规定的"人民的"方向。延安的文学精神扩展到全国文艺界,"人民性"成为文学艺术批评的基础概念,人民性亦成为文学作品艺术性的标准。民间文学研究者也努力探析作为文学艺术共性的"人民性"。尽管这一时期民间文学的研究者都特别强调它的直接人民性,及其作为文学作品在人民性上的特殊优势,在具体的民间文学作品审美与批评中也经常使用"人民性"一词;但并未像一般文艺理论家那样对人民性进行具体和适合本学科与专业的论述与阐释,解释最清楚的匡扶也只是以作家文学的人民性作为前提。民间文学研究者特别强调民间文学是人民的口头创作,突出它与人民性的关联,试图用"人民口头创作"代替民间文学。但民间文学理论的研究成了与一般文学理论的对接及对其移植,这似乎成了民间文艺学研究的惯例,到目前为止,学人仍沿袭着这一弊病。

二 "人民的文艺"——周扬、何其芳、贾芝的民间文艺思想

20世纪30年代初期文艺界掀起了大众化问题的讨论,周扬就是在这个时期登上文坛并积极参与了讨论。1942年《讲话》确立了为工农兵服务方向,回应了文学上的民间化和大众化问题。周扬作为文艺工作的领导者参与了讨论,1949年以后,由于其特殊的领导地位,对民间文艺更是积极倡导。他通过具体文艺问题等探讨完成了民间文艺建设的任务。他在民间文学方面的研究与思考主要表现在对民间文学形式和功能的利用,强调民间文学、文化的人民性是为现实服务,坚持民间文学学习应尊重历史之原则等。周扬重视民间文学问题是为他的政治追求服务。他对民间文学和文学大众化的追求,是其构建人民的文艺之具体实施,但也不能因此忽视他在民间文学领域的学

---

① 周扬:《新的人民的文艺》,《周扬文集》第一卷,人民文学出版社1984年版,第513页。

术思想与观点，尤其应将其置于具体情境中进行分析与思考。

何其芳的民间文艺研究主要表现在"文艺的"和"学术的"两个层面。他将民间文学当作文艺性质的读物，以文艺批评的标准——政治标准和艺术标准作为民歌编选的尺度。如《陕北民歌选·凡例》中明确指出："……希望它同时可以作为一种文艺性质的读物。我们选择的标准是要求在思想性和艺术性上或多或少有一些可取之处。因此，从一千余首陕北民歌中，我们只选了这样一册。"① 他论述了民间文学与新文学的关系，认为民间文学是劳动人民生活和思想的历史，孕育于人民生活、群众的艺术，同时民间文学和作家文学在文学发展中的作用各有所长。何其芳对民间文学文艺性的重视，并不意味着他对民间文学的科学意义缺乏认识。他在《陕北民歌选·凡例》中叙述编选目的时，明确目的之一就是为民俗学、民间文学提供研究材料，并对书中材料的来源、参加工作的人员、编选民歌的地域范围、民歌的写定、注释等作了全面的学术说明，同时对书中为了阅读方便而删除民歌的衬字衬语表示歉意。② 在他的民间文学研究中，需要特别提出的是他对"民间"的理解。

贾芝从20世纪40年代开始参与民间文学创作与研究。最初他遵循《讲话》"我们的艺术是为工农兵的，为工农兵而创作，为工农兵所利用"的精神，运用劳动人民的语言进行创作，先后在《文艺战线》《诗刊》《中国文化》《解放日报》等刊物和报纸上发表诗歌多首，自此他也走上了研究民间文学的道路，正如他所说："这一时期是建国以后我之所以参加了民间文学工作以至坚持至今的最初起点。"③ 1949年以后贾芝正式介入民间文学领域。他的工作包括管理和研究两个方面。一方面，他努力建设和保存民间文学研究机构，积极组织民间文学研究。具体而言：他为民研会的成立和存在而奔

---

① 何其芳、张松如：《陕北民歌选·凡例》，新文艺出版社1951年版，第1页。
② 参见何其芳、张松如《陕北民歌选·凡例》，新文艺出版社1951年版。
③ 贾芝：《播谷集》，人民文学出版社1994年版，第53页。

走呼吁;主持编辑了《民间文学》①;注意与地方民间文学研究组织的密切联系。另一方面,他的学术研究兼顾民间文学的宏观理论与微观领域。他在民间文学分类、对象和搜集整理的理论上提出了自己独到的见解;反对民间文学研究范围无限度扩大,主要是针对当时民间文学与作家文学合流,民间文学与群众创作等同的观点;他注重民间文学的社会价值,强调民间传说的民族性和时代性;并大力提倡少数民族文学研究。

第三节 新时期:民间文艺学的恢复及其文化学走向

中华人民共和国成立后,民间文艺学得到迅速发展,但是1958年至1976年,作为学术研究的民间文艺学陷于停滞,1978年开始恢复,新时期民间文学进入了另一个发展期。

一 民间文学研究的恢复

20世纪70年代末,民间文艺学开启恢复重建旅程,首先就围绕民间文学的基本特征重新展开探讨。钟敬文主编《民间文学概论》中论述了民间文学的基本特征:集体性、口头性、传承性与变异性,这四种特征从80年代初期开始一直处于高校民间文学教育的基础位置。其他还有姜彬、陈子艾等提到了民间文学的匿名性、"文学与非文学的双重组合性质"等。② 但他们的研究指向没将其置于民间文学的文学特性,而是逐步滑向民俗学,注重对民间文学的文化学意义

---

① 此资料来源于2003年、2004年多次访谈贾芝所得,同时他在日记中亦多次提到。

② 参见姜彬《论民间文学的特征》,中国民间文艺研究会研究部编:《民间文学论丛》,中国民间文艺出版社1981年版,第22—23页;陈子艾:《民间文学本质特征新议》,《民间文学》1986年第12期。

的探讨。此外，段宝林强调民间文学的"立体性"①，刘锡诚则提出"整体研究论"②，他们关注到了民间文学的存在场域和生活特性。朱宜初、李子贤、陶立璠等则提到了少数民族民间文学人民性和民族性的特性③，但其讨论没有在全国范围内引起反响。

新时期有关民间文学研究中民间文学范围的讨论成为热点。对于民间文学范围的讨论是为了厘清它的边界，这一时期关于民间文学范围的讨论主要聚焦于：（1）民间文学与文学领域其他文学的区别。如魏同贤认为，"民间文学与文人文学、群众创作、通俗文学、流行创作、民间语言、民间文艺、原始素材不同"。④（2）民间文学不能完全排斥书写。对民间文学口头性的狭隘理解，有将其简单化的趋向，特别是将它与书面完全对立。⑤（3）集体性与口头性是民间文学范围厘定的基本。"与专业作家文学和通俗文学相比，民间口头文学有一个明显的特点……它是一种世代相传集体性的创作……口头方式是民间文学创作与传播的基本方式。"⑥

---

① 段宝林：《加强民族民间文学的描写研究》，《南风》1982年第2期。其他如老彭等也对民间文学立体性特征进行了论述，参见老彭《论民间文学的特征》，《山茶》1988年第4期。

② 刘锡诚：《整体研究要义》，《民间文学论坛》1988年第1期。

③ 朱宜初、李子贤：《少数民族民间文学概论》，云南人民出版社1983年版；陶立璠：《民族民间文学理论基础》，中央民族学院出版社1990年版，第56页。

④ 魏同贤：《社会主义时期民间文学的范围界限琐议》，《民间文学》1981年第11期。

⑤ 如有学者认为："把书面因素从民间文学中排除出去，是不符合中国民间文学的实际情况的。尽管民间文学从创作到流传，口头形式是主要存在形式，但它不是全部存在方式。"参见蜀客《关于"民间文学是什么"的思考》，《民间文学》1986年第8期。通过对中国民间文学概念的探讨，强调中国民间文学中特殊的口头与书面之间的转换。"它们普遍深入地在人民中间流传，经过世代的加工修改：第一，口头的加工修改；第二，书面的加工修改；第三，口头到书面再回到口头的加工修改；第四，书面到口头再回到书面的加工修改。"参见高国藩《略谈"中国民间文学"的概念》，《民间文学论坛》1985年第1期。

⑥ 许钰：《关于民间文学范围的思考》，《民间文学论坛》1987年第5期。

"民间文学的分类理论是民间文艺科学的重要组成部分。民间文学作品品种多样,在形态上既相近似,又有不同,既有整体特征,又有个体表现。民间文学的分类学正是在这同和异中间求出规律。因此,分类的建立有赖于结构学与形态学的发展。"① 对于民间文学的分类,从20世纪二三十年代起就一直伴随着民间文学范围的讨论,但并未出现专门的体裁学讨论。1949年以后,民间文学的分类基本参照作家文学体裁,但当时对神话、传说、民间故事、史诗等并未专门进行讨论,比如当时对于"神话故事""传说故事"等的并用,当下民间文学领域普识性的"四大传说",在当时则为"四大传统故事"②。新时期,随着民间文学研究的发展,尤其是国家开启对于民间文学全面搜集整理工作后,民间文学保存就直接与分类相关。在1986年4月4—16日,中芬两国学者在广西南宁和三江侗族地区进行了联合考察和学术交流。研讨会论文共计30篇,其中专门讨论民间文学分类的有7篇,话题如此集中,可见分类对于中芬民间文学研究领域都是重要的问题,尤其与民间文学资料的保管、搜集直接相关。乌丙安《分类系统》以赫哲族《满斗莫日根》(*Manduomelgen*)和达斡尔族《阿波卡提莫尔根》(*Apekati Melgen*)、彝族阿细人《阿细卜》为例,指出在传统的分类体系中,这三者被归入英雄叙事诗、英雄故事和英雄祖先传说不同的类别,这一分类在当下须再讨论;但值得注意的是,当时各民族、各地区体裁的特殊性已引起调查者的思考。尤其对于少数民族中某些特殊体裁如史诗,在《少数民族民间文学概论》③《民族民间文学理论基础》④ 中

---

① 张紫晨:《民间文学的分类学和分类体系》,《中芬民间文学搜集保管学术讨论会文集》,中国民间文艺出版社1987年版,第181页。

② 《上海文学研究所民间文学组1962—1971年工作规划》,其规划要点中提到:"有重点地进行专题性的理论研究,如'历代民间歌谣的思想倾向''我国四大传统故事的特点'等。"另参见施爱东《"四大传说"的经典生成》,待刊。

③ 朱宜初、李子贤:《少数民族民间文学概论》,云南人民出版社1983年版。

④ 陶立璠:《民族民间文学理论基础》,中央民族学院出版社1990年版。

都单章论述，而非如其他概论性著作的体裁分类，将其与民间叙事诗归入一部分[1]；并且两部著作在具体的讨论中还对史诗的概念有所推进，过去史诗的研究，主要就是英雄史诗，甚至有人认为中国只有《格萨尔》《江格尔》《玛纳斯》三大史诗，而否认或忽视南方少数民族苗族的《苗族古歌》、纳西族的《创世纪》《黑白战争》、彝族的《梅葛》《勒俄特衣》《阿细的先基》以及前文所提及的赫哲族、达斡尔族等东北少数民族的史诗。民间文学研究中对于分类的重视，既可推动民间文学理论的发展，如"以口头作品的题材、体裁和表现方法三结合的标准作为分类的出发点，在实践中可以比较准确地分辨作品的异同，也便于集中归纳资料形成的类别"。[2] 当然，那一时期对于民间文学分类的探讨出现了很多"削足适履"的现象，尤其是文类名称不结合"地方性知识"，以及劳里·航柯（Lauri Olavi Honko）所批评的"孜孜于孤立文化现象的研究……从书面上研究而脱离了其社会环境……不依照其在文化中的功用和结构而依其内容和形式予以分类整理"。[3] 但总体而言，民间文学分类的讨论推动了分类学以及民间文学基本理论的发展。

二 学人的思想应对

1978年4月，钟敬文、贾芝、毛星、马学良、吉星、杨亮才组成筹备组，筹备恢复民研会的工作，民间文学中断近十年后开始了新的历程。新时期民间文艺学的发展紧随当时的政治与学术形势，处于恢复与转折时期。从钟敬文、贾芝、毛星等学人的民间文学研究中我们可以窥见一二。

民间文艺学开始恢复之后，钟敬文在多次讲话与著述中均提到

---

[1] 钟敬文主编：《民间文学概论》，上海文艺出版社1980年版，第281—311页。
[2] 乌丙安：《分类系统》，《中芬民间文学搜集保管学术讨论会文集》，中国民间文艺出版社1987年版，第157页。
[3] ［芬］劳里·航柯：《中央和地方档案制》，李扬译，《中芬民间文学搜集保管学术讨论会文集》，中国民间文艺出版社1987年版，第110页。

民间文学的特殊性①，这沿承了他20世纪30年代中期就开始提倡的特殊文艺学之思想。在民间文艺学开始恢复并发生转折的新时期，他开始逐步构建这一特殊文艺学。他在《谈框子》中提出要突破狭隘化了的古为今用和一般文艺学的框架，这两点实际上是他的系统民间文艺学之通俗化表述。前者主要针对忽视民间文学与特定社会环境的关系②，后者主要针对民间文艺学中的作家文艺学模式。③ 从陈述中可以看到他构建中国特色民间文艺学的框架，那就是民间文艺学一般理论、民间文艺学史和多视角的交叉研究。新时期钟敬文民间文艺学基本理论的构建主要体现于《民间文学概论》一书的编写。他在"前言"中陈述了自己的思想，即：民间文学跟它周围文化现象密切相关，同时作为一种特殊的文学，它在内容与形式上具有自己的特性。民间文学集体性、口头性、传承性、变异性四种特征及其关系是多年来民间文学的基本理论问题之一。在钟敬文的论述中，集体性与口头性成为民间文学的主导特征，其他两个特征是在它们基础上的派生，而且它们成为民间文学与书面文学的分水岭，因此民间文学的理论建构集中关注它的创作者与创作形式。传承性与变异性，本来属于民间文学的内在研究部分，但由于其在四种特征中的派生性，它们一直没有成为钟敬文民间文艺学体系中的核心概念，对它们的研究可以推演出民间文学作为一种语言艺术的特殊性，从而丰富和扩充一般文艺学理论。④ 对于它们的忽视，使得钟敬文特殊文艺学的解读外在性更为明显。钟敬文自己也提到，"我过去（1935年）虽然创用了'民间文艺学'这个学科术语，并对它的对象、特点和研究方法作了

---

① 参见钟敬文《谈框子》《欢迎〈民间文学专辑〉的刊行》，《钟敬文民间文学论集》（上），上海文艺出版社1982年版，第406、456页；钟敬文主编：《民间文学概论·前言》，上海文艺出版社1980年版，第5页。
② 钟敬文：《民间文艺谈薮》，湖南人民出版社1981年版，第47页。
③ 同上书，第52页。
④ 钟敬文主编：《民间文学概论》，上海文艺出版社1980年版，第46页。

简要论述，但是对它与作家书面文学的疆界，概念始终比较模糊，这种概念比较明确的出现，是近年来学界解放思想大浪潮影响的结果"①。可见他自己也认可关于民间文学基本特征并没有实现自己特殊文学的界定目标。引文中的"大浪潮"从该文的写作年代，可知是指20世纪80年代中叶西方学术思想大规模引进，特别是文化学的引入。1986年开始，他的研究中出现文化学的转向，他著文《谈谈民族的下层文化》，这可以说是他民间文学与社会生活的关系之思想的扩展与顺延。关于民间文学与社会生活、下层文化的关系没有指向民间文艺学的文学"特殊性"。

1976年以后，中断了近十年的民间文学研究开始了新的历程，在这一发展阶段，贾芝是该研究领域的主要人物之一。他从新时期开始至20世纪末学术主导思想变动不大，为了更清晰地展现他的思想脉络，此处将其20世纪70年代末至90年代末的学术进行集中论述。他的著述以及活动，可以分成民间文学、民族文学研究与探索；为新的论著所撰写的序文；国际交往三部分。1976年以后，他一如既往地坚持《讲话》精神，重视对"中华人民共和国民间文学事业发展源头的寻索"②，这句话道出了他学术研究的原点与终极追求。他积极整理延安时期解放区的民间文学资料，编辑出版了《延安文艺丛书·民间文艺卷》③《中国解放区书系·民间文学编》④《中国解放区书系·说唱文学编》⑤，希望作为一个亲历者为后人的研究提供资料基础，从他的序言以及内容编排、体例等方面可以看到他从文艺视野对民间文学的定位。在他的思想中，民间文学作为艺术具有强大魅力，它属于文学殿堂中不可或缺的部分，具有文学所具有的

---

① 钟敬文、董晓萍：《钟敬文学术》，浙江人民出版社2000年版，第116—117页。
② 贾芝：《播谷集·自序》，人民文学出版社1994年版，第4页。
③ 贾芝主编：《延安文艺丛书·民间文艺卷》，湖南文艺出版社1988年版。
④ 贾芝主编：《中国解放区书系·民间文学编》，重庆出版社1992年版。
⑤ 贾芝主编：《中国解放区书系·说唱文学编》，重庆出版社1992年版。

特性以及功能。他重视民间文学的搜集整理，新时期他积极推进民间文学三套集成，主编《中国民间歌谣》集成成为他事业的核心。从他的研究中可以看到，他将民间文学当作人民的诗学，与作家文学并存于文学领域，同时又将民间文学视为文学之源。① 他希望民间文学最后能为国家政治思想与民众生活服务，而不是单纯追求学术研究，这与他的经历以及身份是相符的。他遵循《讲话》精神，围绕取之于民、还之于民开展自己的学术与活动，具体表现在人民的诗学与根植民间两个方面。他对于民间文学更注重的是它与作家文学之文学的共通性，在他的研究中，重点不是析分这两种文学，更注重的是为民间文学在文学领域争得一席之地，让民众的文学为民众服务，因此他的研究更多呈现出的是一种活动，认为自己所做的工作是"学者与民众的对接、书斋与田野的对接、民族与世界的对接"。② 不可否认，这种理念同时也给他的研究造成了一定局限性。在20世纪80年代学界出现文化热潮时，他关注过，对民间文学的多视角研究也持肯定态度，但是他的核心思想则没有动摇过。

毛星的民间文学研究，学人提及较少，如果从知识积累的学术史而言，他在民间文学领域的成果不算很多，但从思想史来说，他对民间文艺学则是不可或缺的人物。他的民间文学思想主要体现在调查研究和文学艺术特性两方面。前者主要是20世纪50—60年代，他带领中国科学院与民研会的成员到云南对少数民族进行调查，他提出自己关于实地调查的见解，当时在民间文艺学界起到举足轻重的作用，极大影响了民间文学的发展，特别是少数民族民间文学研究。关于文学艺术的特性，他强调文学艺术的现实性与阶级性，认可形象是文艺的基本特性。他认可民间文学可以成为多学科研究对象，也可以从多角度探析，但是民间文学范围的界定必不可少。他

---

① 贾芝：《播谷集》，人民文学出版社1994年版，第261页。
② 贾芝：《我是草根学者》，《新文学史料》2007年第2期。

提到，为了减少误解，可以重新运用新的词语指称自己的研究，这一点是可取的，同时也能减少民间文学不必要的学科纠纷与危机。他明确自己对民间文学的观点，其归属于文学艺术，同时它自身又具有独特的艺术特性，虽然他没有进一步阐述，但他的这一研究指向则非常明确，只是后来的学人并没有沿承他的思考路径。[1] 调查研究和文学艺术特性两部分研究贯穿了他的整体文学观之基本思想。毛星从20世纪50年代中期开始在少数民族地区进行民间文学调查，就一直努力实践自己的整体文学观思想，后来则与贾芝、钟敬文、马学良等一起推进中国少数民族文学研究，他主持编写的《中国少数民族文学》填补了中国文学史的空白，对于中华完整文学史的建构更是意义重大。[2] 1979年钟敬文提出民间文学是总的文学的一个方面或一个部分，它与作家文学、通俗文学共同构成文学。[3] 毛星的整体文学思想则是对钟敬文大文学理论的一个推进，这一思想影响着民间文艺学领域，最显著的就是《中华民间文学史》的编纂，该著从体例到布局都是对《中国少数民族文学》的一个承继与发展。[4] 从大文学理论到整体文学观，与韦勒克总体文学理念相吻合，可见中国民间文艺学自身的发展与西方也有可对接之处，只是后来的研究者在引进西方理论中一味强调西学，忽略了中国民间文艺学自身的发展，这就使得中国民间文艺学思想中的自主性因素没有得到进一步的发展与深化。

---

[1] 毛星：《民间文学及其发展简论》，《民间文学论坛》1984年第1期。

[2] 参见中国社会科学院科研局组织编选《毛星集》，中国社会科学出版社2002年版，第357、370、371、372页。

[3] 钟敬文：《钟敬文民间文学论集》（上），上海文艺出版社1982年版，第412页。

[4] 吕微：《〈中华民间文学史〉编写研讨会纪要》，《文学遗产》1995年第2期。

第四节　20世纪90年代：民间文学研究的本位缺失

20世纪90年代民俗学的迅猛发展更加速了民俗学之民间文学与文学视阈的民间文艺合一的思想，后者亦被纳入民俗学体系；民俗学从国外引进，国外民俗学学科的发展各有千秋，在西学引进过程中，莫衷一是，都有所吸取，随着相邻学科人类学与社会学的发展壮大，民俗学逐步倾向于它们，特别是人类学，这样属于它组成部分的民间文学就越来越偏离自身的文学轨道，研究本体逐步丧失。世纪之交学界逐步意识到这一困境。

一　民间文学的学科归属

20世纪80年代中期开始，民间文学研究发生了文化学转向，它被逐步纳入民俗学之民间文学研究中。这一思想是欧美文化人类学的传统，他们将民间文学称为口承民俗，至今它在美国仍是民俗学研究的最普遍类型。[1]

"民"作为民俗文化的承载者与主体，一直是民俗学的核心概念，对于民俗学而言具有本体论意义。陈勤建在《中国民俗》中提到："民俗意义上的民众，是相对于官方立场而言的宽泛的人群概念。"[2] 这一范围厘定突破了政治视野的"民"之内涵，与世界民俗学对"民"的探讨趋向一致。"民"不再指农民或乡下人，这对于民俗学而言意味着民俗学取向的变化。正如高丙中所言："民俗学的取向是历史还是现实？民俗学的对象是罕见的奇风异俗还是普通的

---

[1] 参见［美］J. H. 布鲁范德《美国民俗学》，李扬译，汕头大学出版社1993年版，第6页。

[2] 陈勤建：《中国民俗》，中国民间文艺出版社1989年版，第20页。

大众生活文化？关键在于正确认识作为民俗主体的'民'。"① 通过"民"内涵的推进，民俗学思想逐步摒弃古俗研究，开始介入现代生活，其现实意义越来越得到重视，这也是它得以迅速发展的一个重要因素。关于"民"的具体内涵，学界首先介绍了西方"民"的历史演化过程以及当前的现状。《美国民俗学》一书关于民众类型叙述非常清晰，"泛而论之，在解释谁是民众、其民俗如何起源问题上有四种基本理论。公有理论认为，'民众'是纯朴的农民，他们共同创造了民俗。残留物理论把民俗的起源上推到文明的'野蛮阶段'，认为现代民俗是古代的遗传或'残留物'。文化降低因素理论则颠倒了传播的方向——认为民俗是从高级的根源而来，如'学问知识'自上而下传入普通人民中而成为其传统的东西。最后，个人创造与集体再创造理论认为，各种民俗起先都是由社会任何阶层的某个个人创造的，但在口头流传的过程中它又被修改变动了"。② 这一时期还译介了阿伦·邓迪斯（Alan Dundes）有关"民"的论述，他提出"民是指至少具有一个共同因素的任何人类群体"，这个群体可以大到一个民族，小到一个家庭，即所谓的"临时民群"。只有这种界定才使得"民"会永远存在，民俗学既拥有了现代意义，同时也能持续发展。③ 根据西方学人的理论，国内学者对其进一步内化，"民"演化为"人"，民俗即"人俗"。④ 与此同时，文学领域对"民间"亦有讨论，但他们主要从文学本体研究出发，寻找新的思考路径。在此不作详述。

倒是民间文学领域并未出现对"民间"内涵作独立讨论。它基

---

① 高丙中：《关于民俗主体的定义——英美学者不断发展的认识》，《湖北大学学报》（哲学社会科学版）1993年第4期。
② [美] J. H. 布鲁范德：《美国民俗学》，李扬译，汕头大学出版社1993年版，第21页。
③ [美] 阿伦·邓迪斯：《"民"指什么人？》，王克友、侯萍萍译，《民俗研究》1994年第1期。
④ 黄意明：《化民成俗：民俗学的重大课题》，《戏剧艺术》1998年第4期。

本上依附于民俗学,这样20世纪90年代民间文学之"民"也跟随民俗学演化为"人",但是民俗学之"民"是由俗界定的,这对于民间文学研究没有直接意义,所以这一问题的讨论,并不能阐释它的研究本体,只是扩大了作为资料体系的民间文学之范围,其积极意义就是现代意义上的民间文学被逐步纳入研究视野,比如80年代出现的新故事、90年代流行的都市民间文学等。对于民间文学的研究也注入多重维度,从文化人类学、比较文学等分析阐述,如欧洲民间故事学理论和形态学被引介[1],比较故事学研究兴起[2],原型批评理论以及帕里—洛德口头程式开始引入[3],等等;但学术思想影响较大的依然是民俗学派的民间文学研究。

二 民俗学派的民间文学思想

民间文学可以作为很多学科的研究对象,这与民间文艺学[4]并不矛盾。民俗学将其视为研究的一部分,英美文化人类学传统一直如此,正如 J. H. 布鲁范德(Jan Harold Brunvand)所述,这种理念在中国也由来已久[5],在民间文艺学学术史上被称为"民俗学派"[6]。

20世纪80年代中期,钟敬文提出了民间文化、民俗文化学等新

---

[1] 参见刘魁立《刘魁立民俗学论集》,上海文艺出版社1998年版;李扬:《中国民间故事形态研究》,汕头大学出版社1996年版。

[2] 刘守华:《比较故事学》,上海文艺出版社1995年版。

[3] 叶舒宪选编:《神话——原型批评》,陕西师范大学出版社1987年版。虽然其于1987年出版,但到20世纪90年代才开始在民间文学研究中大量使用。口头程式理论参见[美]约翰·迈尔斯·弗里《晚近的学科走势》,《民族文学研究》2000年增刊。

[4] 此处为了区分民俗学视阈的民间文学与文学视阈的民间文学,将后者表述为"民间文艺学",与全章所述"民间文学"内涵一致,但为了说明这一时期的学术发展,在"民俗学派民间文学思想"部分的论述中不予统一。

[5] [美] J. H. 布鲁范德:《美国民俗学》,李扬译,汕头大学出版社1993年版,第6页。

[6] 笔者沿用刘锡诚《中国民间文艺学史上的民俗学派》一文中的术语,该文载于《湖北民族学院学报》(哲学社会科学版)2004年第1期。这个称谓到底是否合适尚待进一步探讨。

的术语；1989年"五四"70周年国际学术讨论会上，钟敬文提出了"民俗文化学"，他将其阐释为对于"作为一种文化现象的民俗"进行研究的学问。民俗文化，简要地说，是世间广泛流传的各种风俗习尚的总称；民俗文化的范围，大体上包括存在于民间的物质文化、社会组织、意识形态和口头语言等各种社会习惯、风尚事物；口头语言民俗是人际关系的媒介，是许多文化的载体，是一种特殊的符号民俗传承。民俗文化学则是民俗学与文化学相交叉而产生的一门学科。在体系建构中，他涉及民俗文化学与民俗学、文艺学等学科之间的关系，前者的论述明确民俗学有自己的丰富内涵，其也是民俗文化学的内涵，后者则与其他社会人文学科并列，民间文艺学是否归入文艺学则语焉不详。民俗文化学可以说是一个时代性学术名词，钟敬文以民俗学为本位，对其进行了建构与论述，随着时代情境的消失，它逐步趋于消沉，但是处于其核心的民俗学思想则得以推进。20世纪90年代末，他提出了建立中国民俗学学派的口号。他认为中国的民俗学已脱离西方民俗学的影响，进入自主阶段，其特性是多民族的一国民俗学。[①] 他的这一思想从90年代中期开始酝酿，得到了民俗学学界的推动和认可，成为中国民俗学发展的一个标志。在民俗学发展的过程中，学界对口头文艺的研究越来越轻视，钟敬文反对这种思想。他在编纂《民俗学概论》时，将民间口头文学与物质民俗、社会民俗、精神民俗并举，由于此著是民俗学教材，它的影响极大。他提出民俗文化学的一个因素就是认为民间文艺学与民俗学内涵彼此都难以涵盖对方，并一直强调民间文艺是民俗学的主要研究对象，但是并未提出民间文艺学属于民俗学；另外他认可民间文学的艺术特性。

1996年云南大学中文系和《思想战线》编辑部联合召开关于民间文学基础理论建设的学术讨论会，其中专门提到学人学术转向的问题

[①] 钟敬文：《建立中国民俗学学派论纲》，《广西民族学院学报》（哲学社会科学版）2000年第1期。

（当然也暗含学科研究的学术转向），指出民间文学研究者把坐标调整到民俗学、民族文化学等外学科的角度，短期内难以构建新的理论体系与构架。世纪之交学人开始对民间文学这一困境进行反思。

这一时期学人的研究更多关注民间文学中的民俗事象梳理与探析，这类论述成为20世纪90年代民间文学论文的主体。民间文学领域的资料搜集与民俗学又有着差别，完全转化为田野作业极其困难，面对如此情境，反映民间文艺学理论停滞的声音在学界越来越高。在主流之外，90年代民俗学派还存在一个侧翼，那就是文艺民俗学。文艺民俗学是"在民俗和文艺学的结合点上，共同建构的新视角、新方法和新理论"。[①] 其建构与兴起是研究者希冀用民俗学的知识、理论，推动文艺学科的发展，研究路径主要有：运用民俗学的研究方法对文学文本的生成、风格进行解读；民俗作为文艺批评与文艺审美的一个维度；基于"文艺人学观"，论述文艺与民俗的内在建构。尤其后者，在认可民俗与文学，特别是与民间文学之间特殊关系的前提下，其立足于文学的研究本位，因此在90年代民俗学派的民间文艺学思想中，独树一帜，并从侧翼积极推动民间文艺学的本体研究。

第五节　新世纪民间文学研究的多维视野与多元范式

世纪之交，学者们开始对"不同的社会情势和学术氛围"中出现的"不同的思潮、流派和人物"进行梳理与讨论[②]，众多学人关注学科体系、研究方法，尤其是20世纪80年代以后学科范式的转化。

[①] 陈勤建：《文艺民俗学发生论》，《华东师范大学学报》（哲学社会科学版）1986年第6期。

[②] 刘锡诚等：《民间文学学术史百年回顾》，《民间文化论坛》2005年第5期。

一 民间文学的"口头传统"转向

20世纪70年代末民研会恢复、民俗学和少数民族文学研究重建等,民间文艺面临新的发展机遇。就国家层面而言,启动了三套集成工作,在全国范围内搜集民间故事、歌谣、谚语,带动了民间文学研究的发展。民间文学研究领域大量新的理论开始介入,精神分析、文化相对论、故事形态学、新进化论、口头诗学、表演理论等交融并置,但是八九十年代只是引入,并未全面深入,尤其是表演理论和口头诗学的影响到21世纪才全面呈现。

大量理论的介入,多视角、多视阈的研究使得民间文学"人民性"、思想性以及现实主义等"一元性"的文本分析渐趋被打破。从20世纪末开始,民间文学的本位缺失成为学人反思的核心与焦点。本位缺失更多指向传统追随作家文学的批评范式的失效。首先就是再次掀起民间文学与作家文学关系的讨论。这一问题从民间文学兴起之时就是民间文学研究的基本问题之一,研究者最初关注两者之间的不同,特别在20世纪10年代,民间文学的独特性成为其存在的价值与意义,到了1949年以后沿袭民间文学源头论,并将其发展到极致,民间文学成为人民口头创作的重要言说,一度出现民间文学与作家文学合流论;新时期它们之间的分野成为研究者关注的重点,讨论陷入"概论式框架"。21世纪初,"作家文学中的民间文学"和"作为相似艺术形式的民间文学和文学"引起关注[1];"民间文学源头论"被重新梳理与批评检视[2];民间文学被重新置于中国文学史脉络中梳理与反思,作家文学与民间文学的交融、作家作品对民间文学的使用的重新梳理与思考,同时新兴的人工智能、网络

---

[1] [美]玛丽·艾伦·布朗:《民间文学与作家文学》,李扬译,《民间文化论坛》2004年第4期。

[2] 王钟陵:《"文字民间源头论"的形成及其失误》,《学术研究》2002年第12期。

文学也被纳入此讨论视野。① 其讨论中心转移到民间文学与作家文学之间的"重合""交叉""相似"等。

民间文学的文学性集中体现于其"口头性"。"传统民间文艺学尽管认识到民间文学是口头文学，但却从来没有把民间文学当成口头文学看待和研究，而是首先把口头文学转化为书面文本，然后按书面文学的概念框架和学术范式进行研究，正是这种书面范式的积习，导致民间文艺学学科独立性的丧失。"② 民间文学研究发生了从书面到口头的转换，同时民间文学也渐趋被替换为"口头传统"（或"口头文学"）等，"中国学者往往用认识方法研究民间文学的文本实践问题，认为民间文学的文本和语境是彼此游离的"，多数中国学者将民间文学等口头转向理解为"一种理论认识和实证研究的方法，从而忽视了民间文学转向实践科学的可能性"，③ 即话语转换背后所呈现的"思想"变迁。

二 多维视阈中的"口头性"阐述与学术范式转换

21 世纪对于"口头性"的阐述触及民间文学根本，研究者从不同维度、不同视阈出发，共同推动着民间文学逐步脱离传统"书面文学"窠臼，形成适合自身的文学研究与文学批评，同时也为"书面文学"提供新的研究视角，推动整体文学的发展。对于"口头性"分析，这一时期呈现出形态学、口头诗学、民俗志诗学等交融错杂的局面。

普罗普的形态学理论从 20 世纪 60 年代苏联史诗理论引介中就已有提及，只是后来这一理论未全面引入，亦未用于中国本土民间叙事的研究。从新时期到 21 世纪，母题、母题链、主题、类型等成

---

① 李扬主编：《民间文学与作家文学》，中国海洋出版社 2004 年版。
② 刘宗迪：《从书面范式到口头范式：论民间文艺学的范式转换与学科独立》，《民族文学研究》2004 年第 2 期。
③ 户晓辉：《民间文学：转向文本实践的研究》，《中国社会科学》2014 年第 8 期。

为民间叙事形态分析的"重要概念"与理论工具①，母题、母题链、主题引起了相邻领域的关注，母题也与数据库建设联结，为研究者提供了资料库与新的数据平台②，当然其效用度与影响力还需长时段考察。就理论层面而言，这一研究视阈的深层推进较慢，尤其是近年来渐趋沉寂、冷落。

口头诗学的发展推动了学界对"口头性"的关注与新的阐释路径。20世纪末21世纪初，朝戈金、尹虎彬、巴莫曲布嫫等开始大量译介帕里—洛德口头诗学理论，其关注口传文本背后"口头的诗歌传统"，注重分析总体性的民族文化谱系，从而对"非书面样式的结构、原创力和艺术手法""口头创编"等进行阐释。③ 朝戈金《口传史诗诗学：冉皮勒〈江格尔〉程式句法研究》④《关于口头传唱诗歌的研究——口头诗学问题》⑤《口头诗学》⑥等引领了史诗研究范式的转换，同时也波及对其他民间叙事的研究，如歌

---

① 刘魁立：《民间叙事的生命树——浙江当代"狗耕田"故事情节类型的形态结构分析》，《民族艺术》2001年第1期；万建中：《解读禁忌：中国神话、传说和故事中的禁忌主题》，商务印书馆2001年版；刘守华：《中国民间故事类型研究》，华中师范大学出版社2002年版；祁连休：《中国民间故事类型研究》，河北教育出版社2007年版；顾希佳：《中国古代民间故事类型》，浙江大学出版社2016年版；等等。

② 主要个案有中国社会科学院民族文学研究所数据库建设团队对民间叙事母题，特别是神话母题（如王宪昭"中国神话母题W编目"）数据库的建设。

③ ［美］约翰·迈尔斯·弗里：《晚近的学科走势》，《民族文学研究》2000年增刊；［美］约翰·迈尔斯·弗里：《口头诗学：帕里—洛德理论》，朝戈金译，社会科学文献出版社2000年版；［美］阿尔伯特·贝茨·洛德：《故事的歌手》，尹虎彬译，中华书局2004年版；［匈］格雷戈里·纳吉：《荷马诸问题》，巴莫曲布嫫译，广西师范大学出版社2008年版；等等。

④ 朝戈金：《口传史诗诗学：冉皮勒〈江格尔〉程式句法研究》，广西人民出版社2000年版。

⑤ 朝戈金：《关于口头传唱诗歌的研究——口头诗学问题》，《文艺研究》2002年第4期。

⑥ 朝戈金：《口头诗学》，《民间文化论坛》2018年第6期。

谣、民间故事等开始关注"口头创编""文本与语境""程式""大词"等。[1] 1923 年沈兼士《今后研究方言之新趋势》中提到，"向来的研究是目治的注重文字，现在的研究是耳治的注重言语"。[2] 民俗学与方言的关系甚为密切，少数民族文学更是如此，如马学良 1937 年就撰写《〈方言〉考原》[3] 等，从方言探析古代汉语以及少数民族语言的嬗变等。钟敬文也强调民间文学的口头性，提出应从"目治之学"转向"耳治之学"。朝戈金《"回到声音"的口头诗学：以口传史诗的文本研究为起点》[4] 则进一步阐明了"声音"是口传诗学与一般意义诗学的核心区别，并回应了新技术时代口传叙事的存在形态及延续与传播等问题。还有就是《背过身去的大娘娘：地方民间传说生息的动力学研究》[5] 将民间叙事置于社区与信仰之中考察其背后民众的诉求与实践，将传统的"书面"文本回复到具体时空的"观照"与阐释。再者，注重口传叙事的"表演（或演述）语境"，从理查德·鲍曼（Richard Bauman）的表演理论引入[6]，到学界对其大量使用，"语境中的表演""交流实践"中的文本等成为"口头性"分析的新维度。此外，关注新媒介传播中的口头文学，如网络谣言、都市传说等亦吸引了

---

[1] 江帆：《民间口承叙事论》，黑龙江人民出版社 2005 年版；郑土有：《吴语叙事山歌演唱传统研究》，上海辞书出版社 2005 年版；林继富：《民间叙事传统与故事传承——以湖北长阳都湾镇土家族故事传承人为例》，中国社会科学出版社 2007 年版；等等。

[2] 沈兼士：《今后研究方言之新趋势》，《歌谣周刊、纪念增刊》1923 年 12 月 17 日。

[3] 马学良：《〈方言〉考原》，中央民族大学中国少数民族语言文学学院编《马学良文集》上卷，中央民族大学出版社 2009 年版。

[4] 朝戈金：《"回到声音"的口头诗学：以口传史诗的文本研究为起点》，《西北民族研究》2014 年第 2 期。

[5] 陈泳超：《背过身去的大娘娘：地方民间传说生息动力学研究》，北京大学出版社 2015 年版。

[6] ［美］理查德·鲍曼：《作为表演的口头艺术》，杨利慧、安德明译，广西师范大学出版社 2008 年版。

研究者。[1]

民俗志研究以明确的问题意识为先导[2],注重对民间叙事的日常生活属性的分析,这一研究维度与民俗学的"民族志"研究对接,关注神话、民间故事等民间叙事研究的当下性。[3] 这一经典研究维度曾一度成为民间文化研究的主流,但其缺失与问题也引起了学者的反思,尤其是民俗志的重复度过高、成为新的"文本"资料集。[4] 民俗志基于田野考察,为人类学、民俗学、民间文学共同关注,其注重田野"文本"一度改变了纯粹的文学文本,但其最终依旧回归新的"文本"制造。

此外需特别提及的就是兴起于21世纪初的非物质文化遗产(intangible cultural heritage,以下简称"非遗")保护,它成为民间文学研究新的历史境遇与理论推手。2003年9月29日至10月17日,联合国教科文组织(UNESCO)第32届会议通过了《保护非物质文化遗产公约》(以下简称《公约》),2004年8月28日全国人大常委会批准中国参加《公约》。2006年国家全面启动非物质文化遗产保护工作,至今已有十余年,"非遗"亦从生僻词成为流传度极高的语词,从"庙堂之高"到"江湖之远"均有其"身影";同时亦在学

---

[1] 施爱东:《网络谣言的语法》,《民族艺术》2016年第5期。都市传说涉及者较多,从李扬翻译《消失的搭车客:美国都市传说及其意义》(扬·哈罗德·布鲁范德著,广西师范大学出版社2006年版)后与都市民俗学同步发展,上海、北京、青岛等地研究者较多。

[2] 刘铁梁:《民俗志研究方式与问题意识》,《北京师范大学学报》(社会科学版)2005年第6期。

[3] 杨利慧等:《现代口承神话的民族志研究——以四个汉族社区为个案》,陕西师范大学出版社2011年版。

[4] 《民间文化论坛》2007年第1期刊发了高丙中、王建民、张小军、郭于华、吕微、张海洋、朝戈金、庄孔韶、巴莫曲布嫫、赵丙祥、杨念群、刘铁梁、刘宗迪、叶涛、尹虎彬、黄涛、万建中的《民族志·民俗志的书写及其理论和方法》。

术领域成为话语引领。① 在遗产化的过程中，民间文化（文学）资源的底层、边缘性亦被改变，它开始成为国家话语的文化资源。正如公共民俗学的发展一样，民间文学（口头文学）开始进入公共领域，它的文化价值成为政府与学者讨论的关键，但是如何将民间文学的主体——社区与个人置于"前台"？从文化资本、文本重构（民俗志诗学）以及伦理层面对民间文艺主体的观照等多角度研究成为21世纪10年代后民间文艺发展面临的新语境，这对民间文艺而言既是挑战也是机遇。

---

① 关于"非遗"的研究涉及者众多，王文章、刘魁立、乌丙安、刘锡诚等从"非遗"知识推广、普及等层面撰写了概论性著作；巴莫曲布嫫、朝戈金、安德明、杨利慧、彭牧等从"非遗"公约的概念、细读、社区、"时间性"等层面进行了阐释与论述；刘铁梁、吕微、高丙中、刘晓春等从建构论视角对"非遗"的功能及当下意义进行了论述。此段表述借鉴了祝鹏程《改革开放以来的中国民俗学：热点回顾与现状反思》（《民俗研究》2019年第2期）的分析。近年来"非遗"研究者众多，难免挂一漏万。

第 二 章

神话研究

张　多

　　神话研究是中国民俗学深具传统的重要学术领域。神话研究不仅对中国现代民俗学学科的建立有启蒙之功，更在百年民俗学发展过程中始终焕发光彩。在 20 世纪上半叶，中国神话研究业已呈现出流派纷呈、新论频出、采撷西学、阐发本土的良好局面。一大批前贤如章太炎、梁启超、蒋观云、鲁迅、周作人、顾颉刚、茅盾、闻一多、徐旭生、钟敬文、杨宽等，为中国神话研究奠定了坚实的基础。这其中，基于文学文本的文艺学范式、基于文献文物的历时考据范式、基于田野调查的民俗学人类学范式是 20 世纪上半叶中国神话研究的主要学术范式。

　　1949 年之后，中国神话研究进入了一个全新的时期，不仅马克思主义指导下的神话研究得到全面发展，而且在 1980—2000 年期间出现了一股知识界的"神话研究热"。从 1949 年至今的 70 年间，中国神话研究取得了长足进步，逐步摆脱了以西学理论为中心的旧有格局，基本确立了中国神话研究的本土问题意识和理论方法。诸如钟敬文、丁山、孙作云、杨宽、袁珂等老一辈学者继续发表新见，并且还涌现出张振犁、乌丙安、萧兵、马昌仪、李子贤、王孝廉、吕微、叶舒宪等一大批神话研究者，他们中相当一部分都具备民俗学的专业训练。这些学者所培养的学生，也形成了中国神话研究稳定的、传承有序的学术梯队。

总览 70 年来的中国神话研究，呈现出三个特点。一是本土问题意识逐渐增强，学者们从中国的考古、文献、田野材料出发，站在中国文化的立场看问题，提出了许多具有中国特色的学术创建。二是国际交流日益频繁，中国学者在与国际学术界的交往过程中，有的系统译介国外神话学著述，有的直接用外语做中国神话研究著述，有的致力于中外神话的比较研究，还有的在国际学术场合积极发出中国神话学的声音。三是神话研究紧扣国家与社会发展的需要，产出了一大批重要成果，比如对中华文明溯源的神话学方案、中国神话谱系的梳理、少数民族活态神话的调查、当代神话资源的创造性转化等研究课题，都十分有助于当代中国人文学术的建设与发展。以下将就 70 年来中国神话研究取得的成就做一撮要性论述。

第一节　神话的界定：多元化视角

"神话"这一学术概念，自 19 世纪末经由孙福宝、章太炎、梁启超等人假道日语从西学中引进中国以来，对其概念界定问题的讨论从未间断。尤其是 1949 年之后，中国学者对汉语意义上"神话"概念的界定，出现了许多新的见解。

1949 年以来中国学者逐渐形成了马克思主义观点之下的"神话"概念界定，这种概念的表述以《中国大百科全书》（第一版）的"神话"词条为代表。第一版该词条的执笔者是张紫晨，认为神话是："远古人民表现对自然及文化现象的理解与想象的故事。它是人类早期的不自觉的艺术创作。神话并非现实生活的科学反映，而是由于远古时代生产力的水平很低，人们不能科学地解释世界、自然现象和原始社会文化生活的起源和变化，以他们贫乏的生活经验为基础,借助想象和幻想把自然力和客观世界拟人化的结果。"① 在《中国大百科全书》的外国文学卷,由刘魁立执笔的"神话及神话学"词条,也采取了相似的界定。武世珍1987年首刊的《神话思维辨义》一文对马克思主义神话观有较为深入的讨论。② 以马克思主义理论为指导的"神话"界定表述方式对中国学术界产生了深远影响,至今依旧是学界普遍采纳的主要神话界定方式。

基于对以往狭义神话界定的反思,袁珂于1982年提出了"广义神话论"。③ 袁珂基于对中国古代典籍和文学文类的深入研究、考释,他认为中国神话的概念界定不能照搬西学。在中国古代,仙话、话本、传说等文类与后世所谓神话者难以分割,中国的神话体系也并不仅仅局限于"远古"时代,数千年来,神话叙事一直在发展。他认为:"广义神话,其实就是神话,它不过是扩大了神话的范围,延长了神话的时间;它只是包括了狭义神话,却并没有否定狭义神话。"④ 袁珂的广义神话论是中国学者基于中国实际的理论创建,在海内外神话学界产生了广泛影响。

如果说袁珂的"广义神话论"拓宽了神话的外延,那么吕微对神话的哲学界定则深化了神话的内涵。吕微认为:"神话的信仰—叙事(或叙事—信仰)原本就是人的本原性存在的实践行为,而在人的本原性存在的实践行为——这里指的就是神话的信仰——叙事行为中,神话信仰—叙事的内容和形式是无以(也无须)区分的:神话叙事的内容就是其信仰的形式,而其信仰的形式也就

---

① 《中国大百科全书·中国文学Ⅱ卷》,中国大百科全书出版社1986年版,第1863页。
② 武世珍:《神话思维辨义》,马昌仪选编:《中国神话学百年文论选》,陕西师范大学出版总社有限公司2013年版,第666—673页。
③ 袁珂:《从狭义的神话到广义的神话》,《社会科学战线》1982年第4期。
④ 袁珂:《再论广义神话》,《民间文学论坛》1984年第3期。

是其叙事的内容。"① 吕微站在先验论的立场上，批评经验论的神话定义容易陷入自我矛盾。他后来进一步解释，"所谓'神话'，讲述的就是人对人自身最本原、最本真的道德性、超越性、神圣性存在的信仰形式和信仰对象的信仰故事（形式优先的'神话'形式—内容双重定义）"。② 吕微的观点对中国神话学来说尤为可贵，其哲学思辨对反思"神话"概念在中国文化语境中的运用有重要价值。

对于"神话"在中国语境中的意涵，陈连山的观点指出了其中的要害。陈连山认为西方式的神话定义对中国神话的实际情形来说并不完全适用，在中国文化中，类似于"神话"这样的神圣叙事往往与"历史"概念有联系。陈连山明确指出西方"神话"概念在中国的运用存在局限，很大程度上，中国古代用"历史"概念包括了"神话"概念。③ 他在《论神圣叙事的概念》一文中说："西方社会选择了神的故事作为其主要神圣叙事形式，而中国古代选择了古史作为自己的主要神圣叙事形式。神话与古史尽管在叙事内容上存在差异，但是其社会功能是一致的，且都被信为'远古时代的事实'。"④ 陈连山的见解揭示了中国神话传统有别于古希腊古罗马传统的特点，也即"古史"观念是比神话观念更为宏观的神圣叙事系统。这一点，在谭佳对20世纪上半叶中国神话学研究"神话—古史"范式的研究中也得到了更为细致的勾勒。⑤

针对西方神话定义的局限性，杨利慧也曾提出质疑，她认为

---

① 吕微：《神话信仰—叙事是人的本原的存在（代序）》，载杨利慧等：《现代口承神话的民族志研究——以四个汉族社区为个案》，陕西师范大学出版总社有限公司2011年版，第10页。

② 吕微：《神话作为方法——再谈"神话是人的本原的存在"》，《民间文化论坛》2017年第5期。

③ 陈连山：《走出西方神话的阴影——论中国神话学界使用西方现代神话概念的成就与局限》，《长江大学学报》（社会科学版）2006年第6期。

④ 陈连山：《论神圣叙事的概念》，《华中学术》2014年第1期。

⑤ 谭佳：《神话与古史——中国现代学术的建构与认同》，社会科学文献出版社2016年版。

"神圣性"作为神话定义的必要条件,并不能准确客观反映神话存续的社会事实。[①]"神圣性"的规定与中国古典神话的实际地位并不相符,并且当代社会中也存在大量非神圣性的神话创编、流布现象。基于这种考虑,杨利慧在探究中国现代口承神话时,倾向于借鉴斯蒂·汤普森(Stith Thompson)的"最低限度的定义",也即以内容为主的定义。她认为:"神话是人类表达文化(expressive culture)的诸文类之一。它通常具有这样一些特点:是有关神祇、始祖、文化英雄或神圣动物及其活动的叙事(narrative),通过叙述一个或一系列有关创造时刻(the moment of creation)以及这一时刻之前的故事,解释神祇、宇宙、人类(包括特定族群)、文化和动植物的最初起源,以及现时世间秩序的最初奠定。"[②] 这一界定站在神话本体的立场上,较为恰当地提供了一个可供操作的神话定义。

除此之外,中国学者在神话思维问题上也有出色的研究成果。傅光宇的《三元——中国神话结构》[③] 受到杜梅齐尔(Georges Dumézil)三功能论的启发,建构了中国神话的"三元结构说"。邓启耀在赵仲牧的指导下撰写了《中国神话的思维结构》[④] 一书,该书基于中国哲学和中国多民族神话实例,较好地阐释了中国神话的内在思维结构,具有原创价值。

台湾学者对神话的界定也有许多新见。张光直在研究殷商历史时曾专门论及"神话"的界定。他认为神话定义的核心要素,一是神话最起码是一个"故事",于中国古代文献而言一个神话至少包含一个句子;二是神话材料必包含"非常"之人物、事件或世界;三

[①] 杨利慧:《神话一定是"神圣的叙事"吗?——对神话界定的反思》,《民族文学研究》2006年第3期。

[②] 杨利慧:《神话与神话学》,北京师范大学出版社2006年版,第5页;杨利慧、张成福编著:《中国神话母题索引》,陕西师范大学出版总社有限公司2013年版,第6页。

[③] 傅光宇:《三元——中国神话结构》,云南人民出版社2014年版。

[④] 邓启耀:《中国神话的思维结构》,重庆出版社2005年版。

是神话持有者信以为真,且作为社会行为的基础。① 凡符合这三条标准的殷商材料,都被张光直视为神话材料。钟宗宪在其著作《中国神话的基础研究》中也意识到西方神话概念与中国事实的差异。他主张界定神话时从三个范畴即神话的起源、神话的意义、神话的表现形式来考虑。② 钟宗宪特别强调中西神话思维的差异,主张在中国神话材料的立场上界定神话。同时,也有学者从宏观的哲学层面界定神话,比如关永中认为,神话蕴意着"超越界的临现",是一种"超越的统觉"。③

总的来看,有关"神话"的界定问题呈现出多元视角的特征,但学者们共同强调站在中国文化的立场上重新审视西方神话定义。70年来,这种本土问题意识以及本土的概念界定实践,超越了前贤成就,也逐步树立了中国神话研究在国际上的话语权。多元化的视角,为深入认识中国神话提供了全方位的观照,中国神话的厚重积淀、广博涵括、复杂多元和重大意义都在对神话的界定中逐步显现,为进一步深掘中国神话学术奠定了坚实基础。

第二节 神话谱系建构和溯源研究

现代中国神话研究自19世纪末滥觞以来,基于古典文献和考古材料的溯源研究一直是主流的学术范式。这种回溯历史、爬梳古典的溯源研究成为主流,一方面有中国具备海量古典材料的现实原因,另一方面也有近代以来知识分子意图借助神话研究重建文化认同的原因。

---

① 张光直:《商周神话之分类》,《"中央研究院"民族学研究所集刊》1962年第14期。
② 钟宗宪:《中国神话的基础研究》,台湾洪叶文化事业有限公司2006年版,第36—49页。
③ 关永中:《神话与时间》,台湾学生书局2007年版,第9、14页。

这种学术传统集中体现在对"古史"中神话的考据、整理和体系化实践中。众所周知,汉文古籍中有关神话的记载是碎片化的,与此同时则有较为系统的上古帝系建构实践。这种情形在20世纪上半叶的中国知识文化界曾引起普遍的思考,知识分子们大多将中国缺乏像古希腊那样的神话谱系认为是一种"文化缺憾"。西方学界长期以来也普遍认为中国缺乏像古希腊、古罗马那样系统的神话。

早在20世纪20年代,茅盾就致力于建构中国神话的谱系,他的著作《中国神话研究》(1925)和《中国神话研究ABC》(1929)等,在重构上古神话的工作中走出了重要一步。茅盾之后,也有许多学者试图构建中国神话的体系,比如徐旭生对疑古思潮的质疑和古史研究[1]、程憬的古代神话体系研究、[2] 丁山的神话与宗教研究[3]、孙作云对古代神话的综合研究、[4] 田兆元的古代社会与神话研究[5]等。

但就神话谱系的建构而言,袁珂的成就尤其是1949年之后的大量著述,尤为引人注目。袁珂终其一生都致力于研究中国古代神话,他的《古神话选释》(1979)、《山海经校注》(1980)等著作在神话学领域堪称经典,在广大读者中拥有极高的声誉。袁珂尤其善于运用流畅的现代汉语注解、翻译古奥的古代汉文典籍。他构建中国古代神话谱系的实践始于1950年出版的《中国古代神话》[6],该著出版后广受欢迎。1984年他的《中国神话传说》[7] 出版,在前书基础上

---

[1] 徐旭生:《中国古史的传说时代》,文物出版社1985年版。
[2] 程憬:《中国古代神话研究》,北京大学出版社2011年版。
[3] 丁山:《中国古代宗教与神话考》,上海文艺出版社1988年版。
[4] 孙作云:《孙作云文集·中国古代神话传说研究》,河南大学出版社2003年版。
[5] 田兆元:《神话与中国社会》,上海人民出版社1998年版。
[6] 袁珂:《中国古代神话》,商务印书馆1950年版。
[7] 袁珂:《中国神话传说》,中国民间文艺出版社1984年版。

进一步搭建上古神话谱系的框架。该书于1998年更名为《中国神话传说：从盘古到秦始皇》再版。[①] 袁珂的上古神话谱系，从历代学人错综复杂的论辩中选取恰当的材料和观点，将不同的古代典籍神话置于合理位置，构建了完整的基于汉文典籍的中国古代神话系统。

在古代典籍神话的研究中，《山海经》研究最具代表性。袁珂的《山海经校注》[②]是学界公认的最佳《山海经》校注本之一，代表了20世纪后半叶中国学者《山海经》研究的水准。自1949年以来，《山海经》研究始终是学术热点。

1951年吕子芳写作了10万字的长文《读〈山海经〉杂记》[③]，从科技史的角度阐释了《山海经》在地理、天文、矿产、医药、神话等方面的价值。1962年蒙文通发表《略论〈山海经〉的写作时代及其产生地域》[④]，对当时《山海经》研究基本问题的诸多观点作了梳理和辨析。20世纪70年代台湾的《山海经》研究涌现出一批佳作[⑤]，代表了当时《山海经》研究的新成就。80年代，袁珂发表了一系列《山海经》研究的论文，奠定了他在该领域的权威地位。1999年，叶舒宪的《〈山海经〉神话政治地理观》[⑥]一文从文学人类学的新视角重新解析《山海经》的神话意涵。这些代表性成果反映了《山海经》研究步步深入、视角多元的特征。

[①] 袁珂：《中国神话传说：从盘古到秦始皇》，人民文学出版社1998年版。

[②] 该书1980年初版之后，有若干个增补修订本。袁珂：《山海经校注》，上海古籍出版社1980年版；袁珂：《山海经校注》，巴蜀书社1993年版；袁珂：《山海经校注》，北京联合出版公司2014年版。

[③] 吕子芳：《读〈山海经〉杂记》，载《中国科学技术史论文集》，四川人民出版社1984年版。

[④] 蒙文通：《略论〈山海经〉的写作时代及其产生地域》，载马昌仪选编《中国神话学百年文论选》，陕西师范大学出版总社有限公司2013年版，第502—518页。

[⑤] 杜而未：《山海经神话系统》，台湾学生书局1971年版；高去寻、王以中等：《山海经研究论集》，中山图书公司1974年版；傅锡壬：《山海经研究》，《淡江学报》1974年第14期。

[⑥] 叶舒宪：《〈山海经〉神话政治地理观》，《民族艺术》1999年第6期。

及至21世纪,《山海经》研究开始走向深入,许多大部头的专著相继问世。2001年马昌仪出版《古本山海经图说》,全面汇集《山海经》各种版本的图像部分,后来又出版了增订本。[1] 这部集古图之大成的著作,堪称《山海经》研究史上专攻古图的标志性著作。此外,鹿忆鹿对《山海经》图像的细分个案研究、版本比较研究也颇有声势。[2] 2006年,刘宗迪的著作《失落的天书:〈山海经〉与古代华夏世界观》[3] 在学界引起广泛关注,这部《山海经》研究专著对前人诸多观点进行了修正和反驳,吸纳古典文献、神话学、民俗学、历史地理学等多学科的学术精华,构建了民俗学视角下的《山海经》研究范式。2012年陈连山的著作《〈山海经〉学术史考论》[4] 对《山海经》研究的漫长学术史尤其是20世纪的研究走向进行了整体梳理与评骘,显示出该领域在中国古代文明研究中的重要地位。2013年,吴晓东出版专著《〈山海经〉语境重建与神话解读》[5],以《山海经》文本中隐含的四面环海景象分别与二十八座定位山和二十八宿的对应两大规律,重建了《山经》和《海经》的叙事语境。该著对比较语言学、口头传统等理论方法的借鉴,拓展了《山海经》研究的视野。此外,中外学者合作研究的成果也引人注目,叶舒宪、萧兵与韩国神话学家郑在书合著的《山海经的文化寻踪——"想象地理学"与东西文化碰触》[6] 运用文学人类学和民俗学的方法,深

---

[1] 马昌仪:《古本山海经图说》,山东画报出版社2001年版;马昌仪:《古本山海经图说》(增订珍藏本),广西师范大学出版社2007年版。

[2] 鹿忆鹿:《明代日用类书〈诸夷门〉与山海经图》,《兴大中文学报》2010年第S27期;鹿忆鹿:《〈山海经〉中的一足形象与图像探析——兼论奇肱国与奇股国问题》,《淡江中文学报》2013年第29期。

[3] 刘宗迪:《失落的天书:〈山海经〉与古代华夏世界观》,商务印书馆2006年版。

[4] 陈连山:《〈山海经〉学术史考论》,北京大学出版社2012年版。

[5] 吴晓东:《〈山海经〉语境重建与神话解读》,中国社会科学出版社2013年版。

[6] 叶舒宪、萧兵、[韩]郑在书:《山海经的文化寻踪——"想象地理学"与东西文化碰触》,湖北人民出版社2004年版。

化了《山海经》的文化研究，也鲜明地呈现了神话学方法对《山海经》阐释的有效性。

总的来看，尽管《山海经》研究有多元化的学术范式，但是具备民俗学背景尤其是神话研究训练的学者的成果占有重要位置，甚至可以说极大推进了《山海经》的研究。这体现了1949年以来中国民俗学者的古代神话研究，已经逐步建立了自身的学术范式和话语，其学术旨趣大异于文献考据的研究范式，更多体现活态民俗文化的视角和整体文化观。这种研究范式还体现在其他古代神话典籍、文献、文物中，比如《楚辞》《淮南子》《竹书纪年》《路史》，以及新出土的神话文物比如子弹库楚帛画、马王堆汉墓帛画、汉画像等。

1949年以来以古典文献和文物为核心的神话溯源研究，成果极为丰富，难以一一述及，权以《山海经》为例管中窥豹。中国的古典材料是一个神话研究的宝库，可以生发出无穷无尽的研究论域，这也是中国神话学独树一帜的学术资源。

值得一书的是，叶舒宪提出的"四重证据法"和"N级编码理论"是具有中国本土原创意义的方法论，并且该方法论的探索和完善主要是在神话研究领域完成的。四重证据法系由前人二重证据法、三重证据法发展而来。叶舒宪所谓的"四重证据"主要指：传世文献；地下出土的文字材料，现已拓展为包括甲骨文、金文、石鼓文、石刻、碑文、简帛、玉书、玉版书、玺印、封泥等的庞大新资料群；民俗学、民族学、人类学所提供的相关参照资料，包括口传材料、活态的民俗礼仪、祭祀象征等，现亦包括跨文化比较的材料；物证，如考古出土或传世的文物和图像。[①]

[①] 叶舒宪"四重证据法"的阐释见诸他的诸多著述，例如叶舒宪《第四重证据：比较图像学的视觉说服力》，《文学评论》2006年第5期；叶舒宪《"轩辕"和"有熊"——兼论人类学的中国话语及四重证据阐释》，《广西民族大学学报》（哲学社会科学版）2008年第5期；叶舒宪《论四重证据法的证据间性——以西汉窦氏墓玉组佩神话图像解读为例》，《陕西师范大学学报》（哲学社会科学版）2014年第5期；叶舒宪《〈天问〉"虬龙负熊"神话解——四重证据法应用示例》，《北方论丛》2014年第6期。

在"四重证据法"基础上,叶舒宪进一步提出"神话历史""大小传统""神话编码"等理论模型,并将其运用到中华文明溯源的神话学研究中。[①] 在《文化符号学——大小传统新视野》一书中,叶舒宪等人详细论述了文学人类学的"大小传统"理论体系。[②] 这里的"小传统"是指文字发明之后的文明,比如甲骨文、金文出现以后的汉字文明和文字叙事。"大传统"是指文字出现之前的文明传统。

为了适应对"文化大传统"的研究需要,叶舒宪提出了"N级编码"的方法论,"大传统"对应一级编码(物与图像),"小传统"对应二级编码(文字)→三级编码(古代经典)→N级编码(后代创作)。N级编码理论是一套历时时序的分析模型,弥补了"四重证据法"蕴含"多重证据"无限多可能性的缺点,补充了"四重证据法"缺乏对材料逻辑阐释的缺憾。[③]

总的来说,1949年至2019年间,中国神话学者在古代文明研究中展现出强劲的学术创造力,逐步从向西方学习转变为自主创新,进一步强化了中国本土学术创见在中国古代文明研究中的话语权,这也是神话学者对中国现代人文学术的一大贡献。

第三节 神话母题研究与母题索引的编纂

在以民俗学为背景的神话研究中,母题、类型是国际通行的经

[①] 叶舒宪编:《中华文明探源的神话学研究》,社会科学文献出版社2015年版。

[②] 叶舒宪、章米力、柳倩月编:《文化符号学——大小传统新视野》,陕西师范大学出版社2013年版。这里的"大小传统"理论最早于2010年提出,与罗伯特·雷德菲尔德的"大传统""小传统"不同。参见叶舒宪《金枝玉叶——比较神话学的中国视野》,复旦大学出版社2012年版,第34—38页。

[③] 叶舒宪、章米力、柳倩月编:《文化符号学——大小传统新视野》,陕西师范大学出版社2013年版,第36页。

典研究方法。安蒂·阿尔奈（Antti Aarne，1876—1925）1910 年编纂的《民间故事类型索引》经过斯蒂·汤普森（Stith Thompson，1885—1976）修订增补后，形成了"阿尔奈—汤普森分类体系"（简称 AT 分类法）。汤普森不满足于类型划分的粗疏程度，因此他编纂了六卷本的巨著《民间文学母题索引》（1932—1937）。[1]

在 20 世纪 90 年代之前，中国学者主要是翻译借鉴西方母题、类型的理论和方法，并且类型研究多见于民间故事研究中。[2] 相比之下，中国学者对神话母题的研究，显示出超越西方话语、反思西学不足的特征，具有重要意义。其中陈建宪较早地运用母题方法系统研究中国神话（尤其是洪水神话），其专著《神祇与英雄——中国古代神话的母题》[3]《神话解读：母题分析方法探索》[4] 是神话母题方法运用于中国神话研究的范例。陈建宪的母题研究具有很强的可操作性，能够适应各民族神话的研究，因而其母题分析方法具有广泛影响。

吕微结合汤普森的"母题"和普罗普（Vladimir Propp）的"功能"，提出了"功能性母题"[5]的概念，力图将母题和功能视为叙事本质而非直接的内容。户晓辉认为母题和功能是未完成和未封闭的存在现象，是民间叙事的整体存在方式。他认为母题是自由的，根

---

[1] Stith Thompson, *Motif-Index of Folk Literature: A Classification of Narrative Elements in Folktales, Ballads, Myths, Mediaeval Romance, Exempla, Fabliaux, Jest-Books and Local Legends*, New Enlargde and Revised Edition, Vol. 1—6, Bloomington: Indiana University Press, 1955—1958.

[2] 对世界各地类型索引、母题索引的编纂情况，参见刘魁立《世界各国民间故事情节类型索引述评》，《刘魁立民俗学论集》，上海文艺出版社 1998 年版；金荣华《从"英雄神奇诞生"论情节单元的跨国、跨故事现象和情节单元索引的编写》，《民间文化论坛》2016 年第 6 期。

[3] 陈建宪：《神祇与英雄——中国古代神话的母题》，生活·读书·新知三联书店 1994 年版。

[4] 陈建宪：《神话解读：母题分析方法探索》，湖北教育出版社 1997 年版。

[5] 吕微：《神话何为——神圣叙事的传承与阐释》，社会科学文献出版社 2001 年版。

本原因在于人的存在是自由的。[1] 王宪昭认为"母题"可以作为一个特定单位或标准对神话叙事进行分析。他强调母题的"最自然"和"基本元素"特性，而反对"最小单位"的规定，认为母题辨识不应是机械的。[2]

相对于国际上神话母题索引、类型索引的编纂，中国神话母题索引的编制较晚。1971年，何廷瑞在《台湾原住民的神话传说比较研究》一书后面附了神话母题索引。[3] 这是较早的由中国学者编制的中国神话母题索引。2007年，金荣华根据AT分类法编制了《民间故事类型索引》。[4] 2008年，胡万川编制了《台湾民间故事类型索引（含母题索引）》。[5] 2013年，杨利慧、张成福合编的《中国神话母题索引》[6] 出版，这是首部中国神话母题索引的专门著作。同年，王宪昭的《中国神话母题W编目》出版，[7] 这部编目虽然没有检索母题来源的功能，但是其对母题的编排独出机杼，有重要价值。王宪昭的W编目在2015年进行了数字化数据库建设。[8]

中国神话母题索引的编纂，得益于杨利慧、王宪昭等学者的贡献。杨利慧通过对中原地区女娲伏羲兄妹婚神话的田野研究，发现语境固然对神话的传播、变异有极大影响，但是往往神话的核心性

---

[1] 户晓辉：《返回爱与自由的生活世界——纯粹民间文学关键词的哲学阐释》，江苏人民出版社2010年版，第190—191页。

[2] 王宪昭、郭翠潇、屈永仙：《中国少数民族神话共性问题探讨》，中央民族大学出版社2013年版，第7页。

[3] Ho Ting-jui, *A Comparative Study of Myths and Legends of Formosan Aborigines*, Taipei: The Orient Cultural Service, 1971.

[4] 金荣华：《民间故事类型索引》（上、中、下），中国口传文学学会（台北）2007年版。

[5] 胡万川：《台湾民间故事类型索引（含母题索引）》，台湾里仁书局2008年版。

[6] 杨利慧、张成福：《中国神话母题索引》，陕西师范大学出版总社有限公司2013年版。

[7] 王宪昭：《中国神话母题W编目》，中国社会科学出版社2013年版。

[8] 中国神话母题W编目网站，http://myth.ethnicliterature.org/cn/。

母题及其组合却相对稳定。神话母题研究依然能有效说明神话本体的特征。① 为此她从 1997 就开始着手系统编制中国神话母题索引。这部"索引"与王宪昭的《中国神话母题 W 编目》同时出版，成为引领中国神话母题研究的两部"大部头"著作。后来王宪昭在编目基础上，又编纂了《中国人类起源神话母题实例与索引》②，创造了一种为母题举证叙事实例、关联书刊的工具书。

从 20 世纪 90 年代以来，中国学者在神话母题研究、神话母题索引编纂方面的研究成绩，充分显示出中国神话研究的本土问题意识。西方的母题、类型研究方法在解决中国本土学术问题时产生了"水土不服"的问题，而通过中国神话学者的修正、检验，母题、类型方法得到了发展。可以说，对神话母题的研究和神话母题索引的编纂是中国神话学对国际学术的一大贡献。

第四节　活态神话与民族志研究

中国学者用民族志方法进行神话研究从 20 世纪 20 年代就初现端倪。芮逸夫、凌纯声、杨成志、陶云逵、庞新民、姜哲夫、李霖灿等学者对南方少数民族的调查，确立了中国神话田野研究的范式。这一批学者的田野调查非常扎实，所运用的摄影、速写、语音、地图方法都能与民族志有机融合。他们用西学方法研究中国问题，揭示了少数民族社会生活中的仪式、宇宙观和口头传统。

1949 年之后，基于对中国神话存续现状考察的民族志研究，逐渐成为声势浩大的学术流派，民俗学者在其中扮演了重要角色。诸

---

① 杨利慧：《语境的效度与限度——对三个社区的神话传统研究的总结与反思》，《民俗研究》2011 年第 1 期。

② 王宪昭：《中国人类起源神话母题实例与索引》，中国社会科学出版社 2016 年版。

如张振犁①、乌丙安②、管东贵、李子贤、王孝廉、③富育光④等学者都运用田野方法，较好地阐释了中国神话多元的特征。这些基于田野调查的神话研究，都有很强的本土问题意识，对西学的借鉴比较恰当。其中，管东贵对川南苗族神话的研究，是在继承其老师芮逸夫调查资料的基础上完成的。⑤该研究说明整理田野材料的眼光与长时段跟踪研究至关重要。张振犁及其学生对中原神话的搜集整理则尤为注重第一手口承神话的记录，出版了四卷本《中原神话通鉴》。⑥该著作兼顾方志、语境信息、专业评点和图片，堪称口承神话调查与搜集整理的范本。

在少数民族活态神话研究方面，李子贤和孟慧英的成就最具代表性。李子贤基于对云南"神话王国"的研究提出"活形态神话"理论，呈现出具有本土特征的神话学田野研究论述。⑦李子贤从20世纪50年代至今，一直坚持在云南各少数民族社区中开展田野调查，经历了民族地区社会剧变的整个过程，其活形态神话研究贯通文本、口承与仪式的神话载体，且具有宏阔的文化比较视野。孟慧英的活态神话研究从神话本体的特征入手，分析了活态神话在少数民族生活文化中的不同表现形式。⑧

---

① 张振犁：《中原神话研究》，上海社会科学院出版社2009年版。
② 乌丙安：《神秘的萨满世界》，上海三联书店1989年版；乌丙安：《满族神话探索——天地层·地震鱼·世界树》，《满族研究》1985年第1期；乌丙安：《萨满教的亡灵世界——亡灵观及其传说》，《民间文学论坛》1990年第2期。
③ 王孝廉：《中国神话世界》，洪叶文化事业有限公司2005年版。
④ 富育光：《萨满教与神话》，辽宁大学出版社1991年版。
⑤ 管东贵：《川南鸦雀苗的祭仪》，《"中央研究院"历史语言研究所集刊》第三十六本，1966年6月；管东贵：《川南鸦雀苗的神话与传说》，《"中央研究院"历史语言研究所集刊》第四十五本，1974年6月。
⑥ 张振犁编著：《中原神话通鉴》，河南大学出版社2017年版。
⑦ 李子贤：《探寻一个尚未崩溃的神话王国》，云南人民出版社1991年版；李子贤：《再探神话王国——活形态神话新论》，云南人民出版社2016年版。
⑧ 孟慧英：《活态神话——中国少数民族神话研究》，南开大学出版社1990年版。

杨利慧从20世纪90年代跟随张振犁"中原神话调查组"在华北进行田野调查开始，就意识到运用民族志方法阐释鲜活的本土神话的重要性。她从河南淮阳太昊陵人祖庙会的空间和事件入手，探讨女娲、伏羲神话的表演与变迁。[①]《现代口承神话的民族志研究——以四个汉族社区为个案》[②]鲜明地倡导用民族志方法研究口承神话。"现代口承神话的民族志研究"立足于民俗学的学术立场，扣住了神话学本身的问题。她的理论方法有别于在民族志中涉及神话的研究，并且积极吸收表演理论、民族志诗学的理论优势，有效地阐释了当代中国人的神话世界。

还有一些神话研究虽然没有书写成体系的民族志，但是使用了田野调查的方法，体现了民族志资料对阐释神话的有效性。诸如王小盾[③]、刘惠萍[④]、高莉芬[⑤]、陈器文[⑥]等学者将田野调查与古典文献、出土文物相结合，较好地展现了古典神话在当代社会流变的过程。诸如过伟[⑦]、白庚胜[⑧]、那木吉拉[⑨]、汪立珍[⑩]等学者对少数民族

[①] 杨利慧：《民间叙事的表演——以兄妹婚神话的口头表演为例，兼谈民间叙事研究的方法问题》，吕微、安德明编《民间叙事的多样性》，学苑出版社2006年版，第233—271页；杨利慧：《中原汉民族中的兄妹婚神话——以河南淮阳人祖庙会的民族志研究为中心》，《云南师范大学学报》（哲学社会科学版）2010年第6期。

[②] 杨利慧、张霞、徐芳、李红武、仝云丽：《现代口承神话的民族志研究——以四个汉族社区为个案》，陕西师范大学出版总社有限公司2011年版。

[③] 王小盾：《中国早期思想与符号研究：关于四神的起源及其体系形成》，上海人民出版社2008年版。

[④] 刘惠萍：《伏羲神话传说与信仰研究》，陕西师范大学出版总社有限公司2013年版；刘惠萍：《神话与图像——日月神话之研究》，文津出版社2011年版。

[⑤] 高莉芬：《蓬莱神话：神山、海洋与洲岛的神圣叙事》，里仁书局2008年版。

[⑥] 陈器文：《玄武神话、传说与信仰》，陕西师范大学出版总社有限公司2013年版。

[⑦] 过伟：《中国女神》，广西教育出版社2000年版。

[⑧] 白庚胜：《东巴神话研究》，云南大学出版社、云南人民出版社2012年版。

[⑨] 那木吉拉：《狼图腾：阿尔泰兽祖神话探源》，民族出版社2009年版；那木吉拉：《中国阿尔泰语系诸民族神话比较研究》，学习出版社2010年版。

[⑩] 汪立珍：《鄂温克族神话研究》，中央民族大学出版社2006年版。

神话的研究，充分运用田野民族志资料，擘画了中华民族多元一体的神话图景。

值得注意的是，21世纪以来许多青年学者在对中国神话的田野调查与民族志研究方面，做出了相较前人更为深入、前沿的研究。比如吴乔对云南花腰傣族宇宙观、神话观的民族志《宇宙观与生活世界——花腰傣的亲属制度、信仰体系和口头传承》[1]，不仅克服了语言障碍，而且在民族志深描方面具有相当的水准。高海珑、高健、雷伟平、张多等学者的神话学民族志，都积极推进了对当代中国神话现状的深描与阐释。[2]

中国学者在20世纪国际神话学民族志研究的序列中起步较晚，但是成绩可观。以李子贤领衔的西南少数民族神话调查和张振犁领衔的中原神话调查，不仅体现了中国神话资源的多元与富集，更体现了中国学者立足本土的学术研究精神。总的来说，1949年以来的中国神话研究，越来越注重"朝向当下"的民族志调查。民族志方法的推进，不仅呈现了人类当代社会的文化多样性，也大大拓展了中国神话研究的视野。神话学逐渐从诗学、哲学，从历史比较之学，从文学符号之学，走进了当代人的生活世界，为以往主要依赖古典文本的神话学开辟了新途径。

第五节　从新神话主义到神话主义

1949年以来，中国神话研究虽然越来越重视对当代社会中神话

---

[1] 吴乔：《宇宙观与生活世界——花腰傣的亲属制度、信仰体系和口头传承》，中国社会科学出版社2011年版。

[2] 高海珑：《重构火神——"活态神话"记忆机制研究》，湘潭大学出版社2016年版；高健：《表述神话——佤族司岗里研究》，博士学位论文，云南大学，2015年；雷伟平：《上海三官神话信仰研究》，博士学位论文，华东师范大学，2013年；张多：《哈尼人的神话世界——以母题的生活实践为中心的民族志》，博士学位论文，北京师范大学，2017年。

的调查，但是依赖古文献记录或者结合考古学资料来进行研究依旧是主导的范式。即便是民族志研究，也大多关注的是前工业社会生活中的神话表现形式，极少有专注于当代工商业社会中神话表达的研究。因此，"向后看"的主导性研究视角极大地限制了学者对古老神话如何与现代社会"接轨"、如何激活其在当下的生命力的探讨热情，阻碍了神话学对当代大众文化以及文化产业中神话存续的深掘。

自2005年以后，叶舒宪着力关注20世纪末西方兴起的"新神话主义"思潮，接连撰写了系列文章阐发"新神话主义"对中国的意义。[①] 在叶文的介绍中，"新神话主义"是指20世纪末以来，借助于电子技术和虚拟现实的推波助澜作用，而在世界文坛和艺坛出现的、大规模的神话—魔幻复兴潮流，其标志性作品包括《魔戒》《指环王》《哈利·波特》等一系列文艺、影视产品。这一概念主要强调作品中体现出当代消费者对前现代社会神话想象和民间信仰传统的极大兴趣。

21世纪以来，中国的旅游业、现代传媒、互联网等文化产业快速发展，在这些新的文化情境中，古典神话显示出强大的文化吸引力和生命力。针对这种"新神话主义"在中国的兴起，叶舒宪撰写了《现代性危机与文化寻根》[②]《文化与符号经济》[③]两部专著，深入阐释了这些新的现象。在这种研究思路的启发下，许多学者都开始关注神话在当代工商业社会、互联网社会中的变迁与创造性转化。比如陈建宪从文化产业角度观察神话的当

[①] 叶舒宪：《人类学想象与新神话主义》，《文学理论前沿》第2辑，北京大学出版社2005年版；叶舒宪：《再论新神话主义——兼评中国重述神话的学术缺失倾向》，《中国比较文学》2007年第4期；叶舒宪：《新神话主义与文化寻根》，《人民政协报》2010年7月12日。

[②] 叶舒宪：《现代性危机与文化寻根》，山东教育出版社2009年版。

[③] 叶舒宪：《文化与符号经济》，广东人民出版社2012年版。

代转化。① 孙正国从"神话资源"的角度阐述了这种资源的特征以及转化过程。② 在这些探究神话当代转化的学者中,杨利慧所倡导的神话主义研究,最集中地代表了国内神话学对于当代神话资源的创造性转化的前沿探索成果。

杨利慧在前人基础上,重新界定了"神话主义"(mythologism),它是指 20 世纪后半叶以来,由于现代文化产业和电子媒介技术的广泛影响而产生的对神话的转化、挪用和重新建构,神话被从其原本生存的社区日常生活的语境移入新的语境中,为不同的观众而展现,并被赋予了新的功能和意义。③ 杨利慧把在遗产旅游以及电子传媒(包括互联网、电影电视以及电子游戏)等新语境中对神话的转化、挪用和重建,都纳入"神话主义"的范畴。④ 她更多地参考了民俗学者有关"民俗主义"及"民俗化"等概念的定义和讨论,强调的是神话被从其原本生存的语境中抽取出来,在新的语境中为不同的观众而展现,并被赋予新的功能和意义。

神话主义的关注点,聚焦于现当代社会中对于神话的转化和重述。而将神话作为地区、族群或者国家的文化象征来进行商业性、政治性或文化性的整合运用,则是神话主义的常见形态,并且这种

---

① 陈建宪:《民间文学资源的创造性转换——关于长阳廪君神话复活的理论思考》,《湖北民族学院学报》(哲学社会科学版)2004 年第 2 期;陈建宪:《民俗文化与创意产业》,华中师范大学出版社 2012 年版。

② 孙正国:《全球化语境下看神话资源转化的两难选择》,《长江大学学报》(社会科学版)2006 年第 3 期;孙正国:《当代语境下神话资源的"公共空间化"》,《长江大学学报》(社会科学版)2008 年第 1 期。

③ 杨利慧:《神话 VS 神话主义:质疑神话主义的异质性》,《云南师范大学学报》(哲学社会科学版)2016 年第 6 期。

④ 杨利慧:《遗产旅游语境中的神话主义——以导游词底本与导游的叙事表演为中心》,《民俗研究》2014 年第 1 期;杨利慧:《当代中国电子媒介中的神话主义》,《云南师范大学学报》(哲学社会科学版)2014 年第 4 期。

运用是循环往复的动态过程。① 吴新锋、祝鹏程、高健、包媛媛、张多等学者从更为具体的案例中阐发当代中国的神话主义现象,充分显示出神话主义研究的阐释力。②

从新神话主义到神话主义,不仅能够反映 70 年来中国社会文化发展与嬗变的历史进程,更能够凸显中国神话在不同时代焕发出的生命力。持续开展对中国神话古今对话、创造性转化的研究,必将能够为当代中华文化复兴提供精神动力。

第六节　面向未来的中国神话学

综观 70 年来中国神话学的成就,既有"百年神话学"框架下对 20 世纪上半叶学术遗产的继承,又有 21 世纪中华文化复兴与"东学西渐"潮流中的神话学贡献。③ 尤其是 20 世纪 80 年代中期至今,中国神话研究进入"再度辉煌"的新时代,其成就在多方面超越前人。④ 这些成就集中体现在对古代神话典籍和文物深入、系统、创新的研究,对中国多民族神话的调查与阐释,对神话学理论方法的拓

---

① 杨利慧:《"神话主义"的再阐释:前因与后果》,《长江大学学报》(社会科学版) 2015 年第 5 期;杨利慧:《民俗生命的循环:神话与神话主义的互动》,《民俗研究》2017 年第 6 期。

② 吴新锋:《心灵与秩序:"神话主义"与当代西王母神话研究》,《云南师范大学学报》(哲学社会科学版) 2016 年第 6 期;祝鹏程:《祛魅型传承:从神话主义看新媒体时代的神话讲述》,《民俗研究》2017 年第 6 期;高健:《书面神话与神话主义——1949 年以来云南少数民族神话书面文本研究》,《云南师范大学学报》(哲学社会科学版) 2016 年第 6 期;包媛媛:《中国神话在电子游戏中的运用与表现——以国产单机 PRG 游戏〈古剑奇谭:琴心剑魄今何在〉为例》,《云南师范大学学报》(哲学社会科学版) 2014 年第 4 期;张多:《遗产化与神话主义——红河哈尼梯田遗产地的神话重述》,《民俗研究》2017 年第 6 期。

③ 马昌仪选编:《中国神话学百年文论选》,陕西师范大学出版总社有限公司 2013 年版,"序言"第 7 页。

④ 潜明兹:《中国神话学》,上海人民出版社 2008 年版,"序言"第 4 页。

展和建构,对当代社会神话生命力与创造性转化的探究与前瞻等。

当然,中国神话学经过 70 年的发展,也留下许多亟待深拓的课题,比如有学者指出的:古代神话对民族精神的表现和价值,以及这种神话精神对当代乃至未来的影响是什么,这些重大理论问题的研究仍然阙如。① 再如学科建设不尽如人意,尤其是神话研究最为倚重的民间文学,在当代学科建设中几经波折,仍面临诸多困境。② 又如对神话存续现状的调查研究远远不够、对新出土文物的解读工作任重道远、同国际神话学同行的对话亟待加强等。这些问题也将是下一阶段中国神话学努力的方向。

但总的来说,中国神话研究在 1949—2019 年间,取得了辉煌的成就。中国神话学在多学科交叉、中西理论方法融汇、文明互鉴与比较、构建中华民族认同等方面,都做出了巨大贡献,展示了中国当代人文社会科学的骄人成绩。面向未来,中国神话学当积极拓展智能化社会中神话传承与流变的探索,积极推进古典神话精神资源助力中华民族复兴的历史进程,积极总结前人学术遗产并锐意创新,使神话学成为新时代中国人文社会科学研究中的高地。

---

① 李立:《新中国神话研究的回顾与思考》,《文史哲》2002 年第 2 期。
② 刘锡诚:《二十世纪中国民间文学学术史》,中国文联出版社 2014 年版,第 12—16 页。

第 三 章

民间传说研究

王 尧

民间传说，简称传说，对它的研究史梳理离不开与神话、故事的文类辨析。通常认为神话、传说、故事可以"广义故事"统括之。威廉·巴斯科姆在《口头传承的形式：散体叙事》[①] 中将此三者合称民间散体叙事。在这一宽泛的形式集合之下，三者构成一组相对性较强的分析范畴，传说的性质往往介于神话、故事之间。在不同的社会形态和文化语境之下，三者可能会发生转化。传说与神话一样被讲述者和听众忠实地接受和相信，不像故事指向纯粹虚构的叙述、具有较强的娱乐性；但它不被当作发生于久远之前的事情，比神话的叙事对象更接近世俗生活。而当学者对传说进行无语境或泛语境的纯文本研究时，传说则与故事呈现出较多的交集，常可同义置换。

本章选择以影响较著的研究范式分类归纳，兼及对象和范围，希冀呈现 70 年来学术趋势及其内在理路的流变。

---

① ［美］威廉·巴斯科姆：《口头传承的形式：散体叙事》，载［美］阿兰·邓迪斯编《西方神话学读本》，朝戈金等译，广西师范大学出版社 2006 年版，第 5—37 页。

第一节 "历史演进法"与古史传说研究

20世纪90年代以前,对传说的研究以主题流变、比较研究、文化审美为主,这些都是立足于传说文本的研究。其中以主题流变研究为大宗,是贯穿70年传说研究史的主流方法。主题流变研究通过对文本形态和内容的梳理分析,以历时性眼光勾勒其演变的历史脉络,兼顾宏观的流通地域和流变路线,归纳传说产生、传播和变异的基本线索,同时观照社会、文化、历史的变迁。

主题流变研究中影响最为深远的著作当推顾颉刚的孟姜女故事系列研究。[①] 学科草创时期,"故事"与"传说"尚未细分,是以早期研究中不少传说也被称作故事。顾颉刚1924年发表的《孟姜女故事的转变》和1927年发表的《孟姜女故事研究》开创了传说研究的经典范式。他将所得全部材料按"历史的系统"和"地域的系统"排序,从这两个方面梳理孟姜女传说的历时变迁和地域差别,前者尤以"历史演进法"为基准,试图剥离那些在传说上层层叠加和黏附的成分,这一研究也成为其"层累造史"学说之证明。该范式在当时颇具方法论的示范意义,使传说研究自起始之日便站在一个较高的起点上。

顾氏对孟姜女故事的资料积累和研究工作一直持续到1966年,前后达40多年。此后不断有来自传说和学术史领域的学者对该范式深入研讨,如1983年河北省民研会与秦皇岛市文联在秦皇岛联合召开了孟姜女故事研讨会,论文发表在《民间文化论坛》1984年第2期,作者包括贾芝、匡扶、段宝林、许钰。为纪念顾颉刚逝世一周

[①] 顾颉刚编著:《孟姜女故事研究集》,上海古籍出版社1984年版。

年出版的《孟姜女故事论文集》[①] 中除钟敬文、路工、张紫晨、刘守华等文之外，还收入日本学者饭仓照平撰《孟姜女故事的原型》和马昌仪撰《关于李福清孟姜女研究专著的概述》，介绍了两种具有代表性的同题海外研究。

进入 21 世纪之后对该范式的研讨，以施爱东《顾颉刚故事学范式回顾与检讨——以"孟姜女故事研究"为中心》[②] 最具代表性。施氏指出，以实证史学的方法治民间文学，使用"历史演进法"之局限也很明显，主要表现为一源单线的理论预设与故事生长的多向性特点之间的不相符、故事讲述的复杂多样与文献记载的偶然片面之间的矛盾，以及在材料解读过程中基于进化论假设的片面性导向。但施氏认为，尽管如此，顾氏孟姜女研究依然是民间文学史上"光辉的经典"。

将传说与神话纳入历时维度予以观照的是持"广义神话"观的袁珂，数十年对神话填海逐日般的研究经历使他感受到神话与传说并非截然两分，其内在的发展脉络不应被学者人为割裂，而现有的以神话、传说概念分而治之的做法显然不利于把握和呈现其中的历史连续性；另外，以"广义神话"涵括部分传说，也可拓展中国神话的研究对象，在一定程度上改变中国神话资料看似贫乏、零散的印象。

此一对广义神话的界定直接体现在袁氏《中国神话传说》《中国神话传说词典》《中国神话史》[③] 等著述中。《中国神话史》内容上至《山海经》等先秦神话，含魏晋志怪、唐宋传奇，下及《封神

[①] 顾颉刚、钟敬文等：《孟姜女故事论文集》，中国民间文艺出版社 1983 年版。

[②] 施爱东：《顾颉刚故事学范式回顾与检讨——以"孟姜女故事研究"为中心》，《清华大学学报》（哲学社会科学版）2008 年第 2 期。

[③] 袁珂：《中国神话传说》（上、下册），中国民间文艺出版社 1984 年版；《中国神话传说词典》，上海辞书出版社 1985 年版；《中国神话史》，上海文艺出版社 1988 年版。

演义》《西游记》等章回小说，牛郎织女、白蛇传、董永与七仙女、沉香劈山救母等传说也被视为后世产生的新神话，由此大为拓展了神话的范围。不过，此种界定未被学界广泛接受，迄今大多数论著中，对两汉以后的民间散体叙事仍以传说故事称之。

陈泳超著《尧舜传说研究》[①]受到顾颉刚研究的提示与启发。顾氏完成孟姜女故事研究之后，很想继续做舜的研究，然而终于未果。陈泳超此书首次将历代传播的尧舜传说总体作为单独的研究对象，同时对顾氏"历史演进法"的进化论色彩保持高度警惕。作者始终站在传说立场上，对探究古史的"真相"没有兴趣，总体目标是考察传说的生成与流变，这一选题和定位完全突破了此前古史传说研究的常规框架。该书既有纯粹的历史研究，也有对传说情节单元的切割排比；并对舜与音乐、逃王高士等比较活跃的情节单元做了深入的个案研究；对于田野口承形态与书面文献的对读，也倾注了持久而特别的关怀。

此后关于古史传说的专著有：郭永秉《帝系新研——楚地出土战国文献中的传说时代古帝王系统研究》[②]、刘毓庆《华夏文明之根探源：晋东南神话、历史、传说与民俗综合考察》和《上党神农氏传说与华夏文明起源》[③]、陈嘉琪《南宋罗泌〈路史〉上古传说研究》[④]等。

[①] 陈泳超：《尧舜传说研究》，南京师范大学出版社2000年版。
[②] 郭永秉：《帝系新研——楚地出土战国文献中的传说时代古帝王系统研究》，北京大学出版社2008年版。
[③] 刘毓庆：《华夏文明之根探源：晋东南神话、历史、传说与民俗综合考察》，学苑出版社2008年版；刘毓庆：《上党神农氏传说与华夏文明起源》，人民出版社2008年版。
[④] 陈嘉琪：《南宋罗泌〈路史〉上古传说研究》，中国社会科学出版社2018年版。

第二节 传说的文化审美研究

与"历史演进法"几乎同时并行发展的研究方法是文化审美研究,今仍不衰。学者们结合传说的社会、文化、历史背景,对传说中蕴藏的文化价值等命题进行阐发。

经过20世纪前半叶的剧烈社会变革,重估民间传说的文化价值成为研究者面临的重要命题。1951年何其芳在《人民日报》上发表《关于梁山伯与祝英台故事》[①]一文,产生了较大影响。当时有批评文章称梁祝被塑造为"傻蛋"和"贱妾",化蝶结尾是"充满迷信的收场",要求祝英台应该积极地斗争反抗。何其芳指出:这种观点代表了一种不好倾向,即简单鲁莽地对待文学遗产,并企图以自己主观的想法来破坏那些文学作品原有的优美之处。梁山伯、祝英台死后化为一双蝴蝶,不是迷信,而是优美的想象。在中国人民革命取得了全国胜利以后,必然要进行对文学遗产和文化遗产重新估价的运动。如果准备不足,就很容易有一种幼稚的想法,以为依靠几个革命术语或几个简单的社会科学的概念就可以评判一切、通行无阻,这就必然要发生许多笑话式的错误。何其芳的识见在当时已是难能可贵,60年后重读此文依然倍感冷峻。

西方人类学派的研究理念自民间文学学科建立初期已有较大影响。周作人借鉴19世纪末兴起的以安德鲁·朗为代表之人类学派神话学理论,解释中国传说故事中原始文明的遗存,具有拓荒者的意义。此种以人类学派进化论观念解释传说诸现象的研究框架,至20世纪80年代仍是主流范式之一。如巫瑞书《传说探源》[②]认为民间

[①] 何其芳:《关于梁山伯与祝英台故事》,《人民日报》1951年3月18日。
[②] 巫瑞书:《传说探源》,中国民间文艺研究会理论研究部编《中国民间传说论文集》,中国民间文艺出版社1986年版,第10—19页。

传说的产生有两大源头：神话和历史。神话经过历史化、地方化、传奇化的方式演变为传说；历史则由真人真事的艺术化、历史人物的附会捏合、虚拟人物的创造三种方式敷演为传说。进入90年代后，伴随着民俗学的语境转向，人类学派余音渐绝。

在中华人民共和国成立后相当长时段内，相比歌谣、故事，传说搜集和研究的范围都略显局限，或是集中在比较著名的白蛇传、梁祝等，或是侧重于革命斗争、农民起义，方法也较难摆脱以阶级斗争思想来评论和改造文艺作品的阐释框架。此种缓滞局面至20世纪80年代之后有较大突破。一方面，各地区的民间传说得到了大量搜集整理，尤其是在"三套集成"工作开展后，传说资料出版的数量和质量都有明显提升。另一方面，学者逐渐突破单一的批评范式，从多元的视角展开研究。其中，文化审美研究取得了丰硕成果，不过时至今日，对此种范式的应用也趋近饱和。

钟敬文在20世纪二三十年代即撰写过有关传说的文章，如《中国的水灾传说》《中国的地方传说》《老獭稚型传说的发生地》，是当时传说领域具有代表性的创新成果。1981年又撰专论《刘三姐传说试论》[①]，梳理前代典籍记录情况，指出刘三姐传说的形态发展及与歌圩风俗之关系。

程蔷《中国识宝传说研究》[②] 一书首先追溯了识宝传说的形成及在不同阶段的发展情况。作者发现，唐以后的识宝传说分化为两条轨道：一条基本保持西域胡人识宝传说的基本形态，发生有限的变异，即后来的回回识宝、江西人觅宝、南蛮子憨宝，至今仍然活跃在民间口头；另一条是从西域胡人识宝传说中脱胎而出的洋人盗宝，人物身份、态度、宝物的性质、故事的基调和结局等都发生了

[①] 文中所提到的钟敬文文章的《钟敬文文集·民间文艺学卷》，安徽教育出版社2002年版。

[②] 程蔷：《中国识宝传说研究》，上海文艺出版社1986年版；该书出版后，作者又撰文《识宝传说与文化冲突——识宝传说文化涵义的再探索》，刊于《民间文学论坛》1993年第2期。

质变。该书的视野并未局限于识宝传说本身,而是试图建立历史线索,努力勾勒不同阶段识宝传说的形态,同时对其演变的原因和规律进行探讨。2003年又出版《骊龙之珠的诱惑:民间叙事宝物主题探索》①,就传说、故事的文类纠缠问题提出以"民间叙事"为纲做整合性的研究。

针对同一问题,许钰也在《口承故事论》②中专门提出,将神话、传说、故事统称为"口承故事",考察三种文类的共通点,同时也不抹杀各自的特性和独立发展史。在此书中,许钰对黄帝、孟姜女、鲁班等传说展开了专题研究。

故事学家刘守华的传说研究成果亦蔚为大观。他将比较研究法、母题和类型研究在个案应用上发挥到极致,在此基础上加以文化解读和意义阐释。这体现在刘著《比较故事学》《中国民间故事史》《中国民间故事类型研究》《道教与中国民间文学》③中。刘守华还主编了多部传说资料集,如《张天师传说汇考》《千古英雄:湖北三国传说选》《水舞山歌:长江三峡传说选编》④等。

陈金文专注于传说的文化研究,进入21世纪以来撰写了三部专书:《孔子传说的文化审美研究》《壮族风物传说的文化研究》《壮族民间信仰的传说学管窥》。⑤近年出版的专著还有:刘亚虎《广西

---

① 程蔷:《骊龙之珠的诱惑:民间叙事宝物主题探索》,学苑出版社2003年版。
② 许钰:《口承故事论》,北京师范大学出版社1999年版。
③ 刘守华:《比较故事学》,上海文艺出版社1995年版;刘守华:《中国民间故事史》,湖北教育出版社1999年版;刘守华主编:《中国民间故事类型研究》,华中师范大学出版社2002年版;刘守华:《道教与中国民间文学》,中国友谊出版公司2008年版。
④ 刘守华主编:《张天师传说汇考》,华中师范大学出版社2009年版;刘守华、陈建宪主编:《千古英雄:湖北三国传说选》,华中师范大学出版社2011年版;刘守华、陈建宪主编:《水舞山歌:长江三峡传说选编》,华中师范大学出版社2011年版。
⑤ 陈金文:《孔子传说的文化审美研究》,齐鲁书社2004年版;《壮族风物传说的文化研究》,民族出版社2011年版;《壮族民间信仰的传说学管窥》,中国社会科学出版社2016年版。

山水传说探美》①、郎净《董永故事的展演及其文化结构》②、纪永贵《董永遇仙传说研究》③、巫瑞书《龙的传说与地域文化——"短尾龙"型传说的形成、流播及价值》④、张晨霞《帝尧传说与地域文化》⑤、张静《黄陂木兰传说与风物》⑥ 等。

第三节 "四大传说"经典的生成

罗永麟在 1986 年公开出版的个人论文集《论中国四大民间故事——兼论民间文学与文人文学的关系》⑦ 中使用了"四大民间故事"的醒目标题，指孟姜女、白蛇、梁祝、牛郎织女。选择有代表性的作品入手，是他提出"四大民间故事"的动机。本书收录了作者的 13 篇文章，其中关于四大民间故事的有《试论〈牛郎织女〉》等 8 篇，写作时间从 1957 年至 1985 年。方法基本遵循"自序"所述："从文学作品本身的思想内容和艺术形式""用历史唯物论和辩证唯物论对具体作品进行具体分析"，以期弥补"我们除了对其故事演变加以历史考证的兴趣外，对其思想内容和艺术特色，并没有做过较多而深入的钻研，至今尚无一本专著"⑧ 的缺憾。总体而言，仍然是从阶级对立、社会制度、风俗文化、人物塑造等角度进行的文化审美研究。

---

① 刘亚虎：《广西山水传说探美》，广西人民出版社 1994 年版。
② 郎净：《董永故事的展演及其文化结构》，上海古籍出版社 2005 年版。
③ 纪永贵：《董永遇仙传说研究》，安徽大学出版社 2006 年版。
④ 巫瑞书：《龙的传说与地域文化——"短尾龙"型传说的形成、流播及价值》，湖南师范大学出版社 2013 年版。
⑤ 张晨霞：《帝尧传说与地域文化》，学苑出版社 2013 年版。
⑥ 张静：《黄陂木兰传说与风物》，华中师范大学出版社 2016 年版。
⑦ 罗永麟：《论中国四大民间故事——兼论民间文学与文人文学的关系》，中国民间文艺出版社 1986 年版。
⑧ 同上书，"自序"第 3 页。

随着传说故事研究的不断深化，二者的指向和区别逐渐明晰，此四者被统称为"四大传说"并得到广泛接受，被奉为民间文学的经典作品。对四大传说的研究迄今不绝，研究范围扩大至不同地域、民族乃至海外，研究范式亦不断更新，大致可概括为：文化审美研究、比较研究、流变研究和俗文学研究。

在罗永麟之前，已有学者从思想立场、地域文化、审美价值等方面对这四种传说不断阐释、评价。代表性文章除前述1951年何其芳《关于梁山伯与祝英台故事》之外，还有1953年戴不凡《试论〈白蛇传〉故事》[1]，结合历代小说、戏曲、弹词等通俗文学作品中的白蛇传文本对人物塑造、思想内涵进行阐释，认为《白蛇传》是有深刻意义的优美的民间传说，反对"唯成分论"观点，指出硬搬划分阶级成分的方法对待古代人民创造出来的人物是缺乏常识的看法，并强调对于传说改编应持谨慎而非随意的态度。

比较研究针对传说中稳定的和变异的部分，分析来自文本内部和外部的不同影响因素，从而探究传说本体的变化规律，对于来自异文化的相似现象尤具阐释力。过伟自20世纪80年代开始持续对四大传说进行跨民族的比较研究，主要论文有《孟姜女传说在壮、侗、毛南、仫佬族中的流传和变异》《孟姜女故事在少数民族中的变异》《侗族吴歌〈孟姜女〉比较研究》《梁祝传说在少数民族中的流传与变异》等。[2]

贺学君《中国四大传说》[3]首次对四大传说展开系统性专论。

---

[1] 戴不凡：《试论〈白蛇传〉故事》，《文艺报》1953年第11号，转引自苑利主编《二十世纪中国民俗学经典·传说故事卷》，社会科学文献出版社2002年版，第72—88页。

[2] 过伟：《孟姜女传说在壮、侗、毛南、仫佬族中的流传和变异》，《民族文学研究》1983年创刊号；《孟姜女故事在少数民族中的变异》，《民间文学论坛》1986年第6期；《侗族吴歌〈孟姜女〉比较研究》，《黔东南社会科学》1990年第3期；《梁祝传说在少数民族中的流传与变异》，《湖北民族学院学报》（哲学社会科学版）2006年第4期。

[3] 贺学君：《中国四大传说》，浙江教育出版社1989年版。

该著追溯了传说的原型、情节和人物形象的变异,分析了传说与乞巧节、寒衣节、端午节、压胜信仰等民俗事象的关联,并且尽可能地搜集呈现了海外同类型传说的传播和变异情况。此后,巫瑞书、刘红①均撰有专著阐发四大传说与地方、民族的多样文化关联以及丰富的文化内蕴。

对四大传说的海外演变以毕雪飞专著《日本七夕传说研究》②为代表。七夕传说是中日文化交流史上引人注目的文化现象,该书以大量日文文献为基础,呈现了日本文学、民俗学、民间文学视野下的七夕传说研究学术史。

俗文学研究主要围绕两类话题展开。一是敦煌文书,如吴真《敦煌孟姜女变文与招魂祭祀》③等。二是戏曲曲艺、影视、网络改编研究,如郭玉华《中国四大民间传说的戏剧传播研究》和高艳芳《中国白蛇传经典的建构与阐释》④等。

资料集亦有多部可参,如周静书主编《梁祝文化大观》⑤,含曲艺小说、故事歌谣、戏剧影视、学术论文四卷,学术论文卷收录容肇祖、钱南扬、顾颉刚、阿英、赵景深等文。叶涛、韩国祥任总主编的五卷本丛书《中国牛郎织女传说》⑥包括民间文学卷、俗文学卷、图像卷、研究卷、沂源卷;研究卷收录了日、韩和中国学界代表性论文,施爱东在该书前言中梳理了牛郎织女传说的研究简史。

---

① 巫瑞书:《孟姜女传说与湖湘文化》,湖南大学出版社 2001 年版;刘红:《民间四大传说研究》,中国社会科学出版社 2014 年版。
② 毕雪飞:《日本七夕传说研究》,中国社会科学出版社 2013 年版。
③ 吴真:《敦煌孟姜女变文与招魂祭祀》,《北京大学学报》(哲学社会科学版) 2012 年第 1 期。
④ 郭玉华:《中国四大民间传说的戏剧传播研究》,中国电影出版社 2017 年版;高艳芳:《中国白蛇传经典的建构与阐释》,博士学位论文,华中师范大学,2014 年。
⑤ 周静书主编:《梁祝文化大观》,中华书局 2000 年版。
⑥ 叶涛、韩国祥主编:《中国牛郎织女传说》(五卷),广西师范大学出版社 2008 年版。

此外，还有《镇江·鹤壁"白蛇传传说"故事汇编》[①] 等。文化艺术出版社 2006 年出版了四部论文集：《名家谈白蛇传》《名家谈牛郎织女》《名家谈孟姜女哭长城》《名家谈梁山伯与祝英台》[②]，前述文章多有收录。

第四节　语境中的地方话语

20 世纪 90 年代之后，大量西方理论的译介为中国民俗学提供了思想资源。中国民俗学学者不约而同地转向在语境中观察民俗，传说研究范式亦从文本向语境转换。研究者关注传说与其生长环境的密切关联，关注社会行为和观念对传说文本的诱导和制约，以传说的社会功能为主旨，分析它所代表的人群集团的文化需求、所表达的文化认同倾向。语境下的传说研究关键词大致包括：日常生活、集体记忆、村落、功能、建构、认同、话语、动力。

传说和历史的关系始终是传说学的重要命题，这一讨论约略经过了客观真实的反映论至主观真实的建构论之变化过程。随着后现代史学的理论转向，口述史、社会史、区域文化史研究兴起，以往将传说与历史作为虚构与真实二元对立的传统史观逐渐消解，学者们发现其与历史叙事具有多方面的同构关系，故传说又被视为和历史具有平等地位、同等价值的集体性"历史记忆"。某种程度上，传说在社区建构、凝聚认同等方面甚至发挥着比历史更为深远入微的影响力。

[①] 镇江市非物质文化遗产保护中心、鹤壁市非物质文化遗产保护中心编：《镇江·鹤壁"白蛇传传说"故事汇编》，江苏大学出版社 2013 年版。

[②] 戴不凡等：《名家谈白蛇传》，文化艺术出版社 2006 年版；钟敬文等：《名家谈牛郎织女》，文化艺术出版社 2006 年版；顾颉刚等：《名家谈孟姜女哭长城》，文化艺术出版社 2006 年版；钱南扬等：《名家谈梁山伯与祝英台》，文化艺术出版社 2006 年版。

以赵世瑜、陈春声、刘志伟、郑振满为代表的社会史学者关注的议题大到正史书写、族群溯源，小至村落集体记忆、宗族谱牒编纂，多围绕传说话语的选取、改编、建构展开。赵世瑜[①]《祖先记忆、家园象征与族群历史——山西洪洞大槐树传说解析》从山西洪洞大槐树移民传说中不只看到了移民家族定居、发展的历史，还读出了北方族群关系变迁史、卫所制度等国家制度对基层社会影响的历史，以及晚清民国时期地方士绅重构传说的时代取向或追求现代性的努力。他在《从移民传说到地域认同：明清国家的形成》中提出，移民传说是讨论地域认同的一个切入点，它是16—18世纪地域认同不断扩展，也即明清国家形成的重要表征。通过对传说传承和改造的剖析，考察社区和族群建构身份认同过程的研究还有陈春声《乡村故事与社区历史的建构——以东凤村陈氏为例兼论传统乡村社会的"历史记忆"》《乡村的故事与国家的历史——以樟林为例兼论传统乡村社会研究的方法问题》《村落历史与神明传说的演变——以明清粤东一个乡村天后宫的研究为中心》[②]、刘志伟《女性形象的重塑："姑嫂坟"及其传说》[③]，以及郑振满对宗族史的研究。关于同类话题，万建中亦撰有《传说记忆与族群认同——以盘瓠传说为考

[①] 赵世瑜：《祖先记忆、家园象征与族群历史——山西洪洞大槐树传说解析》，《历史研究》2006年第1期；《从移民传说到地域认同：明清国家的形成》，《华东师范大学学报》2015年第4期；《传说·历史·历史记忆——从20世纪的新史学到后现代史学》，《中国社会科学》2003年第2期；《识宝传说：一个关于本土与异域的华北民间历史隐喻》，赵世瑜《小历史与大历史：区域社会史的理念、方法与实践》，生活·读书·新知三联书店2006年版。

[②] 陈春声、陈树良：《乡村故事与社区历史的建构——以东凤村陈氏为例兼论传统乡村社会的"历史记忆"》，《历史研究》2003年第5期；陈春声：《乡村的故事与国家的历史——以樟林为例兼论传统乡村社会研究的方法问题》，黄宗智主编《中国乡村研究》第二辑，商务印书馆2003年版，第1—33页；陈春生：《村落历史与神明传说的演变——以明清粤东一个乡村天后宫的研究为中心》，中国明史学会等编《第十届明史国际学术讨论会论文集》，人民日报出版社2005年版，第356—364页。

[③] 刘志伟：《女性形象的重塑："姑嫂坟"及其传说》，苑利主编《二十世纪中国民俗学经典·传说故事卷》，社会科学文献出版社2002年版。

察对象》《传说建构与村落记忆》《民间传说的虚构与真实》《话语转换：地方口头传统的"在地化"——以新余毛衣女传说为例》①等系列论文。

学者们还观察传说演述行为与生存语境和地方文化传统的互动关系，常见话题包括传说被生产和传播的动态过程，被提倡和被压制的异文之间的对抗，社会行为、观念对传说文本的诱导和制约等。对于传说具有的"真实性""地方性""变异性"等特质及其生长运行机制，学者们也提供了更为生动深入的看法。

此类研究以陈泳超《背过身去的大娘娘——地方民间传说生息的动力学研究》②为代表。陈著与顾颉刚的孟姜女研究、普罗普的形态学研究都同样关心传说的变异问题，但他专注于观察那些具有明显动机的变异过程。经过在山西洪洞长达八年的田野调查，陈氏提出：地方性、时代性和阶层性的解剖视角，与"民俗精英"对传说的核心话语权和支配力，共同构成了传说动力学的主导模型。作者还揭示了传说的特征"权力性"：一切传说皆具备权力属性，差别只在于权力大小和使用成效。权力的动态表达即是"动力"。王尧对二郎神传说的研究也在山西洪洞的同一地方之内展开③，不同的是，后者的研究焦点在于借助传说对神灵之名的持续转化过程，观察地方性神灵的生长机制。

李然《山东秃尾巴老李传说与信仰研究》④考察区域社会中传

---

① 万建中：《传说记忆与族群认同——以盘瓠传说为考察对象》，《广西民族学院学报》2004年第1期；《传说建构与村落记忆》，《南昌大学学报》2004年第3期；《民间传说的虚构与真实》，《民族艺术》2005年第3期；《话语转换：地方口头传统的"在地化"——以新余毛衣女传说为例》，《贵州民族大学学报》2017年第5期。

② 陈泳超：《背过身去的大娘娘——地方民间传说生息的动力学研究》，北京大学出版社2015年版。

③ 王尧：《凡人成神的传说模式》，《民族文学研究》2015年第5期；《传说与神灵的地方化——以山西洪洞的青州二郎信仰为例》，《民族艺术》2015年第5期；《传说的框定：全国性神灵的地方化——以山西洪洞地区的杨戬二郎信仰为例》，《民族文学研究》2018年第3期。

④ 李然：《山东秃尾巴老李传说与信仰研究》，山东人民出版社2015年版。

说、信仰及民众生活之间的互动。秃尾巴老李是一种地方性知识的集合，包含大量口头传说，依托于庙宇和仪式，解释地方社会中的特定关系、秩序和逻辑，成为群体自我认同并向外展示的标志性文化。

语境导向的研究范式为观察传说提供了较文本研究更为立体多元的维度。学者们在田野里观察日常生活中的传说样态，一方面以传说的社会功能为主旨，分析它所代表的人群的文化需求、所表达的社会化倾向和文化认同细节；另一方面也通过对活态传说的语境化、地方化考察，反观传说自身的生长规律。

岳永逸《灵验·磕头·传说：民众信仰的阴面与阳面》[1] 探讨了传说、庙会与地方社会的互构和传说映射的乡村政治等议题。纳钦《口头叙事与村落传统——公主传说与珠腊沁村信仰民俗社会研究》[2] 以一个蒙古族村落个案揭示了传说对村落传统建构的过程和功能。梁昭《表述"刘三姐"：壮族歌仙传说的变迁与建构》[3] 将刘三姐的传说、戏曲、电影等各类文本还原回具体的时代和社会语境中，考察一种特定的文化符码如何被表述、建构和接纳。还有一些学者认为，以语言形态传承的传说日渐衰微，而以"观赏"为主要传播方式的视觉媒介逐渐成为较重要的存在形态与传承模式；余红艳《景观生产与景观叙事——以"白蛇传"为中心》[4] 即在此背景下提出"传说的景观生产"概念，着重探讨传说依附现实景观所实现的文化符号的生产过程。

---

[1] 岳永逸：《灵验·磕头·传说：民众信仰的阴面与阳面》，生活·读书·新知三联书店2010年版。

[2] 纳钦：《口头叙事与村落传统——公主传说与珠腊沁村信仰民俗社会研究》，民族出版社2004年版。

[3] 梁昭：《表述"刘三姐"：壮族歌仙传说的变迁与建构》，民族出版社2014年版。

[4] 余红艳：《景观生产与景观叙事——以"白蛇传"为中心》，博士学位论文，华东师范大学，2015年。

第五节　都市传说的兴起

都市传说又称当代传说,是民间传说的一个重要分支,内容与当代都市生活密切相关,同时也可能包含某些传统母题。[①] 都市传说概念来自李扬、王珏纯译介美国民俗学者布鲁范德《消失的搭车客:美国都市传说及其意义》[②],在欧美国家已得到较为广泛深入的研究,我国对这一领域的探索还起步未久。

李扬撰写了《当代民间传说三题》《都市传说分类方法述论》[③]等文,讨论了都市传说的情节、特征、媒介与传统传说的异同关系及分类等问题。陈冠豪《中国当代恐怖传说之"解释"结构探讨》[④] 提出当代恐怖传说具有"不合理事件"加"解释"的叙事结构;施爱东《盗肾传说、割肾谣言与守阈叙事》[⑤] 探讨了都市传说与恐慌谣言的区别以及转化的条件。相关论文还有王杰文《作为文化批评的"当代传说"——"当代传说"研究 30 年（1981—2010）》等[⑥],张敦福、魏泉、黄景春等均提供了颇具代表性的个案

---

①　张建军、李扬:《都市传说》,《民间文化论坛》2016 年第 3 期。

②　[美] 布鲁范德:《消失的搭车客:美国都市传说及其意义》,李扬、王珏纯译,广西师范大学出版社 2006 年版。

③　李扬:《当代民间传说三题》,《青岛海洋大学学报》2002 年第 1 期;《都市传说分类方法述论》,《文化遗产》2016 年第 3 期。

④　陈冠豪:《中国当代恐怖传说之"解释"结构探讨》,《民族文学研究》2011 年第 5 期。

⑤　施爱东:《盗肾传说、割肾谣言与守阈叙事》,《华南师范大学学报》(哲学社会科学版) 2012 年第 6 期。

⑥　王杰文:《作为文化批评的"当代传说"——"当代传说"研究 30 年 (1981—2010)》,《民俗研究》2012 年第 4 期;《乘车出行的幽灵——关于"现代都市传说"与"反传说"》,《民俗研究》2005 年第 4 期。

研究。① 近几年还由此衍生了从民间文学视角研究谣言的热潮，以施爱东为旗手，代表作有《谣言的发生机制及其强度公式》《周期性谣言的类别与特征》《谣言生产和传播的职业化倾向》《民族主义谣言的两极策略》《"谣言倒逼真相"的前因后果》②。其他学者研究如刘文江《谣言背后的"神话心性"及世界观研究》③、祝鹏程《托名传言：网络代言体的兴起与新箭垛式人物的建构》④、张静《西方传说学视野下的谣言研究》⑤ 等。

第六节　传说的形态学研究

形态学研究通常将传说置于抽离了时间与空间因素的真空环境之内进行切割，解剖文本内部的叙事组织结构，探索情节生发变异的最大限度，在国内一度被视为"形式主义流弊"而未受到应有的重视。在此类研究中，传说与故事往往被视为同质的解析对象，研究的焦点在于文本内部的叙事规律。然而，纯文本形态下的传说研究尚有较大空间，如传说的形态特征、文类的区隔标志、演述人对文本的局部截

---

① 张敦福、魏泉：《解析都市传说的理论视角》，《民间文化论坛》2006 年第 6 期；魏泉、张敦福：《中国都市传说的个案简析》，《民俗研究》2011 年第 2 期；魏泉：《若有若无：中国大学校园传说的个案与类型》，《民俗研究》2012 年第 2 期；魏泉：《裂变中的传承：上海都市传说》，《民俗研究》2013 年第 3 期；黄景春：《都市传说中的文化记忆及其意义建构——以上海龙柱传说为例》，《民族艺术》2014 年第 6 期。

② 施爱东：《谣言的发生机制及其强度公式》，《民族艺术》2015 年第 3 期；《周期性谣言的类别与特征》，《民族艺术》2015 年第 5 期；《谣言生产和传播的职业化倾向》，《民族艺术》2015 年第 4 期；《民族主义谣言的两极策略》，《民族艺术》2015 年第 6 期；《"谣言倒逼真相"的前因后果》，《民族艺术》2015 年第 2 期。

③ 刘文江：《谣言背后的"神话心性"及世界观研究》，《民族艺术》2015 年第 1 期。

④ 祝鹏程：《托名传言：网络代言体的兴起与新箭垛式人物的建构》，《民族艺术》2017 年第 4 期。

⑤ 张静：《西方传说学视野下的谣言研究》，《民俗研究》2016 年第 3 期。

取规律、传说负载地方性的限度等,有待研究者进一步开掘。

刘魁立《民间叙事的生命树——浙江当代"狗耕田"故事情节类型的形态结构分析》[①] 一文,将一个故事类型切分为九种变体后,创造性地提出情节基干、积极母题链、消极母题链等分析概念,所涉对象以故事为主,亦兼及传说,如"狗尾草"的来历。

施爱东对孟姜女、梁祝传说展开基于形态学的系列研究。[②]《故事的无序生长与最优策略——以梁祝故事结尾的生长方式为例》以梁祝故事的结尾方式为个案,探讨故事生命树的生长机制,把采自不同时代、地区的各种梁祝故事视为均质文化平台上的"故事集合",站在统计分析的角度证明民间故事形态多样化具有内在的合理性。《孟姜女故事的稳定性与自由度》则对孟姜女同题故事的所有母题进行合并同类项,归纳出九个故事"节点",指出"节点"是同题故事中最稳定的因素。

张志娟《论传说中的"离散情节"》[③] 从纯文本视角下的传说文类特征出发,指出传说的"信实性""地方性""解释性"等特征在很大程度上是由"离散情节"造成的。"离散情节"指传说中游离于主体行动进程之外的叙事成分,是以"名"为中心的叙事。

此种严格约束于"无时空"的纯粹形式研究,虽然通常不讨论那些为语境研究所关注的历史、社会、文化、民族等方面的外部因素,然而这并不表明形态学就无法进行文本的外部研究,陈泳超《地方传说的生命树:以洪洞县"接姑姑迎娘娘"身世传说为例》[④]

---

① 刘魁立:《民间叙事的生命树——浙江当代"狗耕田"故事情节类型的形态结构分析》,《民族艺术》2001年第1期。
② 施爱东:《故事的无序生长与最优策略——以梁祝故事结尾的生长方式为例》,《民俗研究》2005年第3期;《孟姜女故事的稳定性与自由度》,《民俗研究》2009年第4期。
③ 张志娟:《论传说中的"离散情节"》,《民族文学研究》2013年第5期。
④ 陈泳超:《地方传说的生命树:以洪洞县"接姑姑迎娘娘"身世传说为例》,《民族艺术》2014年第6期。

就在尝试扩展形态研究的地域维度。

第七节　传说学的理论建设

与我国丰富的传说储量不相称的是，70年来的研究尚未建立起较完善的、专属传说的理论体系。相比神话学与故事学，传说学相对较为冷清，系统的研究专著就更少见了。至今被引用最多的基础理论，除了前述威廉·巴斯科姆《口头传承的形式：散体叙事》之外，便是日本柳田国男的《传说论》[1]。该书自1985年译介出版后，成为影响几代学人的入门读物；后来关于传说特征的讨论，也大多在此基础上推进。略感可惜的是，对《传说论》的引用仅集中在"纪念物"和"传说圈"。此书还有许多卓见，如以连续四章的篇幅专门讨论了传说在信仰建构过程中的重要功能和巫觋群体对传说的发明，对当下语境中的传说研究不无启发。

程蔷《中国民间传说》[2] 是中国传说学难得一见的理论专著，将传说分为"描叙性传说"和"解释性传说"，并对传说与故事作了明确区分，提出传说的五种独立特征："可信"的表述方式、推原性的思想、传奇性的情节、人物个性化、在流传过程中不断演变。并通过历代典籍中记录的资料，指出中国传说的一些独有问题，为后来者指出了一些可行的研究思路和线索。

张紫晨《中国古代传说》[3] 最初定名为《传说概要》，前四章分别对古代传说的类型、记录、价值和特性进行论述；此后则分门别类地展示地方风物、建筑、医药、饮食、手工艺、风俗、历史人物等专题传说。黄景春《民间传说》[4] 对传说进行全面论述：传说的

---

[1] ［日］柳田国男：《传说论》，连湘译，中国民间文艺出版社1985年版。
[2] 程蔷：《中国民间传说》，浙江教育出版社1989年版。
[3] 张紫晨：《中国古代传说》，吉林文史出版社1986年版。
[4] 黄景春：《民间传说》，中国社会科学出版社2006年版。

定义；与神话、历史、故事的区隔和关联；种类分为人物、史事、名胜古迹、地方物产、风俗传说；特征有四：可信性、传奇性、解释性、黏附性。

邹明华在《专名与传说的真实性问题》[1]中指明传说真实性的一项重要来源：专名。它不仅指向人名，也包括物名、地名、朝代名等。由于专名"先验地为真"，传说自然也被相信与其是一样的"真"了。此外，毕旭玲、陈祖英、张静[2]等对传说研究的中西学术史进行了清理和反思。

综观中国传说学史，顾颉刚的"历史演进法"范式天才地开辟了一条中国传说的特色研究之路。由此开启的主题流变、文化审美、语境转向、都市传说成为传说研究史上的四种主流取向。

70年的传说研究历程显示，无论研究对象、问题意识还是理论方法，从来不曾定于一尊，更不是竞争性的此消彼长、替代更新。区别只在于，问题意识会伴随学者的背景、兴趣和外在条件不断发散，由此引导研究范式转变。既没有绝对过时的理论，亦不存在绝对无价值的问题。时下热门的语境、实践、景观、都市传说等领域大有可为，对基础理论、历史起源、流变传播等问题也应勉力发掘可突破的契机。

进入21世纪以来，由于非物质文化遗产保护运动在世界范围内展开，一些入选"非遗"名录的传说得到了前所未有的关注，将此类传说转化为旅游资源、人文景观被列入许多地方政府的规划之中，相关论题的文章也大量涌现。对传说学进行全面深入的研究，亦将有利于民俗学介入当下文化建设，为实现文化资源保护与开发的平衡，贡献有深度、可持续发展的学理支持。

---

[1] 邹明华：《专名与传说的真实性问题》，《文学评论》2003年第6期。

[2] 毕旭玲：《20世纪前期中国现代传说研究史》，博士学位论文，华东师范大学，2008年；陈祖英：《20世纪中国民间传说研究史》，博士学位论文，北京师范大学，2018年；陈祖英：《20世纪中国民间传说学术史》，《赣南师范大学学报》2018年第4期；张静：《西方传说学发展轨辙》，《华中师范大学学报》（人文社会科学版）2019年第2期。

第 四 章

民间故事研究

漆凌云

故事学是民间文学领域术语体系较为完整、研究范式鲜明的分支学科。中国民间故事学人从事故事研究有着得天独厚的优势：文献记述的悠久、厚重；当代民间故事记录文本的丰厚与多样；鲜活的民间故事讲述传统及多元一体的民族文化根基。70年来类型学、文化人类学、流传学派、形态学、神话原型批评、结构主义、表演理论、文化诗学等外来理论不断与本土方法相结合，形成民间故事采录成果丰硕、研究方法多元的特征，初步搭建了中国故事学话语体系，书写了一批影响深远的学术著作：刘魁立的民间故事形态结构研究、西方民间故事学理论的译介；刘守华的比较故事学与中国民间故事史；祁连休的机智人物故事与古代民间故事类型研究；顾希佳对典籍中故事文本的钩沉和分类；段宝林的立体描写；等等。但我们也应该看到民间故事研究取得的成绩似乎难以与令人艳羡的资源优势相匹配，中国民间故事研究面临的"研究范式表现为顽固性，在故事形态学、文化人类学以及类型学、主题学等范式构成的学术围墙内打转""本体意识薄弱""中国民间故事学一直是技术之学和分析之学，而不是感受之学和生活之学"① 等问题依旧困扰中国民间故事学人，制约未来中国民间故事研究前景。接下来我们通过回顾中国民间故事研究 70 年的发展轨辙，反思中国故事学的主要研究路径，探寻未来中国故事学的突围之路。

第一节 故事研究的分期及特点

民间故事研究大多围绕故事的多重价值而展开，形成了民间故事采录与改写、民间故事的思想内容研究、文学价值研究、比较研究、类型研究、文化人类学研究、故事形态学研究等多重理路。在不同的历史时期，政治语境、社会变迁、学科地位、领军人物、人才培养机制及研究队伍的构成、外来学说等均对中国民间故事研究产生或大或小的影响，进而呈现曲折向前的轨辙，大致分为三个阶段。

第一阶段为 1949—1977 年，研究集中在民间故事采录与改写，学术研究相对不足。中华人民共和国成立后，文化政策的核心路线是围绕《在延安文艺工作座谈会上的讲话》展开的。包括民间故事在内的民间文艺被认为是建设社会主义新文艺及普及新意识形态的有效载体，只需对集精华和糟粕于一体的民间故事按照思想性和艺术性标准进行"体检"便可。经过"排毒"的民间故事不仅是民族文化遗产，还是社会主义新文化的有机组成部分。周扬在中国民间文艺研究会成立大会的开幕词中提出，"今后通过对中国民间文艺的采集、整理、分析、批判、研究，为新中国新文艺创作出更优秀的

---

① 万建中：《20 世纪中国民间故事研究史》，北京师范大学出版社 2011 年版，第 314—317 页。

更丰富的民间文艺作品来"。① 在周扬看来,民间故事的"采集、整理、分析、批评、研究"是为新中国新文艺服务的,这与故事学人通过采录民间故事了解民众生活、思想及作为学术研究材料的旨归大不相同,决定了此后十余年中国民间故事研究的路径。

中华人民共和国成立初期的民间故事研究成果集中在以下方面。

首先是搜集、改写、出版了大批民间故事集,如《水推长城》《石门开》《中国民间故事选》《白族民间故事传说集》等。随着民间故事采录在全国的展开,截至1964年。各地陆续出版的民间故事集有五百多种,许多少数民族的民间故事系首次出版。此外,民间故事的改写工作增强了中华民族的大家庭意识,促进了民众对新政权的认同。采录过程中发现了秦地女、黑尔甲、王惠、陆瑞英等故事家,也是此阶段民间故事研究的重要成果。其次是民间故事搜集整理的讨论。1956年《民间文学》刊发了《民间文学需要百花齐放、百家争鸣》的社论,提出"必须反对搜集、整理工作中的胡乱修改现象"。② 搜集整理讨论发端于刘守华对李岳南关于《牛郎织女》的评论提出批评。③ 此后朱宜初、刘魁立、巫瑞书、刘锡诚(署名刘波)、陶阳、毛星、贾芝等学者也纷纷加入,董均伦、江源、陈玮君、张士杰等民间故事采录家也予以回应。刘魁立在讨论中提出的"一字不移"论和"活鱼要从水中看"的观点对当时及此后的民间文学界产生了较大影响。讨论的最终结果体现在1958年全国民间文学工作者大会报告上提出的"十六字方针":"全面搜集,重点整理,大力推广,加强研究。"④ "十六字方针"

---

① 周扬:《在中国民间文艺研究会成立大会上的讲话》,《周扬文集》第2卷,人民文学出版社1985年版,第10页。

② 《民间文学需要百花齐放、百家争鸣》,《民间文学》1956年第8期。

③ 刘守华:《慎重地对待民间故事的整理编写工作——从人民教育出版社整理的〈牛郎织女〉和李岳南同志的评论谈起》,《民间文学》1956年第11期。

④ 贾芝:《采风掘宝,繁荣社会主义民族新文化——1958年7月9日全国民间文学工作者大会报告》,《民间文学论集》,作家出版社1963年版,第96—100页。

是中国民间故事学人在多年的实地调查过程中结合时代要求总结出的有效方法，兼顾了民间故事的教育价值和学术价值，对此后的民间故事研究产生了很大影响。最后是民间故事的文类特点、思想内容、艺术特征、新故事研究。传统的故事类型学和文化人类学方法在当时被视为资产阶级的方法，所以民间故事研究大多围绕思想内容和艺术特征而展开，代表性成果有钟敬文《略谈民间故事》[1]、毛星《不要把幻想和现实混淆起来——试答几篇关于民间故事的疑问》[2]、贾芝《关于阿凡提的故事》[3]、戈宝权《关于阿凡提和阿凡提的故事》[4]、祁连休《试论阿古登巴的故事》[5]、魏同贤《新故事的政治意义和艺术特色》[6]，等等。

第二阶段为1978—1999年，民间故事研究逐渐回归学术本位，研究方法日趋多元。改革开放后，钟敬文作为中国民间文艺学和民俗学的学术领袖指引了包括民间故事在内的民间文学研究，民间故事研究亦在民间文艺学和民俗学学科内展开。与1949—1966年不到百篇的论文数量相比，自1978年至1999年间民间故事研究论著从数量到质量均呈现爆发式增长，在诸多领域取得突破性进展。据不完全统计，自1978年至1999年共出版故事学著作55部，博士学位论文4篇，硕士学位论文27篇，论文895篇，年均发表论文40.7篇。新时期的民间故事研究取得丰硕成果，方法呈现多元化趋向，民间故事学的理论框架开始搭建，"文艺学的故事研究、比较故事学、人类学的故事研究、故事类型的研究、故事母题的研究、原型批评理论等，在民间故事研究中平分秋色，在竞赛中寻找自己的位

---

[1] 钟敬文：《略谈民间故事》，《民间文学》1955年第10期。
[2] 毛星：《不要把幻想和现实混淆起来——试答几篇关于民间故事的疑问》，《民间文学》1956年第4期。
[3] 贾芝：《关于阿凡提的故事》，《民间文学》1956年第1期。
[4] 戈宝权：《关于阿凡提和阿凡提的故事》，《民间文学》1963年第1期。
[5] 祁连休：《试论阿古登巴的故事》，《民间文学》1965年第6期。
[6] 魏同贤：《新故事的政治意义和艺术特色》，《文史哲》1965年第5期。

置，出现了在学术上'百家争鸣'的大好局面，成为百年中国民间文学学术史上最富成绩的风景"。①

第三阶段为2000—2018年，文本与语境问题成为焦点话题。步入21世纪的民间故事研究面临民间文学二级学科地位取消、诸多故事学人转向民俗研究、研究范式陈旧的困境，但依然在故事学理论、民间故事史、民间故事讲述研究、类型研究、比较研究、类型索引编撰及文化史研究等领域取得突破。据不完全统计，19年来出版民间故事著作131部（含修订版），硕士学位论文263篇，博士学位论文62篇，在学术期刊发表论文1840篇，年均发表论文96.8篇，总体呈现逐年增长的趋势。总体而言，民间故事研究的数量和质量均有提升。接下来，我们将围绕民间故事研究成绩显著、成果最丰富的领域展开分析。

第二节 故事学理论研究

70年来中国故事学人一方面不断吸纳西方故事学理论来拓展民间故事研究路径，另一方面立足本土资源和研究实践进行开拓性探索，提出"立体描写""生命树"等原创性理论，广泛运用"故事文化学"②"历史演进法"等本土范式，初步构建了较为完整的故事学话语体系。

天鹰《中国民间故事初探》③虽有显著的政治话语痕迹，但揭开了系统研究中国民间故事的序幕。刘守华在改革开放后撰写的

---

① 刘锡诚：《二十世纪中国民间文学学术史》，中国文联出版社2014年版，第884页。

② 刘守华结合中国民间故事的本土资源和方法将历史地理学派方法加以适当改造，开创了"故事文化学"方法，在中国民间故事研究领域产生了广泛影响，详见施爱东《故事学30年点将录》，《民俗研究》2008年第3期。

③ 天鹰（姜彬）：《中国民间故事初探》，上海文艺出版社1981年版。

《中国民间童话概说》《故事学纲要》《比较故事学》《中国民间故事史》《佛经故事与中国民间故事的演变》等专著奠定了中国故事学领军人物地位。《故事学纲要》①尝试建构中国民间故事学体系，对民间故事的文类特点、分类、民间故事的传承与功能、民间故事的类同与变异、叙事艺术、新故事及民间故事采录进行了较为系统的考察。许钰《口承故事论》②从体裁论、流传演变论、讲述论、采录论和研究史论等方面对中国民间故事研究的核心领域进行了深入探索。刘守华、许钰的研究表明故事学有较为完善的学科体系。许钰主笔的《中国民间故事集成》总序总结了中国古代和近代民间故事的发展特点，彰显了中国民间故事的丰富蕴藏，揭示了中国民间故事的悠久、鲜活、丰富及多元一体特征，深受诸多故事学人好评。段宝林倡导加强描写研究、关注民间文学的"立体性"特征③是中国故事学人的重要原创性成果。

刘魁立在《民间叙事的生命树——浙江当代"狗耕田"故事情节类型的形态结构分析》④中提炼的中心母题、情节基干、母题链等术语体现了中国故事学人的学术创新，"生命树"理论在21世纪的中国故事学、传说学领域产生深远影响。故事学理论的进步还体现在民间叙事的系统考察上。董乃斌、程蔷的《民间叙事论纲》对民间叙事、文人叙事、经典叙事间的复杂关系进行了深入考察，总结出民间叙事与文人叙事的互动循环图线："民间叙事—文人记录—文本化—权力者介入—经典化—反哺民间—新的民间叙事—新的文本

---

① 刘守华：《故事学纲要》，华中师范大学出版社1988年版。
② 许钰：《口承故事论》，北京师范大学出版社1999年版。
③ 详见段宝林《加强民族民间文学的描写研究》，《南风》1982年第2期；段宝林：《论民间文学的立体性特征》，《民间文学论坛》1985年第5期。
④ 刘魁立：《民间叙事的生命树——浙江当代"狗耕田"故事情节类型的形态结构分析》，《民族艺术》2001年第1期。

和经典—新老民间叙事和经典化文本并存的多元化局面。"① 互动循环图线是对中国民间叙事与文人叙事的深入总结，对我们分析民间故事与民间传说、神话、戏曲、话本、弹词、宝卷、小说等诸多文类的互动关系极具启迪价值。中国学者对民间叙事理论的探讨不止于记录文本，还对叙事过程进行了深入探讨。刘魁立的《民间叙事机理谫论》把民间叙事层次由里至外分为叙事核心、文本、超文本三层，把民间叙事流程总结为"真实演述人—文本演述人—文本—文本听众—真实听众"，在以往故事讲述研究中关注演述人和听众的基础上提出"隐在演述人"和"隐在听众"概念。② 中国故事学人还萃取出"故事群""故事带""功能性母题""类型核""节点"等创新术语。这些术语是中国故事学话语体系建设的重要成果，展示了中国民间故事学人的理论创新，为世界民间故事研究贡献了中国智慧。

第三节　中国民间故事史的书写

对浩瀚典籍中的民间故事进行系统爬梳是近70年中国民间故事研究的重大成果，夯实了民间文学的学科建设根基。刘守华《中国民间故事史》③ 首次集中对文献记述的中国民间故事进行系统梳理，探寻中国民间故事在历史长河中的演变特征，将历史地理学派方法加以改造后探讨中国民间故事的生活史，总结了中国民间故事2500多年的传承过程中呈现"在类型演变中增强艺术活力、口头与书面传承的交错并行、在世俗文化与宗教文化的渗透中演进"④ 的特征，是中国民间文学本土化研究的典范之作。

---

① 董乃斌、程蔷：《民间叙事论纲》（上、下），《湛江海洋大学学报》2003年第2、3期。
② 刘魁立：《民间叙事机理谫论》，《民俗研究》2004年第3期。
③ 刘守华：《中国民间故事史》，湖北教育出版社1999年版。
④ 刘守华：《中国民间故事史》，商务印书馆2012年版，第18—20页。

祁连休先后撰写了《中国古代民间故事类型研究》[①]和《中国民间故事史》[②]两部大作。《中国古代民间故事类型研究》论述了中国古代民间故事类型的发展态势、中国古代民间故事类型中的亚型、中国古代民间故事与民间传说的互换现象、民间故事的录写与选编、文艺创作与中国古代民间故事类型的发展等问题，着重从宏观视角总结中国民间故事的演进特征；作者以"故事类型核"为鉴别故事类型的标准，在故事类型的命名上，没有采取国际上民间文学界通用的AT类型分类法来命名，而是按照中国人的思维方式适当参照中国学界已有的命名方式来确定，这样可以关注"AT类型分类法"所不涉及的传说类型，便于展示中国古代民间故事类型的全貌。《中国民间故事史》考察了两千多年的中国民间故事史，发现先秦两汉是中国民间故事的萌生期；魏晋南北朝为成熟期；隋唐五代写实故事有较显著的发展；宋元时期是承上启下的重要时期；明代是中国民间笑话发展的顶峰；清代是中国民间故事全面繁荣时期，各种门类的民间故事的发展均非常显著。作者还设专章讨论民间故事的采录，介绍不同时期民间故事文本采录、民间故事讲述人和故事集的编选情况，彰显了中国古代民间故事讲述状况的广泛性和持续性。

顾希佳在中国民间故事的文献梳理方面成绩显著，2008年出版了首部地方民间故事史——《浙江民间故事史》[③]，2012年出版的《中国古代民间故事长编》[④]呈现了中国古代民间故事的丰富蕴藏及学术价值。作者查阅了两千多万字的文献，从历代散文、史书方志、笔记小说、宗教典籍、民间抄本中集录民间故事文本，将较早出现而又相对定型的文本视为正文，异文附录于后，呈现出该故事在时代长河中从口传到书面乃至互动的演变轨迹，集资料性和学术性于一体。

---

① 祁连休：《中国古代民间故事类型研究》，河北教育出版社2007年版。
② 祁连休：《中国民间故事史》，河北教育出版社2015年版。
③ 顾希佳：《浙江民间故事史》，杭州出版社2008年版。
④ 顾希佳：《中国古代民间故事长编》，浙江大学出版社2012年版。

此外，此书还设立了传说故事分类索引和民间故事类型索引。传说故事分类索引基本按照民间文学集成的分类来设立，民间故事类型索引则参照 AT 分类体系设立，兼顾了中国民间故事的本土化和国际化特征。

第四节　各国各民族故事的比较研究

比较研究方法曾因"因袭论"而被视为资产阶级方法遭受批判。民间故事的变异性和传承性特点使得比较研究成为最常用的研究方法。改革开放后刘守华的《一组民间童话的比较研究》[①] 拉开新时期民间故事比较研究的序幕。此后，刘守华发表了数十篇民间故事比较研究论文，专著四部，成为比较故事学的领军人物。《民间故事的比较研究》[②] 运用神话学派、流传学派、文化人类学派的方法通过对文献和口传的民间故事进行多侧面比较，重新开启了民间故事比较研究热潮。70 年来民间故事的比较研究的领域不断拓宽，如汉族与少数民族民间故事比较、少数民族之间的民间故事比较、中国与印度、日本、韩国及其他国家的民间故事比较论著层出不穷；研究方法上跨文化、跨学科特征显著，涵盖平行研究和影响研究两种角度，类型学、文化人类学、宗教学、语言学等方法均有使用，发表论文 257 篇，著作 23 部，博士学位论文 10 篇。

代表性著作有季羡林《比较文学与民间文学》[③]、陈岗龙《蒙古民间文学比较研究》[④]、王立《佛经文学与古代小说母题的比较研

---

① 刘守华：《一组民间童话的比较研究》，《民间文学》1979 年第 9 期。
② 刘守华：《民间故事的比较研究》，中国民间文艺出版社 1986 年版。1995 年经作者扩充后以《比较故事学》为书名在上海文艺出版社出版，2003 年修订后以《比较故事学论考》为书名在黑龙江人民出版社出版。
③ 季羡林：《比较文学与民间文学》，北京大学出版社 1991 年版。
④ 陈岗龙：《蒙古民间文学比较研究》，北京大学出版社 2001 年版。

究》[1]、刘守华《佛经故事与中国民间故事的演变》[2]、林继富《汉藏民间叙事传统比较研究：基于故事类型视角》[3]，等等；代表性论文有段宝林《"狼外婆"故事的比较研究初探》[4]、阎云翔《纳西族汉族龙故事比较研究》[5]、陈建宪《女人与蛇——东西方蛇女故事研究》[6]、钟敬文《中日民间故事比较泛说》[7]、白化文《龙女报恩故事的来龙去脉——〈柳毅传〉与〈朱蛇传〉比较观》[8]、郝苏民《西蒙古民间故事〈骑黑牛的少年传〉与敦煌变文卷〈孔子项诈相问书〉及其藏文写卷》[9]、傅光宇《"难题求婚"故事与"天女婚配型"洪水遗民神话》[10]、陈明《三条鱼的故事——印度佛教故事在丝绸之路的传播例证》[11]、陈泳超《"舜子变型"故事在中日两地的流传变异》[12]，等等。

我们发现民间故事的比较研究不仅涉及不同地区、不同时期、

---

[1] 王立：《佛经文学与古代小说母题的比较研究》，昆仑出版社2006年版。
[2] 刘守华：《佛经故事与中国民间故事的演变》，上海古籍出版社2012年版。
[3] 林继富：《汉藏民间叙事传统比较研究：基于故事类型视角》，人民文学出版社2016年版。
[4] 段宝林：《"狼外婆"故事的比较研究初探》，《民间文学论坛》1982年第1期。
[5] 阎云翔：《纳西族汉族龙故事比较研究》，《民族文学研究》1986年第4期。
[6] 陈建宪：《女人与蛇——东西方蛇女故事研究》，《民间文学论坛》1987年第3期。
[7] 钟敬文：《中日民间故事比较泛说》，《民间文学论坛》1991年第3期。
[8] 白化文：《龙女报恩故事的来龙去脉——〈柳毅传〉与〈朱蛇传〉比较观》，《文学遗产》1992年第3期。
[9] 郝苏民：《西蒙古民间故事〈骑黑牛的少年传〉与敦煌变文卷〈孔子项诈相问书〉及其藏文写卷》，《西北民族研究》1994年第1期。
[10] 傅光宇：《"难题求婚"故事与"天女婚配型"洪水遗民神话》，《民族文学研究》1995年第2期。
[11] 陈明：《三条鱼的故事——印度佛教故事在丝绸之路的传播例证》，《西域研究》2015年第2期。
[12] 陈泳超：《"舜子变型"故事在中日两地的流传变异》，《民俗典籍文字研究》2016年第1期。

不同族群、不同国家的民间故事比较，还拓宽至异国民间故事间的比较、口传文艺的不同文类及与典籍的互动比较，呈现出研究视野越来越广阔、方法愈发多样的特征。比较研究还有跨学科特点，除了民间文学和民俗学学者外，古典文学、少数民族文学、儿童文学、文艺学、比较文学、宗教学等其他学科学者均有参与，跨学科和跨文化让民间故事的比较研究有更为广阔的视野。民间故事比较研究多为影响研究，早期研究大多持一元论，有的尝试勾勒某一类型故事在亚欧、东亚的生活史轨迹；有的带有较浓的民族情感；有的在材料处理过程中对待典籍和口传文本往往采取"以今证古"的遗留物思路。上述路径在材料不完备、外语能力受限情况下，科学性难免受到质疑。在一元论和多元论并存的情况下，刘守华提出的"多元播化"观[①]表明原有的探析故事生活史的范式需要转型，为未来的民间故事比较研究提供了新的视角。

第五节　故事类型研究

类型学是故事学独具特色的研究方法，在改革开放后迎来复兴。随着钟敬文、刘魁立、刘守华等学人对故事类型学方法的倡导、译介与实践，故事类型学逐渐摆脱形式主义的污名，故事类型、历史地理学派、AT分类法逐渐成为中国故事学人的学术用语。刘守华在继承钟敬文的类型研究范式基础上对历史地理学派方法加以适当改造，开创了"故事文化学"范式，在中国民间故事研究领域产生了广泛影响。70年来，据不完全统计，相关论文有328篇，博士学位论文19篇，专著17部。刘守华主编《中国民间故事类型研究》将历史地理学派方法与中国故事文本特色相结合，融入表演理论、文

---

① 刘守华：《千年故事百年追踪——一个难得的比较文学研究实例》，《外国文学研究》2000年第2期。

化人类学、比较文学、宗教学、叙事学等学科方法对60个常见故事类型进行深入分析,展现了中国民间故事类型研究的本土化水平,"民间故事的类型研究,经过艾伯华、钟敬文、丁乃通、刘守华、金荣华等中外学者的努力,已经成为中国民间文学学科中比较成熟的研究领域,建立起了中国民间故事学大厦的基础"①。机智人物故事在20世纪八九十年代还成为民间故事研究热点,祁连休《智谋与妙趣——中国机智人物故事研究》②依据中国机智人物故事本土特质归纳出328个故事类型,并剖析了故事演进过程中出现的变体、亚型问题,在故事群的基础上首创了"故事带"概念。

类型研究法是民间故事研究的经典研究范式,自20世纪90年代后逐渐被广泛运用,讨论的故事类型有田螺姑娘型、狗耕田型、灰姑娘型、龙女型、天鹅处女型、怪孩子型等数十种类型,常和比较研究、文化人类学研究及形态学研究结合起来,有的还结合故事讲述语境来分析,呈现多元化特色。代表性论文有汪玢玲《天鹅处女型故事研究概观》③、刘守华《纵横交错的文化交流网络中的〈召树屯〉》④、陈建宪《论中国天鹅仙女故事的类型》⑤、刘晓春《多民族文化的结晶——中国灰姑娘故事研究》⑥、马昌仪《中国鼠婚故事类型研究》⑦、黄永林《一个机智人物的原型与流传——AT1635A型

---

① 刘晓春:《增强民间文学学科研究的学科对话力量——以刘守华主编〈中国民间故事类型研究〉为例》,《广西师范学院学报》(哲学社会科学版)2004年第3期。

② 祁连休:《智谋与妙趣——中国机智人物故事研究》,河北教育出版社2001年版。

③ 汪玢玲:《天鹅处女型故事研究概观》,《民间文学论坛》1983年第1期。

④ 刘守华:《纵横交错的文化交流网络中的〈召树屯〉》,《民族文学研究》1990年第1期。

⑤ 陈建宪:《论中国天鹅仙女故事的类型》,《民族文学研究》1994年第2期。

⑥ 刘晓春:《多民族文化的结晶——中国灰姑娘故事研究》,《民族文学研究》1995年第3期。

⑦ 马昌仪:《中国鼠婚故事类型研究》,《民俗研究》1997年第3期。

故事的中国原型探寻》①、刘魁立《论中国螺女型故事的历史发展进程》②、王青《论中古志怪作品在民间故事类型学中的价值——以〈搜神记〉为中心》③、郑土有《中国螺女型故事与仙妻情结研究》④、康丽《故事类型丛与情节类型：中国巧女故事研究》⑤、金荣华《一个民间故事的全球传播与变异——佛经〈毘奈耶杂事〉中 AT566 及其相关类型试探》⑥、陈建宪《故事类型的不变母题与可变母题——以中国洪水再殖型故事为例》⑦，等等。

70 年来，中国民间故事类型索引的编撰也取得重大进展，朝本土化和国际化方向迈进。中国民间故事不仅在典籍中有丰富蕴藏，随着民间故事集成编撰的完成，许多学者提出应利用新收集的民间故事资料编撰一部更为全面、科学的中国民间故事类型索引⑧。金荣华在中国民间故事类型索引编撰领域取得了非常出色的成绩。他利用中国民间故事集成省卷本按照 AT 分类法编撰了《中国民间故事集成类型索引一》（2000 年）、《中国民间故事集成类型索引二》

---

① 黄永林：《一个机智人物的原型与流传——AT1635A 型故事的中国原型探寻》，《华中师范大学学报》2002 年第 3 期。

② 刘魁立：《论中国螺女型故事的历史发展进程》，《民族文学研究》2003 年第 2 期。

③ 王青：《论中古志怪作品在民间故事类型学中的价值——以〈搜神记〉为中心》，《南京师范大学学报》2003 年第 2 期。

④ 郑土有：《中国螺女型故事与仙妻情结研究》，《民俗研究》2004 年第 4 期。

⑤ 康丽：《故事类型丛与情节类型：中国巧女故事研究》，《民族艺术》2005 年第 3、4 期。

⑥ 金荣华：《一个民间故事的全球传播与变异——佛经〈毘奈耶杂事〉中 AT566 及其相关类型试探》，《湖北民族学院学报》2008 年第 4 期。

⑦ 陈建宪：《故事类型的不变母题与可变母题——以中国洪水再殖型故事为例》，《广西民族大学学报》2016 年第 3 期。

⑧ 详见刘守华《关于民间故事类型学的一些思考》，《民族文学研究》2004 年第 3 期；祁连休：《中国故事的独特魅力》，《河南教育学院学报》2008 年第 6 期。

(2003年)。他此后出版的《民间故事类型索引》[①]则融合了已出版的中国民间故事集成省卷本、《中国民间故事全集》《中国民间故事大系》和译成中文的外国民间故事集,新增故事类型191种,专设情节检索,不仅成为现有最全面的中国民间故事类型索引,还是世界三大国际民间故事类型索引(其余两部为芬兰阿尔奈和美国汤普森的《民间故事类型》、德国乌特的《国际民间故事类型》)之一。宁稼雨的《中国先唐叙事文学故事主题类型索引》[②]融合中国典籍类书编撰法和AT分类法,把中国古代故事分为天地类、神怪类、人物类、器物类、动物类和事件类六大主题类,每一主题类下再细分出三个层级。顾希佳的《中国古代民间故事类型》[③]首次按照AT分类体系把散见于典籍中的故事文本搜检出来,加以认定、编码,方便国内外学者查阅古代民间故事文本。作者增设的类型有近380则,呈现了中国古代民间故事类型的丰富性,同时还对丁乃通《中国民间故事类型索引》中类型的分类做了些变动,使之更符合逻辑。斯琴孟和正利用数据库技术编撰一部世界范围的包括AT和SM体系的《蒙古族民间故事类型索引》。[④]在现有研究基础上,我们应利用典籍和民间文学三套集成资料借助新媒体技术编撰一部资料全面、体例科学的新中国民间故事类型索引,呈现中国民间故事的丰富蕴藏及独特价值,惠及故事学人。

中国民间故事学人在利用典籍和口传文本,积极吸纳西方故事学方法基础上对民间故事进行辨型归类,初步构建起中国民间故事

[①] 金荣华的《民间故事类型索引》于2007年首次出版,后于2014年出版了增订版,首版和增订版均由中国口传文学学会出版。

[②] 宁稼雨:《中国先唐叙事文学故事主题类型索引》,南开大学出版社2011年版。

[③] 顾希佳:《中国古代民间故事类型》,浙江大学出版社2014年版。此书分上、下两篇,上篇为"中国古代民间故事类型表"和"中国古代民间故事类型索引"。

[④] 斯琴孟和:《关于编纂〈蒙古族民间故事类型索引〉与数据库建设的一些思考》,《民族文学研究》2016年第1期。

类型研究的术语体系并形成中国特色的类型研究范式。但模式化的弊病也凸显出来，学人多根据搜集的故事文本来划分类型，然后分析母题的文化意蕴、地域或族群文化特征、叙事美学，牵涉面广但深度不够，少有普适性结论。另外，除了黄永林的《一个机智人物的原型与流传——AT1635A型故事的中国原型探寻》，国内学者鲜见严格按照历史地理学派方法构拟民间故事原型及传播路径。故事类型的形态结构分析和文化意蕴探寻并未有效结合。未来的中国民间故事类型研究还需不断创新方能拓展新的研究空间。

第六节　故事的文化人类学研究

"文化人类学方法是最先介绍到我国的民间故事研究方法，对我国民间故事研究有着深远影响。"[1] 钟敬文在改革开放初期便倡导民间文学研究要吸纳民俗学、民族学、人类学等学科方法，开展多角度研究。20世纪80年代伴随文化热的兴起，《原始文化》《金枝》等文化人类学经典著作的译介为中国民间故事研究的文化人类学解读提供了重要理论资源，神话原型批评、结构主义、精神分析等新方法也被运用到民间故事研究实践中。文化人类学解读成为主流模式，但不再局限于传统的从故事文本追溯民俗事象的文化史模式。万建中的《解读禁忌——中国神话、传说和故事中的禁忌主题》[2] 将书面文本和生活文本结合起来，民间故事的文学属性与生活属性得到有效勾连，开拓了民间故事研究的新空间。据不完全统计，相关论文有390篇。代表性论文有王霄兵《脱衣主题

---

[1] 万建中、李琼：《20世纪民间故事研究的文化人类学情结》，《民间文化论坛》2009年第2期。

[2] 万建中：《解读禁忌——中国神话、传说和故事中的禁忌主题》，商务印书馆2001年版。

与成年仪式》①、郑海《男性文化与女性文化的冲突：难题求婚型故事研究》②、刘锡诚《民间故事的文化人类学考察》③、过伟《侗族娘梅故事与文化生态研究方法》④、程蔷《骊龙之珠的诱惑——民间叙事宝物主题探索》⑤、周福岩《民间故事的伦理思想研究——以耿村故事文本为对象》⑥、祝秀丽《"猴娃娘"的象征：以民俗学和心理学的方法》⑦、鹿忆鹿《傻女婿的傻样——兼论中国民间故事中的家族关系》⑧、张举文《"定亲"型故事中"月老"形象传承的文化根基》⑨，等等。

民间故事学的文化人类学研究呈现出多元并进态势，不断融合精神分析、原型批评、结构主义、语言学等相关学科方法来阐释文本。但民间故事的文化人类学研究大多立足于"遗留物"理论，将民间故事中难以理喻的信仰及情节视为上古社会的残留印记，忽略了民众的情感寄托、口承创作与生活世界的关联，只回应了民间故事中的原始信仰从何而来，但未能回答民众为何热衷讲述多种幻想故事的问题。随着单线进化论遭到马林诺夫斯基等文化

---

① 王霄兵、张铭远：《脱衣主题与成年仪式》，《民间文学论坛》1989年第2期。

② 郑海：《男性文化与女性文化的冲突：难题求婚型故事研究》，《民间文艺季刊》1990年第3期。

③ 刘锡诚：《民间故事的文化人类学考察》，《江西社会科学》1994年第4期。

④ 过伟：《侗族娘梅故事与文化生态研究方法》，《民间文化论坛》1996年第4期。

⑤ 程蔷：《骊龙之珠的诱惑——民间叙事宝物主题探索》，学苑出版社2003年版。

⑥ 周福岩：《民间故事的伦理思想研究：以耿村故事文本为对象》，中国社会科学出版社2006年版。

⑦ 祝秀丽：《"猴娃娘"的象征：以民俗学和心理学的方法》，《民族文学研究》2007年第2期。

⑧ 鹿忆鹿：《傻女婿的傻样——兼论中国民间故事中的家族关系》，《民俗研究》2015年第4期。

⑨ 张举文：《"定亲"型故事中"月老"形象传承的文化根基》，《民俗研究》2017年第2期。

功能学派的激烈批评，文化人类学研究方法在国际民间文艺界的影响也日渐衰退，国内学者也开始谨慎使用。另外文化人类学范式在分析民间故事与仪式关系时，把民间故事视为非常重要的民俗志资料，将民间故事、民俗志、古籍文献三种不同类型的材料在人类学理论的统领下互相印证，多少有循环论证之嫌。[①] 如在讨论难题求婚型故事时常将难题考验母题与成年礼联系起来，认为两者都具有考验内容，将带有残酷考验性质的成年礼视为人类社会发展过程中的普遍仪式，采用"以今证古"和"跨文化佐证"的方式来论证。随着单线进化论的破灭，传统文化人类学范式常遭受"跨文化佐证的泛用，田野资料不足，对民众艺术想象力关注不够"等诸多质疑。

第七节　故事家及其故事讲述研究

1984年5月28日，文化部、国家民委、中国民研会联合发文编辑出版包括《中国民间故事集成》在内的三套集成。《中国民间故事集成》的编撰以"科学性、全面性、代表性"为准则，其中科学性被列为首要原则，体现了民间故事采录思想的大跨越。这项文化遗产保护工程被誉为"搭建中国民间文艺的万里长城"。全国各地至少有数十万人参与民间故事普查工作。截至2009年，共搜集到故事184万篇，公开出版省卷本30卷，集录5000多卷县卷本（含歌谣和谚语卷）[②]；故事讲述家约9900多人[③]，涌现出耿村、伍家沟等著名的故事村。另外，《中华民族故事大系》《耿村民间文化大观》的出

[①] 施爱东：《故事学30年点将录》，《民俗研究》2008年第3期。
[②] 中国民间文艺家协会：《文明的积淀　文化的自觉》，《中国口头文学遗产数字化工程全记录》，中国文史出版社2014年版，第4页。
[③] 刘守华：《故事村与民间故事保护》，《民间文化论坛》2006年第5期。

版也为新时期民间故事采录积累了丰富的学术资料。故事文本的大量采录、故事家和故事村的发现为中国民间故事学人的学术研究创造了绝佳条件。随着民间故事集成工作在全国的铺开及海外学术交流的开展，中国民间故事的丰富蕴藏及活态传承特点吸引了诸多中外故事学人的目光。裴永镇、王作栋、袁学骏、江帆、范金荣、靖一民、王全宝等采录者秉承科学性原则采录了大量故事文本，金德顺、刘德培、满族三老人、山东四老人、孙家香、谭振山等故事家成为民间故事学人重点关注对象。日本、美国、芬兰等国学者先后到耿村、三江、长白山等地考察。故事家的讲述风格、故事家的认定、传承途径、生活史、讲述空间、个性与共性、性别特征等成为中国故事学界的新鲜话题，代表性论文有乌丙安《论民间故事传承人》[1]、巫瑞书《略谈民间故事讲述家》[2]、张紫晨《关于民间故事讲述家的传承活动》[3]、刘守华《文化背景与故事传承——对32位民间故事讲述家的综合考察》[4]、袁学骏《耿村民间文学论稿》[5]、王作栋《素质与氛围：刘德培的故事讲演活动及其它》[6]、许钰《民间故事家个性特征的思考》[7]，等等。进入21世纪，受表演理论、民族志诗学等西方故事学理论影响，中国故事学人回归故事讲述现场，摆脱了此前民间故事采录者和研究者相分离的局面，对讲述过程中的表演空间、故事家的创造性、叙事传统、村落社会进行了开拓性研

---

[1] 乌丙安：《论民间故事传承人》，《民间文学论集》，中国民间文艺研究会辽分会，内部资料，1983年。

[2] 巫瑞书：《略谈民间故事讲述家》，《民间文学》1985年第7期。

[3] 张紫晨：《关于民间故事讲述家的传承活动》，《民间文学》1986年第2期。

[4] 刘守华：《文化背景与故事传承——对32位民间故事讲述家的综合考察》，《民族文学研究》1988年第2期。

[5] 袁学骏：《耿村民间文学论稿》，中国民间文艺出版社1989年版。

[6] 王作栋：《素质与氛围：刘德培的故事讲演活动及其它》，《民间文艺季刊》1988年第1期。

[7] 许钰：《民间故事家个性特征的思考》，《民间文艺季刊》1988年第1期。

究。江帆《口承故事的"表演"空间分析》[①]和《民间叙事的即时性与创造性——以故事家谭振山的叙事活动为对象》[②]以二十多年的民间故事田野调查经历为依托，最早把表演理论运用到中国民间故事研究中，得到故事学界的广泛认可。林继富《民间叙事传统与故事传承：以湖北长阳都镇湾土家族故事传承人为例》[③]从地域传统、叙事文本自身传统和讲述人的多重互动探寻故事讲述活动与民间叙事传统的紧密关联，将讲述人的生活史研究推进到探寻故事讲述与民间叙事传统的新领域。祝秀丽《村落故事讲述活动研究：以辽宁省辽中县徐家屯村为个案》[④]把民间故事讲述置于村落语境中考察，开拓了当代民间故事讲述研究的新空间。施爱东《故事传播的实验报告及实验分析》[⑤]、陈泳超《状元杀和尚：一个陌生故事的四次演述——从情节增加引起的主题变化》[⑥]则创造性地引入实验法对民间故事讲述的变异情况进行深入考察。

除了上述领域，民间故事的叙事学研究方面也有突破，故事形态学、结构主义等方法不断与本土的研究方法相结合，往纵深拓展，如李扬《中国民间故事形态研究》[⑦]、康丽《中国巧女故事叙事形态研究——兼论故事中的民间女性观念》[⑧]、祝秀丽《解析故事构成要

[①] 江帆：《口承故事的"表演"空间分析》，《民俗研究》2001年第2期。
[②] 江帆：《民间叙事的即时性与创造性——以故事家谭振山的叙事活动为对象》，《民间文化论坛》2004年第4期。
[③] 林继富：《民间叙事传统与故事传承：以湖北长阳都镇湾土家族故事传承人为例》，中国社会科学出版社2007年版。
[④] 祝秀丽：《村落故事讲述活动研究：以辽宁省辽中县徐家屯村为个案》，中国社会科学出版社2013年版。
[⑤] 施爱东：《故事传播的实验报告及实验分析》，《民俗研究》2004年第3期。
[⑥] 陈泳超：《状元杀和尚：一个陌生故事的四次演述——从情节增加引起的主题变化》，《民俗研究》2011年第1期。
[⑦] 李扬：《中国民间故事形态研究》，汕头大学出版社1996年版。
[⑧] 康丽：《中国巧女故事叙事形态研究——兼论故事中的民间女性观念》，博士学位论文，北京师范大学，2003年。

素：雅各布森的理论视角》①、施爱东《孟姜女故事的稳定性与自由度》②、丁晓辉《荒谬与合理：民间叙事的文本、语境与叙事逻辑》③，等等。民间故事的体裁研究成果也较突出，如祝秀丽《重释民间故事的重复率》④、西村真志叶《中国民间幻想故事的文体特征》。⑤

总体来看，70年来中国民间故事研究取得丰硕成果除了钟敬文、刘守华、刘魁立等学术领袖的引领外，还与下列因素密切相关。

民间文学学科以二级学科（1997年后二级学科地位被取消，并入民俗学二级学科）身份进入国家的学科体制为故事学的人才培养和研究奠定了良好基础。许多高校开设了民间文学（民俗学）课程，北京师范大学、北京大学、辽宁大学、华中师范大学等高校和中国社会科学院等研究机构陆续开始招收民间文学、民俗学方向的博士研究生和硕士研究生。大量的故事学人才借助民间文学（民俗学）的学科培养机制得以成长，撰写的博士学位论文和硕士学位论文成为中国民间故事学的重要成果。

外来学说的引入是中国民间故事研究呈现活力的重要因素。刘魁立译介的神话学派、流传学派、文化人类学派、历史地理学派等理论为中国民间故事学人打开了多扇窗。此外《中国、日本民间文学比较研究（在华学术报告集）》《中国民间故事类型索引》《中国神话故事论集》《童话的魅力》《世界民俗学》《世界民间故事分类学》《中西叙事文学比较研究》《中国民间故事类型》《故

---

① 祝秀丽：《解析故事构成要素：雅各布森的理论视角》，《民俗研究》2013年第1期。

② 施爱东：《孟姜女故事的稳定性与自由度》，《民俗研究》2009年第4期。

③ 丁晓辉：《荒谬与合理：民间叙事的文本、语境与叙事逻辑》，《民俗研究》2012年第6期。

④ 祝秀丽：《重释民间故事的重复率》，《民俗研究》2005年第3期。

⑤ ［日］西村真志叶：《中国民间幻想故事的文体特征》，中国社会科学出版社2018年版。

事形态学》《作为表演的口头艺术》等书的译介为中国学人系统了解域外故事学理论、借助西方故事学理论研究中国民间故事发挥了重要作用。

学术共同体的构建及对外交流的开展带动了中国民间故事研究。如中国民间文艺研究会、中国民俗学会主办的学术研讨促进了中国民间故事研究的转型。改革开放后，民间文学界的学术交往日渐频繁。此外，伊藤清司、丁乃通、劳里·航柯、阿伦·邓迪斯、李福清等海外学人来华讲学让中国民间故事学人对国际民间故事研究动态有了更为深入的了解。中国还举办了民间文学方面的国际学术研讨会，如1986年在广西举办的中国—芬兰民间文学联合考察暨中芬民间文学搜集保管学术研讨会。中国故事学人还积极参与国际学术研讨会。贾芝、乌丙安、刘魁立、段宝林、刘守华、李扬等加入国际民间叙事文学学会，中国承办了1996年的国际民间叙事研究会主办的学术会议。中国学者（刘魁立、许钰、刘守华）还参与组建了1994年成立的亚细亚民间叙事文学学会。该学会由中日韩三国轮流举办，每届围绕中日韩三国共有的某一故事类型展开讨论，至今已举办了15届，促进了中日韩三国故事学人的交往。

第八节　故事研究的突围之路

当下故事学面临研究范式模式化、创新性不足等困境，积极吸纳相关学科成果，坚守故事学的学科本位，开创新范式，完善故事学话语体系是当下中国民间故事研究突围的有效路径。

一　眼光向外：故事学的开放性

中国民间故事研究要摆脱模式化的困境应不断吸纳相关学科方法，保持开放性。故事学能够成立是因有独特的研究范式（如历史地理学派、形态学）与术语体系（类型、母题、功能）做支撑。而历史地理学派、故事形态学理论是以民间故事为本体借鉴进化论、实证主义、形态学、语言学等学科方法搭建而成的。就中国民间故事研究实践来看，发现问题寻求外来理论解释是常见的研究模式，如文化人类学、历史地理学派、结构主义、口头程式理论、表演理论等外来理论在中国的译介与实践。在外来理论的译介与实践过程中，中国故事学者并未完全照搬，而是对外来理论进行充实和修正，拓宽中国民间故事研究路径。如刘守华的故事文化学范式就注意到历史地理学派的一元说缺陷、过于注重口传文本忽视文献记述和口传叙事艺术特征的不足，关注到中国民间故事传承的本土特质，还与中国的考据方法结合起来。再如表演理论在中国的实践中，中国学者也是吸纳表演理论注重语境、过程、演述空间、传统及传承人的优点，"将多种理论视角相融合、强调历史维度、重新思考文本与语境的关系"。[①] 江帆、林继富、祝秀丽、王作栋等人的故事讲述研究正是根据悠久的故事讲述传统、农耕文化语境和丰富多样的文献记述得出的，深化了中国民间故事讲述研究，拓展了中国民间故事研究空间。

中国民间故事研究的开放性不仅是吸纳西方故事学理论，民俗学、人类学、比较文学、古代文学、儿童文学、心理学、社会学、哲学等相关学科的方法，只要有助于阐释中国民间故事传承中的问题，都可以借鉴。如数据库能为民间故事的历史地理考察提供很好的技术支持。借助图像等材料，我们能获取文化交流密切地区民间故事传播的确凿论据，如陈明《三条鱼的故事——印度佛教故事在丝绸之路的传播例证》。[②] 新近的实践民俗学关注研究对象与研究主体之间的交流与实践，对我们如何探寻民间故事讲述人的心灵史及

---

① 杨利慧：《语境、过程、表演者与朝向当下的民俗学——表演理论与中国民俗学的当代转型》，《民俗研究》2011年第1期。

② 陈明：《三条鱼的故事——印度佛教故事在丝绸之路的传播例证》，《西域研究》2015年第2期。

故事文本的价值及意蕴带来启迪。总之，积极吸纳相关学科方法是故事学摆脱模式化弊病的有效手段。

二 眼光向内：夯实故事学学科根基

中国故事学的推进需要进一步夯实学科基础，将资源优势转换为学科优势。故事学的多种研究理路也需要不断整合，拓展新空间。以比较故事研究为例，原有的故事起源的一元论和多元论并存给民间故事的比较研究带来挑战，由于资料掌握有限及对历史地理学派方法的精细化了解不足，比较故事研究在21世纪初呈现弱化倾向。但民间故事的相互交流是不可否认的客观事实，刘守华提出的"多元播化"观是针对中国民族多元一体的历史事实得出的，有助于深化民间故事比较研究。以故事类型为基点，将比较研究、形态研究、文化人类学、语言学、图像学、人文地理学等相关学科方法统合是深化当前民间故事研究的有效路径。

民间故事的诸多研究方法的整合也面临诸多挑战。形态结构研究和文化意蕴研究两种研究理路缺乏有效勾连可谓是故事学的"阿喀琉斯之踵"，历来遭受形式与内容分析相脱节的诟病。尽管普罗普主张形态分析优先，"只有在研究了故事的形式系统并确定了它的历史根源之后，才有可能在其历史发展中客观科学地揭示故事中包含的最有意思、最意味深长的民间哲学与民间道德的世界"。[①] 但普罗普并没有解决神奇故事形态结构的多样但文化意蕴却大抵相似的问题，而且非神奇婚姻主题的幻想故事根源用成年礼来解释也显然不合理。就国内故事学界来看，也形成了两种观点。一种观点认为形态结构研究和文化意蕴研究难以兼容。刘魁立认为，"历时研究必然仅限于某一具体对象，无法将其所包含的全部成分和关联都予以说明，而共时研究则能抛开时间概念，在更宽广的范围内集中所有对

[①] [俄] 弗拉基米尔·雅可夫列维奇·普罗普：《神奇故事的结构研究与历史研究》，《故事形态学》，贾放译，中华书局2006年版，第195页。

象。这两种研究方法是不相容的"。[1] 施爱东也认为,"共时研究与历时研究正是无法相容的两种研究方法,坚持共时性,恰恰必须排斥历时研究和文化研究"。[2] 另一种观点认为两者应该结合起来分析。钟敬文认为,"应该把故事当作人民的精神产物来对待,而不能只像故事类型学派那样,把它当作一种结构形式来拆解。特别是在研究中国故事上,还要研究它所联系的社会生活、文化传承、讲述活动和表演语境等,而不能只分析它的情节单元,这样才能得出比较适当的结论"。[3] 刘守华认为,民间故事形态结构繁复多样的背后"总遵循着某种逻辑,或暗含着某种文化信息与特殊意趣"。[4] 刘守华的"故事文化学"也是倡导形态结构和文化意蕴、审美艺术相结合的综合研究。就现有研究成果来看,形态结构与内容分析互相脱离的"两张皮"现象依然普遍存在。

当下的民间故事研究,不仅在文本研究诸多方法间需要统合,而且民间故事讲述研究和文本研究之间也需有效勾连。步入 21 世纪,随着语境成为民俗研究的热词,学人开始反思重语境轻文本的倾向。陈建宪提出"走向田野,回归文本"是关系民间文艺学科建设的重要问题。刘宗迪呼吁"超越语境,回归文学"。万建中也提出关注民间文学的文学性和生活性兼备的特征。文本与语境是故事学不可分割的两翼,唯有两翼齐飞才能开拓民间故事研究的新天地。

三 眼光向下:直面当代民间故事的多重生存样态

中国民间故事学人应眼光向下,迎接社会变迁及新媒体技术给

---

[1] 刘魁立:《民间叙事的形态研究——历史、视角与方法简谈》,《民族艺术》2017 年第 1 期。

[2] 施爱东:《民间文学的形态研究与共时研究——以刘魁立〈民间叙事生命树〉为例》,《民族文学研究》2006 年第 1 期。

[3] 钟敬文:《谈谈民俗学的理论引进工作》,《清华大学学报》2003 年第 1 期。

[4] 刘守华:《中国民间故事形态结构论析》,《广西民族学院学报》2002 年第 5 期。

民间故事生存状态带来的变化。在工业化和信息化的生存空间中，随着传统村落的日渐凋零，讲故事作为村落社会的娱乐交际方式亦随之消退，基于乡土语境的民间故事讲述研究空间日渐逼仄。但我们也应意识到，原有的讲述语境的消失并不意味着现代社会不需要故事。换个角度看，绘本、网络小说、影视剧、动漫依旧是民间故事的新载体，传统的讲故事、听故事已转变为"看故事""读故事"。民间故事在现代化语境下以文字化、影视化、动漫化、游戏化、舞台化、图像化等新的方式存在，呈现出"再民间化"特征。当代民间故事的"再民间化"指传统乡土社会语境下的口耳相传的民间故事讲述活动日趋衰微，但民间故事重新以文字、绘本、影视、动漫、网络、舞台等多媒介方式回归民众的日常生活。传播方式不再是单一的邻里、家庭间的口传方式，而是通过文字、影像、动漫、网络等多元载体以改编、改写、再创作等方式回归民众的日常生活。实际上，讲故事已成为许多家庭的亲子交流方式，边读边讲成为当代社会故事讲述的常态。"凯叔讲故事""小丽阿姨讲故事"等广受欢迎的自媒体节目成为新媒体语境下的故事讲述的新形式。新时代的"故事讲述家"不再是面对面地讲述而是远距离的一对多讲述。多种载体的民间故事彼此间形成互文关系，研究领域也涉及民间文学、影视艺术、戏剧学、网络文学、传播学、儿童文学等多个学科，民间故事研究因此将迎来新的挑战和机遇。"再民间化"为我们研究当下的民间故事提供了新的视角，已有故事学人展开相关研究，如祝秀丽的《民间故事讲述的话语互动与合作叙事——以亲子间两次听讲〈包公行医〉为例》。[①]

四 本土话语、术语体系、研究范式与中国学派

中国民间故事研究须坚持故事学的学科本位，夯实学科基础，

[①] 祝秀丽：《民间故事讲述的话语互动与合作叙事——以亲子间两次听讲〈包公行医〉为例》，《民族文学研究》2016 年第 5 期。

积极吸纳其他学科方法和新技术，深入挖掘本土资源，关注当下社会民间故事的复杂生存状态才能化危机为转机，建立故事学的"中国话语"。吕微认为："中国现代民间文学学科不是西方现代学术的整体移植，而只是借助了西方学术的表层语汇，其深层理念无疑已经本土化了。"[1] 本土化是中国故事学的重要特色，如顾颉刚的历史演进法、钟敬文的故事分类学、刘守华的故事文化学、刘魁立的民间叙事生命树理论，等等。但学科理论建设不足依然困扰着当下故事学界。

就中国故事学70年的发展历程来看，我们提出了一些创新观点但不成体系。就创新观点来看，刘魁立20世纪50年代提出"活鱼要从水中看"[2]、段宝林80年代提出"立体描写"[3]、钟敬文80年代提出"生活相"[4] 等创新观点。这些观点与21世纪中国民俗学界的"语境""表演理论""生活世界"等热词在学理上有相通之处。但受诸多因素所限上述观点并未在当时学界展开深入讨论，失去与国际民俗学界进行学术对话的良机，又因只是观点，缺乏进一步的理论命题，没有形成一个较完整的术语体系，在外来理论译介到国内后日渐被淡化。术语的体系化是形成学派的关键，以表演理论为例，表演理论体系中有"被叙述的事件""叙述文本""叙述事件"等核心术语，还包括"特殊的符码、比喻性的语言、平行关系、特殊的辅助语言、特殊的套语、求诸传统、对表演的否认"[5] 等相关术语，

---

[1] 吕微：《现代性论争中的民间文学》，《文学评论》2000年第2期。

[2] 刘魁立：《谈民间文学搜集工作——记什么？如何记？如何编辑民间文学作品》，《民间文学》1957年第6期。

[3] 详见段宝林《加强民族民间文学的描写研究》，《南风》1982年第2期；段宝林：《论民间文学的立体性特征》，《民间文学论坛》1985年第5期。

[4] 钟敬文：《〈民俗学入门〉序》，载［日］后藤兴善《民俗学入门》，王汝澜译，中国民间文艺出版社1984年版，第8页。

[5] ［美］理查德·鲍曼：《作为表演的口头艺术》，杨利慧、安德明译，广西师范大学出版社2008年版，第17页。

借助一系列互相关联的术语体系构成理论框架及富有阐释力的个案研究，表演理论在国际民俗学界产生了很大影响。术语体系及阐释力不足是当下中国故事学乃至民俗学界的软肋。但就故事学的文本术语建设来看，我们提出了故事群、故事带、类型核、中心母题、积极母题链、情节基干、节点、类型丛等新术语，其中"类型丛—类型—类型变体—情节基干—母题链—母题"的术语体系为我们深入了解中国民间故事形态结构的复杂多变提供了有效工具，比西方学者提出的类型、母题、母题素、原型、功能、神话素等术语体系的系统性更强。故事学的文本研究和语境研究结合是建立故事学中国学派的根基，当下我们还须在语境研究领域完善中国故事学的话语体系。

"学术的最高境界在于对自身文化的准确把握，而不是对国外理论的刻意模仿。"[1] 顾颉刚、钟敬文、刘魁立、刘守华、祁连休、段宝林等故事学家构建了具有中国本土特质的研究模式和理论视角，是构建故事学"中国话语"的根基。但当下中国故事学术语体系化不足、未创造出新研究范式、未形成一系列理论命题是建设故事学"中国学派"的短板。唯有利用好本土材料，提出具有阐释力的中国故事学话语体系，故事学的中国学派才得以成立，中国故事学才能在国际民间文艺学界发出"中国声音"。

---

[1] 钟敬文：《二十世纪中国民俗学经典·写在前面》，社会科学文献出版社2002年版，第6页。

第 五 章

史诗研究

冯文开

史诗是一种韵文体的叙事文学，古老而源远流长，是一个民族在特定历史阶段创作出来的崇高叙事，在人类文化史上占据着重要位置。自1949年以来，中国的史诗研究经历了从发现和搜集到研究范式的转换以及日益走向深化和多元化的过程，取得了巨大的进展，成果丰硕。在此，究其大端，以史诗研究的主要研究领域为中心，尝试对70年来中国史诗研究的学术历程进行粗线条的勾勒，回顾与总结研究中的得失，发现研究中存在的问题。

第一节　史诗的发现与搜集

中华人民共和国成立伊始，随着中国民间文艺研究会对国内民间文学搜集整理工作的展开，中国各民族史诗逐渐在全国范围内受到普遍的关注，北京、西藏、新疆、内蒙古、青海、甘肃、四川、云南、贵州等地区成立了工作组，对全国范围内的史诗进行了有目的的、有计划的搜集，《格萨（斯）尔》《江格尔》《玛纳斯》《苗族古歌》《梅葛》《创世纪》等诸多民族史诗被相继发现，对它们的记录、搜集整理以及出版等工作有了一定的规模，[1]但是在搜集整理等诸多工作环节上存在着不少问题。钟敬文曾说："建国后，我们这方面的工作，是有成绩的。但是，不可讳言，它也存在着明显的缺点或不足之处。在搜集、整理方面我们有较大的成就，特别是发现和刊行了许多兄弟民族的民族史诗。这是世界文学史上的一宗收获。但是，在记录、整理的忠实性方面始终存在着一些问题。"[2]突出的问题是对搜集记录来的各民族史诗进行不同程度的增添、删除、改编加工等诸多不科学、不规范的格式化行为，[3]使得搜集整理的民族史诗的研究价值和学术价值大打折扣。

1966—1976年，中国各民族史诗的搜集整理陷入了停滞状态。1978年之后，中国各民族史诗的搜集整理得到了恢复和重视，与之相应的工作组也陆续成立。自此，中国各民族史诗的搜集整理进入一个崭新的时期，特别是20世纪90年代中期以后，口头诗学、民族志诗学和演述理论给中国各民族史诗的搜集整理提供了学理上的支撑。中国学人开始重视史诗演唱文本与语境之间的关系，纠正既往将不同歌手演唱的同名史诗整理为一首史诗的不科学做法，不再将同一位歌手在不同时间和不同空间中演唱的同名史诗整理为一首史诗，强调歌手对史诗每次演唱都是一首特定的史诗，都是独一无二的，认识到史诗的演唱没有权威本，意识到歌手每一次史诗演唱具有的诗学价值。同时，它们也让中国学人对田野作业中观察什么、如何观察、记录什么、如何记录、如何呈现等诸多面向进行学术检讨与反思，深刻地认识到由演述的史诗转换成的誊写本与其相对应

---

[1] 冯文开：《20世纪中国少数民族史诗的搜集整理与出版》，《中国出版》2015年第22期。

[2] 钟敬文：《钟敬文民间文学论集》（上），上海文艺出版社1982年版，第406页。

[3] 巴莫曲布嫫：《"民间叙事传统格式化"之批评（下）——以彝族史诗〈勒俄特依〉的"文本迻录"为例》，《民族艺术》2004年第1期。

的现场演唱存在着的巨大距离。①

但是，要将口头史诗演述中的所有要素记录下来是难以完成的任务，它激发学人们使用各种方法尽力使记录下来的史诗演述文本能够较为真确地再现演述的史诗以及整个演述事件，促使学人们对20世纪中期以来中国各民族史诗的搜集整理等工作展开多方位的检讨与反思。巴莫曲布嫫检讨了史诗汉译本《勒俄特依》的文本化及其工作流程中存在的主要问题及其对学术研究的影响和带来的种种弊端，提炼出"民间叙事传统格式化"的概念。②"民间叙事传统格式化"的现象普遍存在于史诗及其他民间文学的搜集整理中，因此"民间叙事传统格式化"的提出已经超越了个案的意义，是一种具有普遍意义的学理性思考，对史诗学、民间文学，乃至民俗学等学科的建设和发展具有重要的学术意义。

这些讨论推动21世纪中国各民族史诗的搜集整理更加科学化和规范化，呈现良好的发展势头，取得了显著的实绩，③为中国史诗研究打下了扎实的基础，为其发展提供了重要的学术资料。

中国各民族史诗的发现与搜集打破了国内以前言必称希腊史诗和印度史诗的围限，有力地反驳了黑格尔提出的关于中国无史诗的论断。而且通过大规模的搜集整理，学界基本厘清了中国各民族史诗的总体面貌、重要史诗文本以及流布状态。中国各民族史诗的蕴藏量宏富，除了藏族与蒙古族的《格萨（斯）尔》、蒙古族的《江格尔》、柯尔克孜族的《玛纳斯》"三大史诗"外，在中国北方阿尔泰语系的蒙古语族人民、突厥语族人民以及满—通古斯语族人民中，至今还流传着数百部英雄史诗，在彝、苗、壮、傣、纳西、哈尼、

---

① 朝戈金：《口传史诗诗学：冉皮勒〈江格尔〉程式句法研究》，广西人民出版社2000年版，第236页。

② 巴莫曲布嫫：《"民间叙事传统格式化"之批评（下）——以彝族史诗〈勒俄特依〉的"文本迻录"为例》，《民族艺术》2004年第1期。

③ 冯文开：《20世纪中国少数民族史诗的搜集整理与出版》，《中国出版》2015年第22期。

瑶等诸多南方民族中也流传着创世史诗、迁徙史诗和英雄史诗。朝戈金、尹虎彬和巴莫曲布嫫根据史诗传承和流布的地域、民族地理区域和经济文化类群的异同将中国各民族史诗分为南北两大史诗传统,北方民族以长篇英雄史诗见长,南方民族以中小型的创世史诗和迁徙史诗为主。北方民族生活在东起黑龙江漠北、西至天山西麓、南抵青藏高原的广袤地区,他们操持的英雄史诗形成了呈半月形分布的"北方英雄史诗带",其中"三大英雄史诗群"尤为突出。① 南方民族生活在是秦岭—淮河一线以南,东临东海,南临南海,他们操持的史诗形成了呈半椭圆形分布的"南方民族史诗群",其中"创世史诗群"尤为令人瞩目。其中,"创世史诗"和"迁徙史诗"的提出突破了西方古典诗学对史诗界定的框架,丰富了世界史诗的宝库,② 加深了国际学界对史诗多样性的认识。

第二节　史诗的美学研究及起源研究

与搜集整理同步,20世纪50—60年代一批史诗搜集者对中国各民族史诗展开了初步的研究,这些研究成果多为搜集者搜集工作的感想和为出版的史诗撰写的序言,具有较为鲜明的政治倾向,较为重要的学术论文有马学良等《关于苗族古歌》、徐国琼《藏族史诗〈格萨尔王传〉》、黄静涛《〈格萨尔〉序言》、胡振华《英雄史诗〈玛纳斯〉》、多济《〈江格尔传〉简介》、云南省民族民间文学楚雄调查队《论彝族史诗〈梅葛〉》等。它们介绍了《格萨(斯)尔》《江格尔》《玛纳斯》《苗族古歌》《梅葛》等诸多史诗的基本面貌,充分肯定了中国各民族史诗的人民性,指出它们的不足与局

---

① 朝戈金、尹虎彬、巴莫曲布嫫:《中国史诗传统:文化的多样性与民族精神的"博物馆"(代序)》,《国际博物馆》(中文版)2010年第1期。

② 同上。

限。这些研究成果加强了人们对中国各民族史诗的了解,加深了全社会对中国各民族史诗的认识,在一定程度上助推学界纠正那种轻视民间文学的偏见。

20世纪80年代,中国史诗研究主要是在马克思主义的文艺观和美学观的总框架下展开的,苏联的史诗研究理论和方法成为中国学人学习和借鉴的主要对象。以历史唯物主义为指导,从内容与形式的对立统一出发,结合人类社会历史发展规律,依据文学具体形象反映社会生活的观念,宝音和西格《谈史诗〈江格尔〉中的〈洪格尔娶亲〉》、色道尔吉《蒙古族英雄史诗〈江格尔〉》、王沂暖《藏族史诗〈格萨尔王传〉》、索代《试谈〈格萨尔王传〉的社会内容》、刘发俊《论史诗〈玛纳斯〉》、周作秋《论壮族的创世史诗〈布洛陀〉》等许多研究成果对中国各民族史诗展开美学分析,阐释其思想性和艺术性,挖掘其社会文化内涵。

依据恩格斯的典型环境塑造典型人物的观点,仁钦道尔吉《评〈江格尔〉里的洪古尔形象》、潜明兹《论珠毛》等描绘了史诗英雄所体现的思想、品质、行为、习惯等特征,阐述史诗如何通过人与人之间的关系和人与环境的关系等艺术手段来塑造英雄形象。20世纪90年代,巴·布林贝赫《蒙古英雄史诗的诗学》[①] 抛弃单一地把英雄人物放在某一部蒙古英雄史诗里,由内到外地分析他的所作所为的心理基础与事后结果以及他与其他英雄人物的关系的研究范式,而是在更广阔的学术视野下对英雄人物的内涵做出更深的挖掘。他不但研究英雄人物的具体表现,而且在美、丑、崇高等审美范畴里分析英雄人物的创造、发展及其规律。他从诸多的英雄人物形象中抽绎出恒久不变的本质,构建出一个能够容纳和阐释所有英雄人物形象的黑白形象体系。他吸取了原来从思想性和艺术性的角度评价英雄人物的做法,又创造性地从蒙古民族的文化心理、审美情趣、

[①] 巴·布林贝赫:《蒙古英雄史诗的诗学》(蒙古文版),内蒙古教育出版社1997年版。

生活习俗和生活理想等各个方面综合考察英雄人物的美学本质。他精辟地阐发了骏马形象是集兽性、人性和神性三性于一体的艺术形象，揭示骏马是在人和马的和谐中，在美与丑的对比中，在主体和环境的统一中，体现了其独立性和整一性的。

另外，对格萨尔其人的研究衍生成一桩学术论争，延及20世纪90年代。依据藏汉文献典籍，结合其在康藏地区的田野调查，任乃强较早提出格萨尔是林葱土司的先祖即唃厮啰的观点。[①] 1979年，王沂暖《〈格萨尔王传〉中的格萨尔》倾向认为格萨尔是唃厮啰。[②] 1982年，开斗山和丹珠昂奔《试论格萨尔其人》使用诗史互证的方法论证格萨尔即宋初的唃厮啰。[③] 上官剑璧《史诗〈格萨尔王传〉及其研究》从地理位置、藏文典籍、族谱等多个角度证明四川历史上的林国与格萨尔的密切关系。[④] 受到上官剑璧的影响，王沂暖在《藏族史诗〈格萨尔王传〉》中改变了原来的观点，承认上官剑璧的说法所提供的证据更充分。[⑤] 1984年，吴均《岭·格萨尔论》利用丰富的藏文资料，论证岭·格萨尔是以林葱地方的头目为原型而逐步塑造出来的。[⑥]

随后，佟锦华从人物、事件、时间和地点四个方面对格萨尔与唃厮啰、松赞干布、赤松德赞等历史人物的关系做出了考证，肯定了林葱土司祖先与格萨尔的关系，指出不应该把格萨尔与他们中的某一个历史人物联系在一起，更不能等同起来，而应该把格萨尔看成一个综合了这些英雄和其他藏族历史英雄的诸多特征的

[①] 任乃强：《任乃强民族研究文集》，民族出版社1990年版，第187—189页。
[②] 王沂暖：《〈格萨尔王传〉中的格萨尔》，《西北民族大学学报》（哲学社会科学版）1979年第1期。
[③] 开斗山、丹珠昂奔：《试论格萨尔其人》，《西藏研究》1982年第3期。
[④] 上官剑璧：《史诗〈格萨尔王传〉及其研究》，《西藏研究》1982年第1期。
[⑤] 王沂暖：《藏族史诗〈格萨尔王传〉》，《中央民族学院学报》1981年第3期。
[⑥] 吴均：《岭·格萨尔论》，《民族文学研究》1984年第1期。

典型人物。① 至今，这个话题的讨论还在继续。但是，它们大多是20世纪80—90年代讨论的余绪，见解和观点也没有超越前人。其实，史诗是一种文学艺术创造，不是历史编年，对于格萨尔其人的探讨应该与史诗形成和发展的一般规律联系起来。从任乃强到吴均、王沂暖，再到佟锦华，中国学人逐渐摆脱了把史诗主人公格萨尔与藏族历史事件和历史人物相互印证的拘囿来探求格萨尔这一英雄形象原型的研究范式，而是从文学艺术创作本身所具有的规律认识这个问题，这不仅有利于从根本上解决格萨尔这一英雄形象的根源和形成问题，而且标志着对"格萨尔其人"的探讨已经由侧重历史的研究转向侧重文学性的分析和把握。

20世纪80年代，学界对史诗的起源、形成与发展进行了热烈而深刻的学术讨论。很长一段时期，许多学人运用马克思主义文艺理论阐明中国各民族史诗形成于其童年时期，马克思关于史诗是各民族人民在特定时期创作出来的不可再生的论断被反复称引："就某些艺术形式，例如史诗来说，甚至谁都承认：当艺术生产一旦作为艺术生产出现，它们就再不能以那种在世界史上划时代的、古典的形式创造出来；因此，在艺术本身的领域内，某些有重大意义的艺术形式只有在艺术发展的不发达阶段上才是可能的。"② 同时，不少学人依据史诗反映的社会历史内容推定《格萨尔》《江格尔》《玛纳斯》的产生年代。《格萨尔》的产生年代有"吐蕃时期说""宋元时期说""明清时期说"，《江格尔》的产生年代有"13世纪以前形成说"和"13世纪以后形成说"，《玛纳斯》的产生年代有"成吉思汗时代形成说""10—16世纪形成说""16—17世纪形成说"等。其实，史诗的产生、形成、发展和演变有着自身独特的规律，将史

---

① 佟锦华：《藏族文学研究·格萨尔王与历史人物的关系——格萨尔王艺术形象的形成》，中国藏学出版社1992年版，第254—281页。

② [德]马克思：《〈政治经济学批判〉导言》，《马克思恩格斯选集》第二卷，人民出版社2001年版，第28页。

诗的产生归结为某一个具体的年代、某一个具体地方以及某个具体的历史事件是不可靠的，史诗反映的不是历史上的个别事件，而是数世纪以来人民理想和愿望的沉淀和结晶。与其纠缠于对史诗产生年代的探讨，不如将史诗置于民族历史发展的进程中探讨其形成过程，揭示其与历史发展进程的关联以及这种关联的性质。

20世纪90年代以来，对蒙古史诗起源、形成与发展的研究尤为突出。仁钦道尔吉推测蒙古英雄史诗有一个共同的源头，并按照单篇型史诗、串联复合型史诗和并列复合型史诗的序列演化。[①] 巴·布林贝赫认为，蒙古英雄史诗经历了原始史诗、发达史诗和变异史诗三个阶段，并对它们进行了科学的阐述。[②] 陈岗龙认为蒙古英雄史诗自起源到发展演变一直都是部落史诗，直到卡尔梅克《江格尔》的出现，蒙古英雄史诗才出现了民族史诗的特征，并指出社会生活的变迁导致了内蒙古东部地区的英雄史诗传统逐渐演变为蟒古思故事。[③] 这些研究成果将蒙古英雄史诗的起源、形成与发展置于它赖以存在的社会历史、文化、政治、经济、宗教等背景下来探讨，揭示其内在规律，对蒙古英雄史诗源流的研究起到了推动作用。

第三节　史诗的情节类型、比较及传承人研究

20世纪90年代，尼·波佩（N. Popper）、瓦·海西希（W. Heissig）、亚瑟·哈图（A. T. Hatto）、科契克夫（A. S. Kichkov）等国际学人的史诗母题研究以及弗莱的原型批评理论陆续进入中国，许多学人由此对史诗的母题、情节类型及其历史文化意蕴展开了较为细致的研

[①] 仁钦道尔吉：《蒙古英雄史诗源流》，内蒙古大学出版社2001年版，第46页。
[②] 巴·布林贝赫：《蒙古英雄史诗诗学》，陈岗龙等译，中国社会科学出版社2018年版，第167—172页。
[③] 陈岗龙：《蟒古思故事论》，北京师范大学出版社2003年版，第25—28页。

究，其中以蒙古族学人用力最勤，成果尤多。

综合海西希、尼·波佩的见解，以海西希的母题分类法为指导，仁钦道尔吉创用了"英雄史诗母题系列"的概念，抽绎出婚姻型母题系列和征战型母题系列，以它们为分析单元剖析各类蒙古英雄史诗情节结构的组成和发展，探讨了每个母题系列内部的发展变化。[①] 斯钦巴图的《蒙古英雄史诗抢马母题的产生与发展》阐述了蒙古族游牧社会的历史、经济、政治、军事、信仰等与抢马母题的联系，分析了抢马母题的符号化及其象征意蕴。[②] 乌日古木勒《蒙古—突厥史诗人生仪礼原型》从史诗与民俗的关系入手，揭示了蒙古—突厥史诗母题的起源与流变，通过比较阐明了蒙古—突厥史诗母题的共性及其原因，充分挖掘其背后蕴藏的文化内涵与象征意义。它们深化了学界对中国各民族史诗的情节结构及类型的认识和理解，扩大了史诗研究领域，推进了史诗研究的深入发展。

郎樱是国内较早使用母题研究方法分析史诗母题的学人。她对英雄特异诞生、坏父亲、英雄死而复生、亲属背叛、勇士叛逃、英雄结义、梦兆等《玛纳斯》与突厥英雄史诗共有的具有代表性的母题加以论述，揭示出这些母题蕴含的深层文化内涵和积淀的古老文化成分。[③]

20世纪90年代以来随着史诗研究的繁荣与拓展，史诗的比较研究迅速展开，成为史诗研究中重要的研究领域。特别是在蒙古英雄史诗的比较研究上，中国学者取得了较高的成就。陈岗龙《蟒古思故事论》将蟒古思故事、《锡林嘎拉珠巴图尔》《巴彦宝鲁德老人的三个儿子》并置，从史诗反映的社会形态、主题内容、叙事模式、人物功能等方面探究史诗《锡林嘎拉珠巴图尔》中孕育和萌芽的蟒

---

① 仁钦道尔吉：《蒙古英雄史诗源流》，内蒙古大学出版社2001年版，第109—113页。

② 斯钦巴图：《蒙古英雄史诗抢马母题的产生与发展》，《民族文学研究》1996年第3期。

③ 郎樱：《中国北方民族文学比较研究》，民族出版社2011年版。

古思故事最初形态的各种因素。① 他分析了蟒古思故事中借自《格斯尔》的情节母题，阐述了蟒古思说唱艺人将《格斯尔》的口头传承纳入到蟒古思故事的传统体系以及丰富蟒古思故事内容的方式。② 该著作对"佛教护法神信仰与东蒙古蟒古思故事""本子故事与蟒古思故事""蟒古思故事的神话主题""《罗摩衍那》对蟒古思故事的影响"等方面的论述都是在比较研究的视野下渐次展开的，而且他不是将研究对象孤立起来比较，而是将比较对象放在宏观的、有机整体的视野中加以历史的、系统的考察。无疑，这在一定程度上纠正了形式主义与比较语言学忽视文学发展规律的偏颇，避免将比较对象从历史的联系中孤立出来进行纯粹经验主义比较的学术做法。

史诗传承人不仅仅是具有创造性的史诗演唱者，也是史诗传统的积极携带者和传承者。"有天分的个体，对于传统的发展，具有某种特殊的作用。在今天的中国活形态史诗演述传统中，不乏这样伟大的个体，像藏族的扎巴、桑珠，柯尔克孜族的居素普·玛玛依，蒙古族的琶杰、金巴扎木苏、朱乃和冉皮勒等等。他们都以极为鲜明的演述个性和风格，为口头传统文类的发展做出了显见的推动。"③ 20世纪50—60年代，藏族的华甲、蒙古族的琶杰、柯尔克孜族的居素普·玛玛依等被相继发现，并为当时的史诗搜集整理做出了重要的贡献。随着对史诗传承人的发现及其个人才艺的发掘与强调，90年代以来的史诗传承人研究已经取得了许多值得注意的成果。杨恩洪《民间诗神——格萨尔艺人研究》为扎巴、才让旺堆、桑珠、玉珠、卡察·阿旺嘉措、琶杰、贡布等具有代表性的藏、蒙、土族的《格萨（斯）尔》说唱艺人撰写了生动翔实的评传，记录了这些民间诗神的成长经历和说唱生涯，对《格萨尔》说唱艺人进行了类

---

① 陈岗龙：《蟒古思故事论》，北京师范大学出版社2003年版，第125—206页。
② 同上书，第286—311页。
③ 朝戈金：《从荷马到冉皮勒：反思国际史诗学术的范式转换》，《中国社会科学院文学研究所学刊 2008》，中国社会科学出版社2008年版，第29页。

型研究，且结合个案实例对其特点作了详细阐述。① 阿地里·居玛吐尔地和托汗·依萨克《当代荷马〈玛纳斯〉演唱大师居素普·玛玛依评传》较为系统地描述了居素普·玛玛依成长的人文地理环境、婚姻、家庭、学艺的过程等，科学地剖析了居素普·玛玛依的演唱奥秘。② 朝克图和陈岗龙《芭杰研究》③描述了芭杰的生平和演唱生涯、演唱的作品及其发表出版的情况，对与芭杰及其作品相关的研究成果以及存在的问题进行了述评，分析了芭杰在近代、现代、当代三个时期呈现的政治思想和文艺思想。21 世纪初，随着大量推进性或拓展性研究的深入以及学科规范意识的加强，中国的史诗研究由集体性转向个人才艺，打破了以往的民间文艺学的学科典律——民间叙事的"集体性、匿名性"的藩篱，关注史诗传承人学习、创作、演述和传承的一系列问题，对目标化的史诗歌手展开了有计划、有组织的跟踪调查和研究。④

第四节　口头诗学研究

21 世纪初，朝戈金、尹虎彬、巴莫曲布嫫等中国学人开始对以往中国史诗研究的书面文学研究范式及其具体结论的偏颇展开理论反思，有心纠正 20 世纪 50—90 年代将中国史诗作为书面文学作品展开的文学和社会历史阐述的学术理路。他们曾不约而同地亲往哈佛大学求学，共谋将米尔曼·帕里（Milman Parry）和阿尔伯特·洛德（Albert B. Lord）创立的口头诗学引入中国学界。他们敏锐地

---

① 杨恩洪：《民间诗神——格萨尔艺人研究》，中国藏学出版社 1995 年版。
② 阿地里·居玛吐尔地、托汗·依莎克：《当代荷马〈玛纳斯〉演唱大师居素普·玛玛依评传》，内蒙古大学出版社 2002 年版。
③ 朝克图、陈岗龙：《芭杰研究》，内蒙古文化出版社 2002 年版。
④ 朝戈金：《从荷马到冉皮勒：反思国际史诗学术的范式转换》，《中国社会科学院文学研究所学刊 2008》，中国社会科学出版社 2008 年版，第 29 页。

觉察到了口头诗学可以补正一直以来中国史诗书面研究范式的偏颇，可以生发出中国史诗研究新的学术关注点和生长点。于是，自90年代起，他们用相当多的时间和精力投入对口头诗学的系统引介上，阿尔伯特·洛德《故事的歌手》、约翰·弗里（John M. Foley）《口头诗学：帕里—洛德理论》、格雷戈里·纳吉（Gregory Nagy）《荷马诸问题》以及许多与口头诗学相关的、分量较重的学术论文被相继译介到国内。

陈寅恪曾说过："其真能于思想上自成系统，有所创获者，必须一方面吸收输入外来之学说，一方面不忘本来民族之地位。此二种相反而适相成之态度，乃道教之真精神，新儒家之旧途径，而二千年吾民族与他民族思想接触史之所昭示者也。"[①] 口头诗学的引入对中国史诗研究的书面范式转向口头范式的价值和意义自不待言，更重要的是新范式下的诸多先行者能够立足"不忘本来民族之地位"，能够对口头诗学进行吸纳、转化和本土化，创造性地解决本民族的学术问题，乃至"中国问题"。朝戈金《口传史诗诗学：冉皮勒〈江格尔〉程式句法研究》、巴莫曲布嫫《史诗传统的田野研究：以诺苏彝族史诗"勒俄"为个案》等为中国史诗研究的学术转型和口头范式的确立提供了一个最佳的学术范例。

朝戈金《口传史诗诗学：冉皮勒〈江格尔〉程式句法研究》以"口头性"和"文本性"为问题导向，全面地阐述了口传史诗的文本属性，革新了以往民俗学界的文本概念，对民俗学界的"文本理论"的讨论具有革命性的意义。它以口头诗学为依托，以冉皮勒演唱的《江格尔》史诗中的一章——"铁臂萨布尔"的现场录音整理本为样例，对其程式进行了精密的诗学分析，总结归纳了蒙古族英

[①] 陈寅恪：《金明馆丛稿二编·冯友兰中国哲学史下册审查报告》，生活·读书·新知三联书店2001年版，第284—285页。

雄史诗的诗学特质和创作法则。①它对蒙古族史诗诗学的开拓性探讨,给往后的蒙古族史诗研究,乃至中国史诗研究提供了一种理论启示。它根据蒙古族史诗传统而创用了实证性的、可操作性的分析模型以及既有文本的田野"再认证"工作模型,给中国史诗学界、民间文学和民俗学界在学术方法上带来了一种范式性的变革。

尹虎彬的《古代经典与口头传统》对口头诗学的基本概念、研究方法、学科形成、历史及其演进过程作了精当的论述,勾连出它与古典学、语文学、人类学等学科的关联,阐述了它在20世纪世界民俗学的地位以及对中国史诗、民间文学和民俗学研究的意义。②

巴莫曲布嫫以义诺彝区美姑县《勒俄特依》的史诗演述传统及其演述人曲莫伊诺为田野个案,从认识论的角度引入"叙事语境——演述场域"这一实现田野主体性的研究视界,观察与捕捉口头叙事的本质性表现,以"史诗演述传统的'在场'""演述事件的'在场'""受众的'在场'""演述人的'在场'""研究者的'在场'"五个要素及其联动的同构关系确定史诗演述的场域,在研究对象与研究者之间搭建起一种可资操作的田野工作模型,探索一条正确处理史诗文本及文本背后的史诗传统信息的田野研究之路。③这廓清了史诗学、民间文学与民俗学在田野—文本之间产生的一些模糊认识,重新确立了田野—文本的互动与关联,给中国史诗研究提供了一个无可辩驳的学术研究范例。

当然,朝戈金、尹虎彬、巴莫曲布嫫等对史诗口头研究范式的确立所做出的贡献不是创立了某种新的理论和新的观念,而是提出了一个全新的学术关注中心。卡西尔在评价苏格拉底在古希腊哲学思想转换中扮演的角色时说道:"苏格拉底从不攻击或批判他的前人

---

① 朝戈金:《口传史诗诗学:冉皮勒〈江格尔〉程式句法研究》,广西人民出版社2000年版,第1页。
② 尹虎彬:《古代经典与口头传统》,中国社会科学出版社2002年版。
③ 巴莫曲布嫫:《叙事语境与演述场域——以诺苏彝族的口头论辩和史诗传统为例》,《文学评论》2004年第1期。

们的各种理论,他也不打算引入一个新的哲学学说。然而在他那里,以往的一切问题都用一种新的眼光来看待了,因为这些问题都指向一个新的理智中心。希腊自然哲学和希腊形而上学的各种问题突然被一个新的问题所遮蔽,从此以后这个新问题似乎吸引了人的全部理论兴趣。"① 朝、尹、巴莫等的研究也是如此,在他们之后便是许多中国史诗研究者相继响应,钟敬文在给朝戈金《口传史诗诗学:冉皮勒〈江格尔〉程式句法研究》撰写的序言中也提倡和呼吁史诗理论与史诗研究的转型,肯定口头范式在将来的史诗研究、民间文学和民俗学研究中具有的普遍意义。② 以钟敬文在民间文学和民俗学两大领域中的学术地位,他对口头范式的肯定更是使得口头范式成为 21 世纪初期民间文学和民俗学共同关注的话题,陈岗龙、塔亚、斯钦巴图、阿地里·居玛吐尔地、纳钦等学者都参与进来,一起探讨,从而形成了某种相对一致的"学术共同体"。

而后以口头诗学为理论支撑,以具体史诗演唱传统的个案研究为技术路线,立足本民族史诗传统的研究理路逐渐在中国学界确立,研究的价值取向、方法技术和问题意识发生了改变,研究格局呈现新变化,逐渐从文本走向田野、从传统走向传承、从集体性走向个人才艺、从传承人走向受众、从他观走向自观、从目治之学走向耳治之学。③ 一批已经引起学界普遍重视的著作相继问世,而且在若干环节已取得了令人瞩目的成绩。"例如,对史诗句法的分析模型的创用,对既有文本的田野'再认证'工作模型的建立;对民间文学文本制作中的'格式化'问题及其种种弊端进行反思,进而在田野研究中归总出'五个在场'的基本学术预设和田野操作框架;对运用

---

① [德]恩斯特·卡西尔:《人论》,甘阳译,上海译文出版社 2009 年版,第 7 页。
② 钟敬文:《口传史诗诗学:冉皮勒〈江格尔〉程式句法研究·序》,广西人民出版社 2000 年版,第 7—12 页。
③ 朝戈金:《从荷马到冉皮勒:反思国际史诗学术的范式转换》,《中国社会科学院文学研究所学刊 2008》,中国社会科学出版社 2008 年版,第 28 页。

口头传统的理论视域重新审视古代经典，生发出新的解读和阐释，同时利用古典学的方法和成就反观活形态口头传统演述的内涵和意蕴；对特定歌手或歌手群体的长期追踪和精细描摹及隐藏其后的制度化保障；对机构工作模型和学者个人工作模型的设计和总结；在音声文档的整理、收藏和数字化处理方面，建立起符合新的技术规范和学术理念的资料库和数据库工作，等等。"[1] 特别是随着口头诗学本土化实践的展开，中国学人逐渐由口头诗学的"消费者"转换成口头诗学的"生产者"，与之关联的成果和学术团队也越来越在国际学界产生巨大的影响，且赢得他们的赞誉与尊重。

与此同时，随着构建中国特色哲学社会科学的学科体系、学术体系、话语体系的提出及其学术讨论热烈开展，中国史诗研究话语的提炼与本土诗学体系建构的探索成为 21 世纪史诗研究的重要理论话题，巴·布林贝赫的《蒙古英雄史诗的诗学》对此具有示范意义。[2] 他运用文艺学、社会学、文化人类学、宗教学、民俗学、美学和诗性地理学等多学科的理论方法对蒙古英雄史诗展开了较为系统的诗学构建，创立了一种与众不同的、立足于本土诗学的研究范式。他把诗性、历史性、哲学性和综合性等四个特色融于一体，他对蒙古英雄史诗诗学的建构不仅仅在于它具有填补了蒙古诗歌诗学研究一大空白的意义，更在于他以积极严肃的开创精神把蒙古诗歌研究推上了一个新的历史哲学的高度，"对推进诗歌研究和诗学建设，具有多方面的参考价值"，"亦产生了多方面的影响"。[3]

总而言之，经过 70 年的研究，中国史诗的搜集整理与研究已经取得了显著的实绩，在理论上对一些重大的基础性问题已经有了更为深入的认识，在实践上对史诗的传承和保护等问题有了更为科学

---

[1] 朝戈金：《从荷马到冉皮勒：反思国际史诗学术的范式转换》，《中国社会科学院文学研究所学刊 2008》，中国社会科学出版社 2008 年版，第 30—31 页。

[2] 巴·布林贝赫：《蒙古英雄史诗的诗学》，内蒙古教育出版社 1997 年版。

[3] 朝戈金：《巴·布林贝赫蒙古史诗诗学思想之论演（代序）》，巴·布林贝赫《蒙古英雄史诗诗学》，陈岗龙等译，中国社会科学出版社 2018 年版，第 2—13 页。

和可行性的探究。中国史诗研究已然完成了对口头诗学的吸纳、转化和本土化,由书面范式转向口头范式的学术道路越来越深化,但是还有许多问题有待进一步研究和认识,还有广阔的学术空间有待进一步探索,在传承人、文本、理论建设、话语体系、学术格局、学科制度化建设、史诗学术共同体等方面还有待完善与提升。①

---

① 朝戈金:《从荷马到冉皮勒:反思国际史诗学术的范式转换》,《中国社会科学院文学研究所学刊 2008》,中国社会科学出版社 2008 年版。

第 六 章

歌谣研究

王 娟

作为新文化和新文学运动的一个重要组成部分，发源于北京大学的歌谣征集活动"是中国现代知识分子思想史上最可纪念的事件之一"。[①] 它不仅标志着中国民俗学和民间文学的诞生，更重要的是它转变了中国知识分子对文学、对社会、对民众，乃至对知识分子自身的态度和认识。以《歌谣》周刊为阵地、以北京大学为依托、以新知识群体为主力的全国近世歌谣的搜集、整理和出版活动，是中国学术界对歌谣和民间文学材料进行的第一次大规模的挖掘和研究，对中国歌谣，乃至民间文学的学术范式产生了奠基性的影响。"运动"式的歌谣搜集方法直到 20 世纪 80 年代仍然是民间文学搜集的主要途径，其关于搜集的"周遍性"、真实性等要求也成为后世学术规范的范本。

1949 年之前的歌谣运动和歌谣研究最大的功绩在于唤起了知识界对歌谣的空前关注，此外，歌谣的搜集、整理和研究也取得了丰硕的成果，为之后的歌谣研究奠定了坚实的基础。1949 年之后的 70

---

① ［美］洪长泰：《到民间去：1918—1937 年的中国知识分子与民间文学活动》，董晓萍译，上海文艺出版社 1993 年版，第 1 页。

年里，歌谣资料的搜集、整理和出版取得了空前的成果，歌谣学、歌谣史、少数民族歌谣、歌谣理论研究方面尽管也取得了一定的成绩，但整体看来，歌谣研究还没有形成规模，歌谣研究仍缺乏新的理论导向和新的研究方法的支持。

第一节　歌谣文本的搜集、整理与出版

歌谣的搜集、整理和出版从 1918 年就开始了，1949 年之前，已经出版的歌谣集有近 300 种，而 1949 年之后出版的各种歌谣集更是达到了近千种之多。[①] 1949 年之后歌谣的搜集活动与中国民间文艺研究会的成立有着密切的关系。1950 年 3 月 29 日，在中国民间文艺研究会成立大会上，周扬致开幕词，他说道：

> 成立民间文艺研究会是为了接受中国过去的民间文艺遗产。民间文艺是一个广阔的富藏，它需要我们有系统的有计划的来发掘。在"五四"时期曾有些爱好民间文艺的文艺工作者，出版过不少各种的关于歌谣的刊物。……但我们觉得最出色的民间艺术还没有发掘出来。今后通过中国民间文艺的采集、整理、分析、批判、研究，为新中国新文化创作出更优秀的，更丰富的民间文学作品来。[②]

大会通过了《中国民间文艺研究会章程》和《征集民间文艺资料办法》。《民间文艺集刊》第 1 集刊登了《本会征集民间文艺资料的办法》，对征集内容、征集要求进行了详细介绍，如"切勿删改，

[①] 参见王文宝《中国民俗学史》，巴蜀书社 1995 年版。
[②] 周扬：《中国民间文艺研究会成立大会开幕词》，《周扬文集》第 2 卷，人民文学出版社 1985 年版，第 10 页。

要保持原样""资料中的方言土语及地方性的风俗习惯等须加以注释"① 等。实际上,歌谣征集的办法和理念早在歌谣征集活动之初学者们就曾经展开过广泛的讨论,因此,在20世纪50年代,歌谣征集在理念和方法上延续了1949年前歌谣征集的基本方法和原则。这些原则包括:

第一,忠实地记录,不作任何甄别与删改。在《歌谣》周刊发刊词中,常惠就提到,"歌谣是民俗学上的一种重要的资料,我们把他辑录起来,以备专门的研究。这是第一个目的。因此,我们希望投稿者不要自己先加甄别,尽量地录寄。因为,在学术上是无所谓卑微或粗鄙的"。②

第二,走入田野,亲自调查。因为"书本上的,一点也靠不住,又是在民俗学中最忌讳的。每逢写在纸上,或著成书的……多少总有一点润色的地方,那便失了本来面目。而且无论怎样,文字绝不能达到声调和情趣。一经写在纸上,就不是他了"。③

第三,收集歌谣的同时,注意收集与歌谣相关的一些问题。如"歌谣的出处""歌谣的起源""歌谣的流传范围""歌谣的讲唱环境"等。④

第四,记录歌谣应尽量保持其方言方音,或者干脆发明一些语音符号,以保留歌谣音调的本真。因为我们现有的语言不足以记录复杂多变的方言和方音。而如果不用方言和方音记录歌谣的话,那么歌谣也就失去了生命,失去了价值。⑤

关于歌谣的搜集,刘兆吉在《西南采风录》中强调,田畔、牧场、茶馆、街头访问等,随处都可以搜集到歌谣。同时还应注意街

---

① 《民间文艺集刊》第1集,新华书店1950年版,第80页。
② 常惠:《发刊词》,《歌谣》周刊第1号,1922年12月17日。
③ 常惠:《我们为什么要研究歌谣》,《歌谣》周刊第2号,1922年12月24日。
④ 许竹贞:《我今后研究歌谣的方法》,《歌谣》周刊第42号,1924年1月20日。
⑤ 黎锦熙:《歌谣调查的根本谈》,《歌谣》周刊纪念增刊,1923年12月17日。

头墙垣、庙壁上的涂写，以及当地印行的歌谣及抄本等。① 现在看来，刘兆吉的这些经验依然是非常宝贵的。尤其是作者提到了街头墙垣和庙壁上的涂写，即使是在当下，很多学者依然都没有意识到这些材料的重要性。

中国民间文艺研究会成立之后，民间文艺，包括歌谣的征集和采集活动广泛展开。从1950年到1958年，中国民间文艺研究会征集到了大量的歌谣，并通过整理和筛选，出版了《陕北民歌选》②《信天游选》③《东蒙民歌选》④《爬山歌选》⑤《青海民歌选》⑥ 等。1958年，民间歌谣的征集活动发展成为轰轰烈烈的"新民歌"运动。"新民歌"运动的一个重要推动作用是1958年3月毛泽东在成都中央工作会议上的谈话：

> 我想搞一点新的民歌，对立统一。请各位同志负个责任，回去以后搜集一点民歌。中国诗的出路，第一条是民歌，第二条是古典，在这个基础上产生出新诗来，形成民族的，内容应该是现实主义与浪漫主义的对立统一。⑦

1958年4月14日，《人民日报》发表了社论《大规模地收集全国民歌》，社论说：

> 根据最近的消息，已经有不少地方在进行这项工作。他们

---

① 刘兆吉：《西南采风录》，商务印书馆1946年版，第1—8页。
② 何其芳、张松如选辑：《陕北民歌选》，海燕书店1951年版。
③ 严辰：《信天游选》，海燕书店1951年版。
④ 安波、许直合编：《东蒙民歌选》，新文艺出版社1952年版。
⑤ 韩燕如：《爬山歌选》，人民文学出版社1953年版。
⑥ 纪叶：《青海民歌选》，人民文学出版社1954年版。
⑦ 陈晋主编：《毛泽东读书笔记精讲·文学卷》，广西人民出版社2017年版，第355页。

收集民歌的方法是通过群众路线，深入群众，依靠群众，把民歌记录下来，分类整理，这比我们历史上任何时期收集民歌的方法都要完善得多了。有些县已经编出了一些民歌集子。看来，这项工作已经引起了各地领导机关相当的重视，已经完全有条件可以大规模地进行。这是一项极有价值的工作。它对于我国文学艺术的发展（首先是诗歌和歌曲的发展）有重大的意义。①

社论还提到了当时已经整理出版的各种长诗短歌，如蒙古族的《嘎达梅林》、彝族的《阿诗玛》、苗族的《古歌》、傣族的《召树屯》、蒙古族的《爬山歌》、回族的《花儿》、壮族的《欢》等，指出要同时"发掘尚有踪迹可寻的历代口传至今的歌谣宝藏，使它们不致再消失"。②

此后，郭沫若、周扬编辑的《红旗歌谣》③ 以及大量的红色歌谣集出版，如中国作家协会江西分会编《红色歌谣》④、河南人民出版社编辑出版的《河南红色歌谣》⑤ 等。这些歌谣集中收录了大量国内革命战争时期，以及各根据地流传的革命歌谣。一些歌谣资料集也陆续出版，如《中国歌谣资料》⑥《中国古代民间歌谣选》。⑦ 20世纪80年代以后，一些歌谣选集也陆续出版，如《中国歌谣选》⑧

---

① 《人民日报社论选辑》（2），人民日报出版社1958年版，第117页。
② 同上书，第119页。
③ 郭沫若、周扬编：《红旗歌谣》，红旗杂志社1959年版。
④ 中国作家协会江西分会编：《红色歌谣》，江西人民出版社1959年版。
⑤ 河南人民出版社编：《河南红色歌谣》，河南人民出版社1960年版。
⑥ 北京大学中文系瞿秋白文学会编：《中国歌谣资料》，作家出版社1959年版。
⑦ 北京师范大学中文系四年级学生及中国文学教研组部分教师集体编选：《中国古代民间歌谣选》，高等教育出版社1958年版。
⑧ 中国民间文艺研究会、中国社会科学院文学研究所各民族民间文学组编：《中国歌谣选》，上海文艺出版社1978年版。

等。此外，还有一些儿歌集，如赵景深、车锡伦《中国古代儿歌资料》①、谭达先、徐佩筠《广东传统儿歌选》② 等。长篇叙事歌有《江南十大民间叙事诗》③ 等。少数民族的歌谣，如《傣族古歌谣》④《藏族民歌选》⑤《瑶族民歌选》⑥ 等，每一个少数民族，如侗族、哈萨克族、布依族、白族、纳西族、苗族、蒙古族、达斡尔族、鄂温克族等都出版了自己民族的歌谣集。

值得一提的是几种大型歌谣丛书的出版发行，包括舒兰《中国地方歌谣集成》⑦、娄子匡的三套民俗学丛书和《中国歌谣集成》。舒兰《中国地方歌谣集成》总共为 65 卷，其中前十卷为歌谣理论研究。收入了许多重要的，有代表性的和有一定影响力的歌谣研究论文。后 45 卷为各省的歌谣集，分为儿歌、情歌和民歌三类。娄子匡自 1970 年起在台湾编辑出版的三套民俗学大型丛书，包括《中山大学民俗丛书》《国立北京大学、中国民俗学会民俗丛书》和《影印期刊五十种》，收录了大量的歌谣集、歌谣研究论文和研究专著。为我们了解和研究歌谣提供了系统的、丰富的材料。

《中国歌谣集成》是一套由文化部和中国音协主持编辑的包括全国各省、市、自治区的民间歌谣集，共 30 大卷，为 1949 年之后全国歌谣搜集的集大成者。《中国歌谣集成》是民间文学三套集成（《中国民间故事集成》和《中国谚语集成》）的一个重要组成部分，由贾芝等学者最早发起。在《我与中国民间文学集成》中，贾芝谈到：

---

① 赵景深、车锡伦、何志康编：《中国古代儿歌资料》，少年儿童出版社 1963 年版。
② 谭达先、徐佩筠：《广东传统儿歌选》，商务印书馆 1981 年版。
③ 姜彬编：《江南十大民间叙事诗》，上海文艺出版社 1989 年版。
④ 《傣族古歌谣》，岩温扁、岩林译，中国民间文艺出版社 1981 年版。
⑤ 中央民族学院少数民族语言文学系、藏语文教研室、藏族文学小组编：《藏族民歌选》，上海文艺出版社 1981 年版。
⑥ 苏胜兴编：《瑶族民歌选》，上海文艺出版社 1982 年版。
⑦ 舒兰：《中国地方歌谣集成》，渤海堂文化事业有限公司 1989 年版。

1980年12月，我应吕骥同志邀请作为《中国民间歌曲集成》编委会委员，着重于歌词方面的审稿。在审稿中，我想到有必要从文学角度编纂一套《中国歌谣集成》，以歌谣而论，民歌歌词之多远远超过曲谱。往往是一首曲子有几种，十几种，甚至几十种歌词，何况还有不入乐的民谣呢。①

在贾芝的建议下，1984年5月28日，文化部、中国民族事务委员会和中国民间文艺研究会共同发文，决定在全国范围内组织力量编辑和出版《中国民间文学集成》，周扬任总主编，下设《中国民间故事集成》《中国歌谣集成》和《中国谚语集成》三部分，分别由钟敬文、贾芝和马学良任主编。贾芝是《中国歌谣集成》的主编。历经30年，《中国歌谣集成》省卷本终于出齐。《中国歌谣集成》是中国歌谣研究史上最为浓墨重彩的一笔，对歌谣研究的发展具有里程碑式的意义。

此外，一些歌谣研究机构如"歌谣研究会""中国民俗学会""中国歌谣学会"等也对歌谣研究起到了推动作用。例如，歌谣研究会的建立就是中国现代史上的一件破天荒的大事。它揭开了现代新诗改革运动的帷幕，引起了广大知识分子对歌谣反映的大量社会问题的注意，同时促进了文人学者接近普通民众，而后一点是更重要的。1984年，"中国歌谣学会"的成立在继承和发扬"五四"新文化运动的优良传统，收集和研究歌谣等方面也做出了巨大的贡献。

第二节 歌谣史研究

中华人民共和国成立之后，张紫晨《歌谣小史》②、祁连休、程

---

① 贾芝：《我与中国民间文学集成》，《新文学史料》2010年第1期。
② 张紫晨：《歌谣小史》，福建人民出版社1981年版。

蕾主编《中华民间文学史》① 等都对中国歌谣史进行了较为系统的梳理和论述。

张紫晨《歌谣小史》详细而全面地论述了中国歌谣发展的历史，全书分为十五章，包括歌谣的原始、夏商歌谣、周代民歌、春秋战国时期歌谣、楚国民歌、秦汉歌谣、汉乐府民歌、南北朝民歌、隋唐五代歌谣、宋元歌谣、明代歌谣、清代民歌、近代歌谣、现代歌谣和新中国歌谣。《歌谣小史》堪称歌谣史的拓荒之作。此后的歌谣史研究一直停滞不前，没有出现过有代表性的整体的歌谣史方面的研究成果。

王娟《中国古代歌谣：整理与研究》② 对中国历代歌谣进行了梳理，按照现存的古代歌谣资料，该书将历代歌谣分为九类，包括神话传说歌谣、故事歌谣、时政歌谣、谶言歌谣、仪式歌谣、游仙歌谣、抒情歌谣、风俗歌谣和儿童歌谣。由于民间歌谣的口传性特点，历代歌谣中的许多歌谣文本存在大量异文，该书在编纂过程中，不仅将歌谣的异文一并收入，而且将歌谣出现的文本语境也一并进行了收录，便于读者进行研究。段宝林认为：

> 过去由于对民间文学立体性特点缺少认识，一般的编选者往往只选其中的一首他们认为是最好的，而略去了其余的所有异文……这是不科学的。因为民间文学在民间流传时，因时间、地点、民族、国家的不同，其内容和形式都会发生或大或小的变化，在各个时代或各个地方形成了许许多多不同的异文。每一种异文，只是此作品的一个侧面，所有异文的总和才是此作品的整体。因此，只有把所有的异文全部搜集起来，我们才能够厘清此歌谣的来龙去脉，创作和演变过程，它的全部内容和艺术形式，它的社会功能、作用以及对文人的影

---

① 祁连休、程蔷、吕微主编：《中华民间文学史》，河北教育出版社1999年版。
② 王娟：《中国古代歌谣：整理与研究》，高等教育出版社2014年版。

响等情况。①

该书没有按照年代的顺序编排歌谣资料，主要是因为许多歌谣的存在是跨朝代的，如果按照朝代编排，势必会有很多重复，而且除了部分歌谣如时政歌谣外，许多歌谣的时代性非常弱。《中国古代歌谣整理与研究》是在现代民俗学学术理念下对古代歌谣的一次新的整理与研究。

歌谣运动之后，顾颉刚的《吴歌小史》发表，其堪称歌谣史研究的奠基之作。顾颉刚认为：

> 吴歌最早起于何时，我们不甚清楚，但也不会比《诗经》更迟。可是因为《诗》三百篇的编者只收集了中原和江汉的国风，江以南的吴，越，楚都没有在风雅中占得一席地位。这也许是因为他们蛮夷缺舌之音，还不足以登中原文化的大雅之堂的缘故。可是这并不能证明吴人没有歌，不会唱。②

该文将吴歌的起源上推至春秋战国时期的"吴吟"，并清晰地梳理出了吴歌的发展和传承脉络，即从《战国策》中的"吴吟"，到《楚辞》中的"吴歈"，再到《汉书·艺文志》中的"吴楚汝南歌诗十五篇"，以及《隋书·经籍志》中的"吴声歌辞曲"，《晋书·乐志》中的"吴声杂曲"等。此外，该文对吴歌的谐音特点以及句式格律也有分析。顾颉刚还将刚发现不久的冯梦龙的《山歌》纳入吴歌的传承体系中，认为"自从发现了这样丰富的材料，吴歌始有研究的工作可做"。③《吴歌小史》在发表后不久，陆侃如评价说其

---

① 段宝林：《中国古代歌谣整理与研究·序》，高等教育出版社 2014 年版，第 2 页。

② 顾颉刚：《吴歌小史》，《歌谣》周刊第 2 卷第 23 期，1936 年 11 月 7 日。

③ 同上。

"源源本本，实为治文学史者所必读"。①

也正是在顾颉刚《吴歌小史》的启发下，很多学者开始继续吴歌的研究，1949年之后，歌谣史方面的研究成果大多集中在吴歌领域，出现了一些比较重要的研究成果。

郑振铎《中国俗文学史》（1938年出版）的第十章较为全面地介绍了明代民歌，尤其是高度肯定了冯梦龙的《挂枝儿》和《山歌》，说《山歌》十卷以吴地方言写儿女私情，其成就极为伟大，是吴语文学中最大的发现，也是文学史里难得的好文章。② 周玉波《明代民歌研究》③ 对明代民歌，包括明代民歌的历史文化语境、地域特征、演进轨迹、主要内容、艺术特色，以及李开先、冯梦龙等人在民歌传播史上的地位和贡献等方面进行了全面的探讨。尽管其研究方法和理念还带有文学式的歌谣研究范式，但是，该书无疑将明代歌谣研究带入了一个高峰。此外，刘旭青《吴越歌谣研究》、④ 吕肖奂《中国古代民谣研究》⑤、朱秋枫《浙江歌谣源流史》⑥ 也是歌谣史研究方面的代表性作品，值得关注。

第三节　歌谣学基础理论的探讨

歌谣学方面的研究成果主要体现在歌谣的一些基础性研究，如歌谣的定义、歌谣的特点、歌谣的分类、歌谣的价值和功能等方面。

---

① 陆侃如：《读〈吴歌小史〉》，《歌谣》周刊第2卷第28期，1936年12月12日。
② 郑振铎：《中国俗文学史》（下），岳麓书社2011年版，第448页。
③ 周玉波：《明代民歌研究》，凤凰出版社2005年版。
④ 刘旭青：《吴越歌谣研究》，中国社会科学出版社2012年版。
⑤ 吕肖奂：《中国古代民谣研究》，巴蜀书社2006年版。
⑥ 朱秋枫：《浙江歌谣源流史》，浙江古籍出版社2004年版。

朱自清的《中国歌谣》是中国歌谣学的代表著作。此书是根据他1929年在清华大学讲授"歌谣"课的油印本讲义整理出版的，其中包括歌谣的释名、歌谣的起源与发展、歌谣的历史、歌谣的分类、歌谣的结构和歌谣的修辞等篇章。另外，还有四章只粗具纲目，为"歌谣的评价""歌谣研究的面面""歌谣搜集的历史""歌谣叙录"。这四章只收罗了材料，可惜没有完成。"这是部有系统的著作，材料通乎古今，也吸取外国学者的理论，别人没有这样做过。可惜没有写成。单就这六章，已足见他知识的广博，用心的细密了。"[①]《中国歌谣》对歌谣的起源、定义、歌谣发展史、歌谣的分类、结构和语言文字技巧等进行了深入的探讨和论述，初步形成了一套完整的中国歌谣理论体系。该书材料丰富，高度概括了"五四"以来国内外歌谣研究的状况和成果，对建立中国现代歌谣学具有开创意义。

除了朱自清《中国歌谣》，朱介凡《中国歌谣论》[②]也是一部全景式的关于中国歌谣的理论著作。其内容涉及很多歌谣类型，如花儿、儿歌、情歌、仪式歌、工作歌、生活与叙事歌、谣等。另外，江明惇《汉族民歌概论》[③]、赵晓兰《歌谣学概要》[④]等也都是较有影响的歌谣综合研究专著。此外，台湾和少数民族歌谣研究成果突出，出现了一些少数民族歌谣综合研究成果，如黄勇刹《壮族歌谣概论》[⑤]、简上仁《台湾民谣》、[⑥] 祜巴勐《论傣族诗歌》[⑦]、王松《傣族诗歌发展初探》[⑧]等。这些著作对台湾和少数民族诗歌的起源、艺术特色、分类、搜集、翻译，以及歌谣与文学、宗教的关系

[①] 浦江清：《中国歌谣·跋记》，作家出版社1959年版，第213页。
[②] 朱介凡：《中国歌谣论》，台湾中华书局股份有限公司1984年版。
[③] 江明惇：《汉族民歌概论》，上海文艺出版社1982年版。
[④] 赵晓兰：《歌谣学概要》，电子科技大学出版社1993年版。
[⑤] 黄勇刹：《壮族歌谣概论》，广西民族出版社1983年版。
[⑥] 简上仁：《台湾民谣》，台湾众文图书股份有限公司1987年版。
[⑦] 祜巴勐：《论傣族诗歌》，岩温扁译，中国民间文艺出版社1981年版。
[⑧] 王松：《傣族诗歌发展初探》，中国民间文艺出版社1983年版。

等方面都有精辟的论述。

　　姜彬，笔名天鹰，对中国歌谣研究做出了很大的贡献，出版了一系列歌谣研究的著作，包括《论歌谣的手法及其体例》[①]《中国古代歌谣散论》[②]《杨风集》[③]《1958年中国民歌运动》[④]《论吴歌及其他》[⑤] 等。在《论歌谣的手法及其体例》中，天鹰集中论述了歌谣的几种表现手法，如夸张、比兴、排比、对比、反比、反复、重叠、拟人化等。对于歌谣的艺术性、体例、思想性、表现手法、研究方法和歌谣发展史方面，天鹰都有所贡献。

　　在歌谣格律研究方面，段宝林、过伟主编《古今民间诗律》[⑥]《民间诗律》[⑦] 和《中外民间诗律》[⑧] 的出版是歌谣格律研究史上的里程碑式的成果。这三册民间诗律的编纂过程耗时17年，"涵盖了古今中外最主要的民间诗歌体式和各种格律形式，包括中国汉民族各大方言区和中国五十五个少数民族以及二十多个国家与语言的民间诗律研究成果。其中介绍的民歌体式不下数百种，格律形式不下数千种，为诗歌研究和新诗的创作提供了许多可贵的第一手资料和研究成果"。[⑨]

　　在歌谣的功能方面，学者们重点关注的是歌谣的教育功能。顾颉刚说过，"既然民歌，尤其是情歌，最能表达民众的真实情感，那么它就可以用来当作拯救国家命运的武器"。[⑩] 谈到教育，人们首先想到的就是儿童。因此一些学者提出将童话和儿歌的内容纳入教科

[①] 天鹰：《论歌谣的手法及其体例》，文化生活出版社1954年版。
[②] 天鹰：《中国古代歌谣散论》，上海古典文学出版社1957年版。
[③] 天鹰：《杨风集》，上海文艺出版社1959年版。
[④] 天鹰：《1958年中国民歌运动》，上海文艺出版社1959年版。
[⑤] 天鹰：《论吴歌及其他》，上海文艺出版社1985年版。
[⑥] 段宝林主编：《古今民间诗律》，北京大学出版社1999年版。
[⑦] 段宝林主编：《民间诗律》，北京大学出版社1987年版。
[⑧] 段宝林主编：《中外民间诗律》，北京大学出版社1991年版。
[⑨] 段宝林主编：《古今民间诗律》，北京大学出版社1999年版，第562页。
[⑩] 顾颉刚：《〈西藏恋歌集〉序》，《民间（半月刊）》1927年第6期。

书来改善儿童的教育状况。褚东郊认为，儿童教育的重要教材是儿歌，儿童几乎天天与儿歌打交道，他们自然受儿歌的影响最深。因此，儿歌对于儿童思想性格的形成有深刻的意义。如果"一社会中流行的儿歌富于冒险性质的，其国民亦多冒险精神。偏于利己主义的，国民亦多利己思想"。[①] 虽然儿童在后来的成长中也要受到大量通俗读物和其他文学作品的影响，但他们的思想基础的奠定，主要依赖儿歌。

一般来说，儿歌和童谣具有如下功能：（1）作为儿童获取知识的途径，如从儿歌中获得关于色彩、季节、植物、动物方面的常识。（2）激发儿童的想象力，促进儿童智力的发展。（3）培养儿童良好的生活习惯和道德品行。（4）培养儿童的集体主义观念，为进入社会做好准备。在学者们看来，儿歌既能帮助儿童走进自己的世界，也能让他们凭直觉初识人类社会的一般状况。儿歌的教育绝不亚于学校的课本。因此，很多学者包括周作人、钟敬文、郑振铎、叶绍钧等都认为应该把儿歌作为儿童早期教育的重要手段。遗憾的是一直到现在，儿童和童谣的这种功能并没有引起更多的关注。

第四节　歌谣研究的方法论

关于歌谣的研究方法，学者们讨论和运用较多的是比较研究法、文学研究法、人种学研究法和社会人类学研究法。早期的学者们借鉴的是西方的民俗学、民间文学研究法，如比较研究法、历史演进法和母题研究法等。其后，学者们尝试将西方的比较研究法与中国传统的国学研究法，如训诂、考订等结合起来，创造了具有中国本土特色的歌谣研究方法。近十几年来，随着民俗学学科的成熟，研

---

① 褚东郊：《中国儿歌的研究》，《小说月报》第 17 卷号外《中国文学研究》，1927 年 3 月。

究方法和理论的多元化，歌谣理论研究也进入了新的阶段。

比较研究法产生于19世纪的欧洲，创始人是芬兰民俗学家科隆父子，所以比较研究法又被称为"芬兰学派"。该理论主要是通过搜集同一故事类型（或者歌谣，或者其他民俗事象）的所有异文（包括口头的和书面的），然后对所有异文进行细节方面的梳理和比较，最终确定故事（或歌谣）的起源地、原始形态和传播途径。这种理论又因此被称为历史—地理学派。比较研究法是由胡适首先提出来的，在《歌谣的比较的研究法的一个例》中，胡适写道：

> 研究歌谣，有一个很有趣的法子，就是"比较的研究法"。有许多歌谣是大同小异的。大同的地方是他们的本旨，在文学的术语上叫做"母题"（motif），小异的地方是随时随地添上的枝叶细节。往往有一个母题，从北方直传到南方，从江苏直传到四川，随地加上许多"本地风光"；变到末了，几乎句句变了，字字变了，然而我们试把这些歌谣比较着看，剥去枝叶，仍旧可以看出他们原来同出于一个"母题"。这种研究法，叫做"比较研究法"。[①]

董作宾是中国学者中第一位用比较研究法研究歌谣的学者，也是最为成功的一位。但是，由于材料的限制和比较研究法本身的缺陷，董作宾的《看见她》无可避免地存在着各种各样的问题，包括材料的使用、类比和结论，但这并不影响《看见她》在中国歌谣研究史上的地位。实际上，1949年之后，歌谣的理论研究，始终无法摆脱比较研究法的窠臼，用天鹰的话说：

> 比较研究不是"五四"以来歌谣研究的唯一方法，但它经

[①] 胡适：《歌谣的比较的研究法的一个例》，《努力》周报第31期，1922年12月3日。

过当时民间文学研究者多年的运用和加工,有自己的系统。因此,它在"五四"以来我国民间文学研究中,成为影响较大、实际上是那个时期整个歌谣研究的一个主要方法。①

刘魁立也认为,比较研究法"作为一种手段以及作为方法论系统中的一种方法"②,几乎被所有涉及民俗和民间文学研究的学者学派或多或少地加以利用。比较研究法因为更偏重于文本,因此与中国传统的文学式的研究方法有着很多相似的地方,也因此更容易被学者们所掌握和接受。

歌谣研究中的另一种方法是人种学的研究方法。这种研究方法的基本观点是从民间歌谣材料中发现民众的世界观和价值观。人种学的研究方法强调研究者应尽量避免对各种民俗现象做出自己的理解、推断和臆测,而是根据民众的表述作出客观的描述和归纳。运用人种学的研究方法在20世纪前的歌谣研究领域并不是一种有意识的行为,因为这种研究方法是20世纪中期才逐渐得以完善的。但"五四"时期的学者们在不自觉中运用了这一理论。

刘经庵《歌谣与妇女》便是此种研究方法的有代表性的专著。此书共收录了386首歌谣,分别从"妇女与她的父母""与媒妁""与公婆""与小姑""与兄嫂""与丈夫""与儿子""与舅母与继母""与情人"和"与其他人"十个方面真实地再现了妇女在社会上的地位和遭遇。这十个方面的确非常具有代表性。它们几乎涵盖了妇女生活的全部。在作者看来,妇女无论是做女儿、做媳妇、做嫂子、做母亲,还是做妻子,都毫无自主和自由。她们永远都是附庸和奴隶,生活在一个备受歧视的黑暗世界里。《歌谣与妇女》的出版具有重要的意义。首先,歌谣完全可以作为我们研究社会、历史

---

① 天鹰:《论吴歌及其他》,上海文艺出版社1985年版,第217—218页。
② 刘魁立:《历史比较研究法和历史类型学研究》,苑利主编《二十世纪中国民俗学经典·民俗理论卷》,社会科学文献出版社2002年版,第331页。

和文化的材料。其价值等同于任何其他书面资料。这说明当时学者对歌谣的认识是非常准确和深刻的。其次，歌谣对妇女的关注，对妇女悲惨遭遇的揭示，引发了全社会对妇女的同情和对妇女问题的思考和重视，吹响了妇女解放的号角。另外，歌谣在真实地反映生活、表现生活上，相对于书面资料更具有普遍意义和典型意义。这种研究方法一直延续到1949年之后的歌谣研究领域，实际上，一直到今天，还有许多学者依然沿用了这种研究方法，即通过歌谣文本，进行社会、历史和文化的考察研究。

当代民俗学意义上的歌谣研究，不能忽视的是歌谣的活态性和歌谣的唱诵传统。无论是比较研究，还是文学式的研究，因为过于重视歌谣的文本，因此，不可避免地就会忽视歌谣原本是用来交流和沟通的。歌谣是观念的载体，歌谣是文化传承的有效工具和手段，因此，歌谣的研究不能忽视其演唱环境和演唱过程。20世纪中期，台静农《从〈杵歌〉说到歌谣的起源》[①]便是一篇运用社会学和人类学的研究方法研究歌谣的非常有代表性的论文。论文探讨了歌谣的起源问题，但不是从典籍中进行考证，也不是依据书面材料进行推断和臆测。文章是从人类的"实生活"探讨歌谣的起源。作者依据自己在"田野调查"中获得的始终还"活"在民间的材料认为，歌谣产生于人类的生产实践活动。如从舂米的杵声，进而演变成乐歌。作者认为，"研究歌谣，应该从题材里看出它的生活背景，从形式上发现它的技巧演变。题材所包含的是人类学同社会学的价值，由某种题材发现某一社会阶段，及其生活姿态，这也就是朱光潜先生所'想采用自然科学的方法'"。[②]

郑土有《吴语叙事山歌演唱传统研究》便是一部成功的尝试性著作。在这部著作中，作者根据自己大量的田野调查，尝试通过对

---

① 台静农：《从〈杵歌〉说到歌谣的起源》，《歌谣》周刊第2卷第16期，1936年9月19日。

② 同上。

吴语叙事山歌的文本、演唱语境、演唱歌手的综合分析，对吴语叙事山歌的演唱"传统"进行了较为深入的阐释，试图发现吴语叙事山歌的口头即兴创作过程、创作规律和模式、传承的内在机制等。作者认为：

> 吴语叙事山歌是优秀歌手运用"调山歌"的手法编创而成的，它从来没有固定的文本，一次演唱过程结束就标志着一次编创的完成，由于一次连贯演唱的机会较少，大多数情况下只能一套一套分时段演唱，每"套"可以单独唱，也可以"连牢唱"，这种演唱习惯形成了其结构松散、弹性大、生长点多的特点，是一种具有吴语文化特色的自成体系的活态的口头叙事诗。[①]

当代一些学者如段宝林一直强调民俗学、民间文学研究的"立体性"，经过三十多年的摸索，"立体性"研究也已经从概念和观点发展成为可以具体操作的实践活动。希望以后能有更多的成果涌现。

第五节 歌谣研究中的问题与展望

70年歌谣研究取得了一定的成就，但是依然存在不少问题。

首先，歌谣研究缺乏科学、系统的基础理论建设。从学理上讲，我们对歌谣的一些基本概念，包括歌谣的定义、分类、研究对象、研究范围以及歌谣的价值、功能等问题还缺乏理论总结和梳理。以什么是歌谣为例，其实早在20世纪初期，学者们就对歌谣的定义和源流展开过争论，包括什么是"歌""谣""诗""徒歌""合乐"等，当下也有一些论文涉及歌谣的定义，如《"歌"、"谣"、"诵"

---

① 郑土有：《吴语叙事山歌演唱传统研究》，上海辞书出版社2005年版，第2页。

小考》①，但是歌谣的基础研究还需加强。

其次，歌谣研究指导思想的滞后不利于歌谣研究的进一步发展。在如何对待歌谣的搜集、整理和研究问题上，早在20世纪歌谣运动的初期，常惠在《我们为什么要研究歌谣》中就曾经指出，"文化愈进步，歌谣愈退化……如果现在不赶快的去搜寻，再等些年以后，恐怕一首两首都是很难的了"。② 这种保存"残余物"的"焦虑"显然是受到了西方进化论思潮的影响，人们担心文明的进步与发展会导致民间传统文化的消亡。基于这种紧迫性，常惠甚至提出当时可以"尽先收集，不忙研究"。③ 在民俗学和歌谣研究产生的初期，这种观点是非常必要的，但是在当代，随着民俗学学科的成熟，如果还是一味地强调搜集和整理，则不利于歌谣的深入研究。一个重要的原因是歌谣是"活态"的，而非"死"的材料。我们研究的歌谣是保存在民众口头唱诵行为中的歌谣，每一首歌谣都有其特定的唱诵"语境"，因而也就不同于作家书面创作的文本。如果我们过分强调"抢救"歌谣，实际上就等于是把口传歌谣的"活"的文本记录下来，把歌谣文本从其生存语境中"剥离"出来，其结果就是把"活"歌谣变成"死"歌谣。

最后，曲调和旋律是歌谣的一个重要组成部分，早在20世纪50年代初期，在中国民间文艺研究会成立大会上，老舍就强调：

> 我以为收集民间文艺中的戏曲与歌谣，应注重录音。街头上卖的小唱本有很多不是真本，而且错字很多。我们应当花些钱去录音，把艺人或老百姓口中的活东西记录下来。歌词是与音乐分不开的。一经录音，我们才能找到言语与音乐密切结合

---

① 王娟：《"歌"、"谣"、"诵"小考》，《北京大学学报》（哲学社会科学版）2013年第5期。
② 常惠：《我们为什么要研究歌谣》，《歌谣》周刊第2期，1922年12月24日；《歌谣》周刊第3期，1922年12月31日。
③ 《歌谣研究会常会并欢迎新会员纪事》，《北京大学日刊》1924年2月28日。

的关系。①

但是实际上，即使是在当下，歌谣的音乐、仪式、语境等部分仍然没有引起我们充分的关注。将歌谣的演唱者、歌谣文本、歌谣的曲调和旋律、歌谣的唱诵语境、唱诵过程等一起进行综合性研究的成果仍然不多见。希望在21世纪里，随着各种民俗理论，如"立体性""表演理论""过程研究""现象研究"的提出，能有更多的民俗学者积极关注歌谣，使歌谣研究取得更多的突破性的发展。

---

① 老舍：《老百姓的创造力是惊人的——在中国民间文艺研究会成立大会上的讲话》，《民间文艺集刊》第1册，新华书店1950年版；又见《老舍曲艺文选》，中国曲艺出版社1982年版，第66页。

第七章

谚语研究

陈娟娟

　　谚语是随着人类语言能力的提高和社会历史的进步而产生的一种口头艺术，古老的谚语至今仍然鲜活、频繁地活跃在人们的日常交流当中，保持着强大的生命力和现实功能。对于谚语的界定和分类，仁者见仁，智者见智，本章采用的是如下观点："谚语是以富于节奏或韵律的语句、运用多种修辞手法来总结经验、传授知识、讲述道理并为一个民族或群体的成员普遍认同的、结构相对定型的、凝练的口头语言艺术。在形态上，它常常表现为一个完整的句子，表达的是一种确然的论断，在日常应用中具有'公理'的性质和作用。"[1]"谚语从大的方面来说，可以分为社会谚语和自然、生产类谚语两类。"[2]

　　中国谚语的记载可追溯到先秦时期的《易经》《诗经》《左传》以及诸子著作等文献典籍；而有关谚语的具有现代学科意义的研究，则发轫于"五四"时期。在这一时期，受新文化运动的

---

[1] 安德明：《谚语编》，载祁连休、程蔷、吕微主编《中国民间文学史》，河北教育出版社2008年版，第584页。

[2] 同上。

影响，作为现代民俗学运动中的组成部分，谚语的收集和研究得到了较为广泛的展开，由此"揭开了我国现代谚语理论研究的序幕"。[①] 不仅以顾颉刚为首的国内学人积极收集谚语，在中国的传教士们也出于种种原因在所在教区进行谚语的收集工作。这一时期，谚语研究的标志性成果当是郭绍虞的《谚语的研究》，以及薛诚之的硕士学位论文《谚语研究》，但总体而言，当时的谚语研究未能形成体系。

1949年中华人民共和国成立后，中国谚语的研究迈入新阶段。1950年3月29日，中国民间文艺研究会成立，这是一个全国性的专门进行民间文学采集、研究工作的机构。在民间文艺研究会成立大会上，周扬谈到成立民间文艺研究会的目的时说："今后通过对民间文艺的采集、整理、分析、批判、研究为新中国新文化创作出更优秀的更丰富的民间文艺作品来。"[②] 在这种背景下，谚语作为民间文学的一种，也被号召广泛搜集、整理，有关各种社会谚语以及农谚、气象谚语的搜集、整理与普及，在这一时期形成了一个热潮。不过，对谚语进行的理论研究，这一阶段却相对有限，如1961年王毅发表于《民间文学》上的《略论中国谚语》。另外，在台湾地区，则有毕生致力于中国谚语研究的朱介凡的系列成果。1978年改革开放后，中国谚语的搜集和研究都取得了全新的成绩，《中国谚语集成》的编撰具有里程碑式的意义，也有学者开始对中国澳门和中国香港的谚语进行关注和研究[③]，总体上中国谚语的理论研究呈现出视角多元化的特点。

---

① 李耀宗：《中国谚学若干问题谭要》，《海南大学学报》（人文社会科学版）2001年第4期。

② 周扬：《中国民间文艺研究会成立大会开幕词》，《周扬文集》第2卷，人民文学出版社1985年版，第10页。

③ 目前对中国香港、澳门的谚语进行研究的著作为：［澳］谭达先：《论港·澳·台民间文学》，黑龙江人民出版社2003年版。

第一节　谚语的搜集、辑录与整理

高尔基说过："最大的智慧在于字句的简洁，谚语和歌谣总是简短的，而其中包含的智慧和情感足够写出整整几部书来。"[①] 谚语正是智慧的花朵，它是总结社会生活及社会关系方面知识、经验的谚语，有的涉及人的修养、品行及伦理规范，有的涉及对社会交往及人际关系的认识，有的同社会政治、阶级关系、部族或国家关系有关，有的表达的是对人的品性或各种事理的认识，涵盖了人们社会生活的各个重要方面。[②] 在 1949 年后不同时期的搜集、整理民间文学的浪潮下，谚语也被全国各民族、各地区的人们普遍搜集与辑录。

20 世纪 50 年代，在中国科学院和国家民委系统的组织和带领下，各少数民族谚语的搜集和出版取得了骄人的成绩。如蒙古族的成果有：纳·赛音朝格图编《谚语集》（1954）和纳·赛音朝格图编《谚语集续》（1956）、额尔敦陶克陶编《蒙古谚语》（1959）、孟和巴特尔、巴音巴达拉乎编《新谚语》（1959）、内蒙古语言文学研究所的《蒙古语谚语简易词典》（1977）、内蒙古人民出版社编《谚语》（1979）、苏格尔编《谚语》（1979）；维吾尔族的成果有：翟宜地编《维吾尔民间谚语及谜语》（1957）、金占祥编《维吾尔族谚语三百句》（1958）、刘鹗等编《维吾尔谚语》（1962）等。1978 年改革开放之后，民族语文工作成为民族工作的重要组成部分，加上国家在全国范围内发动谚语普查工作，少数民族的谚语收集、辑录工

[①] ［苏联］高尔基：《给彼得格勒大剧院剧目组的信》，《高尔基文学书简》（下），人民文学出版社 1965 年版，第 13 页。

[②] 安德明：《谚语编》，祁连休、程蔷、吕微主编《中国民间文学史》，河北教育出版社 2008 年版，第 588—589 页。

作进一步开展,成果除了单一少数民族的谚语集之外,还有一些少数民族谚语合集,如《中国少数民族谚语选辑》(鄂嫩吉雅泰、陈铁红编,1981)、《中国少数民族谚语选》(李耀宗等辑,1985)、《中国少数民族谚语分类词典》(杨浩青编,1993)、《五民族谚语》(马雄福编,1991)、《中国少数民族古籍总目提要》等。[①]

地域性谚语的搜集和出版也如雨后春笋般不断涌现出来。值得一提的是,这一时期中国台湾的谚语出版和研究硕果累累,这主要得益于朱介凡在这一领域长期执着专注的努力,他在20世纪50年代后陆续完成了《中华谚语选》(1950年8月编成)、《谚语甲编》(台北新兴书局1957年版)、《我歌且谣——谚话乙编》(台北世界书局1959年版)、《听人劝——谚话丙编》(台北世界书局1961年版)、《中国风土谚语释说》(台湾天一出版社1962年版)、《中国谚语论》(台北新兴书局1964年版)、《谚语的源流、功能》(台北东方文化供应社1970年版)、《中国谚语里的历史传说》("台湾省"政府新闻处,1987年)等成果,并用"60年心血冶铸谚学巨著《中华谚语志》"[②](台湾商务印书馆1989年版)。

在上述基础上,对全国谚语进行汇编以及对谚语按主题进行分类整理的成果也较多。对全国谚语进行汇编的成果,较为突出的有兰州艺术学院文学系55级民间文学小组编成的《中国谚语资料》(三卷本)(上海文艺出版社1961年版),该书的编者具有较强的学术意识,所收集的谚语都注明了采集地点,这极大提高了该书的科学性和研究价值。此外,这一类的著作,还有《俗语典》(王宇纲编,潘礼文注释,台湾五洲出版社1981年版)、《俗谚》(中国民间文艺出版社编辑部编,中国民间文艺出版社1983年版)、《俗语五千条》(邱崇丙编著,陕西人民出版社1983年版)、《中国谚语集萃》

---

① 许晋、李树新:《20世纪中国谚语搜集整理与出版》,《中国出版》2016年第18期。

② 王甲辉、过伟主编:《台湾民间文学》,上海文艺出版社2005年版,第242页。

（刘文炳著，台湾星光出版社1986年版）、《中国俗语大典》（刘运宇编，澳门星光出版社1986年版）、《常用谚语词典》（张毅著，上海辞书出版社1987年版）、《中国谜语、谚语、歇后语》（王仿著，浙江教育出版社1989年版）、《中国俗语大辞典》（温端政主编，上海辞书出版社1989年版）、《谚海》（杨亮才、董森编，甘肃少年儿童出版社1991年版）等。而对谚语按主题进行分类整理的成果也颇丰，有《戏谚一千条》（夏天编，上海文艺出版社1985年版）、《艺人谚语大观》（任骋著，花山文艺出版社1987年版）、《中华武术谚语》（彭卫国编著，电子工业出版社1988年版）、《军事谚语与格言》（苏德国编，军事科学出版社1988年版）、《垂钓谚语精释》（张世才编著，四川科学技术出版社1996年版）等。

第二节 农谚和气象谚语的搜集与普及

自然、生产类谚语，"是总结生产劳动的经验以及与生产劳动有关的自然界知识的谚语"[1]，主要体现为农谚和气象谚语。20世纪初，随着"到民间去""乡村建设运动"等的开展，有一大批知识分子开始关注搜集、研究自然、生产类谚语，认为它们是人类生产经验、科学知识的总结，其代表是费洁心及其《中国农谚》。中华人民共和国成立后，农林牧渔业作为国民经济的基础，尤其受到国家的高度重视。而对于从事这些农林牧渔业的人来说，他们大都未曾接受学校教育，获取所需科学知识的主要方式就是农谚和气象谚语。于是，1949年后农谚和气象谚语的搜集与普及不仅迫切，而且呈现出了蓬勃发展之势。

农谚是有关农业生产活动的谚语，是农民经验智慧的结晶，是

---

[1] 安德明：《谚语编》，载祁连休、程蔷、吕微主编《中国民间文学史》，河北教育出版社2008年版，第588页。

最具生产指导意义的实用谚语。农谚包括关于耕作、选种、锄地、农田水利、积肥和施肥、消除病虫害以及勤劳、适时播种、培育田禾、节约等的内容[1]，而且很多从农谚得出的结论与现代科学发现相符[2]，因为"农谚产生于生产实践，并为实践所反复检验……旧农谚无比丰富，新农谚不断产生，这就要求我们及时地收集、鉴定、整理和研究。这种工作不仅为研究我国农业发展的历史提供了丰富的材料，而且对推动当前的农业生产，也有着很大的意义。可以肯定地说，农谚在今天仍然是普及知识、传播经验的有效形式之一"[3]。加之短小精悍、朗朗上口的农谚，作为一种口头艺术，对于大多数没有受过学校识字教育的农村人来说，尤其容易被记住。因此，1949年后国家尤其重视农谚的收集、整理及应用工作。"一些省市相继出版了有关农业谚语的书籍，一些涉农单位、甚至有的档案馆也收集整理和印发了关于农谚的刊物。"[4] 1958年，农业部组织了大规模的农谚收集工作，"这次活动共收集了十万余条农谚，筛选出其中31400条"[5]，由吕平于1965年整理编辑成《中国农谚》。这可以说是一部比较全面而系统的农谚集。此外，各种报纸期刊上也发表了一些零散的农谚对其进行普及，如《庄稼人杂粮选种谚语》（王德浩、贾耀唐，《中国农业科学》1951年第7期）、《吉林农民鉴别土壤谚语》（吉林省土壤普规办公室，《土壤通报》1959年第4期）、《积肥谚语》（崔长青，《新农业》1978年第16期）等。

在长期的生产实践中，人们对大自然中与人类生存息息相关的春夏秋冬、日月星辰、风霜雨雪的变化进行了仔细观察，并总结出一定的规律来预测天气变化，气象谚语就是总结这些规律的一种口头艺术表现形式。气象谚语是"农民、樵夫、牧民、渔民等看天经

---

[1] 乌丙安：《民间口头传承》，长春出版社2014年版，第196—198页。
[2] 费洁心：《中国农谚》，中华书局1937年版，第6—7页。
[3] 王毅：《略论中国谚语》，《民间文学》1961年10月号。
[4] 李林青：《20世纪以来中国农谚研究概评》，《山西农经》2016年第5期。
[5] 同上。

验的艺术概括"①，包含着朴素的哲学思想和深刻的科学道理。② 如董作宾所云，老百姓"虽然没有晴雨表和气象预报图，却能通过观测天象来预报天气。很多谚语预测天气变化都很准确，几乎没有误差"。③ 由于气象谚语具有很强的区域性特点，所以需要各地进行气象谚语的收集，并在当地进行普及。20世纪50年代后，各地气象部门及研究机构都高度重视气象谚语的调查和收集工作，出版了大量反映各地气候变化规律和经验的气象谚语书籍。主要有《贵州天气谚语浅解》（余明璘收编，胡昌岐插图，贵州人民出版社1960年版）、《内蒙古天气谚语》（内蒙古气象局气象科学研究所编，内蒙古人民出版社1960年版）、《测天谚语汇编》（桂林地区气象台编，桂林地区气象台1977年版）、《民间测天谚语》（上海市气象局编，上海人民出版社1974年版）等。此外，中央气象台的预报员朱振全等在全国十多个省进行广泛调研并了解天气谚语使用情况的基础上，于1977年在科学出版社出版了《天气谚语在长期天气预报中的应用》一书，"该书对所辑录天气谚语进行科学化验证，明确了每条谚语的地区性、时间性和使用的条件，兼通俗性与科学性于一身"。④ 由全国气象部门8位作者历时10年之久完成的《中国气象谚语》于1990年由气象出版社出版，书中收集了流传在全国各地的古今各类气象谚语近2万条，并有6万字的说明，可谓中国气象谚语大全。⑤

---

① 段宝林：《中国民间文学概要》（第5版），北京大学出版社2018年版，第180页。
② 邓新亨：《对天气谚语的科学考察》，《济南大学学报》（社会科学版）1994年第3期。
③ 参见董作宾《几首农谚——九九——的比较研究》，《民间文艺》1927年第4期，转引自［美］洪长泰《到民间去：中国知识分子与民间文学，1918—1937》（新译本），董晓萍译，中国人民大学出版社2015年版，第174页。
④ 许晋、李树新：《20世纪中国谚语搜集整理与出版》，《中国出版》2016年第18期。
⑤ 奉安：《〈中国气象谚语〉出版发行》，《甘肃气象》1990年第4期。

第三节 谚语作为民族精神建构的重要资源

谚语是民众生产生活经验和斗争经验的总结，中国谚语凝聚着中华民族在生存和发展的历史过程中积累和沉淀下来的认知，是指导中华民族绵延发展的思想精髓。一方面，谚语包含着民族的世界观、行为准则、道德规范，涉及人们的生存智慧和处世哲学；另一方面，它又短小精悍，朗朗上口，是民众日常交流中不可或缺的一种口头艺术，这两种因素使得谚语成为民族精神建构的重要资源。比如我们耳熟能详的这些谚语："众人拾柴火焰高""自己动手，丰衣足食""不吃苦中苦，难得甜上甜""家和万事兴""忍一时风平浪静，退一步海阔天空""不达目的决不罢休"等，它们虽然是简短的小谚语，但讲出了团结互助、勤劳勇敢、自强不息、爱好和平、百折不挠等民族精神，渗透着中华民族的气质、性格和品格。

关于谚语和民族精神的关系，学者们鲜有较为直接的讨论，只有片段、个别的论述，例如："在我国，早在先秦时期，谚语就已经发展成为一种从结构模式和艺术手法来看都十分成熟的文体……许多后世流行的谚语，这时也都已经出现，其内容广泛涉及伦理、修养、社会行为准则及一般事理等各个方面。其中所强调的道理和原则，不仅为当时的社会生活确立了基本的规范，而且构成了中华民族精神文化传统中的核心内容。由此可见，至少在先秦时期，谚语就已经成为民族精神的特殊表达形式，成为民族文化表达体系中重要的'关键词'。它既是对民族精神的总结和体现，反过来又对这种精神起着强化的作用。"[1] 也有讨论谚语与汉民族价值观[2]、汉民族

---

[1] 安德明：《古之传统谚语，今之重要资源》，《神州学人》2017 年第 5 期。
[2] 林秀琴：《谚语和汉民族价值观》，《求是学刊》1995 年第 4 期。

文化心理①、儒家思想精髓②等关系的研究成果，但都和民族精神稍有区别。

与此同时，运用谚语资源加强民族精神建设的实践在学术研究之外并不鲜见，我国数代领导人，都深刻认识到谚语作为"武器"和"工具"的特殊功能，所以在讲话中都非常重视谚语的使用，以此来强化自己的观点，凝聚和鼓舞人心。1949年，中华人民共和国成立之初，百废待兴，作为民族之魂的民族精神的构建，意义重大且深远。毛泽东"大量地运用成语和谚语，精确地运用成语和谚语，创造性地运用成语和谚语……对于胜利的革命事业起了不可估量的作用"③，比如他说："中国是一个大国——'东方不亮西方亮，黑了南方有北方'，不愁没有回旋的余地。"④ 邓小平也是如此，"《邓小平文选》中，有许多科学地运用谚语来表达思想观点的范例"⑤，如他从民间谚语中发展出来的"黑猫白猫论"——不管黑猫白猫，捉到老鼠就是好猫。习近平在各种场合的讲话中，也非常善于运用谚语。⑥ 历代领导人立足于对谚语在表达和传递民族精神特殊功能方面的深刻理解，不仅很好地起到了加强讲话分量的作用，而且对谚语的普及、推广也具有十分重要的意义。

---

① 黄美丽：《社会谚语蕴含的汉民族文化心理》，硕士学位论文，天津师范大学，2015年。

② 李丽芳：《谚语格言中的儒家思想精髓》，《民族艺术研究》2005年第2期。

③ 西北大学中文系语言教研组：《从伟大的毛主席的著作中学习运用成语和谚语》，《西北大学学报》（哲学社会科学版）1959年第Z2期。

④ 毛泽东：《毛泽东选集》，人民出版社1952年版，第182页。

⑤ 冯凤麟：《试以〈邓小平文选〉的谚语选用谈谚语的修辞作用》，《淮海工学院学报》2001年S1期。

⑥ 李社：《习近平讲话中的古语名言》，《理论与当代》2015年第3期。

第四节 《中国谚语集成》的
成绩、经验与反思

1984年5月28日，包括《中国谚语集成》在内的三套集成工作启动，《中国谚语集成》的主编是马学良。据中国民间文学集成总编委会编辑部1997年年底提供的数据，1984年到1990年间，全国约有200万人次参加了民间文学普查采录工作，各地共搜集谚语约718万条。①

三套集成是在全国范围内进行普查、搜集的基础上，按照"科学性、全面性、代表性"原则编辑出版的，具有高度文学价值和历史价值的中国各地区、各民族民间故事、歌谣、谚语优秀作品的总集。②安德明指出，三套集成提供的资源是取之不尽、用之不竭的，其整体研究的理论思想为我们提供了本土实践的理论依据。③《中国谚语集成》副主编李耀宗说："《中国谚语集成》既唤醒了亿万民众对谚语瑰宝的自觉珍视，更积累了自觉地、大规模、抢救性保护此类文化珠玑的成套经验。"④《中国谚语集成》的编纂集中体现了半个世纪的编撰理论成果，如："在普查中，积累了实闻实录、以谚引谚、谚注并查、异变互照、查漏补缺等经验；在采录、鉴别、筛选中，以成功的实践确立了科学性、全面性、代表性"，"在分类中，为廓清以往分类过简、过繁、过杂、过乱等诸多弊端，构建了'大、

---

① 刘锡诚：《20世纪中国民间文学学术史》，河南大学出版社2006年版，第709—711页。
② 刘洋：《纪念"中国民间文学三套集成"启动30周年座谈会在京召开》，《民间文化论坛》2014年第3期。
③ 项江涛：《加强中国民间文学三套集成的学术研究》，2014年6月9日，载中国社会科学网（http：//www.cssn.cn/zx/bwyc/201406/t20140609_1202773.shtml）。
④ 同上。

中、小、串'四级框架；在谚条排序上，总结了聚串法、凤头法、类靠法、照应法、自注法（以谚注谚）等技巧；在注释，创造了'可无不有，可少不多；应有尽有，应详尽详'十六字诀；在全书统筹上，设计出独特的'集成模式'，凡例、序言、后记、目录、款式、插图、附录等，均自成一体，各就规范。这些貌似零散的工作条款，包含着规律性的经验升华，是谚学理论的有机组成部分"。①

当然，在肯定成绩的同时，我们还应该积极反思和充分认识其中存在的局限性。首先，在对包括谚语在内的语言类的口头传统做大面积、全面、广泛的搜集和辑录时，由于各种因素的限制，如"虽然'五四'以来，尤其是1949年以后有一些经验，但对这一次全国范围内56个民族大体上同时展开深感没有把握"，因此"存在一些难以预料的问题，如思想认识上的障碍、人员的匮乏等"。② 比如在收集过程中，更多地注意到了通俗性、一般性，而忽略了个体性、地方性、独特性；在编纂过程中，出于社会伦理和出版要求等方面的约束，严格控制了某些比较敏感、被简单认为是粗鄙的内容，于是出现了徐荣强所说的情况："各地采集的原始材料，不但收入书稿的不多，有的县只有几百条；进入书稿的谚语中，全国全省通用的谚语多，反映地方风土人情、具有地方特色、流传于本乡本土的谚语少。"③

其次，也是最重要的一点，就是在搜集、辑录谚语的过程中，关注得更多的是文本本身，而对于文本流传、使用、传承以及传承人的相关信息关注得较少，或者说甚至缺少关注。当时，在搜集工作开展前，编委会曾提出"要对讲述者、搜集者的个人背景以及资

---

① 李耀宗：《中国谚学若干问题谭要》，《海南大学学报》（人文社会科学版）2001年第4期。
② 张文：《对民间文学集成工作的回顾》，《民间文化论坛》2009年第5期。
③ 徐荣强：《〈谚语集成〉三题》，《中南民族学院学报》（哲学社会科学版）1988年第3期。

料搜集的情形应该有所记录,以便保证学术上的准确性和可靠性;对相关资料和照片也要做附录"。①

　　随着学术的不断发展,我们对谚语有了更加深刻的认识,逐渐意识到谚语是和语境密切关联的文体,对谚语使用语境予以必要的介绍和交代,对于理解谚语文本本身非常重要。这种认识来源于学术,并指导着21世纪的谚语普查和出版工作。2003年,中国民间文艺家协会正式启动了"中国民间文化遗产抢救工程",对"各种民间文化事象进行普查、登记、整理和编辑出版,其范围较之以往的民间文学集成有了极大的拓展,而三套集成工作中积累的观念、经验和培养的调查队伍,则为这项工程的顺利开展创造了良好的条件。随后,这一工作又融入到'非物质文化遗产保护'的项目当中,获得更大的发展"。② 谚语作为非物质文化遗产其中的一种文化表现形式——民间文学中的一类,再次被普查。其中,沪谚和陕北民谚分别于2011年和2014年进入国家级非物质文化遗产代表性项目名录。在普查中,《中国非物质文化遗产普查手册》确立了"全面性、代表性、真实性"的民间文学普查原则,强调对调查地点的人文、民俗情况,对讲述者的经历及传承情况的关注,强调音像资料的收集,并要求在调查表中备注"讲述者""调查时间""调查地点""记录者"等信息。可见,在这次谚语普查中,已经开始对语境进行了关注,但更多的是一种形式,有待进一步深入。2018年1月中国民协又启动了《中国民间文学大系》出版工程,成立了"谚语卷"专家组,安德明为组长,负责主持谚语卷的编纂工作,到目前为止已经开展了一年多。这次的工作充分借鉴了早年的经验,在编撰体例、策略、思路等方面都强调要重视语境方面信息的搜集、记录。

---

① 中国民间文学集成总编委办公室:《中国民间文学集成工作手册》,内部资料,1987年,第2—6页。
② 安德明、杨利慧:《1970年代末以来的中国民俗学:成就、困境与挑战》,《民俗研究》2012年第5期。

在确立的五条编纂原则中,有一条是"完善文本,注明语境",即"在搜集整理过程中,应调查与谚语作品相关的语境信息,了解其流传的时间和地域;理清所搜集谚语的字面意思和实际意义;拍摄与重要谚语对象相关的图片;全面记录谚语的自然文化背景、适用场合、使用方法、应用时的上下文关系、使用者和表达效果等,并予以释义"。[①] 可见,在这次对谚语的收集和编纂中,对语境的阐释更加深刻。这种进步是学术发展到了新阶段的一个表现,既是对《中国谚语集成》的发展,也是在总结和反思《中国谚语集成》的经验和局限性的基础上,自然而然地生长出来的新成果,今天的认识和当年收集、编撰《中国谚语集成》这一基础性的工作密不可分。

第五节　研究视角的多元化进程

欧贝尔科维奇(Obelkevich)认为中国谚语至今兴盛不衰的原因是,谚语"将集体主义置于个人主义之上,重视重复和老一套的东西胜过追求新颖,注重外部法则而非自我发展,重常识而非个人观点,强调的是生存而不是快乐"。[②] 这种说法虽然有一些偏颇,但对谚语本质的认识很深刻,它清楚地揭示了谚语作为传统知识、经验的载体而服务于民众生产生活的重要角色,谚语储存、传播着人类社会发展的知识,也正因此,谚语一直被作为知识和经验来看待,被当作传播、普及知识和经验的工具,被当作教育和宣传的手段,被认为是"人们认识生活的百科全书"。[③] 与此同时,对谚语的研

[①] 《〈中国民间文学大系〉出版工程·通讯》(第三期)中的《谚语卷编纂体例》,《中国民间文学大系》出版工程协调委员会办公室印制,内部资料2018年5月15日,第85页。

[②] 转引自罗圣豪《论汉语谚语》,《四川大学学报》(哲学社会科学版)2003年第1期。

[③] 姜彬主编:《中国民间文学大辞典》,上海文艺出版社1992年版,第12页。

究，也主要侧重于其特性、思想内容、艺术特色等方面。这种对谚语专注于定义、范围、功能、内容、修辞、形式等方面的研究，岳永逸称之为谚语形态学。这也是"五四"时期谚语研究的主要取向，薛诚之的《谚语研究》就是"拓展、夯实了郭绍虞开创的谚语形态学"。[①] 1949 年之后，由于苏联民间文学理论的大量输入，包括谚语在内的民间文学研究，日益统一在马克思主义文艺学立场之下，但研究的方向还是延续了"五四"以来的传统。

1978 年后，由于学术界思想解放，出现了从不同学科角度进行研究的视角，[②] 谚语也不例外。随着学术的发展和深入，谚语中渗透着的民间智慧开始逐渐被认识，谚语也更多地被看作智慧的结晶，是民族整体文化传统的有机组成部分。越来越多的学者，开始对谚语进行文化透视，如对英汉谚语、俄汉谚语进行比较，或通过中国谚语看其反映的中国人的居住习俗、民俗文化、民族文化、服饰文化、地域文化、游牧文化等，分析谚语反映的中国人的婚恋观、自然观、民间佛教观、中国传统妇女观、汉民族家庭伦理观，等等；也有学者从不同学科的角度来研究谚语，比如《道教与谚语》[③]《福建谚语的医药文化内涵》[④]《中华武术谚语文化特征管窥》[⑤] 等。谚语不再是单纯的、孤立的研究对象，而是与文化密切相关的、整体文化中的一个部分。这可以说是对于谚语的理解不断走向深化的表现。

20 世纪晚期，钟敬文先生提出，"语言既是民俗的一种载体，它本身也是一种民俗现象，要用一般民俗文化的基本特征去考察语

[①] 岳永逸：《谚语研究的形态学及生态学——兼评薛诚之的〈谚语研究〉》，《民族文学研究》2019 年第 2 期。

[②] 钟敬文：《钟敬文民间文学论集》（上），上海文艺出版社 1982 年版，第 441 页。

[③] 刘守华：《道教与谚语》，《中国道教》2004 年第 3 期。

[④] 罗宝珍、林端宜：《福建谚语的医药文化内涵》，《中华中医药学会会议论文集》，2008 年 11 月。

[⑤] 崔花云：《中华武术谚语文化特征管窥》，《上海体育学院学报》2008 年第 6 期。

言现象"。① 在这种观点引领下，黄涛通过自己的研究，尝试建构一种"语言民俗研究范式"，即"把语言放在生活中来理解和研究的方法"②，注重语言文本与语境的密切关联。在这种研究中，个别谚语案例不再是一种静态的语言事象，而是已经成为一个"民俗事件"。③ 由此，谚语的研究开始出现了从文本向语境中的文本的转向，具有了立体的、整体的、全面的视角。也就是说，谚语"不仅是一种文学的形式，而且还是一种综合的、活的文化现象，必须在具体的语境也即应用中才能体现出其意义的完整性，并发挥作用"。④

安德明认为，从我国宋代以后出现的各种谚语专书的编辑体例中可以清楚地看到"只重视谚语文本"和"文本与语境并重"的两种不同思路。⑤ 当然，当时并未言明同语境相关的问题，而且当时的语境也应该是"互文性语境"。王顺、朱介凡等人也强调过情境、传承主体，进行的研究也是面向生活实景的谚语，但其研究"明显更有着浓厚的资料学取向以及传、注、疏、证、笺的经学传统"。⑥ 而当下的语境，强调的是一种"情境性语境"，包括谚语使用的"物质环境、参与者的身份和角色、表演的文化背景原则、互动和阐释原则、行动发生的顺序等。这些因素将决定选择什么来表演、表演的策略、新生文本的形态，以及特定情境的自身结构"⑦ 等。Sw. Anand

---

① 钟敬文：《"五四"运动以来民间语言研究的传统与新时期语言民俗学的开拓》，《西北民族研究》2002年第2期。

② 刘铁梁：《语言民俗研究的范式建构——评黄涛〈语言民俗与中国文化〉》，《民俗研究》2012年第3期。

③ 黄涛：《语言民俗与中国文化》，人民出版社2002年版，第288—290页。

④ 安德明：《谚语编》，祁连休、程蔷、吕微主编《中国民间文学史》，河北教育出版社2008年版，第585页。

⑤ 同上。

⑥ 岳永逸：《谚语研究的形态学及生态学——兼评薛诚之的〈谚语研究〉》，《民族文学研究》2019年第2期。

⑦ 刘晓春：《从"民俗"到"语境中的民俗"——中国民俗学研究的范式转换》，《民俗研究》2009年第2期。

Prahlad 认为，结合具体语境来理解谚语作品已经成为谚语研究中占据主导地位的观点。①

总之，在从文本到语境中的文本这一转化过程中，谚语研究出现了多种视角，而且主流视角也在逐渐发生转变。这种视角的转变，一方面说明随着我们对世界的理解、对社会的认识，甚至是有关我们自身的认同发生变化的同时，我们对谚语的理解变得更加丰富；另一方面说明谚语本身就具有丰富的内涵，具有多方面的价值、功能和意义，所以不同学科从不同角度都可以从中获取自己所需要的营养和意义。

第六节　中国谚语史的书写

谚语是伴随着人类语言的出现而形成的一种口头艺术，因为它是人类知识、经验的总结，并且短小明快，所以在历史的长河中，不仅没有消失，反而被不断地创造和流传着。几千年来，我国各民族人民创造和积累了丰富的谚语，对于谚语作品的记载以及对于谚语这一事象的关注和讨论，从古延续至今，到了近代，尤其是中华人民共和国成立后，谚语搜集的意识逐渐增强，谚语搜集的主体逐渐从个体上升到集体，谚语搜集的范围从地方扩展到全国；谚语作品的整理和出版，从古谚到今谚的集锦，从地方作品集到全国作品集，从谚语选编到谚语词典，日益丰富；谚语研究，从平面到立体，从静态到动态，从文本到语境中的文本，视角日益走向多元化。虽然谚语研究的形成和发展过程，迄今为止还未被进行系统、全面的书写，但是已有一些研究谚语发展史和对谚语史本身进行讨论的成果。

---

① 转引自安德明《谚语编》，载祁连休、程蔷、吕微主编《中国民间文学史》，河北教育出版社2008年版，第585页。

首先，对于谚语发展史的研究，目前可见的比较系统的研究著作是安德明的《谚语编》，这是祁连休、程蔷、吕微主编的《中国民间文学史》中的一部分，作者通过"早期的谚语形态及内容（先秦时期）""谚语内容及应用范围的丰富和扩大（秦汉至隋唐时期）""谚语内容结构与应用范围的进一步扩大（宋元明清时期）"这三个阶段的讨论，介绍了谚语的发展历史，勾勒了谚语在中国古代不同历史时期的形态、流传和应用情况。此外，还有一些并非专门研究谚语史的成果，但从某种程度上说也是对谚语发展史的一种书写形式。如《〈左传〉谚语研究》[①]《元史中所见蒙古族古代谚语和格言》[②]《明清通志谚语研究》[③]《〈蒙古风俗鉴〉谚语研究》[④]《〈齐民要术〉中的谚语研究》[⑤]等。

其次，有些学者也在积极思考与谚语史相关的理论问题。例如，李耀宗指出，"由于历史、现实等原因，我国谚语研究底子薄、起步晚、进展慢，迟迟未能建起独立的学科体系，但是'中国谚学'正卓然而立"，"我国广大谚语学者的多年辛劳，业已初步构筑起'中国谚学'的理论框架"。[⑥]这种雄心当中，或许也包括了对于谚语史理论的构建。付建荣认为中国谚语史的研究，还处于起步阶段，应该在"中华民族多元一体"民族观的格局下，构建中国谚语史，对中华多民族谚语形成与发展的历史做整体性研究。他首先讨论了构建中华谚语史的当代价值，论证了构建中华谚语史的学理依据和逻

[①] 李世萍、屠伊君：《〈左传〉谚语研究》，《廊坊师范学院学报》（社会科学版）2016年第4期。

[②] 彭博：《元史中所见蒙古族古代谚语和格言》，《中央民族大学学报》（哲学社会科学版）2008年第6期。

[③] 尉喆：《明清通志谚语研究》，硕士学位论文，上海师范大学，2018年。

[④] 王建莉：《〈蒙古风俗鉴〉谚语研究》，《内蒙古师范大学学报》（哲学社会科学版）2016年第1期。

[⑤] 田冲：《〈齐民要术〉中的谚语研究》，《潍坊教育学院学报》2009年第2期。

[⑥] 李耀宗：《中国谚学若干问题谭要》，《海南大学学报》（人文社会科学版）2001年第4期。

辑起点，在此基础上明确了构建中华谚语史的学术基础、研究内容和方法，即"中华谚语史的构建研究应在分期的基础上，从纵横两个角度确定的坐标轴展开研究，即横向描写不同历史分期内中华谚语形成的系统面貌和纵向比较不同历史分期内中华谚语系统面貌的总体发展变化"。① 这是目前中国学术界为数不多的从史学理论角度探讨谚语史的成果。

第七节 谚语研究范式的转换

谚语是民间文学诸体裁中，"语言"和"言语"这两个属性都很突出的一种体裁，而且因为谚语的"语言"属性更加鲜明，所以它不仅成为语言学领域中一个重要的研究对象，在民俗学领域，也一直被作为一种承载知识、经验的语言文学来研究。随着学术的发展，谚语的"言语"属性逐渐受到人们的关注，于是谚语的研究重点发生了转变——从研究静态的谚语文本转向研究动态的语境中的谚语文本。而谚语的这一研究范式的转变，积极地呼应了民间文学研究范式的转变。

20世纪80年代，"思想文化领域里逐步形成的宽松和民主的氛围，僵化、封闭的'大一统'模式开始向四项基本原则指导下的多元化方向发展。新学科、新学派、新思潮、新方法不断涌现，学术界广泛出现了'百家争鸣'的现象"②，国外新鲜的理论和学说被顺利地大量译介进来，表演理论也正是在这一时期被介绍到中国。表演理论进入中国后，和中国已有的学术思想一起推动了中国民间文

---

① 付建荣：《论"多元一体"民族观视域下的中华谚语史构建》，《内蒙古社会科学》（汉文版）2018年第4期。
② 杨利慧：《新时期我国民俗学复兴的社会背景》，载中国民俗学会编《中国民俗学研究》（第一辑），中央民族大学出版社1994年版，第298页。

学研究范式的转变。

　　研究范式的转变，本质上是源于对研究对象本身认识的转变，进而在方法上进行的调整。学者们对民间文学的认识，不再局限于认为它仅仅是与作家文学相对的一种文学样式，而是认识到民间文学的表演性，认为它更是一种作为表演的口头艺术，是一种重要的交流资源。于是，关注语境就显得尤为重要，因为文本是在实际交流过程中，在与语境的互动中形成的，对文本的理解也需要结合语境。谚语尤其如此，因为谚语作为传递知识经验、讲述道理的一种话语，经常会被引用到日常话语中，帮助达成交流。总之，谚语的研究受民间文学这种转向的影响发生了范式的转变，同时它自身长期的相关探讨也为这种大的转变做出了贡献。

第 八 章

曲艺说唱研究

祝鹏程

第一节 曲艺研究范式的建立

中国的说唱艺术古已有之，但曲艺作为一个内涵与外延都相对固定的艺术门类专称被确定下来，却是1949年中华人民共和国成立后的事情。这70年来，曲艺工作者（演员、作家、学者、文化干部）和观众一起，共同形塑了曲艺今日的面貌。

历史上的说唱一直与戏曲、歌舞、杂技等混杂在一起，被称为"百戏""杂耍"等。中华人民共和国成立后，这一情况发生了变化。第一届文代会之后，赵树理、王亚平、王尊三、连阔如等人发起成立中国曲艺改进协会筹备委员会，成为第一个全国性曲艺团体的筹备组织，将各类说唱艺术正式称为"曲艺"；到1953年，在第二届全国文学艺术工作者代表大会上成立的"中国曲艺研究会"，正式将说唱从杂技中分离出来，形成独立的艺术体系——"曲艺"。[①]

[①] 戴洪森：《试谈"曲艺"的定名》，载崔琦编《北京曲艺理论研讨文集》，北京出版社2015年版，第31—50页。

曲艺的命名使说唱从"杂耍"被提升为"艺术",获得了国家的正式承认和制度性保障。

1958年,在第一届全国曲艺会演的高潮中,中国曲艺工作者协会成立,从国家层面开始了对曲艺的管理,各省市也陆续成立分会主管地方曲艺。在中国曲协的带领下,曲艺艺人革除旧的陋习,从"下九流"的艺人转变为现代剧团中的"文艺工作者",他们团结合作,改革和发展艺术,以"语言艺术"的标准来要求曲艺[①],完成了"去其糟粕,取其精华"的革新。同时形成了体系化的创作理念与专业化的分工,人们用现代文艺生产的一整套流程来创作、编排、表演、经营曲艺,通过传统师承与学校教育相结合完成艺术生产与传承的现代化,有效提升了曲艺的艺术性。

与此同时,曲艺研究也走上了正规化与制度化的道路。在政府的支持下,中国戏曲学院等研究机构得以成立,大学中文系也开始在民间文学等课程中研究曲艺,系统的学术研究得以推进。许多人参与到研究中,既包括老舍、赵树理等作家,也包括吴晓铃、罗常培等语言学家,还包括赵景深、董每戡等文学学者;既包括侯宝林、孙玉奎等艺人,还包括陶钝、吴宗锡等文化干部。他们以说唱的艺术本体为研究重点,对作品的思想内涵、文学价值、历史流变、表演风格进行了深入的考释,出现了关德栋《曲艺论集》[②]、白凤鸣等《曲艺音乐研究》[③]、叶德均《宋元明讲唱文学》[④]、王尊三等《鼓曲研究》[⑤]等颇具影响力的著作,以及老舍《民间曲艺问题——在北大纪念"五四"文艺晚会上的讲话》[⑥]、董每戡

---

① 王亚平:《提高曲艺创作的语言艺术》,《曲艺》1957年第2期。
② 关德栋:《曲艺论集》,中华书局1958年版。
③ 白凤鸣等:《曲艺音乐研究》,作家出版社1960年版。
④ 叶德均:《宋元明讲唱文学》,古典文学出版社1957年版。
⑤ 王尊三等:《鼓曲研究》,作家出版社1959年版。
⑥ 老舍:《民间曲艺问题——在北大纪念"五四"文艺晚会上的讲话》,《老舍全集》第17卷,人民文学出版社2013年版,第502—505页。

《〈说"相声"〉补说》①等经典论文。同时,学术资料的积累上也产生了丰硕的成果,出版了傅惜华《北京传统曲艺总录》②、路工《梁祝故事说唱集》③等资料集,大量传统唱本和新编曲艺的整理文本得以出版发行。此外,当时还出版了一批专业的曲艺刊物,如北京市大众文艺创作研究会的《说说唱唱》、中国曲艺研究会的《曲艺》等,发表了大量曲艺作品、评论与研究。

总体而言,当时的曲艺研究具有以下三种取向,其一是文学分析,即将曲艺研究纳入到文学研究的范畴中,将收集来的曲艺文本作为研究对象,以作家文学的方法来研究文本的思想内容、文学意蕴,展开主题论述、人物形象与艺术手法的分析等。其二是艺术学的研究,即从曲艺本身的特点出发,分析曲艺艺术的本体特征、曲种形态、曲本文学、曲唱音乐、舞台演出、表演技巧等,对曲艺中的审美性因素,如音乐、程式、韵律、主题等给予鉴赏批评。其三是文史考证,往往集中于对曲艺源流的探究上,即勾勒某种当代曲艺与历史上的某种说唱的关系,通过论证艺术的源远流长,来论证中国历史的延续性。

20世纪50—60年代,正是中国现代民族国家建构的关键时期,而诸多现代艺术门类与学科的形成和民族国家的建设有着互构共生的关系。当时的曲艺研究本身就是曲艺改进的一支重要力量,其目的是规范传统的说唱艺术,将其转变为有助于现代国家建设的文化资源。在研究的同时,学者们也把新的价值与期待植入到了曲艺中,原本既出现在庙堂之上,又流传于市井之中的,鱼龙混杂的娱乐被描述成一种自古就具有"人民性"的、表达劳动人民心声的艺术。从而形成了很多经典性的命题,比如"曲艺现实主义的战斗传统"

---

① 董每戡:《〈说"相声"〉补说》,《说剧:中国戏剧史专题论文集》,人民文学出版社1983年版,第156—166页。
② 傅惜华:《北京传统曲艺总录》,中华书局1962年版。
③ 路工:《梁祝故事说唱集》,上海出版公司1955年版。

"相声是一门历史悠久的讽刺艺术"等。

因此，新中国产生的"曲艺"这一概念，是一种现代性的命名，其伴生的话语预设了一系列现代性的价值和立场。这一命名充分利用了传统说唱中的元素，将其转换成了有利于社会主义现代国家建构的资源。与良莠不齐的"说唱"相比，"曲艺"既符合现代社会的价值标准，也满足社会主义中国的政治要求，又立足于民族文化的既定传统，这是一种处于雅俗文化之间的、被理想化的、带有民族统一含义的艺术形式。

而关于曲艺的研究，也形成了一套经典的话语和研究范式。这一范式具有以下特点：

首先，关于曲艺的这套话语构成了一种关于现代性的元叙事（meta-narrative of modernity），成为人们认识、了解曲艺的普遍性前提，而在这套话语下展开的研究，也就成为反复论证话语合法性的行为。比如，关于相声的讽刺功能，市井民间的草根相声往往是没有明确的教化主题的，其教育意义多是在中华人民共和国成立后，由曲艺工作者在挖掘整理中赋予的。无论是曲艺的"现实主义传统"，还是相声的"讽刺精神"，都是在某种特殊情境下对曲艺的价值挖掘。而在具体的研究中，这些却被后人视为其永恒的特点，学者往往意识不到这种后设性，总是用后来挖掘的"反封建""反迷信"等主题，来描述民国时期市井民间的相声，从而形成了循环互证。

其次，"曲艺"的命名构成了一个"认识装置"，它是将传统艺术注入现代价值、站在当下的立场对传统进行创造性转化的产物，它宣扬的是"古老"与"延续"，实际隐含的意义却是"现代"与"启蒙"。但这种错位并未引起学者们的充分重视，他们习惯于将种种后设的价值表述成"向来如此的传统"，把特殊情景中形成的曲艺价值普遍化，变成了说唱艺术自古如此、延续至今的样貌，从而忽视了文体（genre）的历史性与社会性，造成了以静态的视角来看待变动的艺术的问题。所以，曲艺研究集中在历史溯源、艺术鉴赏、技巧分析等方面，缺乏民族志式的研究方法，也缺乏从特定的时代与政治语境看待艺人、作品、表演的意识。

最后，带有工具理性的色彩，研究往往过分强调了曲艺的政治效用，而忽略了曲艺与生活的紧密联系。如"曲艺是轻骑兵""曲艺现实主义的战斗传统"等命题，充分激发了曲艺的现实功能，但也过分强调了其政治效用。其实说唱艺术在历史上和现实生活中有着更复杂的面貌，它不仅可以被用作功利主义的改造，还可以在民间信仰、日常娱乐、人生仪礼等方面发挥重要的作用。

这一范式对曲艺研究产生了深远的影响，在下文的篇幅中我们会发现，这70年来曲艺研究的历程，正是逐渐修正这一范式的过程。

第二节　从文史研究到多学科参与

改革开放以来，随着社会的多元化，学术研究也呈现出更加丰富的面相。20世纪70年代末，中国曲艺工作者协会（后改名为中国曲艺家协会）恢复活动，其下设的研究部，在发掘整理曲艺作品，研究表演艺术和曲艺音乐上起到了重要的作用。随着《中国戏曲志》《中国曲艺志》《中国戏曲音乐集成》《中国曲艺音乐集成》编纂工作的启动，对民间曲艺的大规模的田野调查陆续展开，相关资料得以出版，为人们更加全面地了解曲艺的生存与生产状态提供了契机。21世纪以来展开的非物质文化遗产保护运动，更是向学者展示了大量民间说唱鲜活的存在形态和民间艺人多样的生存状态。

关于曲艺研究的专业人才培养和学科建设也获得了长足的进步，出现了南开大学的薛宝琨、北京大学的汪景寿、山东大学的李万鹏、扬州大学的车锡伦等学者，他们在中文系开设曲艺类课程，培养了一批曲艺爱好者与研究者，同时著书立说，展开对曲艺理论的探索。1984年，中国艺术研究院成立了曲艺研究所，并招收研究生，建立了稳定的学术生产和人才培养机构，扩大了曲艺研究在学术界的影响，为研究奠定了坚实的基础。

研究者的队伍不断扩大，除了专业的曲艺学者外，北京大学、北京师范大学、中山大学等设有民俗学专业的院校中的一批学者艺人也参与到了曲艺研究中，扩大了曲艺研究的队伍。20世纪八九十年代恰逢"理论热"与"方法热"，来自欧洲、美国、日本的新思潮、新方法不断涌现，学者积极展开对外交流，引介海外的新方法与新理论，打开了眼界。曲艺的研究也受到跨学科、新方法的影响，因此发生了深刻的变化，对曲艺说唱的研究也获得了相当的成就。主要表现在以下四个方面：

其一，对曲艺作品的文学分析继续推进，取得了可观的成绩。代表性成果如侯宝林等《相声艺术论集》[1]，姜昆、戴洪森主编《中国曲艺概论》[2]中的"曲艺文学论"等。研究把作品的社会政治作用和审美功能放在首位，以是否具有思想教育意义、语言是否精练、人物形象是否丰满等为标准来评判曲艺的价值。

其二，从曲艺本位展开的研究也取得了不少成果。20世纪80—90年代的代表性成果如中国曲协研究部编辑的辑刊《曲艺艺术论丛》，吴文科《中国曲艺艺术论》[3]，汪景寿、藤田香《相声艺术论》[4]等，多以通论性的介绍为主。21世纪以来，越来越多的研究脱离了通论式的书写，以对个案的深入调查与研究来完成知识生产，对曲艺的生存环境、艺术形态、传承现状等展开细致研究，如王杰文《仪式、歌舞与文化展演：陕北·晋西的"伞头秧歌"研究》[5]、李豫

---

[1] 侯宝林、薛宝琨、汪景寿、李万鹏：《相声艺术论集》，黑龙江人民出版社1981年版。

[2] 姜昆、戴洪森主编：《中国曲艺概论》，人民文学出版社2005年版。

[3] 吴文科：《中国曲艺艺术论》，山西教育出版社2000年版。

[4] 汪景寿、藤田香：《相声艺术论》，北京大学出版社1994年版。

[5] 王杰文：《仪式、歌舞与文化展演：陕北·晋西的"伞头秧歌"研究》，中国传媒大学出版社2006年版。

等《山西介休宝卷说唱文学调查报告》①等。

其三，曲艺的文史考证出现了多样化的研究思路。文史考证是戏曲与曲艺研究的传统强项，新时期以来，又有一大批从事小说、戏曲等通俗文学研究的学者参与到了曲艺研究中，增强了曲艺文史研究的队伍，形成了多种考察路径：如对艺术沿革与流变的探讨，代表作如侯宝林等《相声溯源》②、金名《相声史杂谈》③；再如对历史上的说唱形态、生产、流布等的考证与研究，代表作如崔蕴华《书斋与书坊之间——清代子弟书研究》④、马丽娅《文化传播视野下的先唐说唱文学》⑤等。从社会史的角度展开的曲艺研究是近年产生的新热点，以上海师范大学唐力行指导的一批以"评弹与江南社会研究"为主题的博士学位论文最为典型，如周巍《技艺与性别：晚清以来江南女弹词研究》⑥、吴琛瑜《晚清以来苏州评弹与苏州社会》⑦等，这些著作以整体史的新视野重新审读历史，关注具体区域社会中的曲艺说唱所体现出的文化、心态、习俗、组织、结构、区域、普通人的生活、地方社会对国家的制衡等。

其四，对曲艺民俗的研究成为新的学术生长点。中国传统说唱是在民间艺术的土壤里发芽生根的，它与民间风俗关系密切。民间风俗文化为曲艺的孕育和发展提供了肥沃的土壤，对它的艺术特点和观众的审美产生了深远的影响。20世纪90年代以来，戏曲与民俗

---

① 李豫等：《山西介休宝卷说唱文学调查报告》，社会科学文献出版社2010年版。
② 侯宝林、薛宝琨、汪景寿、李万鹏：《相声溯源》，人民文学出版社1982年版。
③ 金名：《相声史杂谈》，福建人民出版社1984年版。
④ 崔蕴华：《书斋与书坊之间——清代子弟书研究》，北京大学出版社2005年版。
⑤ 马丽娅：《文化传播视野下的先唐说唱文学》，山东大学出版社2014年版。
⑥ 周巍：《技艺与性别：晚清以来江南女弹词研究》，上海人民出版社2010年版。
⑦ 吴琛瑜：《晚清以来苏州评弹与苏州社会》，上海人民出版社2010年版。

的互动研究显示了较为强劲的学术生长能力,关于曲艺民俗研究方面的成果甚多,有倪锺之《曲艺民俗与民俗曲艺》[①]、岳永逸《都市中国的乡土音声:民俗、曲艺与心性》[②]、宋希芝《戏曲行业民俗研究》[③] 等,这些研究更加注重艺术的整体性,围绕着曲艺与现代社会变迁、表演空间、民间信仰、庆典仪式,以及相关的物质文化等展开综合性的研究。

总体而言,20 世纪 80—90 年代,以文史研究为主导的曲艺研究占了大多数,学者大量借用文学研究的术语,有力提升了曲艺的地位。有不少学者本身就是曲艺艺人,他们具备内部视角,对曲艺行业内部的生态极为熟悉,这是行业外学者无法比拟的。21 世纪以来,越来越多的学者开始受到民俗学、人类学、音乐学、艺术学、宗教学等学科的影响,研究呈现出了鲜明的跨学科、多方法的特点,逐渐从纯文学、史学的研究走向多学科参与的综合性考察。在鲜活的曲艺事象面前,学者们不再孤立、静止地看待研究对象,转而将其放回到其生存环境中,全面考察艺术与民俗、音乐、仪式、传承人的关系。

第三节 研究视角的转变:从静态到动态

前文说过,既定的曲艺研究存在着以静态的视角来看待变动的艺术的问题。在 20 世纪 90 年代以来的研究中,这一问题得到了较好的纠正。众所周知,70 年代以来,西方民俗学经历了从关注"民俗"到"语境中的民俗"的转向,在民族志诗学(ethnopoetics)和表演理论(performance theory)的推动下,学者不再把文体看成静态

---

① 倪锺之:《曲艺民俗与民俗曲艺》,百花文艺出版社 1993 年版。
② 岳永逸:《都市中国的乡土音声:民俗、曲艺与心性》,中国人民大学出版社 2015 年版。
③ 宋希芝:《戏曲行业民俗研究》,山东人民出版社 2015 年版。

的分类系统，而是将其视为在交流实践中形成的，具有社会性、历史性的阐释框架，注重考察文体在特定语境中的动态形成过程和其形式的实际应用。① 这种追求恰恰能避免将艺术静态化的弊端。从目前来看，从民俗学、民间文学的角度展开的曲艺研究已经有了相当的数量，形成了不容忽视的发展势头。

20 世纪 90 年代以来，在民俗学领域，越来越多的学者采取了民族志研究的方法，从区域性个案切入，借鉴人类学的田野调查来获取资料，通过对个案的剖析以小见大，上升到普遍性的理论，形成新的知识生产方式。这一点也影响到对曲艺的研究，研究者通过长期的田野调查来理解研究对象，结合田野访谈与文献资料，深入到曲艺及其所在的民间社会中去，所以能结合宏观的社会政治语境和微观的表演、传播语境来考察民间说唱，并从多样化的视角细致考察时代政治、文化、美学、空间等因素对艺术的型塑与影响。

民族志研究反对将曲艺从生存环境中抽离出来，强调要从日常生活层面观察曲艺与社区文化现象之间的内在关联。因此，从民俗学出发的曲艺研究研究越来越呈现出对生活整体的追求，即将曲艺视为民众的生活方式，认为其不是单纯的审美活动，而是与其他生活样式融为一体，不能脱离生活谈文本，必须注重对民众实践的分析，考察他们出于何种需要，以及如何利用传统的资源，同时也要看到文本中蕴含的民众生活、情感及历史文化信息。如岳永逸《老北京的杂吧地：天桥的记忆与诠释》②、马志飞《马街书会民间曲艺活动的社会机制研究》③、杨旭东《当代北京评书书场研究》④、吕慧

---

① Richard Bauman, "*Genre*" *Folklore, Cultural Performances, and Popular Entertainments: A Communications-Centered Handbook*, New York: Oxford University Press, 1992, p.53.

② 岳永逸：《老北京的杂吧地：天桥的记忆与诠释》，生活·读书·新知三联书店 2011 年版。

③ 马志飞：《马街书会民间曲艺活动的社会机制研究》，郑州大学出版社 2015 年版。

④ 杨旭东：《当代北京评书书场研究》，民族出版社 2013 年版。

敏《生生不息的车辙辘菜：东北二人转在乡土社会中的传承》[①] 等，学者打破了传统曲艺志书对曲艺音乐、表演技巧、表演者等因素分而论之的体系，将曲种视为一个整体，结合地方历史文化传统，在社区的生活整体中对曲艺的生产、生存与变迁加以阐释。

传统的研究以面面俱到的通论为主，在民族志研究中，学者开始以问题为中心来组织材料、展开理论思考，无疑提高了研究的理论价值与现实针对性，从而出现了一系列有创造性的理论与概念，如"城墙内外的曲艺"强调了现代曲艺有着"媚下"和"迎上"的基本取向，倡导曲艺研究要打破既有的官民、雅俗、大小传统等二元认知的桎梏[②]；"动态的文体观"则强调要将曲艺文体视为一种话语生产和接受的框架，要在文体与社会政治权力、社区传统、表演者的需求的多重对话与协商中考察其演进。[③] 这些概念扎根于现实的田野经验，又可以与更宏大的理论展开对话与反思，表现出了新生代学者在理论探索上的勇气。

民族志的研究思路赋予学者更宽阔、全面的视野，不仅意味着研究范围的扩大，更是方法与视野上的革新，意味着不仅要关注文本与生活的关系，还要把关于文本生成的一整套机制也纳入考察中，注重对口头艺术的动态形成过程，即整个民俗过程（folk-lore process）的考察。当这种本土性的追求与外来的表演理论等结合起来时，对"表演"，尤其是"语境中的表演"的研究成为曲艺研究的新领域，其中尤其以汉学家的研究最为细致，如易德波

[①] 吕慧敏：《生生不息的车辙辘菜：东北二人转在乡土社会中的传承》，社会科学文献出版社2014年版。

[②] 岳永逸：《城墙内外：曲艺的都市化与都市化曲艺》，《思想战线》2013年第1期。

[③] 祝鹏程：《文体的社会建构——以"十七年"（1949—1966）的相声为考察对象》，中国社会科学出版社2018年版。

（Vibeke Boerdahl）《扬州评话探讨》[①]、井口淳子《中国北方农村的口传文化——说唱的书、文本、表演》[②]等，这些研究继承了民俗学的形式主义传统，在具体的社区环境中，探讨曲艺的表演空间、传承方式、表达规律，考察文体的形成过程，分析步格、程式、主题等形式性因素。在宏观上捕捉住了口头传统与社区的关系，在微观上能深入口头传统的内在机理。

民族志的研究侧重是在当下，关注当下因此成为学者的共识。当代曲艺正发生着剧烈的变化。一方面，乡土社会的生存空间逐渐缩小，都市日益成为曲艺的生存舞台。在小剧场等的推动下，曲艺在民众的娱乐消费中开始占据一定的比重。另一方面，越来越多的表演者开始借用互联网和微信等传播途径，在电视、广播之外开辟了新的生产方式和传播途径。因此，也有一些学者注重对曲艺的都市化、商品化与媒介化的研究。可举王杰文《媒介景观与社会戏剧》[③]、施爱东《郭德纲及其传统相声的"真"与"善"》[④]为例。这类研究把对曲艺的关注拓展到现代传媒阶段，不仅有助于展示其在文化商品化、传播数字化进程中的形态变化，也有益于加强曲艺与文化研究、文化产业等学科领域的对话。

与此同时，21世纪以来的学者一改传统研究将民间视为无差别的存在的做法，开始把重点转向传承和表演曲艺的人，有意识地突出民众的主体意识，不仅关注民众如何利用传统资源创造出新的意义，还更加强调民众的差异化理解，考察表演者出于不同的利益考

---

① ［丹麦］易德波：《扬州评话探讨》，米锋、易德波译，人民文学出版社2006年版。

② ［日］井口淳子：《中国北方农村的口传文化——说唱的书、文本、表演》，林琦译，厦门大学出版社2003年版。

③ 王杰文：《媒介景观与社会戏剧》，中国传媒大学出版社2008年版。

④ 施爱东：《郭德纲及其传统相声的"真"与"善"》，《清华大学学报》（哲学社会科学版）2007年第2期。

虑而采取的不同实践。如冯丽娜《盲人说书的调查与研究》[1]、祝鹏程《表演理论视角下的郭德纲相声：个案研究与理论反思》[2]等，均把视角伸向了表演者个体，对艺人在现代化大潮下的生存状况等问题展开研究，加强了对艺术传承中个体的能动性与创造力的考察。在这些研究中，学者既关注作为表象的曲艺现象，还通过以表演者为核心的考察模式，深入到艺人的主观世界和言说诉求之中，将曲艺的实践主体推到了前台。

民族志研究倡导以动态的、建构性的视角看待曲艺，将曲艺视为是在表演者和社区传统、观众等的交流实践中被建构起来的，且可以被不断再创造的资源。追求从社会文化背景、意识形态、表演者、空间等各方面切入艺术的生产与变迁，因此能在很大程度上避免把某一个特殊情境下对艺术的认识视为艺术永恒的特点，有力地推动了曲艺研究视角从静态到动态的转变，成为21世纪以来曲艺研究的亮点。

第四节　曲艺资料建设与曲艺史书写的成就与反思

中华人民共和国成立后，曲艺资料的建设与曲艺史书写也取得了相当的成果。中华人民共和国成立初期，在"双百"方针和"古为今用""推陈出新"的指导下，一些文化机构召集了一批老艺人口述演出资料，在曲艺界产生深远影响的文本，如相声界的"四大本"（中央广播说唱团20世纪60年代完成的四本《传统相声记录稿》）、王少堂的《水浒》系列评话、陈士和的《聊斋》系列评书，

---

[1] 冯丽娜：《盲人说书的调查与研究》，中国文史出版社2013年版。
[2] 祝鹏程：《表演理论视角下的郭德纲相声：个案研究与理论反思》，《民俗研究》2011年第1期。

以及大量散见于各种"曲艺选""曲艺集"的传统唱段等，都搜集于1950—1960年间。当时的搜集的整体特点是注重深度挖掘，往往穷尽了受访艺人的精华，但限于技术和认知，做不到"实录"，且对于所谓的"糟粕"，往往采取编辑和删除的做法。这些作品中的精华在出版以后不仅影响到曲艺界，还成为普通民众的阅读资料，在型塑社会主义时代民众的价值观和世界观上起到了积极作用。

改革开放以来，曲艺资料的建设继续推进，但也面临着一系列的困难，尤其是老艺人的逝去，造成了大量的传统文本失传。在此时展开的搜集工程就具有了抢救的性质，大量表演艺术家的个人专集出版[①]；一批地方性的曲艺作品也得以结集发行。21世纪以来，借着非物质文化遗产保护的东风，国家对民间文化的保护投入增多，一系列重大的资料出版工程得以推行，如刘英男主编五卷本《中国传统相声大全》[②]、唐力行主编《中国苏州评弹社会史料集成》[③] 等，而《立言画刊》等曲艺史上的重要文献也得以影印出版。

曲艺资料的数字化与影像化工程也取得了一定的成绩。如天津《中国传统相声集锦》、中国曲艺家协会《中国曲艺名家名段珍藏版》、上海《弹词流派唱腔大典》等系列均产生了不小的影响。中国民间文艺家协会发起的"中国口头文学遗产数字化工程"则对各类曲艺文本进行数字化处理，并建立数据库。曲艺研究的特殊之处，就在于它面对的是鲜活的表演实践，这些影像为表演技巧、艺术风格等方面的研究提供了不可替代的资料。

总体而言，中华人民共和国成立以来，曲艺资料的建设上取得了相当的成就，为进一步的研究奠定了基石。但另外，资料的建设仍处于起步阶段，其科学性仍有很大的提升空间，很多整理脚本与

---

① 如《常宝堃相声选》，百花文艺出版社1981年版；《刘宝瑞表演单口相声选》，中国曲艺出版社1983年版等。

② 刘英男主编：《中国传统相声大全》，文化艺术出版社2003年版。

③ 唐力行主编：《中国苏州评弹社会史料集成》，商务印书馆2018年版。

当年演出的原始风貌存在着程度不同的距离，为曲艺的实证研究增添了无法逾越的困难。

曲艺史的书写是曲艺研究中另一份重要的收获。对曲艺艺人传记、口述史的撰写是曲艺史书写成果的有机组成部分。在艺术的产生和演变的过程中，民间艺人起着重要的作用，他们承载了大量的历史信息和文化传统，既是乡土社会中鲜活的个体，也是艺术最直接的传承者和创新者。本着展现艺人经历、抢救表演资料的目的，20世纪80年代以来，出版了大量的关于曲艺艺人的传记和口述史，代表性成果如侯宝林《侯宝林自传》（上）[1]，王筱堂口述、李真整理《艺海苦航录：扬州评话"王派水浒"回忆》[2]，陈涌泉口述、蒋慧明记录《清门后人——相声名家陈涌泉艺术自传》[3] 等，这些著作既有一定的学术性，详细介绍了艺人的成长经历和艺术的发展历程；也是史料，记录了大量舞台生活与表演经验，为学术研究提供了宝贵的资料。

改革开放以来，从纯学术的角度展开的曲艺史著作成果极为丰硕。出现了一批厚重的通史性论著，如倪钟之《中国曲艺史》[4]，姜昆、倪锺之主编《中国曲艺通史》[5]，蔡源莉、吴文科主编《中国曲艺史》[6] 等。针对特定艺术门类历史的研究著作，如侯宝林等《相声溯源》[7]、王决等《中国相声史》[8]、陈汝衡《宋

---

[1] 侯宝林：《侯宝林自传》（上），黑龙江人民出版社1982年版。
[2] 王筱堂口述，李真整理：《艺海苦航录：扬州评话"王派水浒"回忆》，江苏文史资料编辑部1992年版。
[3] 陈涌泉口述，蒋慧明记录：《清门后人——相声名家陈涌泉艺术自传》，文物出版社2011年版。
[4] 倪钟之：《中国曲艺史》，春风文艺出版社1991年版。
[5] 姜昆、倪锺之主编：《中国曲艺通史》，人民文学出版社2005年版。
[6] 蔡源莉、吴文科主编：《中国曲艺史》，文化艺术出版社1998年版。
[7] 侯宝林、薛宝琨、汪景寿、李万鹏：《相声溯源》，人民文学出版社1982年版。
[8] 王决、汪景寿、藤田香：《中国相声史》，北京燕山出版社1995年版。

代说书史》①等，也产生了不俗的反响。曲艺的断代史也有了一定的成果，如包澄絜《清代曲艺史》②、蔡源莉《民国曲艺史》③。此外，地方性的曲艺史论也不断涌现，如耿瑛《辽宁曲艺史》④、张凌怡《河南曲艺史》⑤等。

综上所述，曲艺的史论类著作数量极为丰富，几乎每年都有著作出版，且包含了从通史到断代史，从通论到专门史的各个领域。学者通过披沙拣金的工作，确立了曲艺发展的历史，这些贡献理应被我们肯定。另外，我们发现，曲艺史的书写仍然深受既定的曲艺研究范式的影响。

历史上的说唱艺术充满了复杂的面相，艺人群体也是鱼龙混杂的，其中虽有柳敬亭这样干预匡扶时政的高人逸士，但更多的是鬻技为生、随波逐流的芸芸众生。如很多民国时期的曲艺艺人，往往既有戏谑、嘲骂某些权贵的作为，也有为权贵，乃至为日伪政权演出、宣传的经历，指出这一点，不是为了"抹黑"艺人，恰恰是为了揭示生活世界的复杂性、理解底层艺人生存的艰辛。

而在不少曲艺史著作中，为了塑造出符合现代需求的曲艺，学者习惯于将艺术与艺术生产的主体——艺人从复杂多元的日常生活中抽离出来，赋予某种单向度的标签（诸如讽刺、抗争性），在此基础上，"从古文献中找出相似的记载，甚或将个别古文段落分行改写、转化"⑥，从而形成了一种"单向度"的历史书写。从张庚、郭汉城等人从革命史观出发的论述，到任中敏《优语集》、侯宝林等《相声溯源》，均延续了这一范式。

---

① 陈汝衡：《宋代说书史》，上海文艺出版社1979年版。
② 包澄絜：《清代曲艺史》，学苑出版社2014年版。
③ 蔡源莉：《民国曲艺史》，北京时代华文书局2016年版。
④ 耿瑛：《辽宁曲艺史》，辽宁大学出版社2009年版。
⑤ 张凌怡：《河南曲艺史》，河南人民出版社2007年版。
⑥ 岳永逸：《生活、政治与商品：作为文化社会生态的草根相声》，《老北京的杂吧地：天桥的记忆与诠释》，生活·读书·新知三联书店2011年版，第381页。

在这些著作中，艺人被书写成既饱受压迫，又充满抗争的群体，他们在旧社会吃尽了苦，但又保持了高尚的节操，在揭露统治者的罪行、激发爱国热情上做出了积极贡献。于是，曲艺的历史被简单等同于线性的进化史，被等同于艺人的进步史和对统治阶级的抗争史，历史的书写是为了论证现代中国革命发展的必然性。这样的叙事尽管光鲜，但掩盖了底层的艰辛与人性的驳杂，对艺人在历史上的复杂性习焉不察或隐而不录，从而遮蔽了更丰富的历史信息和细节。这看似赋予了艺人主体价值，其实恰恰是以标签化的方式剥夺了艺人的主体性。"这套话语既承认他们吃的苦，又赞扬他们的反抗行为，与此同时却也抹去了他们的历史中任何不符合苦难与反抗两大范畴的方面。"[①] 原本有血有肉的艺人被提纯、简化了，成为某些符号与理念的投射载体。

这种书写和现代性的革命叙事纠葛在一起，需要研究者对其中包含的权力关系进行充分的反思。因此，21 世纪以来的一些学者加强了对曲艺改革史的研究，出现了何其亮《在个体与集体之间：二十世纪五六十年代的评弹事业》[②]、张盛满《评弹 1949：大变局下的上海说书艺人研究》[③]、祝鹏程《文体的社会建构——以"十七年"（1949—1966）的相声为考察对象》[④] 等著作，它们将评弹、相声的变迁放置到 20 世纪 50—60 年代中国国家建设的进程中，考察这些艺术是如何在政治、市场、传媒技术、时代风尚、受众趣味等的综合影响下延续至今的。尤其是祝著，通过对相声改进史的考察，对

---

① [美] 贺萧：《危险的愉悦：20 世纪上海的娼妓问题与现代性》，韩敏中、盛宁译，江苏人民出版社 2010 年版，第 23 页。
② 何其亮：《在个体与集体之间：二十世纪五六十年代的评弹事业》，商务印书馆 2013 年版。
③ 张盛满：《评弹 1949：大变局下的上海说书艺人研究》，商务印书馆 2015 年版。
④ 祝鹏程：《文体的社会建构——以"十七年"（1949—1966）的相声为考察对象》，中国社会科学出版社 2018 年版。

诸多习以为常的曲艺话语进行了反思，揭示它们是如何被新创出来，并被表述成向来如此的"传统"的。这种从知识考古学的角度反思话语生产过程的研究，体现了重返历史语境，超越既定研究范式的努力，成为新的学术生发点。

第五节　研究趋势及特点

在中华人民共和国成立以来的70年里，曲艺说唱的研究获得了丰硕的成果，总体而言，呈现出了以下的趋势和特点：

其一，从"曲艺"的命名，到曲艺基本话语的形成，都与现代中国的政治文化紧密相关，对曲艺研究产生了深远的影响。这70年来曲艺研究的历程，体现出了学者从顺从到逐渐认识、克服、修正这一范式的过程。而在很多层面，既定的话语方式仍然有着不容忽视的影响。

其二，就研究方法而言，经历了从文史考证和艺术赏析转向多学科协作研究的转变。随着各学科的加入，对曲艺说唱的研究已不再是曲艺学者的专利，不同学科的学者们尝试着以多元的视角来阐释民间；他们的阐释方法也更加客观，力图"走出政治话语的影响而转向文学艺术以及文化角度的研究"。[①]

其三，民俗学的研究成为曲艺研究中一种不容忽视的力量。从民俗学入手的曲艺研究也存在着缺乏艺术传承的内部知识、研究不够深入等缺陷，但能结合宏观的社会政治语境和微观的表演、传播语境，来考察民间说唱的变迁，并从多样化的视角细致考察时代政治、文化、美学、空间等因素对艺术的型塑与影响，从而避免从静态的视角看待曲艺艺术的弊病。曲艺学的研究注重对艺术本体的探

---

① 黄旭涛：《近20年中国民间小戏研究取向的评价与启示》，《江西社会科学》2008年第3期。

究，但相对忽略艺术与社会的紧密关系。上述两种研究方式在一定程度形成了互补，如果能将两者结合起来，相信能够对研究民间文艺、曲艺艺术做出新的贡献。

21世纪以来，在非物质文化遗产保护运动和曲艺回归小剧场实践的推动下，曲艺研究迎来了一个极佳的时期。曲艺研究也面临着学科尚未正式形成、研究人才短缺、研究话语陈旧等挑战。限于篇幅，这里仅附加条列几点意见：

（一）坚持多学科参与的研究，在做好以文史考证与艺术学研究为主的本体研究之外，积极探索曲艺研究的路径，借鉴民俗学、历史学、社会史的相关研究方法，扩大研究领域、丰富研究方法、激活研究思路。

（二）加强对学科知识生产的反思，超越传统的研究范式。充分认识到既定话语背后复杂的知识与权力的关系，直面曲艺的生活世界，结合田野访谈与文献资料，深入到曲艺艺人及其所在的民间社会中去，发现扎根市井的传统曲艺的丰富特质，从曲艺文本中去解读丰富的民间思想，从艺人口述中去探寻艺人的群体心性，从而避免单一化、标签化的表述。

（三）继续加强基础资料建设，尤其是要强化田野调查在获取曲艺资料中的重要性，尽量多获取生活形态的演出资料，而不是舞台层面的表演资料，充分揭示曲艺的"生活相"。

（四）扩大学科学术队伍的建设，培养一批具备跨学科视野的学者，例如精通音乐、俗文学、民俗学、人类学等，以便从整体上审视曲艺。同时，也只有有了这样一批学者，才能使曲艺教育、研究的薪火得到传承。

第九章

民间小戏研究

黄旭涛

民间小戏是中国民间文艺的重要组成部分。1949年以后，民间小戏得到前所未有的重视，相关研究也随之兴起。70年来，文学、戏剧学、民俗学、人类学、音乐学、历史学、宗教学等学科的学者对民间小戏展开了多学科、多视角、多种方法的研究。研究界定了民间小戏的概念范围，考证了各类剧种的起源发展和分类，全面发掘整理和研究了小戏的剧本、音乐唱腔、表演，对小戏的传承变迁及保护发展展开持续讨论。研究多侧面多层次地分析了小戏的功能意义，阐释了小戏与地方社会文化的内在关系，揭示了小戏包含的民俗生活、民众精神、族群认同等深层文化意蕴。总体而言，民间小戏研究先后受到政治话语、文学艺术话语、文化话语、遗产话语的影响而形成相应的学术发展阶段。

第一节 1951—1966：作为教化工具的民间小戏

民间小戏遍布全国各地，深刻而广泛地影响着民众的生活和思想。早在晚清，革命派作家就倡导将民间戏剧作为宣传先进思想、启蒙国人觉悟的工具。[①] 与这一主张相承，1949年中华人民共和国成立至1966年，民间小戏一直被当作宣传新思想、教育民众的工具，被赋予政治教化的功能，因此受到前所未有的重视，小戏研究随之兴起。这个阶段的研究集中在以下方面：

一 "双百方针"和"戏改"政策下民间小戏改造实践的经验评介

1951年4月，中国戏曲研究院成立，毛泽东发出了"百花齐放，推陈出新"的指示，这项政策将一直以"草台班社"形式演出的民间小戏搬上了舞台，对小戏地位的提高产生了决定性影响。随着表演场域的改变，小戏在剧目内容、表演、唱腔、舞美方面都发生了变化，很多文章对小戏搬上舞台的经验予以介绍评论。[②]

1951年的5月5日，政务院颁布了《中央人民政府政务院关于戏曲改革工作的指示》，指出："地方戏尤其是民间小戏，形式较简单活泼，容易反映现代生活，并且也容易为群众接受，应特别加以重视。今后各地戏曲改进工作应以对当地群众影响最大的剧种为主要改革与发展对象。为此，应广泛搜集、记录、刊行地方戏、民间小戏的新旧剧本，以供研究改进。"[③] 这是1949年后对小戏发展影响最大的文化政策，戏曲界围绕"改人、改制、改戏"对民间戏曲进行了全面革新。相关的实践活动成为学界的讨论重点。

首先，论述小戏的社会功能。哈华《秧歌杂谈》[④]、张庚《论新

[①] 钟敬文：《晚清革命派著作家的民间文艺学》，《钟敬文学术论著自选集》，首都师范大学出版社1994年版，第92—98页。

[②] 马少波：《欢迎新事物、新生命——祝陇东道情剧的诞生》，《戏剧报》1959年第19期。

[③] 中国艺术研究院戏曲研究所《戏曲研究》编辑部、吉林省文化厅戏剧创作评论室评论辅导部编：《戏剧工作文献资料汇编》，1984年版，内部资料，第25页。

[④] 哈华：《秧歌杂谈》，华东人民出版社1951年版。

歌剧》① 主要从宣传意识形态、改造民众思想的角度论述了小戏的功能。其次，介绍与评论小戏的剧目内容和表演形式的改革经验。② 洪深从秧歌戏的表演特色角度敏锐地指出，秧歌运动坚决清除丑角的胡闹和男女"骚情"的东西，实际上已经改变了秧歌的形式，因为它们是秧歌的重要组成部分，并因此形成了一部分特有的技术。③ 最后，对艺人的生平、表演风格的专访，及其在新的文艺政策下的成长史，成为讨论主题之一。

二 《中国地方戏曲集成》带动了民间小戏剧本资料的搜集

从1958年到1963年，中国戏剧家协会主编出版了《中国地方戏曲集成》，先后出版了14个省市卷本共121个地方剧种的368个剧目。同期出版的还有《安徽省传统剧目汇编》④《华东地方戏曲丛刊》⑤《湖南地方戏曲丛刊》。⑥ 这些资料集收录了部分小戏剧种的剧目，如花鼓戏、黄梅戏的剧目。各类小戏剧种也出版了相应的资料集，如《二人台剧本选集》⑦《二人台牌子曲选集》⑧ 等。

这次大范围的剧本搜集工作为此后的民间小戏研究提供了资料基础，但是，由于时代思想观念的局限，剧本经过了删节、过滤、加工之后，一定程度上影响了资料的本真性。

---

① 张庚：《论新歌剧》，中国戏剧出版社1958年版。
② 何冬保：《湖南花鼓戏的前途》，《戏剧报》1956年第10期；陈刚、刘乃崇：《谈谈湖南花鼓戏的〈三里湾〉》，《戏剧报》1958年第12期；王林夫：《新的尝试——参加道情戏〈木匠迎亲〉导、表演的一点体会》，《陕西戏剧》1960年第5期。
③ 洪深：《洪深文集》（四），中国戏剧出版社1959年版，第187页。
④ 安徽文学艺术研究所：《安徽省传统剧目汇编》，安徽文学艺术研究所，1959年。
⑤ 华东戏曲研究院：《华东地方戏曲丛刊》，新文艺出版社1954年版。
⑥ 湖南省文化局编：《湖南地方戏曲丛刊》，湖南人民出版社1957年版。
⑦ 内蒙古自治区文化局编：《二人台剧本选集》，内蒙古人民出版社1960年版。
⑧ 内蒙古自治区文化局编：《二人台牌子曲选集》，内蒙古人民出版社1960年版。

三 民间小戏理论研究肇始

首先，对民间小戏及剧种起源发展的考证研究。黄芝冈在《从秧歌，花鼓，相连，高跷，到民间小戏》一文中正式提出了"民间小戏"一词。[①] 在《从秧歌到地方戏》一书中考证了农人插秧、耘田，在田里聚群唱或对唱、竞唱的秧歌发展为花鼓戏、采茶戏和秧歌戏等民间小戏的过程；高度肯定了丑角在小戏中的重要地位，专门考证了丑角的演变。[②] 他的研究资料翔实，颇有创见，开启了民间小戏研究的先河。还有对某个剧种的研究，例如，王铁夫探讨了二人转的起源、演出形式、剧目，还记录了一些老艺人的经历，是最早对二人转展开学术研究的著述。[③] 洪非考证了黄梅戏由采茶歌融合了当地及周边的花鼓、连厢、莲花落等多种民间说唱歌舞形式，发展为以歌舞表演为主的"二小戏"和"三小戏"，进而推进为正本戏的演变过程。[④]

其次，对民间小戏剧目、音乐唱腔和表演等文学艺术层面的研究。李岳南在《民间戏曲歌谣散论》之"谈民间小戏、拆唱及其他"中，对莲花落、蹦蹦戏的常见剧目进行了分析。[⑤] 张紫晨在《民间文学知识讲话》之"民间戏曲"中，分析了小戏的思想内容和艺术特色，指出小戏是在民间歌舞、民间说唱基础上形成的。[⑥] 也有对某个剧种的文学艺术本体的研究。[⑦]

---

① 黄芝冈：《从秧歌，花鼓，相连，高跷，到民间小戏》，《演剧艺术》1945年创刊号。
② 黄芝冈：《从秧歌到地方戏》，中华书局1951年版。
③ 王铁夫：《二人转研究》，春风文艺出版社1956年版。
④ 洪非：《黄梅戏早期史探》，《安徽史学》1960年第1期。
⑤ 李岳南：《民间戏曲歌谣散论》，上海出版公司1954年版。
⑥ 张紫晨：《民间文学知识讲话》，吉林人民出版社1963年版。
⑦ 刘已明：《湘南花鼓戏的音乐》，《人民音乐》1951年第6期；赣南采茶剧团编：《赣南采茶戏音乐》，江西人民出版社1958年版。

最后，民间小戏作为独立文类进入民间文学教材，初步建构了理论研究体系。在北京大学1960年油印版的民间文学教材《中国民间文学概论初稿》中，"民间小戏"单列为一章，界定了小戏的概念，论述了小戏的产生发展、思想内容、艺术特点。这标志着民间小戏作为独立的研究对象正式进入民间文学领域。教材框架初步建构了小戏研究的理论体系。[①]

总之，这个阶段的研究成果中，民间小戏为适应新的政策环境而形成的发展经验、会演报道类评介文章多而理论研究少；资料搜集和理论研究呈现出过分强调小戏的政治教化功能的倾向，很大程度上忽视或淡化了小戏的其他属性；民间小戏的理论研究也肇始于这个时期，不乏有真知灼见的著述出现，且出现了小戏研究的基本理论架构，开启了小戏研究的风气并打下了研究基础。

第二节 1978—2000：从文学艺术研究到文化研究

1966年到1978年期间，民间小戏遭到禁演，小戏研究也一片沉寂。1978年后，小戏重新搬上舞台，相关研究随之复兴。特别是，1983年到1999年，全国范围内开启了《中国戏曲志》的编纂工作，随着资料搜集整理工作的深入开展，民间小戏的研究成果层出不穷，由此迎来新的研究阶段。这个阶段，研究者摆脱了20世纪50—60年代政治话语的影响，回归对小戏文学艺术本体的研究；同时，受到80年代席卷学术界的文化研究热的影响，小戏研究的焦点逐渐从文学艺术本体转向其赖以生存的文化语境，涌现出多学科、多理论视角、多种方法的研究成果，迎来了小戏研究

---

① 王萍：《民间文学对民间小戏研究的理论贡献——以中华人民共和国成立至20世纪末为主要讨论对象》，《西北民族大学学报》（哲学社会科学版）2019年第1期。

的第一个繁荣期。

一 《中国戏曲志》全面推进了民间小戏的资料搜集和研究工作

1999年,《中国戏曲志》三十卷全部出版,记述了戏曲起源至1982年两千多年间中华戏曲文化的发展史。志书收录了各地各民族的戏曲剧种394个,5218个有特色的代表性剧目。志书不仅对各类戏剧的音乐、表演、舞台美术的发展历史和现状及特点进行了翔实的记述,还记录了戏曲演出场所、文物古迹、报刊专著、戏曲逸闻传说等,每一卷还有剧种表、机构、演出习俗、谚语口诀等。志书的资料搜集全面、挖掘深入,被誉为"世界戏剧文化史上的最宏伟的工程"。[①] 志书的编纂对民间小戏的资料搜集和研究有极大的推进意义,例如,挖掘整理出一批古老的仪式剧种的珍贵资料。"先后在江西、安徽、贵州、广西、湖南、湖北、山西等地发现了与宗教仪式密切相关、戴面具表演的傩戏、地戏、赛戏等。"[②] 召开了"全国民间小戏剧种学术讨论会",对厘清小戏的范围及其与大戏的关系、深入讨论小戏特色有极大的促进作用。

二 民间小戏的文学艺术研究

民间小戏是综合性表演艺术,这带来其研究的多学科性。本体研究主要是从戏剧学、文学、民间文学、美学、曲艺、音乐等学科角度出发,对剧种的起源发展、剧目内容、曲牌唱腔、艺术特色、表演、舞美等小戏的艺术组成要素进行专项研究。在整个民间小戏学术史上,这类研究成果数量最多。研究大致分为以下主题:

[①] 刘文峰:《〈中国戏曲志〉的学术价值及其对学科建设的意义》,《文艺研究》2000年第2期。

[②] 同上。

（一）概论性研究提供了理论框架，奠定了研究基础

概论性研究指对研究对象进行全方位概述的研究范式，这类研究在小戏研究的早期阶段占主导地位。1980 年，钟敬文主编《民间文学概论》出版，民间小戏被列为专章，全面系统地概述了民间小戏的概念及其产生发展的历史、思想内容、艺术风格、道具戏等。[①] 特别阐释了民间小戏的生活性和宗教性特点，体现出学科关注点的独特性和学术前瞻性。1981 年，乌丙安发表了《民间小戏浅论》[②] 一文，在与地方大戏对比的视角中，综述了小戏作为民间文艺现象的独特性，提出小戏起源于民间歌舞、说唱及祭祀仪式的观点，认为小戏的剧目内容、唱腔表演和语言风格与老百姓的日常生活和劳作息息相关。文章厘清了民间小戏与地方大戏的关系，确立了小戏在民间戏曲和民间文艺中的地位。

随后，陆续出现了民间小戏研究的专著。1981 年香港出版了谭达先《中国民间戏剧研究》，这是学术史上第一部民间小戏研究专著。全书以小戏为主要对象，全面论述了小戏的特征和剧种、种类和思想内容、小戏与民间风俗劳动生活的关系、剧本艺术特点。[③] 1989 年出版的张紫晨《中国民间小戏》是民间小戏研究的扛鼎之作，该书论述了小戏的形成基础与途径、形成与发展进程、小戏的系统及其特点、结构形式和情节类型、小戏的演出和民间戏曲艺人等。该书对小戏的起源、分类提出重要的理论观点，还较早地关注民间戏曲艺人[④]。1999 年台湾出版了施德玉《中国地方小戏之研究》，该书对民间小戏的概念、特质及其形成发展之路径、小戏题材类别和特色进行了全面论述。[⑤]

三部专著在总结民间小戏的整体特征方面具有重要的学术价值，

---

① 钟敬文：《民间文学概论》，上海文艺出版社 1980 年版。
② 乌丙安：《民间小戏浅论》，《戏剧艺术》1981 年第 1 期。
③ 谭达先：《中国民间戏剧研究》，香港商务印书馆有限公司 1981 年版。
④ 张紫晨：《中国民间小戏》，浙江教育出版社 1989 年版。
⑤ 施德玉：《中国地方小戏之研究》，学海出版社 1999 年版。

为此后的研究提供了理论架构。另外,三部作品都从民间文艺的立场分析小戏,程度不同地论述了小戏与民众生活的关系,体现出从民众生活角度审视小戏的研究意图,但是,概论性研究和受一般文艺学分析框架的影响限制了这一视角的深入。与民间小戏概论研究相呼应,大量对某个小戏剧种的源流考辨、剧目内容、唱腔、表演风格进行全景式研究的论文层出不穷,[①] 这类研究为各类剧种的深入研究打下了基础。

(二) 剧种源流考证、分类及特点研究

考证各类民间小戏剧种的源流及其发展一直是学术史上的研究热点。在《中国戏曲志》编纂工作中,为了弄清各个地方戏曲剧种的来龙去脉,中国戏曲志编辑部曾与有关戏曲研究部门多次联合召开过学术讨论会,分类探讨各个剧种的起源与形成,乃至各个剧种之间的相互关系,由此大大推动了剧种史的深入研究。[②]

对民间小戏表演形态的形成发展的考证研究。例如,朱恒夫总结了民间小戏的五种源头:民歌、民间舞蹈、说唱、木偶皮影、宗教仪式,论述了小戏唱腔、表演风格的独特性。[③] 陶思炎认为民间小戏与原始巫术宗教有密切关系,巫术仪式、迎神赛会等傩戏傩舞为表现现实生活的小戏准备了条件,进而从固定和流动及道具的象征意义角度论述了小戏的特质。[④] 对某类剧种的历史考证的研究成果更为丰富,例如,二人转、凤阳花鼓、黄梅戏、花鼓戏、采茶戏、皮影戏等剧种的起源、流变及其分类的研究成

---

① 廖军:《赣南采茶戏探究》,《南方文物》2001 年第 4 期。
② 刘文峰:《〈中国戏曲志〉的学术价值及其对学科建设的意义》,《文艺研究》2000 年第 2 期。
③ 朱恒夫:《民间小戏产生的途径与形态特征》,《文艺研究》1991 年第 1 期。
④ 陶思炎:《民间小戏略论》,《民俗研究》1992 年第 1 期。

果层出不穷。①

　　受同期文化研究热的影响，剧种源流考证表现出与地域文化、民族文化紧密结合的特点。例如，王兆乾在《灯、灯会、灯戏》一文中，追溯了采茶戏、花鼓戏等小戏剧种的源头，认为社神信仰、祭祀社神的活动孕育了社火、灯会乃至灯戏，揭示了灯戏最初的祭祀社神、祖先的民俗功能，总结了小戏折射出的地域文化特色。② 李映论述了满族文化与二人转之间的渊源关系。③ 杨朴论述了二人转的起源、表演特色与东北人文生态环境和风俗习惯的内在联系，揭示了二人转的文化内涵。④ 康保成论证了佛教与中国皮影戏形影相随的密切关系。⑤

　　此类研究成果较多。⑥ 此外，从音乐学、戏曲学角度研究民间小

---

　　① 蒋星煜：《凤阳花鼓的演变与流传》，《安徽大学学报》（哲学社会科学版）1980年第2期；龙华：《湖南花鼓戏的艺术种类和流派》，《湖南师院学报》（哲学社会科学版）1981年第2期；张林：《二人转起源初探》，《曲艺艺术论丛》1981年第1期；刘永江：《东北地方戏研究——二人转的起源》，《齐齐哈尔师范学院学报》（哲学社会科学版）1985年第1期；张紫晨：《晋中秧歌初探》，《张紫晨民间文艺学民俗学论文集》，北京师范大学出版社1993年版；王振忠：《凤阳花鼓新证》，《复旦学报》（社会科学版）1995年第2期；廖军：《略谈茶与赣南采茶戏及其艺术特点》，《农业考古》1996年第2期；潜明兹：《民间小戏的溯源》，《民间文化的魅力》，安徽教育出版社2006年版。

　　② 王兆乾：《灯·灯会·灯戏》，《黄梅戏艺术》1992年第1期。

　　③ 李映：《满族文化与东北二人转——也谈二人转的源流问题》，《戏剧文学》1996年第3、4、5期。

　　④ 杨朴：《二人转与东北民俗》，吉林人民出版社2001年版；《二人转的文化阐释》，文化艺术出版社2007年版。

　　⑤ 康保成：《佛教与中国皮影戏的发展》，《文艺研究》2003年第5期。

　　⑥ 詹石窗：《道情考论》，《宗教学研究》1996年第4期；魏力群：《中国民间皮影造型考略》，《河北师范大学学报》（哲学社会科学版）1998年第3期；蔡际洲：《"楚人善歌"：荆楚音乐文化区鸟瞰——长江流域音乐文化巡礼之四》，《云南艺术学院学报》2001年第2期；龚国光：《江西采茶戏的当代品格与演剧重构》，《江西社会科学》2002年第1期；孙红侠、刘文峰：《二人转的起源》，《戏曲艺术》2006年第1期；董斌、魏建林：《民间小戏起源与艺术特征的人类学解读》，《社科纵横》2006年第3期。

戏唱腔、乐器、艺术特征的成果丰富，例如，论述剧种唱腔特色及其发生、传播与变异；① 阐释小戏声腔与大戏声腔之间的关系，为小戏在戏曲史中的地位正名②；等等。从美学角度对小戏的表演风格展开研究。③ 从文学角度对小戏剧本的结构、语言、情境、韵律展开研究。④

三 从文本到语境：文化视阈拓宽了民间小戏的研究视角

20世纪80年代，在文化研究热潮的影响下，民间小戏研究的焦点发生了"从文本到语境"的转变，关注与小戏密切相关的仪式、民俗、政治、社会、历史等方面的信息，颠覆了传统的文学艺术研究而走向更深刻、更开阔的文化研究。研究方法也从传统的文献考证、文本分析转向与田野考察和文物考证相结合的方法。这一转变极大地推进了民间小戏研究的繁荣局面。

（一）从小戏剧本透视地方社会和乡民意识

民间小戏文化研究的取向之一，以小戏剧本为文献资料，探讨文本背后的地域文化及其包含的伦理观念、民俗心理及民族精神

---

① 冯娴：《东北二人转音乐》，春风文艺出版社1985年版；李武华：《湖南花鼓戏音律考察及后记》，《交响（西安音乐学院学报）》1988年第3期；时白林：《安徽戏曲音乐的源流与特色》，《音乐研究》1993年第2期；黄翔鹏：《二人台音乐中埋藏着珍宝》，《中国音乐学》1997年第3期；冯光钰：《采茶戏音乐的生发、传播与变异》，《天津音乐学院学报》2002年第4期。

② 任光伟：《〈耍孩儿〉纵横考——兼谈"柳子"声腔的渊源与流变》，《戏曲艺术》1989年第3期。

③ 田子馥：《谈二人转滑稽之美》，《社会科学战线》1991年第2期；张振海：《论二人转的审美感知》，《戏剧文学》1992年第12期；马华祥：《早期地方戏的喜剧风格》，《河南师大学报》（社会科学版）1993年第3期；王木箫：《二人转美学三题》，《戏剧文学》2002年第1期；吴文科：《二人转：当代中国审美风尚的一个支点》，《艺术评论》2004年第11期。

④ 曾泽昌、阳贻禄：《论赣南采茶戏的文学特征》，《赣南师范学院学报》1991年第4期。

等深层的文化内涵。例如,欧达伟和董晓萍对定县秧歌的研究,[1]行龙、毕苑对祁太秧歌与晋中乡土社会的研究。[2] 江棘将定县秧歌剧目中反映的女神信仰与乡村女性结社联系在一起,揭示了小戏对乡村女性的生命意义。[3] 这类研究虽然以小戏剧本为主要文献资料,但视野已经拓展到地方社会生活和历史变革的大背景中,将小戏剧本内容与当地的社会生活结合起来,探讨剧本蕴藏的民众的伦理道德意识和思想观念。

(二) 在表演语境中揭示小戏表演文本的意义:仪式剧研究形成学术热点

民间小戏文化研究的取向之二,以民间小戏表演文本为对象,研究表演现场传达的民俗信息及其文化内涵。文化视阈为学者打开更开阔的学术视野,他们关注戏剧生成的社会文化环境及具体的仪式表演情景在戏剧生成和表演中的意义,因此,构成民间戏剧生长土壤和发展动力的文化因素就成为民间戏剧研究的重要部分。[4] 对表演语境的重视,让学者在新的理论高度审视戏剧的生成原因、表演形态及其在民俗生活、民众精神、社群认同方面的功能和意义。这类研究以20世纪80年代后出现的傩戏、目连戏等仪式剧研究最为集中。

《中国戏曲志》的搜集工作中发现了傩戏赛戏,引起国内外研究宗教文化的专家学者的关注,推动了宗教戏剧文化的研究。[5] 20世

---

[1] [美]欧达伟:《中国民众思想史论——20世纪初期—1949年华北地区的民间文献及其思想观念研究》,董晓萍译,中央民族大学出版社1995年版;董晓萍、欧达伟:《乡村戏曲表演与中国现代民众》,北京师范大学出版社2000年版。

[2] 毕苑:《从祁太秧歌看近代晋中地区的民众意识》,《山西大学学报》(哲学社会科学版)2000年第4期;行龙、毕苑:《秧歌里的世界——兼论民俗文献与中国社会史研究》,《民俗研究》2001年第2期。

[3] 江棘:《民间小戏的女神信仰与乡村女性社会——以定县秧歌为例》,《戏剧》2017年第6期。

[4] 刘祯:《民间戏剧、戏剧文化的研究及意义》,《民族艺术》2001年第3期。

[5] 刘文峰:《〈中国戏曲志〉的学术价值及其对学科建设的意义》,《文艺研究》2000年第2期。

纪80年代中后期大陆兴起了目连戏和傩戏研究，90年代初发展为仪式剧研究，当时，国内几乎每年都要举办一次规模较大的傩戏、目连戏国际学术研讨会，形成了持续的研究热潮，① 取得了丰富的研究成果。这类研究从戏剧与仪式关系的角度解读仪式剧，涉及的问题有：傩戏等仪式剧的概念界定、民间性特征、仪式功能意义，从傩文化角度探寻戏剧的起源和形成、宗教祭祀戏剧研究、目连戏研究等。代表性成果有：何翠萍从象征和功能的角度探讨民间仪式剧表演的文化意义。② 龙彼得提出宗教仪式是中国戏剧的源头。③ 田仲一成从仪式剧在宗族祭祀中发挥的社会功能切入，揭示了在地方社会和乡村中戏剧的起源发展与宗族的关系，重新认识中国戏剧发展史。④ 王秋桂组织的"中国地方戏与仪式研究"的大型课题，对中国大陆、台湾地区、香港地区和新加坡的仪式剧进行了大范围研究。曲六乙、周华斌、萧兵、王兆乾、庹修明就傩祭和傩戏以及原始宗教祭祀和戏剧之间的渊源关系等问题展开论述。⑤ 容世诚《戏曲人类学初探：仪式、剧场与社群》⑥ 探讨了中国宗教仪式剧的性质和模式，讨论了中国戏曲的表演场合、演剧功能、宗教仪式、故事母题、祭戏结合、剧场空间和社群区域等概念，考察了仪式剧表演和族群

---

① 刘祯：《民间戏剧、戏剧文化的研究及意义》，《民族艺术》2001年第3期。

② 何翠萍：《人类学：人类学研究民间戏曲的意义》，《民俗曲艺》1984年第30辑。

③ ［英］龙彼得：《中国戏剧源于宗教仪式考》，王秋桂、苏友贞译：《中国文学论著译丛》，台湾学生书局1985年版。

④ ［日］田仲一成：《中国的宗族与戏剧》，钱杭、任余白译，上海古籍出版社1992年版。

⑤ 曲六乙：《建立傩戏学引言——在贵州傩戏学术讨论会上的发言》，载曲六乙《傩戏、少数民族戏剧及其它》，中国戏剧出版社1990年；周华斌：《中原傩戏源流》，《中华戏曲》第12辑，山西人民出版社1992年版；薛若琳：《傩戏：傩坛和戏曲的双重选择》，《文艺研究》1990年第6期；庹修明：《中国傩文化论述》，《民族艺术》1997年第1期。

⑥ 容世诚：《戏曲人类学初探：仪式、剧场与社群》，广西师范大学出版社2003年版。

认同的关系。康保成《傩戏艺术源流》[①] 通过研究戏剧与祭祀的关系发现，秧歌戏、采茶戏、花鼓戏、花灯戏、傩戏的共同源头都是沿门逐疫，他对以傩戏为代表的民间小戏的民俗性内涵进行了深入研究。刘祯《中国民间目连文化》[②] 站在民间的立场审视目连戏的发展形态和演出盛况，揭示了民间仪式剧的生活化世俗化的本质特征。

在方法上，这类研究突破了平面化的历史文献研究，转向"文献文物与田野、戏剧与文化综合考察结合起来"[③] 的研究，从个案出发，运用田野调查方法，深入戏剧演出现场，研究特定仪式活动中的演剧活动。通过论证地方文化背景、表演语境与仪式剧的内在关联，解读仪式剧的象征意义和社会功能，阐释其中蕴含的民间文化精神，更加切近现实生活层面揭示戏剧的文化意义。研究方法的转变，为学者打开了新的研究视野、开创了新的研究途径。

此外，学界还对小戏表演与地方民俗、节令民俗等多种语境因素的关系展开充分论证，多层面揭示了小戏表演的功能和意义。例如，杨明锷论述了节令祭祀和演剧的互动关系。[④] 郝誉翔通过研究目连戏里的小戏，认为，目连戏宣扬道德教化主旨和小戏的淫秽败德看似矛盾，其实都是维持社会秩序的手段，甚至是改革社会进步的推动力。[⑤] 刘祯认为《天官赐福》演出有仪式意义，是一种吉庆仪礼，因此有广泛的群众基础。[⑥] 李亦园对戏曲展演仪式、口头传统及其与中国传统文化之间的关系展开研究。[⑦] 郑传寅认为，节日为戏曲表演集结了观众，节日民俗环境又制约了戏曲艺术的生产，铸成戏

---

① 康保成：《傩戏艺术源流》，广东高等教育出版社1999年版。
② 刘祯：《中国民间目连文化》，巴蜀书社1997年版。
③ 刘祯：《民间戏剧、戏剧文化的研究及意义》，《民族艺术》2001年第3期。
④ 杨明锷：《民间节令祭祀与演戏》，《民俗曲艺》1986年第39辑。
⑤ 郝誉翔：《目连戏中滑稽小戏的内容及意义》，《民族艺术》1996年第4期。
⑥ 刘祯：《〈天官赐福〉文本的文化阐释》，《艺术百家》2001年第3期。
⑦ 李亦园：《和谐与超越——中国传统仪式戏剧的双重展演意涵》《民间戏曲的文化观察》，《李亦园自选集》，上海教育出版社2002年版。

曲独特的艺术面貌。①

　　总体而言，这个阶段民间小戏研究成果的集中领域之一是文学艺术本体研究，对民间小戏及各类剧种的起源发展的考证，剧种流派分类，对小戏各组成要素的艺术特色的论述，在总结各类剧种的剧目内容和艺术特色方面做出了重要贡献；但是，艺术组成要素的分类研究不可避免地遮蔽了作为整体现象的民间小戏的民间文化特质。研究成果集中领域之二是民间小戏的文化研究，在理论视角和研究方法上将小戏研究推向更高层次，从地域文化和民间文化视角观照小戏，呈现出小戏的民俗性、生活性、仪式性等特质。随着文化视域的拓展，多学科参与到小戏研究中来，形成了多学科综合性交叉研究的现象，推进了相关的交叉学科和边缘学科的发展。

第三节　2001—2018：民间小戏的传承发展到遗产保护的研究

　　进入 21 世纪以来，学科交叉开启了多种理论视角，为多重学术生长点的形成创造了条件，促使民间小戏研究推向纵深，形成了全面繁荣的研究局面。成果主要集中在以下领域：

一　民间小戏的仪式功能研究

　　延续 20 世纪 80 年代民间小戏文化研究的脉络，学界对小戏的仪式功能有了更深刻的揭示。

　　首先，阐释原生态民间小戏的文化意义。汪晓云通过对相对原生态的黄梅戏进行知识考古研究，揭示了黄梅戏的民间狂欢仪式本质，认为插科打诨、粗俗的骂人话和戏谑的动作、仪式性与民间仪

---

① 郑传寅：《节日民俗与古代戏曲文化的传播》，《东南大学学报》（哲学社会科学版）2004 年第 1 期。

式形态性唱词,是地方戏最具本质性的民间狂欢仪式的体现,是乡村原生态地方戏的核心。① 杨朴从狂欢文化角度阐释二人转粗鄙化表演的文化意义。② 周福岩从戏谑文化视角探讨了二人转。③

其次,民间小戏在抗战时期和1949年后一段时间,一度被赋予政治教化的功能,这一改造的实践过程和结果成为学界的研究热点。改造让小戏的表演内容和形式发生巨大变化,折射出官方权力向基层社会的渗透和对地方话语权的剥夺和控制。④ 通过对小戏内容、形式、功能的改革,政治话语得以传播到乡村社会,实现了政治与民间文化的结合及国家与乡村社会的互动。⑤ 毛巧晖围绕"民间性"考察了新秧歌运动,认为新秧歌是成功借用民间形式、运用民间语言创作的一个典范,但它的核心仍然是运用官方立场置换民间立场的文学表达,这是新秧歌运动没有实现民间性的重要环节。⑥ 这类研究多侧面还原了民间小戏被改造的过程,以及改造过程中国家权力与民间小戏、民间艺人、乡土社会之间的多重互动。

二 民间小戏表演传统与乡土社会关系研究

在口头程式理论、民族志诗学、表演理论的影响下,民间文学研究发生了从文本走向语境、从书面走向口头的研究范式的转型。⑦

---

① 汪晓云:《民间狂欢仪式:黄梅戏的相对原生态》,《戏曲艺术(中国戏曲学院学报)》2003年第4期。
② 杨朴:《粗鄙:二人转艺术的本质》,《戏剧文学》2004年第7期。
③ 周福岩:《方言、二人转与东北地域文化问题》,《民俗研究》2007年第2期。
④ 韩晓莉、行龙:《战争话语下的草根文化——论抗战时期山西革命根据地的民间小戏》,《近代史研究》2006年第6期。
⑤ 赵法发:《革命话语下的民间文化——以甘肃环县道情皮影戏为例(1949—1978)》,《青海民族研究》2009年第4期。
⑥ 毛巧晖:《新秧歌运动的民间性解析》,《民族文学研究》2011年第6期。
⑦ 刘宗迪:《从书面范式到口头范式:论民间文艺学的范式转换与学科独立》,《民族文学研究》2004年第2期。

民俗研究主张"突破文本著述范围的限制，考察一种文化是怎样在实际生活中被活泼泼地运用与传承的"。① 这一诉求和同期民族音乐学的主张合拍，两者在新的学术视野中共同推进了民间小戏的研究。研究焦点从书面文本转向每一次特定表演语境中生成的表演文本，表演者、观众及众多语境因素被纳入研究视野，通过展现特定情境中民俗事件的生成过程，呈现小戏表演传统传承的实践过程，由此接近被创造和被接受的活的民间小戏表演传统，在民众的生活世界中理解小戏表演传统的传承动力。

作为口头传承的民间文艺形式，民间小戏的剧本表现出高度程式化的表述特点，程式单元为艺人记忆和创作剧本提供了依据。② 同时，小戏的每一次表演都会与表演场域中的观众、礼仪等众多因素发生互动，激发剧本和音乐的即兴创作，③ 形成独一无二的"这一个"表演文本，产生相应的民俗文化意义。④ 杨红通过对山西河曲二人台民间戏班和西口路文化关系的实地考察，论述了生态环境和历史语境对二人台音乐的历史构成与本体形态的影响，描述了民间戏班的组成和运作模式，与乡俗礼仪联系在一起探讨了二人台表演的文化意义。⑤ 李跃忠从民俗生态视角对例戏发生演变的规律、艺术形态及其习俗内涵作了全景式剖析。⑥ 黄旭涛在晋中乡土社会的历史文化背景下，探讨了祁太秧歌表演传统的传承机制，在民俗生活层面

---

① 刘铁梁：《村落生活与文化体系中的乡民艺术》，《民族艺术》2006年第1期。
② 黄旭涛：《民间小戏中的口头诗学——以祁太秧歌为个案》，《民俗研究》2005年第3期。
③ 周显宝：《论"加滚"——皖南民间戏曲音乐的即兴创作特征与仪式背景》，《中央音乐学院学报》2005年第3期。
④ 杨红：《田野中的音乐体验之研究——试析有关中国民间综合演艺品种的音乐民族志理论与方法》，《中央音乐学院学报》2005年第4期。
⑤ 杨红：《当代社会变迁中的二人台研究——河曲民间戏班与地域文化之互动关系》，中央音乐学院出版社2006年版。
⑥ 李跃忠：《演剧、仪式与信仰：民俗学视野下的例戏研究》，湖南人民出版社2012年版。

揭示了民间小戏作为生活方式的存在根源和发展动力。① 吕慧敏在东北乡土社会中探讨二人转生生不息的传承动力和传承机制。② 这类研究深入乡土社会生活和特定的表演场域，探讨民间小戏作为民俗传统的生活文化意义，揭示其传承的民俗根源。

三 民间小戏艺人群体研究

21世纪之前，学界对民间戏曲艺人的关注较少，已有研究主要运用文献法对戏班资料进行发掘梳理记录研究。③ 也出现了用田野调查方法展开的研究，但数量极少。例如，洪长泰通过描述陕北盲艺人韩起祥被政府改造的生活经历，呈现了特定社会语境中一个民间艺人被塑造为人民艺术家的过程，揭示了民间艺人及艺术品的生成过程。④ 邱坤良对台北歌仔戏班的剧团组织、演员生活和表演形式进行了研究。⑤

21世纪以来，涌现出一批运用田野调查方法对艺人群体、戏班的生存状态的调研成果。傅谨以台州民间戏班为个案，描述了戏班的存在方式、内在构成，揭示了民间戏班拥有顽强生命力的文化渊源。⑥ 杨红对二人台戏班做了田野调查与追踪。⑦ 孙红侠对二人转戏

---

① 黄旭涛：《民间小戏表演传统的田野考察——以祁太秧歌为个案》，知识产权出版社2013年版。

② 吕慧敏：《生生不息的车辚辘菜——东北二人转在乡土社会中的传承》，社会科学文献出版社2014年版。

③ 例如齐如山《戏班》，北平国剧学会民国二十四年。

④ 参见董晓萍《创造中国荷马的"延安梦"——评洪长泰〈改造盲书匠——韩起祥和解放区的延安说书运动〉》，中国民俗学会编《中国民俗学年刊》（2000—2001年合刊），学苑出版社2002年版。

⑤ 邱坤良：《"民安"一月记：一个野台戏班的初步研究》，陈守仁《实地考察与戏曲研究》，香港中文大学粤剧研究计划出版，1997年。

⑥ 傅谨：《草根的力量——台州戏班的田野调查与研究》，广西人民出版社2001年版。

⑦ 杨红：《乡俗礼仪中的民间戏班研究——对两个民间戏班的田野调查》，《中国音乐学》2005年第3期。

班及表演习俗进行了搜索、整理与研究。① 这类研究开启了新的研究路径，带动了一批对各类剧种戏班的田野考察研究。② 这类研究通过描述艺人群体的生存状态和组织形态，更加切近小戏表演的生成过程，突破了以往研究中"见戏不见班、见艺不见人、见俗不见民"的片面性。

四 民间小戏遗产保护研究

民间小戏的传承发展一直是学界关注的重要话题，在社会转型期，这个问题显得尤为重要，研究成果也相对集中。改革开放后，中国经历了从农业社会向工业社会的转变，民间戏曲的生存语境发生翻天覆地的变化，部分地方戏剧种因无法适应社会变迁而衰落或消失。据20世纪50年代的统计，全国共有368个剧种，到2005年缩减为267个。③ 与此同时，也有部分剧种对社会发展表现出强大的适应力。学界围绕民间小戏传承变迁的现状和原因分析展开研究。例如，对某个剧种的演唱内容、形式、曲式变化的研究④；通过对剧种衰落或崛起的社会文化原因分析指出，用传统的形式表达当下的生活感受，适应和满足当下的社会需求，小戏就能延续发展；⑤ 小戏表演传统的生命力就在于不断顺应社会的变化而变化，但是，不论小戏的表演形态如何变化，其精神内核不会变化。⑥

---

① 孙红侠：《二人转戏俗研究》，文化艺术出版社2013年版。
② 张应华：《石阡木偶戏的戏班组织与传承》，《贵州大学学报》（社会科学版）2006年第5期。
③ 刘文峰、谢玉辉、张艳琴：《山西戏曲生存现状调查》，刘文峰、谢玉辉主编：《全国剧种剧团现状调查报告集》，中国戏剧出版社2005年版，第24页。
④ 王红箫：《同地异天：二人转的嬗变——二人转现状的深层分析》，《文艺争鸣》2007年第11期；张佩莺、钟海林：《对赣南采茶戏传承的思考》，《中国戏剧》2007年第2期。
⑤ 黄纪苏、祝东力：《民间草根势力崛起中国——大东北文化及二人转对话》，《艺术评论》2004年第11期。
⑥ 杨朴、李艳荣：《论二人转的变与不变》，《戏剧文学》2004年第11期。

2003年，中国加入联合国教科文组织发起的非物质文化遗产（以下简称"非遗"）保护缔约国之后，民间小戏的传承发展转变为遗产保护的话语表述。遗产保护为学界提供了一个新的视角，并促进新成果出现，体现在三个层次：

首先，小戏遗产保护的理论探讨。刘祯从民间小戏的形态价值和生态意义角度指出，保护和建设小戏赖以生存的民俗文化、宗教祭祀文化链，会对小戏的保护发展起到积极作用。① 小戏应该在与时俱进的创新中求得发展。② 对戏曲传承人文化功能的研究，凸显了传承人保护的意义和价值。③

其次，"非遗"保护工作推进了民间小戏资料的搜集整理，涌现出具有珍贵资料价值的文集，例如，《凤阳花鼓全书》包括史论、文献、词曲、文集四卷。④ 2018年，中国民间文艺家协会全面启动实施《中国民间文学大系》出版工程编纂工作，"民间小戏"单独列为一个类别，这是有史以来首次以"民间小戏"为文类主题在全国范围内发起的资料搜集工作，凸显了民间小戏独立的主体地位。在剧种急剧衰退的现实背景下，这一工作有抢救保存资料的重大意义；在民间文学新的学术理念的引领下，这一工作可以为今后小戏研究储备更加科学的研究资料。

最后，推进了各类剧种的全面梳理和实证研究。例如，魏力群《中国皮影艺术史》介绍了中国皮影戏的分布、对民间流传的影戏起始说进行了辨析，对明代、近代、当代影戏的流传、发展、兴衰进行了描述分析。⑤ 康保成《中国皮影戏的渊源与地域文化研究》包括历史源流篇、艺术形态篇、地方影戏篇、传承与保护篇等内容，

---

① 刘祯：《论民间小戏的形态价值与生态意义》，《文化遗产》2008年第4期。
② 刘文峰：《从百戏盛典看民间小戏的传承创新》，《福建艺术》2019年第1期。
③ 郭英德：《传统戏剧表演艺术传承人的特性与功能》，《天津社会科学》2008年第3期。
④ 夏玉润、高寿仙：《凤阳花鼓全书》，黄山书社2016年版。
⑤ 魏力群：《中国皮影艺术史》，文物出版社2007年版。

运用文献搜集和田野调查方法，对我国皮影戏的历史与现状进行了全方位研究。① 还涌现出大量对某个剧种的发展现状、传承和保护方式的调研成果。②

五 各类剧种的史论研究

由于多学科和多理论视角的介入，学界涌现出大量研究视角和观点新颖、资料系统的研究成果，分为以下方面：

首先，对民间小戏及具体剧种发展史的重新梳理。李玫从戏曲史角度梳理了民间小戏的传承脉络，特别对明清两代出现的经典小戏作品做了汇集、梳理和研究。③ 张泽洪梳理了一千多年来道情在中国的传播史，考察了道情在全国各地的流播及地方化过程，认为，唱道情是传播道教思想的一种通俗说唱，也是道教济世度人的教化方式。④

其次，将新的理论视角引入民间小戏研究。汪晓云将族群认同理论引入台湾戏曲研究，指出，戏曲作为台湾闽南移民的"集体记忆"，是族群认同的重要构成要素与载体；作为族群认同的要素，戏曲在政治与社会变迁中扮演着重要的角色。⑤ 黄清喜从"生活世界"的角度，对宗族与石邮傩进行了宗族与历史、象征与现实、信仰与目标、生活经验与宗族集体意识的整体研究，揭示了宗族对石邮傩所赋予的文化内涵。⑥ 沙垚从传播史角度结合传播政治经济学和人类学民族志，考察了1949年以来关中皮影戏的传播实践，描述了在半

---

① 康保成：《中国皮影戏的渊源与地域文化研究》，河南教育出版社2011年版。
② 薛正昌：《皮影戏"非遗"传承者：张进绪与他的皮影家族》，《宁夏社会科学》2010年第6期。
③ 李玫：《中国民间小戏史论》，中国社会科学出版社2016年版。
④ 张泽洪：《道情说唱与中国民间文化研究》，人民出版社2011年版。
⑤ 汪晓云：《闽台民间戏曲与族群认同》，中国社会科学出版社2015年版。
⑥ 黄清喜：《石邮傩的生活世界——基于宗族与历史的双重视角》，中国社会科学出版社2016年版。

个多世纪的历史进程中，皮影戏与社会主义文艺和新自由主义的碰撞，考察农民作为文化的主体，在彼时与当下分别是如何表达文化变迁的，由此透视社会主义中国农民的文化是什么，以及他们的表达具有何种当代价值。[①]

最后，围绕民间小戏的剧种起源、形态分类、剧目内容、音乐唱腔、舞蹈、表演、审美风格等，展开更为深入细致的研究，不乏新资料、新观点的涌现。[②] 此外，一大批戏曲学、音乐学、民俗学、人类学的硕士、博士学位论文以某类小戏剧种为研究对象，极大地丰富了各类剧种的研究成果，推进了小戏研究的繁荣发展。

总之，70年来，民间小戏作为独立文类的主体地位从模糊混沌到清晰明确，民间小戏研究经历了从肇始到全面繁荣的过程，小戏的资料建设和史论研究都积累和推进到历史新高。特别是20世纪80年代以后，小戏研究快速发展，在研究学科上，呈现出单一学科到跨学科，从多个理论视角展开研究的发展趋势；在研究方法上，从文献研究到融合田野调查、文物考证的发展趋势；在研究范式上，从全景式概论性研究走向个案调查研究，从普泛式的理论总结过渡到从具有地方特征的案例中提炼理论；在研究对象上，经历了从戏转向班、从艺转向人、从俗转向民的变化。学界从多侧面和多角度对小戏的民间性、生活性、仪式性等特质展开持续深入的讨论，越来越接近小戏生存的本真状态。

[①] 沙垚：《吾土吾民：农民的文化表达与主体性》，中国社会科学出版社2017年版。

[②] 蓝凡：《秧歌、花鼓、采茶与滩簧考辨》，《艺术百家》2005年第1期；赖丹：《赣南客家舞蹈艺术中"三绝"的审美意韵》，《江西社会科学》2005年第11期；王敏：《江西赣南采茶戏的歌舞艺术》，中国戏剧出版社2006年版；车锡伦：《"道情"考》，《戏曲研究》2006年第2期；张晋俐：《"二人台"〈走西口〉的艺术特色分析》，《中国音乐》2006年第2期。

第 十 章

民间文学搜集整理

高　健

中国是一个民间文学大国，一方面，民族众多，蕴藏了丰富而又多元的民间文学；另一方面，在此基础之上，积累了卷帙浩繁的民间文学书面文本，而这些书面文本正是一代代民间文学搜集整理者的工作成果。尤其是1949年以来，中国经历了几次大规模的民间文学搜集整理活动，本章将以这段学术史为研究对象，梳理其中的话语变迁史，描述民间文学搜集整理工作的学术生态，检视民间文学的搜集整理原则。

第一节　以民歌搜集为主的采风运动

集体性是民间文学的主要特征，而民间文学的搜集整理往往也是集体性的活动，甚至会形成全国上下总动员、历时数年的大规模运动。1949年以来，中国第一次大规模的民间文学搜集整理活动即为采风运动。

1958年，"大跃进"开始，从国家领导人到知识分子，再到普通民众逐渐开始对中国的政治经济以及文化抱有极大的自信与乐观情绪,这其中也包括民间文学,尤其是在20世纪50年代大量涌现出来的新民歌。作为一种新的歌谣形式,新民歌在当时被认为是一种"崭新的文学形式",是革命的现实主义与革命的浪漫主义相结合的诗歌,它受到当时"大跃进"思潮的影响,内容浮夸,主要以歌颂为主,往往表现出一种不切实际的乌托邦式幻想,带有强烈的政治意识。全民创作新民歌,对新民歌进行大规模搜集整理以及印刷出版被称为新民歌运动、1958年新民歌运动或采风运动。

采风运动缘起于毛泽东1958年3月、4月在成都和汉口的两次会议讲话。1958年4月14日,《人民日报》发表了一篇举足轻重的社论——《大规模地收集全国民歌》,标志着全国范围内的采风运动全面开展。

全国各地、各行各业、男女老少出现了创作、搜集、整理、出版新民歌的高潮,1958年《边疆文艺》中的一篇文章,描绘了当时采风运动的场景:

> 收集过程中,边收集,边整理,边演唱。我县已队队有广播,我们便利用它广播民歌。在紧张的春耕生产中,一天广播两次,不仅广播民歌,也广播花灯、快板等。歌唱总路线用民歌,批评表扬用民歌,检查辩论用民歌,许多干部同群众边劳动边唱民歌,从此民歌声由水库工地到积肥处,到田间,到会场,真真处处有歌声,人人会唱歌。[①]

采风运动中,各省主要依靠汇总各县、区、乡搜集到的新民歌,自人民公社到县,再到州、市,层层编选,最后汇总到省"民歌编选委员会""民歌搜集整理小组"等。在这期间,出版了大量的新民歌选集,从《红旗歌谣》《大跃进歌谣选》等全国范围的歌谣选,到各省的歌谣卷,再到《工人歌谣》《部队跃进歌谣选》《哲学民歌

---

① 孙伟元:《晋宁县的新民歌运动》,《边疆文艺》1958年第10期。

选》等各行各业的歌谣选，天鹰（姜彬）曾说道："如果有人要问一九五八年在中国整理出版了多少民歌集子，就是最有本事的统计家，在短时间内，也是无法正确计算出来的。"①

采风运动的过程虽然轰轰烈烈，但是并没有持续过长的时间，一般认为其结束的标志性事件还是毛泽东的一次会议讲话，1959年3月在郑州召开的一次会议上，毛泽东说：

> 写诗不能每人都写，要有诗意才写诗，如何写呢？叫每人写一篇诗，这违反辩证法。专业体育、放体育卫星、诗歌卫星，统统取消，遍地放就没有卫星了，苏联才有三个卫星呢。②

至此，只能说采风运动开始落下帷幕，但是在民间还陆续有新民歌出现，之前采风运动期间搜集到的大量作品也过了若干年才出版"消化"完。

"大跃进"时期的采风运动规模之大、范围之广，前所未有，究其原因，首先是毛泽东1958年3月22日在成都会议上的号召；其次在当时"大跃进"的乐观主义氛围下，群众运动被认为是无所不能的，采风运动就成为全民参与的一项狂欢活动；最后，采风运动恰逢中华人民共和国10周年国庆前夕，所以这些能够体现各族人民社会主义意识以及农业、工业和文化"大跃进"丰硕果实的新民歌必然成为国庆献礼。

一直以来，学界对于这场轰轰烈烈的采风运动的评价都偏向负面，认为这个时期所搜集整理的作品大多内容空洞、浮夸等，但是，当我们将视域扩展开来，并把聚焦点从新民歌上挪开，就会发现采风运动在一定意义上奠定了我国民间文学的基础。

---

① 天鹰：《1958年中国民歌运动》，上海文艺出版社1959年版，第93—94页。
② 毛泽东：《郑州会议上的讲话》，《毛泽东思想万岁》，1967年，内部资料，第216页。

首先，从时间上来看，1949年至1958年采风运动之前全国各地就已展开了民间文学的搜集整理活动，如中国科学院文学研究所对内蒙古、云南等地的民间文学调查，云南省人民文艺工作团对《阿诗玛》的搜集整理。而采风运动之后直至20世纪60年代初，新民歌的创作热潮虽然逐渐消退，出版发表的新民歌也越来越少，但是各机构组织的民间文学调查活动依然延续，尤其是1962年《文艺八条》的制定，中国民间文学的调查活动再次掀起一个小高潮。

其次，正如刘锡诚所说："对这次搜集民歌运动，应该一分为二，既不能像过去一些民间文学工作者们那样全盘肯定，也不应像有些文艺研究家们那样全盘否定。在全党动手搜集民歌运动中，各地编辑出版的民歌集，既搜集了大量的所谓新民歌（有些是'浮夸风'的产物），也搜集了大量的旧民歌。"[1] 在"党委挂帅，人人动手"的采风运动中，全民都在创作新民歌、搜集新民歌、阅读新民歌，但是"旧民歌"依然存在，周扬1958年初在《红旗》杂志上发表文章《新民歌开拓了诗歌的新道路》，这是采风运动中非常重要的一篇文章，文中说："中国不但是一个具有丰富革命传统的国家，而且是一个具有长期灿烂文化传统的国家，这种文化传统的精华有许多还保留在人民中间。因此，除了大力搜集革命民歌外，还必须有计划地继续搜集和整理旧时代传下的民歌及一切民间文学艺术和民间戏曲。这是我们建设社会主义新文化的一个十分重要的任务。各少数民族的民间文学艺术的宝藏是特别丰富的，应当积极地加以挖掘和整理。"[2] 贾芝1958年7月9日在全国民间文学工作者大会上作了题为《采风掘宝，繁荣社会主义民族新文化》的报告，在批判厚古薄今倾向的同时也强调："但是，这不等于说可以容许轻视至今仍然活在群众口头上的传统作品……传统作品，特别是各地方、各

---

[1] 刘锡诚：《双重的文学：民间文学+作家文学》，百花洲文艺出版社2016年版，第65页。

[2] 周扬：《新民歌开拓了诗歌的新道路》，《红旗》1958年第1期。

民族的著名史诗、传说，可以是长期研究的对象，但必须尽快地记录下来。因为这些作品多半保留在老年人的记忆里，若不赶快搜集，就会有失传的危险。"①

随着这次运动的消退，被尘封在图书馆角落里的一册册新民歌集也逐渐发黄。但是，这个时期搜集整理的英雄史诗、民间故事、长诗②却不断再版。仅1958年云南民族民间文学调查队搜集整理出版的长诗就有：彝族的《梅葛》《阿细的先基》、纳西族的《创世纪》《相会调》、傣族的《娥并与桑洛》《线秀》《葫芦信》《松帕敏和嘎西娜》《苏文纳和她的儿子》等。这并非"无心插柳"的结果，事实上，我们在回溯采风运动的同时，还应注意以下事件也在同时发生：1955年4月《民间文学》创刊，1958年7月9日至17日中国民间文学工作者第一次代表大会召开，"三选一史"③的实施、《中共中央宣传部关于少数民族文学史编写工作座谈会纪要》的下发、"全面搜集、重点整理、大力推广、加强研究"十六字方针的确立等。

20世纪50年代民间文学搜集整理还有一个重要的背景是中华人民共和国刚刚成立不久，中央政府对中国有多少个民族以及各民族的具体情况都不是很了解，所以依照当时苏联民族学理论确定了当时民族学的四项任务："关于少数民族族别问题的研究、关于少数民族社会性质的研究、关于少数民族文化和生活的研究以及关于少数民族宗教信仰的研究。"④ 50年代分别进行了全国范围内的民族识别与少数民族社会历史调查，这其中就包括了对少数民族民间文学，尤其是传统民间文学的搜集整理。这些事件都促进了对传统民间文

---

① 贾芝：《采风掘宝，繁荣社会主义民族新文化——一九五八年七月九日在全国民间文学工作者大会上的报告》，《民间文学论集》，作家出版社1963年版，第97页。

② 当时民间文学的学科体系没有建立起来，一般会将规模比较大的韵文体民间文学统称为长诗。

③ 即民歌选、民间故事选、长篇叙事诗选、少数民族文学史。

④ 费孝通、林耀华：《中国民族学当前的任务》，民族出版社1957年版。

学的重视以及相对科学的搜集整理。

此外，值得注意的是，采风运动时期前后可以说是我国民间文学搜集的黄金时期，相较于之前，此时统一多民族国家已经建立，各族人民的国家认同开始增强，政治、文化、经济等方面进一步关联起来，这无疑使得民间文学的搜集，尤其是带有政治任务的普查性质调查工作能够更加顺利，"全面搜集""大力推广"等原则得到更好的贯彻实施；而相较于之后，此时民间社会依然存在大量杰出的民间文学演述人，民间文学赖以生存的演述场域并没有完全消失。

采风运动除了为中国民间文学储备了大量的书面文本，还培养了一批优秀的民间文学研究者，张紫晨、刘锡诚、仁钦道尔吉、李子贤、杨知勇等学界前辈都参加过这期间的民间文学搜集整理活动，许多学者都将这时期的调查经历作为其学术生涯的标志性事件。数月的田野调查以及整理工作使他们受到了相对专业的学术训练，大量的活形态民间文学也对这些调查者尤其是在校大学生或多或少产生了文化震撼，而这种亲身体悟对于其之后研究也会起到至关重要的作用，许多人从民间文学搜集整理者转为民间文学研究者也都以此次调查为基础。

前文提出采风运动在一定意义上奠定了我国民间文学的基础，除文本与人才的基础外，采风运动还奠定了中国民间文学搜集整理的范式基础，即确立了民间文学搜集整理的"十六字方针"。

1958年7月北京召开了全国民间文学工作者大会，贾芝在题为《采风掘宝，繁荣社会主义民族新文化》的工作报告中提出："我们今后的任务就是：一全面搜集，重点整理……二大力推广，加强研究。"① 其中，全面搜集与重点整理为民间文学的搜集整理原则，大

---

① 贾芝：《采风掘宝，繁荣社会主义民族新文化——一九五八年七月九日在全国民间文学工作者大会上的报告》，《民间文学论集》，作家出版社1963年版，第96—100页。

力推广与加强研究是民间文学的应用与研究原则。全面搜集中的全面指的是全国各地方、各民族新时代和旧时代的各种各样的民间文学，周扬在这次会议的讲话中也强调全面搜集的方针："凡是今天在活人中流传的民间文艺，包括各种形式，全部把它搜集起来，不要把它看成封建的东西，好像'古'呀、'落后'呀，就歧视它。"①总之，全面包括民间文学的时代、地域、民族、文类、载体、异文以及"优劣"等都要兼收并蓄。重点整理则是在全面搜集后所积累的大量资料的基础上进行有选择的整理。在这份报告中更为重要的是提出了"忠实记录、适当加工"的原则。忠实记录被认为是一切工作的基础，"作为科学研究资料，如果真伪莫辨，是无法判断问题的；作为文学作品，群众也喜欢看到真正的民间创作，而不要看涂抹得似是而非的东西；整理加工也首先需要有忠实的记录作底本"。② 而适当加工则是意在纠正当时民间文学界的"国粹主义""烦琐主义""一字不动论"。并且报告还提出一个"两全其美"的办法，即整理出两种版本，一个是用作科学研究资料，一个是用作文学读物。

当然，在当时的政治语境下，"十六字方针"很难切实得到贯彻。对于全面搜集的实践算是比较好的，但是一些文类如神话，以及与民间文学相关的一些民俗事象、宗教仪式等的搜集则相对薄弱；对重点整理中的重点把握也是从当时的政治意识形态出发，像《嘎达梅林》《阿诗玛》这样符合当时价值观的代表性作品被一再整理，而一些民族真正重要的文本没有被发掘整理出来；关于忠实记录更难把握，尤其是搜集设备、翻译等因素限制，想要达到完全的忠实记录是不可能的；适当加工也会因不同的整理者有所偏差，有的可

---

① 参见刘锡诚《二十世纪中国民间文学学术史》，中国文联出版社2014年版，第638页。

② 贾芝：《采风掘宝，繁荣社会主义民族新文化——一九五八年七月九日在全国民间文学工作者大会上的报告》，《民间文学论集》，作家出版社1963年版，第99页。

能只是在语言上进行润色,在文本整理阶段,当时流行一种做法是请来一些作家对文本进行文学润色,当然,有的整理者也会对情节进行一定的修改,如《少数民族民间文学概论》中就举例:"有人为了'提高'思想性,将佤族故事的人与兽斗争的情节,改为农民与地主斗争的情节。"[①]

这次提出的全面搜集与忠实记录的民间文学搜集整理原则被一直延续至今,而适当加工后来在某种程度上被表述为慎重整理,从1979年张紫晨编写《民间文学基本知识》、1980年钟敬文主编《民间文学概论》开始,各种民间文学概论层出不穷,几乎每种概论都会专辟章节来介绍民间文学的搜集整理原则,但大多是全面搜集、忠实记录与慎重整理三点的复述。

第二节 一篇文章引发的论争

1956年5月2日毛泽东提出"百花齐放,百家争鸣",虽然"百花运动"只持续了一年多的时间,但是在全国上下形成了讨论的风气,其中就包括对民间文学搜集整理原则、民间文学作品的讨论,而在这些讨论中就不得不提1957年至1960年在《民间文学》上有关刘魁立《谈民间文学搜集工作——记什么?如何记?如何编辑民间文学作品?》一文的讨论。

1957年1月还在苏联留学的刘魁立参加了莫斯科大学民间文学教研室组织的一个民间文学作品搜集队,在苏联的一个村进行了半个月的调查,对民间文学搜集整理产生了一些想法,于是写了一篇关于民间文学如何搜集整理的文章,并寄回国内《民间文学》编辑部。这篇文章从记什么、如何记、如何编辑民间文学作品三个方面

---

① 朱宜初、李子贤主编:《少数民族民间文学概论》,云南人民出版社1983年版,第21页。

入手来谈民间文学的搜集整理,并以董均伦、江源发表在《民间文学》1955年9月号上的《搜集、整理民间故事的一点体会》为反例。

首先,关于记什么问题,刘魁立态度明确,认为凡是民间文学作品一律需要记录,并没有对群众、科学研究毫无价值因而无须记录的民间文学作品。其次,关于怎样记:"准确忠实、一字不移——这是对科学的记录的第一要求。不加任何窜改、歪曲、扩大或缩减,如实地全面地提供有关人民创作和生活的材料——这就是民间文学搜集者的基本任务。"[①] 最后,刘魁立认为编辑民间文学作品要考虑读者,对于非儿童读物,整理工作要仅限于一些语词方面。

今天看来,刘魁立这篇文章的观点在民间文学文学界已经成为常识,但在当时却引发了一场大讨论。

支持刘魁立的文章大多从科学研究的角度,如刘波在他的文章中认为,"民间文学的理论研究工作应当把民间文学在艺术方面和科学方面的价值统一起来研究",并且民间文学科学方面研究的目的"无疑是为人民、为祖国国家建设服务","但是,不是在大量的忠实准确的材料的基础上,就不可能认识这一规律",并且"不能把困难和科学要求、把现实和可能性混淆起来"。[②] 陶阳在他的文章中明确提出将民间文学的搜集整理分为两个步骤,即忠实记录与慎重整理,其中第一步忠实记录是基础工作,"是只有益处而无害处的"。然后,陶阳又认为要把"整理"和"再创作"严格区分开来。[③]

[①] 刘魁立:《谈民间文学搜集工作——记什么?如何记?如何编辑民间文学作品?》,载中国民间文艺研究会《民间文学搜集整理问题》(第一集),上海文艺出版社1962年版,第37页。

[②] 刘波:《谈谈民间故事的记录、整理及其他》,载中国民间文艺研究会《民间文学搜集整理问题》(第一集),上海文艺出版社1962年版,第102—115页。

[③] 陶阳:《关于记录、整理及"再创作"问题》,载中国民间文艺研究会《民间文学搜集整理问题》(第一集),上海文艺出版社1962年版,第136—146页。

反对刘魁立观点的文章则是从实际的采录条件出发,认为这种理想的采录方法在实践中没有可操作性。董均伦、江源认为,搜集者如果拿一个本子去当面记录,可能遭到讲述人的防备;晚上没有灯光,实际上也无法记录;讲述人讲述过程中如被打断,则会搅乱他的思索,减低他的兴趣等。①还有一些非专业的讨论者如陈玮君认为,民间文学的一些程式化表述毫无意义,比如:"什么'从前,从前'啦,一套自然来了。老是叙述,怎能生动!"②所谓民间文学的搜集整理原则就是一些清规戒律:"弄篇民间故事,寄出去,跟翻译外国文学一样,不但要附原始材料,而且要加上口述者名姓。哎,老天!"③更有人从意识形态角度去批评刘魁立,认为刘魁立的做法是"从群众中来,到书斋中去",甚至比喻这种做法为"肉包子打狗——有去无回"。④

作为回应,刘魁立在《民间文学》1960年5月号发表《再谈民间文学搜集工作》一文,在肯定忠实记录原则的基础上,还进行了自我批评,尤其对"一字不动论""纯粹学术研究"等观点与理念进行了检讨。这次讨论对刘魁立影响非常大,"给他留下了巨大的心理阴影,回国后的很长时间,刘魁立不敢提及那些国内学者不能理解或不愿接受的西方理论和方法"。⑤

1962年中国民间文艺研究会将这次讨论以及其他几篇有关民间

---

① 董均伦、江源:《关于刘魁立先生的批评》,载中国民间文艺研究会《民间文学搜集整理问题》(第一集),上海文艺出版社1962年版,第73—81页。

② 陈玮君:《必须勇敢跃进一步》,载中国民间文艺研究会《民间文学搜集整理问题》(第一集),上海文艺出版社1962年版,第50页。

③ 同上书,第49页。

④ 刘金:《试谈民间文学的记录与整理》,载中国民间文艺研究会《民间文学搜集整理问题》(第一集),上海文艺出版社1962年版,第93页。

⑤ 施爱东:《故事学30年点将录》,《民俗研究》2008年第3期。

文学搜集整理的文章一并编为《民间文学搜集整理问题》①一书出版。讨论虽然收场，但是并没有一个明确的结果，甚至到了20世纪80年代，"意见并没有因此统一。长期以来，在工作实践中仍然呈现着分歧的状态"。②

第三节　民间文学三套集成工程

1981年12月29日至1982年1月2日，中国民间文艺研究会在北京举行了常务理事扩大会议，贾芝代表常务理事会向会议作了工作汇报，提出要在普查的基础上编辑一套《中国民间故事集成》、一套《中国民歌、民谣集成》、一套《中国谚语大观》。1984年5月28日，文化部、国家民委与中国民间文艺研究会联合签发《关于编辑出版〈中国民间故事集成〉〈中国歌谣集成〉〈中国谚语集成〉的通知》[文民字（84）808号]，也就是这段历史中经常被提到的"808号文件"，标志着中国民间文学三套集成工作正式启动。经过普查、搜集整理、地县卷本与省卷本的编选，至2015年《中国民间文学三套集成·新疆兵团卷》出版，共出版省卷本90余卷，合计1.2亿字。

三套集成工程是继采风运动以来又一次全国范围内的大规模民间文学搜集整理活动，但此时的社会政治环境、学科范式都发生了转变，所以，三套集成在指导思想、理论认识、搜集整理原则等方面都发生了变化。

---

① 此书除上述讨论还包括：朱宜初的《人民口头创作的三种整理方法》，刘守华、李岳南、巫瑞书围绕李岳南整理的《牛郎织女》这个作品的讨论，贾芝在1961年4月18日少数民族文学史讨论会上的发言《谈各民族民间文学搜集整理问题》，《民间文学》1956年8月号的社论文章《民间文学需要百花齐放、百家争鸣》，以及《民间文学》编辑部整理的关于民间文学搜集整理问题来稿综述与不同意见等。

② 钟敬文：《关于故事记录的忠实性问题》，《山茶》1980年第2期。

1978年"十一届三中全会"之后，民间文学搜集整理活动重新开展起来，但许多人对此仍心有余悸。一方面，搜集整理者的思想观念没有转变过来，还在受所谓"左"的思想的影响，认为传统民间文学是封建糟粕，即使搜集也要搜集以歌颂为主要内容的新民歌，如20世纪70年代末80年代初仍可以看到若干"大跃进"民歌集出版。此外，在三套集成工程启动时期还有一个社会思潮，即1983年下半年开始的反"精神污染"运动，在民间文学领域，有人认为民间文学也是"精神污染"，三套集成工作自然也被认为是在搞"精神污染"。另一方面，民间社会的文化持有者"挨整整怕了"，不敢讲唱民间文学，比如，阿南描述了1979年他们搜集遮帕麻与遮米麻时所遇到的类似情况，歌手赵安贤说："你们是我信得过的汉家朋友，但你们是水，我是石头，将来你们流走了，不知又会淌来什么样的水。"他甚至要求搜集者为其开具一个允许他演述遮帕麻与遮米麻的官方许可证明才肯开口。[1] 在这样的社会语境下，民间文学三套集成的首要工作并不是怎么开展具体工作，而是先改变人们对民间文学的认识，也就是当时经常提到的"解放思想"。所以，我们翻看各地三套集成之初的工作会议记录，从领导讲话到会议资料，都在强调国家对这项工作的支持，并将民间文学与封建糟粕、"左"的东西、"精神污染"等划清界限。而研究者也开始撰写文章为民间文学"平反"。

解决了民间文学不是毒草，不是封建糟粕的认识后，接下来在认识论上要解决的问题就是民间文学到底是什么？三套集成时期，正是老一代研究者在1978年之后重新"出山"之时，同时，新一代研究者也开始崛起之时，这支逐渐庞大的专业队伍也逐渐进入民间文学搜集整理的领导队伍中来。采风运动时期民间文学搜集整理活动的主要领导者多为政府官员或学者型官员。三套集成运动中，一些民间文学研究者成为此次搜集整理活动的主导者，如钟敬文、马学良分别为《中国民间故事集成》《中国谚语集成》的主编。各省

---

[1] 阿南：《关于阿昌族神话史诗的报告》，《民间文学》1985年第5期。

高校与研究机构的民间文学研究者也多作为中国民间文艺研究会各省分会的理事或常务理事而参加到三套集成工作中。

三套集成时期正是中国民间文学的民俗学转向时期,民间文学从认识论到研究范式,再到研究策略与研究方法都发生了转变。民间文学不仅仅被认为是文学,它同时也是文化,是人们民俗生活的一部分,而民间文学书面文本也不仅可以是政治意识形态宣传的工具、文学读本,它还应成为民族文化的档案、学术研究的资料。民间文学的另一种表述变成民俗学(包括民间文学),大批原来的民间文学研究者开始转向民俗学阵营,即使依然"坚守"在民间文学研究领域的研究者也都强调要具备民俗学视野。在此背景下,民间文学搜集整理的原则也发生了变化,即从"十六字方针"过渡为科学性、全面性与代表性。

"三性"中的全面性与代表性在一定程度上可以分别对应采风运动时期"十六字方针"的全面搜集与重点整理,只有科学性是新提出来的,并且放到了首要位置,也就是此时格外强调科学性,并且将科学性作为前提条件与基础。科学性提出的主要目的是纠正一些人在民间文学搜集整理工作中过于强调文学性而缺乏学科性(民俗学)的倾向,现今学界往往将民间文学书面文本称之为民间文学作品,正是意在强调搜集整理过程中,民间文学诸多特质被遮蔽,同时又进行了过多的文学化处理,在一定程度上成为搜集整理者制造的一个作品。杨堃在1983年中国民俗学会举办的全国民俗学讲习班上做了题为《民俗学与民族学》的讲演,其中就批判了当时民间文学搜集整理者重文学而轻科学的现象:"民俗学工作者特别是民间文学工作者,在采集民俗学资料时,如整理一个传说或搜集一个故事,在方法上往往是仅注意艺术性,而不重视它的科学性,故有所谓'改旧编新'的问题……而民族学工作者却很忠实调查方法与研究方法的科学性,一定要深入民族地区,体验生活,和被调查人交朋友,实行'三同'(同吃、同住、同劳动),并用先进的科学工具进行调查研究……我希望民俗学工作者也注意这一问题。比如说,一个传说或一个故事，发言人是什么阶级？什么身份？住在何地？他所处的时代背景如何？他说的这一传说或故事，是听谁讲的？其来源如何？这全要问个明白，记录下来。"① 所以，在《中国民间文学集成工作手册》中，整理工作的第一点要求就是"忠实原貌"，强调要按照民间文学本身特点，杜绝改编、拔高。② 为了凸显科学性或学科性，三套集成更为重视与民间文学相关的宗教信仰、民俗活动以及历史事件的搜集与考证，在一些文本末尾会附上异文和附记，省卷本还会专辟附录，包括演述人简介、方言表、故事类型索引等。在形式上也做了统一的要求，如实行资料统一分类编码，并且由于三套集成将体裁限定为散文体叙事类故事、歌谣和谚语，这也导致了搜集整理者更加关注篇幅短小的民间文学文类，从而使大量的神话、民间故事、传说等被发掘出来。

事实上，科学性的内涵与应用范围远超于科学地搜集整理民间文学，它还提供了其他阐释空间：如将科学性作为入选三套集成的主要标准；以科学的视野去认识民间文学；并不仅仅停留在搜集整理上，还要加强对民间文学的科学研究等。也就是说，科学性对于民间文学学科恢复以及进一步的民俗学转向都起到了促进作用。总而言之，"三性"中的科学性就是要求搜集整理者要用科学的方法搜集整理出具有科学价值（兼具可读性）的文本，并应用到民间文学的科学研究中，从而促进这个学科的发展。

第四节　搜集整理的科学性与可读性

对于三套集成，往往被冠以史无前例、规模空前、"世纪经典"、

---

① 张紫晨编：《民俗学讲演集》，书目文献出版社1986年版，第80页。
② 中国民间文学集成总编委会办公室编：《中国民间文学集成工作手册》，1987年，内部资料，第60页。

"文化长城",意在强调其宏大规模与历史意义,但是从学科内部来看,三套集成并没有生发出更多的理论问题,更多的是对搜集整理原则的讨论,而这些当时确立下来的原则,当下又经常被作为反例而受到批评。更为重要的是,在民间文学界,作为学术资料的三套集成并没有被充分利用,最多只是对其进行类型学的研究,以至于2014年的纪念"中国民间文学三套集成"启动30周年座谈会上,一些学者还在呼吁要"加强中国民间文学三套集成的学术研究"。而在大众语境中,作为文学读物的三套集成也没有得到很好的传播与阅读。

造成三套集成这种尴尬境地最主要的原因是定位不够明确,在"三性"编选原则中科学性被认为是首要标准,但强调科学性的同时往往又会同时要求文本的可读性,二者兼而有之的文本往往被认为是成功的。参加搜集整理的人除了要具备民间文学及其搜集整理的相关知识外,还要具备所谓的"文学素养"。所以,我们看到在50年代参加搜集整理工作的主要为各高校中文系的学生,而三套集成时期参加搜集整理的人中也有大部分为文学爱好者,或出版过作品的作家。并且,一些人在参加民间文学搜集整理的过程中也有"私心",或将搜集整理看作一种文学创作实践活动,或想要从中寻找灵感与素材。所以,这些人搜集整理出来的民间文学作品就会自然而然地更倾向于可读性。

事实上,整理的根本目的就是要使由口头文本转换过来的书面文本具有可读性,这既包括语言上要语词通顺,符合口头传统的特色,也包括情节更加丰富,结构更加完善,但也正因如此,整理这个词也非常容易产生歧义,与改编、再创作等之间的界限有时也异常模糊,如《阿诗玛》第一次打印本、1954年《人民文学》版分别表述为"改写""编译",1954年中国青年出版社版才开始用"整理"这个词。而关于整理的限度问题,不同整理者也会为自己设定不同的底线,如1978年张弘在《社会科学战线》上发表题为《民间文学工作者在群众的"改旧编新"面前》一文,认为改旧编新是民间文学的发展规律,并提出"搜集—整理—推广"的工作模式,以克服一些人只重视民间文学的"科学价值"而忽略其"文学价值"。① 此文也"一石激起千层浪",许多学者加入这场关于"改旧编新"的讨论。

那么,三套集成中这些具有可读性的民间文学作品在大众语境下是否被更好地利用呢,事实上这方面也没有达到预期,这主要由于体例、定价、推广等原因,而更为重要的是,三套集成各省卷全面出版的 21 世纪初,民众的阅读方式、阅读习惯等也都发生了变化,这些民间文学此时反倒又显得过于"纯粹"而提不起读者兴趣,《山茶》由民间文学杂志转变为人文地理杂志就是一个很好的例子。

再退一步说,设若这些三套集成中的民间文学书面文本都是完全依照当时的科学性要求进行搜集整理,事实上在学术研究上的利用率也不会比现在高多少。三套集成的搜集整理时期,中国民间文学经历了民俗学的转向,但是没有经历从民俗到语境中的民俗的研究范式转换,自 20 世纪末开始,在民间文学研究中,场域、表演、生活史、互动过程、社会结构等成为关键词,甚至感受、体悟、身体经验等概念也被引入,新的范式逐渐被确立,三套集成时期所谓的科学性又显得不那么科学了,也就是说仅通过忠实记录、谨慎整理以及零星的注释与文末短小的附记是不可能满足这些研究的。

2000 年 9 月 5 日,刘锡诚在南京举办的第五次江苏省民间文艺理论研讨会上提出"后集成时代"命题②,并在学界产生了强烈的反响,但随后并没有得到充分的阐释与建构,"非物质文化遗产时代"又已经到来。

---

① 张弘:《民间文学工作者在群众的"改旧编新"面前》,《社会科学战线》1978 年第 2 期。

② 刘锡诚:《民间文学:理论与方法》,中国文联出版社 2007 年版,第 428—441 页。

第五节　非物质文化遗产保护运动的影响

2006年4月联合国教科文组织（UNESCO）的《保护非物质文化遗产公约》正式生效，尔后，全国范围内有关非物质文化遗产的调查、命名、传承与传播工作也全面展开。至今，中国入选联合国教科文组织非物质文化遗产名录或名册项目共40项，其中属于"口头传统和表现形式，包括作为非物质文化遗产媒介的语言"类别的项目共计10项，这些项目在一定程度上对应民间文学。自2006年，共有3154个子项入选国家级非物质文化遗产代表性项目名录，其中民间文学类项目共计231项。这些民间文学中的史诗、神话、传说、民间故事等，社区日常生活中的口头传统，在成为"非遗"的过程中，对之进行搜集整理成为首要实质性工作。

虽然民间文学是"非遗"的主要类别，并且"'三套集成'抢救传统文化的迫切与'非遗'保护工作不谋而合"。"三套集成的编纂，为'非遗'保护工作提供了充足的人才储备和丰富的资料准备。""三套集成编纂过程中，指导思想的解放为'非遗'保护做好了铺垫。""关于三套集成编纂方法的探讨，为'非遗'保护提供了理论准备。"[①] 因此，在以"非遗保护"为目标的搜集整理工作具有了新的内涵与外延。

"非遗"保护在最初的普查阶段提出了民间文学的搜集整理要遵循"全面性、代表性、真实性"[②] 原则，与三套集成时期"全面性、代表性、科学性"大致相同，但是侧重点却有所差异。三套集成初

[①] 廖元新：《非遗语境下民间文学"三套集成"的承启意义》，《文化遗产》2016年第4期。

[②] 中国艺术研究院·中国非物质文化遗产保护中心：《中国非物质文化遗产普查手册》，文化艺术出版社2007年版，第22页。

期的民间文学搜集整理工作具有普查性质，即使是编选省卷本时也要从民族、支系、地域、文类、异文等角度体现全面性。而"非遗"项目则被称为代表性项目，代表着某一族群的文化特色、代表着人类文化的创造力与多样性等被作为重要评定手段，所以"非遗"工作更加强调在全面调查的基础上对具有代表性的民间文学进行重点搜集。

搜集整理的主体发生了变化，过往的民间文学搜集工作都具有自上而下的性质，各民族的民间文学在某种程度上是被发现、被表述、被建构的，而"非遗"工作表现则为自下而上的性质，它是以项目所属民族以及基层地方政府为单位，民间文学被命名的路径也是从县、区、市级"非遗"，到省级"非遗"，再到国家级"非遗"，所以，作为地方知识精英的搜集整理者开始崛起并拥有了更多的话语权，他们以文化持有者和代言人的身份对民间文学文本的内容和意义进行重新发掘，从而塑造内部认同的标志与外部展示的标识。此外，相较于采风运动时期，三套集成工作已经给予演述人一定的关注，但是在"非遗"工作中，演述人又被提高到前所未有的地位，代表性项目与代表性传承人往往是对应出现的。

搜集整理的重点发生了变化，采风运动时期除了新民歌的创作与编选，一些民族的长诗也被搜集整理出来，三套集成时期的突出成就主要集中在神话与民间故事领域，甚至促进神话热以及大量故事家、故事村的发现，而到了"非遗"时期，各地的传说成为重点搜集整理对象。在"非遗"保护工作中，国家鼓励并支持对"非遗"项目的开发利用，而传说具有很强的"地方性"，能够更好地附着于历史与景观之上，更适于作为一种可展示的文化资源。

此外，"非遗"工作在法律条例以及技术运用等方面较之以往也有着诸多差异。

以上我们对中国民间文学1949年以来的搜集整理活动进行了学术史层面的爬梳，对于每个时代民间文学搜集整理活动的特质与整体脉络我们可以简单地用以下表格呈现：

1949 年以来中国民间文学搜集整理阶段性特征

	采风运动	三套集成	非物质文化遗产
重点	创作与宣传	普查与编纂	确认与申报
主导	政府	政府+学者	政府+学者+市场
目的	政治的、文艺的	学术的、文艺的、政治的	学术的、文艺的、政治的、经济的
原则	"十六字方针"	"三性"	代表性、活态性
观念	向民众学习	民族口头文学财富的保存	社会公共资源的保护与开发
演述人	缺席	后台	前台
体裁	新民歌、长诗	神话、民间故事	传说、史诗
呈现	选集	县卷本、省卷本	影音图文数据库

第六节 反思与重构

我们在回溯民间文学搜集整理活动的时候也适当梳理了各时期对于搜集整理原则的讨论，从民间文学学科的角度来理解其民间文学文本的搜集整理原则并不难，但是有关讨论却一直持续，其主要原因包括民间文学尤其是搜集整理工作的参加者众多，没有形成一个学术共同体，对民间文学基本理论与科学方法没有达成共识，加之受到各时期政治意识形态的左右，人们在学术与政治之间徘徊，甚至直接转化为政治化的学术讨论，所以造成这些讨论看起来比较热烈，而对学科的理论发展没有起到实质性的推动。20 世纪 80 年代中国民间文学的研究范式开始出现民俗学转向，在此进程中，就伴随着对民间文学书面文本的反思，而自 90 年代开始，民间文学开始进一步转向"语境中的民间文学""表演中的民间文学""日常生活中的民间文学"，检视民间文学搜集整理原则、解构民间文学书面文本业已成为中国民间文学研究的一个知识增长点。

巴莫曲布嫫在她的博士学位论文《史诗传统的田野研究：以诺苏彝族史诗"勒俄"为个案》中回顾、反思与检讨了彝族史诗《勒俄特依》汉译本的文本整理、转换、写定时，借用一个计算机术语，将其中出现的种种问题概括表述为"民间叙事传统的格式化"（简称"格式化"），第一，"格式化"的典型表征是消弭了传统主体——传承人（民众的、表演者个人的）的创造者角色和文化信息；第二，"格式化"忽视了口头传统事象生动的表演过程；第三，"格式化"既忽视了本土传统的真实面貌，也忽视了表演者的艺术个性；第四，将以上错误中产出的文本"钦定"为一种标准、一种轨范、一种模式；第五，这种"格式化"的种种努力，或许在文化传播、沟通和交流中发生过一定的积极作用，尽管其间也同时传达了错误或失真的信息。[①] 所以，尽管在作者写作博士学位论文时，勒俄特依已经有多个版本的书面文本，但只有涉及书面文本"格式化"批评时，作者才会引用这些勒俄特依书面文本，其余则更多地依靠作者自己在田野中搜集整理的文本。

也有学者跳出是否为真、是否传统的范畴去把握民间文学的书面文本，美国学者马克·本德尔（Mark Bender）在《怎样看〈梅葛〉："以传统为取向"的楚雄彝族文学文本》中根据美国的约翰·迈尔斯·弗里（John Miles Foley）、理查德·鲍曼（Richard Bauman）以及芬兰的劳里·杭柯（Lauri Honko）等学者的相关理论学说将口头传统的文本分为三大类，即"口头文本"或"口传文本"（Oral Text）、"源于口头的文本"（Oral-Derived Text）或"与口传有关的文本"（Oral-Connected Oral-Related Text）、"以传统为取向的文本"（Tradition-Oriented Text）。其中，"以传统为取向的文本"按照杭柯的定义，这类文本是由编辑者根据某一传统中的口传文本或与口传有关的文本进行汇编后创作出来的。通常所见的情形是，将若干文

[①] 巴莫曲布嫫：《史诗传统的田野研究：以诺苏彝族史诗"勒俄"为个案》，博士学位论文，北京师范大学，2003年。

本中的组成部分或主题内容汇集在一起，经过编辑、加工和修改，以呈现这种传统的某些方面，常常带有民族性或国家主义取向。[①] 万建中在讨论三套集成的学术价值时提到："田野语境中的民间文学不是真正的民间'文学'，而是音乐、舞蹈和文学等浑然一体的表演文本。从'文学'的角度关注民间文学，民间文学可以与田野没有关系。因为田野中的民间文学已不是纯粹的文学，而是文化与生活。纯粹的民间文学指的就是民间文学三套集成这样的记录文本。民间文学三套集成生产的过程就是认识民间文学和将口头表演转化为纯文学文本的过程。"[②]

由于社会文化的变迁、新技术的发展，以及学科理论的更新等，民间文学搜集整理工作正朝向以下几个方向转移。由书面文本转向文本、影音与数据库并存；由搜集整理原则的论争转向学科学术伦理的厘定；由类型学研究转向民俗志、民间文学志研究等。

总的来说，1949 年以来中国民间文学的几次大的搜集整理运动构成了中国民间文学的学科传统之一，积累起来的书面文本也成为民间文学最为丰厚的"财富"。直至今日，大部分民间文学研究资料都是来源于此，而当下民间文学的反思思潮也大多指向于此。

由于篇幅所限，另外一些重要的民间文学搜集整理工作并未列入本章，如中原神话考察、中芬民间文学联合考察、中国民间文学遗产抢救工程等，还有一些高校或科研机构以及个人也做了大量的民间文学搜集整理工作，但是由于本章所述的几次民间文学搜集整理活动规模大、参与广、影响深，所以上述工作也大多深嵌在这些活动之中。70 年来，民间文学书面文本不断增加，搜集整理者也换了一批又一批，每个搜集整理者都付出了巨大的艰辛努力，每个文

---

① ［美］马克·本德尔（Mark Bender）:《怎样看〈梅葛〉："以传统为取向"的楚雄彝族文学文本》，付卫译，《民俗研究》2002 年第 4 期。
② 万建中:《〈中国民间文学三套集成〉学术价值的认定与把握》，《广西民族大学学报》（哲学社会科学版）2010 年第 1 期。

本都是他们情感、勤劳与学术的结晶。每个书面文本被印行出版后，它与搜集整理者就被永远黏合在一起，都被打上其搜集整理者和他们所处时代的烙印。

最后，我们可以发现民间文学的搜集整理工作并不仅仅是从口头到书面简单移植，它也是一种过滤机制、一种表述手段、一种意义生成方式，作为口头传统的民间文学经过搜集整理的流程转换为阶级斗争中的人民口头创作、民间文学学科中的各类体裁、国家文化事业中的非物质文化遗产等。

下编

民俗学

第十一章

民俗学基础理论研究

户晓辉

1949 年之后的中国民俗学经历了一个名不正言不顺的大休眠期。[①] 1978 年,学科开始复兴和重建[②],理论研究渐入正轨。本章只涉及民俗学基础理论研究的逻辑进程,不铺排现象和事件。理由在于:一、现象和事件只是外在的偶然事实,只有以历史与逻辑相统一的理论方式,才能看到基础理论的内在生成过程及其必然走向;二、学科的基础理论完全不同于工具理论、应用理论、民俗学"概论"提供的"理论"和国际学界一直都缺乏的"宏大理论"[③],因为"民俗学的基础理论是民俗学科赖以发展的本体论和目的论范畴的理论,前者是关于民俗学到底研究什么的问题?后者是关于民俗学到底为什么而研究的问题?基础理论对于民俗学的重要性,在于它是

---

① 乌丙安:《致"民俗学基础理论研讨会"的公开信》,《民俗研究》1991 年第 4 期。

② 刘铁梁:《中国民俗学发展的几个阶段》,《民俗研究》1998 年第 4 期;施爱东:《中国民俗学会大事记（1983—2018）》,学苑出版社 2018 年版,第 1—4 页。

③ ［美］阿兰·邓迪斯（Alan Dundes）:《21 世纪的民俗学》,王曼利译,《民间文化论坛》2007 年第 3 期;［美］李·哈林编:《民俗学的宏大理论》,程鹏等译,上海社会科学院出版社 2018 年版。

研究民俗的普遍本质及普遍规律的理论"。① 正因如此，基础理论才是学科成熟的标志，并且与学科未来的发展息息相关。②

从性质来看，基础理论既非通过经验归纳得出的"理论"或零敲碎打地从其他学科借用的方法和视角，也非"宏大理论"或"元理论"，而是通过逻辑演绎方法得出的有关"民俗学科赖以发展的本体论和目的论范畴的"学科原理和实践法则。确切地说，基础理论不仅要有系统性和完备性，而且要有内在的必然性和逻辑上的可推演性与可反驳性。③ 只有具备了这样的基础理论，中国民俗学才能"摘掉基础理论贫困的帽子"④，才能接近现代科学的境界并且成为一门现代科学。⑤

但遗憾的是，直到今天，基础理论的根本性质与重要性还远未得到普遍理解和足够重视。尽管民俗学被认为理论研究薄弱，尤其由于缺少基础理论而没能形成完整的学科体系⑥，但很少有学者意识到，基础理论之所以匮乏和贫弱，正因为民俗学的经验传统对"民俗学科赖以发展的本体论和目的论范畴的理论"和"民俗的普遍本质及普遍规律的理论"既没有讨论能力，也缺乏提问需求。所以，要想建设基础理论，首先需要从民俗学的经验传统回到经验之前之先的"哲学层次"和"民俗学研究的哲学"⑦，为学科寻找新的哲学基础；其次需要改变学科的经验思维习惯，至少以逻辑论证的方式

---

① 乌丙安：《致"民俗学基础理论研讨会"的公开信》，《民俗研究》1991年第4期。

② 杨树喆：《中国民俗学学科发展现状刍议》，《宝鸡文理学院学报》（社会科学版）2002年第2期。

③ 户晓辉：《民俗学为什么需要先验逻辑》，《民俗研究》2017年第3期。

④ 斯农平措：《重构民俗学基础理论》，《西南民族学院学报》（哲学社会科学版）1998年第6期。

⑤ 刘铁梁：《关于民俗学本位的思考》，《民俗研究》1991年第4期。

⑥ 叶涛：《重视基础理论 加快学科建设》，《民俗研究》1989年第2期。

⑦ 钟敬文：《关于民俗学结构体系的设想》，《北京师范大学学报》（社会科学版）1991年第2期。

来反观并弥补经验归纳的不足。这是基础理论研究的必要前提，是事所固然和理所当然。

本章以这样的基本理解来梳理中国民俗学基础理论研究的逻辑进程。

第一节 "现在学"理论构想的提出

1978年之后的中国民俗学理论研究在整体上处于百废待兴和博采众长阶段。当年对学科产生过较大影响的人类学功能论和文化遗留物学说在继续发生影响，与此同时，巫术仪式论、神话原型论、精神分析论等西方民俗学流派被大规模译介到国内。这些流派起到了开阔视野并激发本土理论热情的作用，但在十余年里，中国学者还没来得及对西方流派的哲学基础做认真反思，既没跳出"概论"知识的圈子[1]，也未提出完整的学科理论。[2]

不过，当功能论和文化遗留物学说在国际学界繁华褪尽之时，国内毕竟出现了一些理论冲动，试图寻求学科新范式[3]并对现有概念、理论与方法进行反思、深化乃至重构。[4] 1983年，多民族一国民俗学的构想被提出[5]，以往的历史民俗学和资料学开始转向"现在

---

[1] 乌丙安：《致"民俗学基础理论研讨会"的公开信》，《民俗研究》1991年第4期。

[2] 王素珍：《中国民俗学研究动机、旨趣的回顾与反思》，《民间文化论坛》2011年第6期。

[3] 刘晓春：《从"民俗"到"语境中的民俗"——中国民俗学研究的范式转换》，《民俗研究》2009年第2期。

[4] 刘晓春：《资料、阐释与实践——从学术史看当前中国民俗学的危机》，《民俗研究》2011年第4期。

[5] 董晓萍：《钟敬文的民俗学理论研究与社会活动》，《西北民族研究》2002年第2期。

学"①，这是基础理论从过去转向现在、从外向借鉴回归内向反思的一个开端。1987 年，中国民俗学"新的驿程"②被宣示出来。

尽管这些构想富有远见并在一定程度上唤醒了基础理论的问题意识，但本身缺乏具体的理论规定性。当时，即便理论建树和理论体系的重要性③已经被意识到，但几乎无人专门从事基础理论研究；即便意识到理论创新的必要性，但对如何加强和怎样创新却鲜有论及。④只有到了 20 世纪 90 年代，"现在学"的命题才遇到理论知音并得以展开，这主要由两本书来体现：

一是《民俗学原理》让"民俗"研究从眼光向后的历时性转向朝向当下的共时性，让"现在学"开始获得理论规定性。该书出版于 2001 年，实际上是作者在 20 世纪 80—90 年代长期教学和思考的结晶。⑤尽管书中用来规定"民俗"的一些概念——民俗质、民俗素、民俗链、民俗系列和民俗系统——在理论上还不够严密，但已经属于用概念思维的理论方式。更可贵的是，作者批评传统民俗学"对俗民在习俗体系中成长的法则性特点，缺少本学科的敏感和自觉"⑥，明确指出国际民俗学主流倾向在原初学科定向、定位、定格上早已出现认识论偏差和理论上的致命弱点：即把风俗抽离社会、政治和经济，以所谓"客观"态度去猎奇，不仅只研究俗、不研究民，只研究民俗事象、不深究其本质，而且以漠然处之的态度对待俗民主体。这些研究和批判促使基础理论开始关注学科研究对象和

---

① 钟敬文：《民俗学的历史、问题和今后的工作》，《钟敬文文集·民俗学卷》，安徽教育出版社 2002 年版，第 58—80 页。

② 钟敬文：《新的驿程》，中国民间文艺出版社 1987 年版。

③ 程波涛：《"主体"与"生活"能否撬开民俗学研究对象之门——略评〈民俗文化与民俗生活〉》，《学术界》2017 年第 5 期。

④ 高艳芳：《近十年来中国民俗学转型的思考》，《湖北民族学院学报》（哲学社会科学版）2016 年第 3 期。

⑤ 江帆：《乌丙安在民俗学研究上的突出贡献》，《广西民族大学学报》（哲学社会科学版）2002 年第 3 期。

⑥ 乌丙安：《民俗学原理》，辽宁教育出版社 2001 年版，第 74 页。

主体的"法则性特点",也为 21 世纪的实践民俗学预示了可能的方向。

二是《民俗文化与民俗生活》把"生活世界"概念引入基础理论研究,进一步推动中国民俗学从历史学转向"现在学",从以俗定民转向以民定俗①,推动对学科主体和对象的理论反思。该书标志着基础理论不再单纯引进外国理论并借鉴其他学科理论,而是进入更为系统和深入的发展阶段。② 从方法论上来看,该书借用胡塞尔的"生活世界"概念打开了"现在学"的理论维度,奠定了民俗学转向"现在学"的理论基石,发现民俗之"民"只是局部或片面的人,只有在生活世界中的民才是完整的人③,由此开启了中国民俗学探寻整全意义上的"民"与"俗"的理论可能性和从农民向公民转型的理论可能性,以及实现学术事业与文化事业相结合④的现实可能性和实现民俗学与现代社会改革、精神文明建设相结合⑤的现实可能性。

尽管这些可能性到了 21 世纪才获得或多或少的实现,但至少可以表明,直到 20 世纪 90 年代,基础理论才迎来自己的序幕,才有了专门领域的雏形。这时的基础理论开始引入当代哲学思想并对学科的哲学基础进行自觉培植,使中国民俗学日益融入国家学科体系

---

① 吕微:《民俗学的笛卡尔沉思——高丙中〈民俗文化与民俗生活〉申论》,《民俗研究》2010 年第 1 期。

② 安德明:《民俗学理论新探索——评高丙中〈民俗文化与民俗生活〉》,《民俗研究》1995 年第 1 期。

③ 高丙中:《民俗文化与民俗生活》,中国社会科学出版社 1994 年版,第 28—29 页;吕微:《民俗学的笛卡尔沉思——高丙中〈民俗文化与民俗生活〉申论》,《民俗研究》2010 年第 1 期。

④ 余悦、王俊晖:《改革开放 30 年来中国民俗学研究的理论形态》,《江西社会科学》2008 年第 11 期。

⑤ 梁木森:《近年来我国民俗学基础理论研究综述(一)》,《民俗研究》1988 年第 2 期。

的总体格局①，进而印证了一个精准的预言："我预见到，我国民俗学基础理论的全面构建，民俗学领域系统工程的完成，必将由当代中青年民俗学者于本世纪最后的十年中基本实现。我充满信心地期待着这一天早日到来……学术界陋俗中那种内耗不断、门阀观念、排斥异己、论资排辈、弄权玩术的不正之风，在民俗学队伍中理应杜绝，以便创造一个团结进步心情舒畅的良好的学术研究的环境，给后来的青年人开拓一条宽敞的成功之路。一切基础理论都要由相适应的人才去建树，民俗学人才就更加难得了！"②

第二节 现代性反思的内在歧路

随着"现在学"的内在维度被逐渐打开，基础理论产生了新的问题意识。到了世纪之交，针对学科自身的反思意识空前增强，基本态势是现代性反思③，核心问题是如何摆脱意识形态的外在干扰，确立学科自身的科学性与客观性。中国民俗学的"概论教育"与"概论思维"受到明确批判④，只强调技能、不强调思想和理论的国际惯性⑤得到部分纠正。

这时，现代性反思涉及的普遍价值标准问题与多数学者的经验立场之间的矛盾造成了这样的理论困境：一方面，为了摆脱意识形

---

① 高丙中：《中国民俗学三十年的发展历程》，《民俗研究》2008年第3期。

② 乌丙安：《致"民俗学基础理论研讨会"的公开信》，《民俗研究》1991年第4期。

③ 吕微：《现代性论争中的民间文学》，《文学评论》2000年第2期；户晓辉：《现代性与民间文学》，社会科学文献出版社2004年版；沈松柏：《现代性话语中"民""俗"的困境与出路》，《温州大学学报》（社会科学版）2008年第1期。

④ 施爱东：《"概论教育"与"概论思维"》，《西北民族研究》2004年第1期。

⑤ ［美］丹·本-阿默思：《民俗研究的历史：我们为什么需要它？》，贾琛译，《民间文化论坛》2018年第3期。

态的主观性而宣称价值中立，继而陷入纯客观的理论幻觉；另一方面，对本质主义和本真性的解构①使主观建构论滑向相对主义，很容易与多元主义混为一谈。这是由于单纯的经验立场一旦介入普遍价值论就必然会陷入自相矛盾。因此，只有超越仅对个人有效的经验层面并且转向对人人有效的先验和超验层面，才能找到合理而有效的解决方案。为此就不能仅仅把"现在学"当作一句口号或单纯经验上的范式转换，而是必须用先验哲学基础替换以往学科的经验论基础，比如"进化论的发展观"②；否则，"现在学"就容易陷入自相矛盾，难以在学理上自立自足。更重要的是，眼光向后的传统民俗学要想成为朝向当下的"现在学"，其问题意识和理论内涵必定会超出以往的经验范围和经验思维定式。例如，在以民族主义为主导诉求的往昔时代，传统民俗学的主要问题意识是用文化现象的经验研究为各个民族国家提供文化正当性，但在现代化和全球化的今天，这种经验研究早已无法满足学科目的和现实要求。③ 即便看到当代民族主义者仍在从本民族的地方文化、民间文化中各取所需地选取文化要素并将它们提升为各个民族国家的公共文化④，也无法在经验上为这些做法找到客观的评判标准和普遍的实践法则。可见，现代性问题不再限于一般的学理探索，而是被价值论的焦虑所纠缠。⑤ 价值论需要涉及实践的普遍标准，而传统民俗学的经验范围和经验思维方式恰恰无心也无力应对这样的实践价值问题，正如《我们的学术

---

① 刘晓春：《文化本真性：从本质论到建构论——"遗产主义"时代的观念启蒙》，《民俗研究》2013 年第 4 期；户志强：《民俗学中本真性话语的根源、局限及超越》，《民俗研究》2019 年第 3 期。

② 吕微：《民俗复兴与公民社会相联结的可能性——古典理想与后现代思想的对话》，《民俗研究》2013 年第 3 期。

③ 同上。

④ 刘晓春：《民俗与民族主义——基于民俗学的考察》，《学术研究》2014 年第 8 期。

⑤ 尹虎彬：《从"科学的民俗研究"到"实践的民俗学"》，《中央民族大学学报》（哲学社会科学版）2017 年第 3 期。

观念是如何转变的》所指出,"以往的文学理论和国外的文化理论都不能解决中国实践的现实问题,因为文学理论尽管包含着实践的价值判断,但无关乎信仰实践的价值判断;而文化理论作为单纯理论的事实判断,更无关乎实践的价值"。① 因而,民俗实践需要涉及"精神民俗"② 的普遍价值问题,而这样的问题必须确定先验立场和超验维度。

由此来看,民俗学危机的主要原因并非传统研究对象的消失,而在于我们是否愿意应对以及有多少能力应对学科的新问题。如果仍然在经验领域对民俗事件进行文化抽象和事实呈现,当然可以继续增加有关民俗的知识并不断取得成果,但这种研究往往无暇、无力顾及"民俗学科赖以发展的本体论和目的论范畴的理论",并且可能继续对民俗学需要面对的一些重大问题失声和失语③;要扭转这种被动局面,就需要改变学科的问题意识和思维定式,重新对学科进行先验奠基,从经验回到先验,并从先验层面再次回到学科的基本问题和基本关怀上来。④ 因此,为学科做先验证明的形而上学奠基⑤是对基础理论的客观要求。尽管这项工作需要系统而深入的理论论证,但一旦站在先验立场就能看出,如果现代性反思仅限于经验立场,就难以在理论上澄清不同经验立场之间的差异、冲突及其理论根源。只有跳出来,才能发现经验立场本身的适用范围以及经验与先验的界限,而这恰恰是国内外民俗学同行还没有做过的事情。⑥ 既

---

① 吕微:《我们的学术观念是如何转变的?——刘锡诚:从一位民间文学-民俗学学者看学科的范式转换》,施爱东、巴莫曲布嫫主编:《走向新范式的中国民俗学》,中国社会科学出版社2015年版,第97页。
② 陈泳超:《我对于民俗学的学科理解》,《民间文化论坛》2004年第3期。
③ 郭于华:《试论民俗学的社会科学化》,《民间文化论坛》2004年第4期。
④ 吕微:《从"我们和他们"到"我与你"》,《民间文化论坛》2004年第4期。
⑤ 吕微:《民俗复兴与公民社会相联结的可能性——古典理想与后现代思想的对话》,《民俗研究》2013年第3期。
⑥ 吕微:《民俗学的哥白尼革命——高丙中民俗学实践"表述"的案例研究》,《民俗研究》2015年第1期。

然学术的首要职责是理性的正当使用，即在理性的合理限度之内正确地使用理性，那么，基础理论就不仅需要一般逻辑，更需要先验逻辑。因为只有先验逻辑才能划分经验与先验的界限，并且明确理性的认识用法与实践用法的界限，进而对一般实践与纯粹实践做出区分和规定[1]，防止理性的误用和滥用。正是为了满足这种客观需要，基础理论才不得不借助先验哲学的思想资源来研究不适用于经验思维的理论，即"民俗学科赖以发展的本体论和目的论范畴的理论"。

在跳出经验立场并对学科及其对象做了先验划分[2]之后，基础理论发现：随近代认识论转向而形成的传统民俗学在哲学基础上过于倚重经验认识，越来越远离普通民众的日常生活和民俗实践，越来越不关心民俗之"民"的存在意义和价值，越来越以求知遮蔽、取代求美与求善。在这种情况下，仅在经验范围内对民俗学做内外划分还远不足以让学科获得免疫力，因为一方面这种划分仍然是以经验"抵御"经验，既不能真正摆脱外在干扰[3]，也无法获得客观的价值标准；另一方面，经验研究追求的"内在性"即便能够摆脱浪漫民族主义的外在实践，却遗忘了民俗学真正的内在实践即自由民族主义的实践。[4] 更重要的是，康德对经验与先验以及理性的不同用法的根本划分对欧美人文科学与社会科学的基本格局与方法论有深远影响，而包括民俗学在内的中国诸多学科却大都未经充分的理性启蒙和自我批判，大多疏于基础理论建设，所以更多地陷入实践目

---

[1] 户晓辉：《民俗学为什么需要先验逻辑》，《民俗研究》2017年第3期。
[2] 吕微：《"内在的"和"外在的"民间文学》，《文学评论》2003年第3期；刘铁梁：《民俗文化的内价值与外价值》，《民俗研究》2011年第4期。
[3] 吕微：《民俗学：一门伟大的学科——从学术反思到实践科学的历史与逻辑研究》，中国社会科学出版社2015年版，第26页。
[4] 户晓辉：《重识民俗学的浪漫主义传统——答刘宗迪和王杰文两位教授》，《民族艺术》2016年第5期。

的论与经验认识论的二律背反①,要么用经验认识方法来实现实践理性目的,要么沉迷于经验认识范式,完全忽视先验实践范式。② 换言之,要么用"赛先生"代替"德先生",要么以"赛先生"的手段来实现"德先生"的目的,甚至长期忽略"和女士"(human rights,人权),根本不知道:"若没有和女士,德先生是请不来的","因为这个不该有的忽略,两位先生的烦恼一直得不到解决"。③ 这也是造成中国民俗学学科危机的根本原因。

正如《民俗复兴与公民社会相联结的可能性——古典理想与后现代思想的对话》④ 所指出,中国民俗学先驱最初为歌谣运动提出"学术的"和"文艺的"两个目的,本来已经为学科确定了两个不同的表象起点和逻辑起点:一个基于理性的认识用法,另一个基于理性的实践用法。但遗憾的是,民俗学只遵循前一种路径,因而陷入实践理想设定与现实经验认识之间的二律背反而难以自觉,更难以自拔。胡适、周作人、顾颉刚、郑振铎曾遭遇的正是这种困境。如果不对理性的认识用法与实践用法做细致区分和规定,当代学者照样会重蹈覆辙。尽管这种区分并不能彻底避免误用,但至少可以让我们明白:理性的误用是现代性的歧路,民俗学者也曾误入其中。尤其在中国,唯物主义对唯心主义的简单批判和长期排斥导致先验立场的根本匮乏,这种学术思想上的先天不足使我们对理性的误用一直缺乏清晰的理论反思和有效的预防措施。

理性的误用给民俗学造成的直接后果,首先是忽略先验语境,

---

① 吕微:《民俗学的哥白尼革命——高丙中民俗学实践"表述"的案例研究》,《民俗研究》2015年第1期。

② 吕微:《两种自由意志的实践民俗学——民俗学的知识谱系与概念间逻辑》,《民俗研究》2018年第6期。

③ 夏勇:《人权概念起源——权利的历史哲学》,社会科学文献出版社2007年版,第220、214页。

④ 吕微:《民俗复兴与公民社会相联结的可能性——古典理想与后现代思想的对话》,《民俗研究》2013年第3期。

其次是无视"民"的先验身份。

第三节 先验语境与"生活世界"概念的实践应用

21世纪以来,基础理论正是立足先验立场才秉持了民俗学的重要传统即批判精神和参与意识[1],并对"生活世界"概念加以实践应用。

"生活世界"概念在20世纪90年代进入基础理论时主要被用于经验认识,强调的是其非专家世界的世间含义和整合学科对象的认识功能。但在21世纪的最初10年里,这个概念被还原到胡塞尔哲学的超越论含义上来,由此在经验之外增加了超越实证经验的维度,使完整的"俗"与"民"以及前所未见的先验语境成为理论问题,使这个概念从经验认识领域转向先验实践领域,从而开启了实践民俗学的理论可能性。《民间文学-民俗学研究中的"性质世界"、"意义世界"与"生活世界"》对"性质世界""意义世界"与"生活世界"的先验划分[2],预示了一个前沿方向:将性质世界的民俗学转化为意义世界的民俗学或生活世界的民俗学[3],即从实证民俗学转向实践民俗学。《民俗与生活世界》对非现成的、非物质的、纯粹主观的"生活世界"与客观的"日常生活世界"的先验区分,则为日常生活研究[4]奠定了超越实证经验的基础,为论证民俗之"民"在

---

[1] 刘铁梁:《中国民俗学思想发展的道路》,《民俗研究》2008年第4期。
[2] 吕微:《民间文学-民俗学研究中的"性质世界"、"意义世界"与"生活世界"——重读〈歌谣〉周刊的"两个目的"》,《民间文化论坛》2006年第3期。
[3] 万建中:《民俗学的学术指向和前沿问题》,《神州民俗》(学术版)2011年第5期。
[4] 王杰文:《超越"日常生活的启蒙"——关于"经验文化研究"的理解与批评》,《文化遗产》2014年第6期;周星:《"生活革命"与中国民俗学的方向》,《民俗研究》2017年第1期;刘晓春:《探究日常生活的"民俗性"——后传承时代民俗学"日常生活"转向的一种路径》,《民俗研究》2019年第3期。

民俗实践过程中具有的自由与权利问题清理出理论地基。① 经过先验还原以及从认识领域转向实践领域,"生活世界"概念带来的不仅是学科对象在经验和先验双重意义上的完整性,更重要的是对每个民俗之"民"的自由意志能力的重新论证和实践认可。"生活世界"概念的实践运用为民俗学的先验奠基作用在于,对民俗的经验描述和事实呈现至少必须有一个前提:不能忽视和损害每个民俗之"民"在"生活世界"层面先验地具有的自由意志能力与文化权利。②

在引入先验语境之后,《从"民俗"到"语境中的民俗"——中国民俗学研究的范式转换》③所指出的从文本转向语境的功能和内涵,就不仅在于扩大经验认识范围,更在于推动学科研究范式从经验认识转向先验的和超验的实践研究,这是一场"民俗学的哥白尼革命"。④ 中国民俗学自身面临的"语境"问题是:在仍然没有经过现代理性充分启蒙之时就落入被简单化和片面化理解的后现代语境,因而使反理性启蒙的语境成为主流的叛逆潮流。这就造成对表演理论的两种理解倾向:一种是经验派的时空客观化,另一种是后现代派的主观建构化。但基础理论在批评这两种理解的基础上提出了第三种跳跃式理解,即从经验的认识跳到先验的实践,并且认为:如果从文本到语境的转向仅仅是回到经验语境,那就不仅远远不够,而且会误入歧途。因为这样一来,表演的责任就会完全落入经验,从而失去其本分和本然,进而导致表演理论的自相矛盾⑤,而且对表

---

① 户晓辉:《民俗与生活世界》,《文化遗产》2008年第1期。
② 吕微:《民间文学-民俗学研究中的"性质世界"、"意义世界"与"生活世界"——重读〈歌谣〉周刊的"两个目的"》,《民间文化论坛》2006年第3期。
③ 刘晓春:《从"民俗"到"语境中的民俗"——中国民俗学研究的范式转换》,《民俗研究》2009年第2期。
④ 吕微:《民俗学的哥白尼革命——高丙中民俗学实践"表述"的案例研究》,《民俗研究》2015年第1期。
⑤ 吕微:《"表演的责任"与民俗学的"实践研究"——鲍曼〈表演的否认〉的实践民俗学目的-方法论》,《民间文化论坛》2015年第1期。

演和语境的实证研究倾向"既遮蔽了表演行为或文本的形式意志,又忽视了表演者和观众的责任伦理"。① 从先验的实践立场来看,语境与文本是一体关系,它们共同构成体裁叙事的表演行为,由此使民俗学诸体裁的实践用法进入基础理论的问题视阈。② 当文本在实践意义上被看作具有构境能力的语言事件时,语境、书面与口头等问题就获得了先验的理解。③ 实践的先验语境既凸显体裁的形式意志④,又彰显体裁实践主体的自由意志,因而需要以先验的公共伦理条件为经验的语境条件设定实践目的,需要用伦理学取代认识论而成为民俗学的"第一哲学"。⑤

简言之,单纯在经验层面从文本转向语境是远远不够的,还需要在基础理论层面向先验语境飞跃,这个飞跃的理论必要性在于,在时空化的经验语境条件下,我们只能直观到自然个体,却难以在实践上把自然个体视为自由主体,这就很容易使"现在学"变成一种失去先验理想和理性目的的认识论范式,甚至沦为"没有以价值论为前提的伪当代学、准当下学"。⑥ 因此,基础理论主张首先从经验认识范式转向一般实践范式,然后用先验论实践范式来引导并规范一般实践范式,因为没有一般实践范式,民俗学是空的;而没有

---

① 户晓辉:《民间文学:转向文本实践的研究》,《中国社会科学》2014年第8期。
② 户晓辉:《民间文学的自由叙事》,社会科学文献出版社2014年版,第111—174页;吕微:《"过渡礼仪"理论概念与实践模型的描述与建构——对话张举文:民俗学经典理论概念的实践使用》,《民间文化论坛》2016年第1期。
③ 王杰文:《"语境主义者"重返"文本"》,《青海社会科学》2013年第3期;胥志强:《语境方法的解释学向度》,《民俗研究》2015年第5期;惠嘉:《民俗学"框架式"语境观的双重向度》,《民俗研究》2018年第5期;惠嘉:《文本:具有构境能力的语言事件》,《民族文学研究》2018年第6期。
④ [瑞士]麦克斯·吕蒂:《欧洲民间童话:形式与本质》,户晓辉译,河北教育出版社2018年版。
⑤ 户晓辉:《日常生活的苦难与希望:实践民俗学田野笔记》,中国社会科学出版社2017年版,第368页。
⑥ 吕微:《民俗学的哥白尼革命——高丙中民俗学实践"表述"的案例研究》,《民俗研究》2015年第1期。

先验论实践范式，民俗学将是盲的。① 确切地说，基础理论仍然为一般实践范式的研究保留了正当位置，只不过强调两点：一、一般实践范式不再是实证经验范式；二、在处理先验与经验的先后顺序关系时，强调一般实践经验只有经过先验论实践范式的奠基、检验和论证才能获得正当性。例如，《反对社区主义》指出，如果没有经过先验论证和普遍标准的检验，像"社区"和"社区主义"之类的经验概念就很容易被误用为具有普遍价值的实践概念。②

总之，基础理论转向实践范式实际上也是为了将民俗学的表象起点重新建立在民俗之"民"先验地具有的自由意志能力之上。因此，从文本到语境再到先验语境并非马林诺夫斯基式的单纯从文本（文化）到语境（生活）的古典经验论转向③，而是促成学科从经验认识范式到先验实践范式的根本转换，这才是现代民俗学自我救赎的可行路径。④

正因为有了先验立场，基础理论才能一方面把"生活世界"用作日常生活研究⑤和表演研究的先验语境，另一方面又把先验理想的公民社会用作学科实践的先验语境，并在二者之间建立彼此呼应的理论关系，因为它们的实践目的都是为了在民间看见公民⑥，也是为了让私民变成公民。

---

① 吕微：《走向实践民俗学的纯正形式研究》，《民间文化论坛》2014 年第 3 期，表述内容有较大改动。

② 吕微：《反对社区主义——也从语词层面理解非物质文化遗产》，《西北民族研究》2018 年第 2 期。

③ 吕微：《民俗复兴与公民社会相联结的可能性——古典理想与后现代思想的对话》，《民俗研究》2013 年第 3 期。

④ 李向振：《"通过民俗"：从生活文化到行动意义的摆渡——兼论当代民俗学研究的日常生活转向》，《云南师范大学学报》（哲学社会科学版）2018 年第 1 期。

⑤ 周福岩：《日常生活的民俗形式》，《沈阳师范学院学报》（社会科学版）2001 年第 1 期。

⑥ 韩成艳：《在"民间"看见"公民"——非物质文化遗产保护语境下的实践民俗学进路》，《民俗研究》2013 年第 4 期。

第四节　从私民变成公民的目的条件

为此，21世纪的十余年来，基础理论不再满足于仅仅"将民俗学从技能发展为科学"，而是"返回到这个学科的前工具化时代（pre-instrumentalization），研究最初激起对民俗研究兴趣的思想和观念"①，也就是返回学科潜在的实践理性起点②而重新出发。基础理论不仅在研究的领域、对象和取向方面为学科做外在辩护，更要从学科知识的概念设定和理论建设角度为民俗之"民"的存在价值和意义辩护，同时也是为民俗学做内在辩护。这种内在辩护首先需要通过概念设定和学科理论还原完整的生活世界及其先验语境，最终让民俗之"民"能够作为完整的自由人在日常生活中开展各自的民俗实践。这样一来，中国民俗学就需要以理性的实践应用方式重新面对学科早该面对却一再延误的实践问题。实践的理性目的先于经验，因而原本就是先验的和超验的，可惜民俗学的经验范式长期无视甚至不愿承认这个简单事实，而是仅仅在经验内容上把"民"与"俗"看作完全被外在因素规定的因果现象，无力看到并还原出生活中整全的人和完整的俗。③ 这种老式的民俗研究不仅只知道复数，很少知道单数④，而且长期遮蔽民俗之"民"作为人所不可或缺的先验价值和超验身份。

---

① ［美］丹·本-阿默思：《民俗研究的历史：我们为什么需要它？》，贾琛译，《民间文化论坛》2018年第3期。

② 户晓辉：《返回民俗学的实践理性起点》，吴效群编《民俗学：学科属性与学术范式》，河南大学出版社2015年版，第65—86页。

③ 吕微：《民俗学的笛卡尔沉思——高丙中〈民俗文化与民俗生活〉申论》，《民俗研究》2010年第1期。

④ ［德］沃尔夫冈·卡舒巴：《民俗学在今天应该意味着什么？——欧洲经验与视角》，彭牧译，《民俗研究》2011年第2期。

基础理论发现，只有站在先验的和超验的实践理性立场，才能重新发现并论证民俗之"民"应是拥有自由和尊严的个体，应是国家的公民。《赫尔德与"（人）民"概念再认识》①表明，看出并尊重"民"的共同身份——"人"，不是靠经验认识，而是靠先验设定和理性信仰。在赫尔德那里，"民"不仅具有在上帝面前平等的共同身份即"人"，而且要平等相待和互助互爱。但在缺乏上帝信仰的情况下，在实践上就需要先验设定和理性信仰。正如《两种自由意志的实践民俗学》所指出，这种先验设定和理性信仰的逻辑根据，既无法从特定的语言、文化中生长出来，也不可能从经验认识中生发出来，只能从民俗之"民"的先验自由的实践意志中自我规定地产生出来。也就是说，人类普遍存在着道德法则这个理性事实表明，每个民俗之"民"都先验地具有独立于实用的实践规则（自然因果性实践规则）而仅仅根据道德实践法则（理性目的与理性手段相统一的自由实践法则）去幸福生活的自由意志能力，正是这种能力才是每个民俗之"民"都应享有自由、尊严和文化权利的先验依据，当然也是学科实践应该共同遵循的形式法则的内在依据。因此，民俗学基础理论同样需要还原到每个民俗之"民"自己为自己普遍立法的自由意志能力，这并非学科知识谱系的外在需求，而是学术理性的内在要求。只不过由于欧美国家已经确立了以人的自由权利为基础的制度框架，所以它们的民俗学面临的主要是人的任意选择的自由权利问题，而中国民俗学仍然有待解决的首先是人的普遍立法的自由权利问题。正因为国情和现实条件不同，欧美民俗学不再关注的问题才是中国民俗学首先应该关注的问题。只有立足人的理性本性的整体或人的存在的最高原则和终极原理（公理）才能以逻辑的方式洞见到，中国民俗学已经有了基于自然因果性的经验研究和基于一般实践理性的"经验"研究，却仍然缺少出于理性目的论的

---

① 户晓辉：《赫尔德与"（人）民"概念再认识》，朝戈金主编《中国民俗学》（第1辑），广西师范大学出版社2012年版，第254—302页。

先验研究和学科实践。① 与每个民俗之"民"普遍立法的自由权利相关联的并非他或她的认识能力（科学知识），而是其普遍拥有的日常理性和实践能力（自由意志），这就为民俗学的理性目的论——以学科实践维护每个民俗之"民"的自由意志能力和文化权利——奠定了先验基础，同时也为中国民俗学指出了维护每个民俗之"民"的自由意志能力和文化权利的发展方向②，至少，在全球化语境下对叙述权利的探究，正是今后民俗学研究的课题。③

于是，基础理论论证出，"公民性原本出于人的自由天性，因而公民精神可以从民间生活的传统习俗中生发出来"④，而且"民间对道德，对美的认识并非是个人的，而是普世性的"。⑤ 进而言之，民俗之"民"的自由意志能力是一种先验的纯粹意志形式，它既能促使传统民俗学的经验认识范式转向交互主体的实践范式，又能为这种实践范式奠定内在的形式基础。⑥ 这就不仅从先验层面打开了"现在学"的时空维度，而且把过去、现在与未来的完整时间意识建立起来⑦，更能够把"现在学"的形式基础奠定在民俗之"民"在当下先验地具有的自由意志能力之上。《日常生活的苦难与希望》正是据此把"未来"概念从单纯用于经验认识的时间概念发展为用于实践的理性概念，指的是应该到来的可能理想或理性的目的与

---

① 吕微：《两种自由意志的实践民俗学——民俗学的知识谱系与概念间逻辑》，《民俗研究》2018 年第 6 期。

② 莫愁：《中国当代民俗学的学术取向和研究路径》，《湖北民族学院学报》（哲学社会科学版）2018 年第 2 期。

③ ［日］岛村恭则：《"民俗学"是什么》，梁青译，《文化遗产》2017 年第 1 期。

④ 吕微：《民俗学的哥白尼革命——高丙中民俗学实践"表述"的案例研究》，《民俗研究》2015 年第 1 期。

⑤ 王小明：《民俗学传统研究范式反思与转换——90 年代初到 21 世纪的民俗学理论》，《齐鲁艺苑》2014 年第 1 期。

⑥ 吕微：《从"我们和他们"到"我与你"》，《民间文化论坛》2004 年第 4 期。

⑦ 高丙中：《日常生活的未来民俗学论纲》，《民俗研究》2017 年第 1 期。

希望①,这就为作为"现在学"的民俗学提供了可靠的学科基础,也为学科实践提供了客观的形式判定标准。

只有超越对民俗之"民"的经验认识差异,才能看到并尊重他或她在自由意志能力上的先验平等;只有把这种先验平等作为实践的目的条件,即至少让各种一般实践符合这种目的条件,才能把先验平等实现为现实的经验平等。这当然不是为了经验认识,而是为了先验实践:即先在内容上超越每个民俗之"民"在经验现实中的不平等,仅在形式上设定并相信每个民俗之"民"都先验平等地具有自由意志能力,然后以尊重并保护这种先验能力的实践法则为目的条件来进行学科实践。尽管民俗之"民"在现实经验上可能遗忘和误用自己的这种先验能力,因而表现出实际应用能力上的差异,但只有超越这些经验差异才能平等地维护这种能力并且在这种前提之下确认、确立客观的实践标准。因而,实践民俗学的"实践"不是指一般的实践,而是指以尊重并维护每个民俗之"民"的自由意志能力为目的条件的实践,因为一般实践遵循的自然因果性实践规则只能给出低阶行为规范,即用于技术实践的技术规则,只有自由意志能够独立于一切外在技术规则而以不自相矛盾的方式自己给自己立法,也就是给出高阶行为规范即善与恶、正当与非正当的价值行为规范。②自由意志可能选择善的行为规范即实践法则,也可能选择恶的行为规范,但当它选择恶的行为规范时就会陷入自相矛盾,并产生危害社会和他人的后果。所以,实践民俗学的"实践"规范也可以包括以高阶行为规范为目的和底线的低阶行为规范,或者至少低阶行为规范不违背高阶行为规范,也就是至少在形式上不违背以尊重并保护每个民俗之"民"的先验自由意志能力为形式目的论

---

① 户晓辉:《日常生活的苦难与希望:实践民俗学田野笔记》,中国社会科学出版社2017年版,第335—336页。

② 黄裕生:《论意志与法则——卢梭与康德在道德领域的突破》,《哲学研究》2018年第8期。

的实践法则。

基础理论试图论证的正是这样一个形式目的论原则,即首先在实践理性上相信并设定在经验上角色各异、能力不同的民俗之"民"是先验地具有自由意志能力的"人",然后为民俗之"民"成为"人"创造各种实践的目的条件。以这样的形式目的论为实践法则,是每个民俗之"民"做"人"的权利得到相互承认和平等保障的必要条件(虽然并非充分条件)。"人"并非民俗之"民"可有可无的装饰和点缀,而是不可或缺的实践目的条件。换言之,只有在首先把每个民俗之"民"视为真正的"人"并且保障其自由地行使自己的意志能力的前提下,传统民俗学对民俗之"民"的各种特殊性、地方性和个别性的事实呈现与经验描绘才具有实践意义和现代价值。每个民俗之"民"的自由意志能力是他或她应该享有平等人权的先验基础和内在依据,正因如此,中国民俗学才需要以尊重并维护每个民俗之"民"的自由意志能力和文化权利为形式目的论来推进学科实践,实现从民俗之"民"到"人"的现代转变。在古汉语中,"人"和"民"是两个不同的词。人是直立或跪坐的人形,专用于贵族,而"民"在甲骨文和金文中都表示眼睛被刺入利器的奴隶,后来引申为指被统治的人。因此,《从民到公民:中国民俗学研究"对象"的结构转换》表明,传统意义上的民俗之"民"转变为"人"意味着从精神意义上的奴隶变成自由平等意义上的人,而促成这种根本转变则是中国民俗学的潜在使命和隐秘渴望。[①]

进而言之,即便民俗之"民"在经验事实层面常常是拥有特殊意志的"私民",但从先验实践层面来看,他或她都有能力把特殊意志与普遍意志结合为自己的个人意志,也就是有能力成为真正意义上的"人",同样有能力成为主动以普遍意志来规范并约束个人意志的积极公民。也就是说,尽管人权是一种道德权利而不一定是法律

[①] 户晓辉:《从民到公民:中国民俗学研究"对象"的结构转换》,《民俗研究》2013年第1期。

权利，但只有每个民俗之"民"的人权得到尊重和保障，他或她才能成为"人"，而人权往往在法治状态下才能得到积极有效的保护，因而公民权是人权的法治化和现实化。正是在这个意义上，实践民俗学要为从民俗之"民"到"人"以及从私民到公民的转变创造条件，因为私民需要通过成为公民而变成人，"我们都只不过是在成为公民之后，才真正开始变成人"。① 对中国的民俗之"民"而言，这意味着从差序格局的自我主义向团体格局的个人主义、从私德到公德的质变②，这种质变在形式上至少需要两个目的条件：从外在方面确立公民身份和平等权利的制度认可与程序保障，培养公民之间彼此相互承认的法权意识和对自由人格的超验信仰；从内在方面确立德福相配的道德意识和权利与义务对等配享的公民意识。换言之，自由的内在实现与外在实现都有配享条件：自由的内在实现要求幸福的享有程度与道德水平成正比，自由的外在实现要求不断地觉识自由，敢于并善于公开使用自己的自由意志能力，也就是成为配享自由的积极公民。这是习惯于被动、依赖和懒惰的私民成为公民的目的条件。尽管私民常常是认识的自然语境，但公民却应该是实践的先验语境。"公民"概念不是为了认识，而是为了实践，而且只有从先验语境出发才能把这个概念用于实践，才能"在普遍性的思维里面看差异"，并且"在一个不平等的社会里建立一个平等的话语"。③ 只有首先用先验语境看经验语境并且让先验语境成为经验语境的实践目的，而且只有把这个先验语境提到实践条件的空前高度④，才能发现在"日常生活中的凡人琐事所体现的公民价值"⑤，

---

① ［法］卢梭：《社会契约论》，何兆武译，商务印书馆2003年版，第192页。
② 费孝通：《乡土中国》，生活·读书·新知三联书店1985年版，第21—35页。
③ 高丙中等：《民间、人民、公民：民俗学与现代中国的关键范畴》，《西北民族研究》2015年第2期。
④ 吕微：《两种自由意志的实践民俗学——民俗学的知识谱系与概念间逻辑》，《民俗研究》2018年第6期。
⑤ 高丙中：《"公民社会"概念与中国现实》，《思想战线》2012年第1期。

才能为从私民到公民的实践蜕变和现实转化创造条件。在社会层面，民俗之"民"需要经过一番公民化的精神洗礼、制度认可和程序保障才能真正获得他或她在公民社会中的正当性与合法性。正如《中国民俗学的新时代：开创公民日常生活的文化科学》所指出，只有促成从旧范式下的文化遗民到新范式下的文化公民的转变，中国民俗学才能成为一门现代学问[1]，才能真正成为"现在学"。只有自觉地以学科实践重新参与民俗之"民"的元身份即文化公民的价值设计，而不是仅仅对"民"的实践行为进行现象描述和经验认识，中国民俗学才有资格作为现代学科进入主流学术的公共平台。[2]

如果说中国传统的民本和民权思想有三个致命弱点：一是弱于从消极权利的意义上对民权做必要的界定，二是仅仅把民权的主体理解为集体的民众，弱于从普通个人的角度来主张和论证民权，三是弱于规范化、程序化的制度安排[3]，那么，民俗学基础理论对每个民俗之"民"是具有自由意志能力的人的理论论证，则是对这些缺陷的根本克服。从先验的实践立场而非经验的认识立场来看，只有先信仰每个民俗之"民"都具有按照自己给自己确立的实践法则的表象来行事的自由意志能力，才能把维护这种先验能力和平等权利作为各种实践的首要目的和底线伦理[4]，才能"把以民为本的民本论转变为民之所本的民本论，把他本的民本论转变为自本的民本论，把以民为手段的民本论转变为以民为目的的民本论"。[5] 这意味着，基础理论不再用经验方法从社会事实中抽象出共同体必然的实践理

---

[1] 高丙中：《中国民俗学的新时代：开创公民日常生活的文化科学》，《民俗研究》2015年第1期。
[2] 吕微：《民俗学的哥白尼革命——高丙中民俗学实践"表述"的案例研究》，《民俗研究》2015年第1期。
[3] 夏勇：《中国民权哲学》，生活·读书·新知三联书店2004年版，第40—41页。
[4] 户晓辉：《人是目的：实践民俗学的伦理原则》，《民族文学研究》2017年第3期。
[5] 夏勇：《中国民权哲学》，生活·读书·新知三联书店2004年版，第2页。

想，而是把这种实践理想建立在民俗之"民"自由意志能力的先验基础之上。具体而言，即从自由意志的公意中推论出民俗之"民"必然拥有先验的人文理想和实践能力，尽管这种先验的人文理想在经验层面不一定被每个民俗之"民"随时随地拥有，但它是能够被普遍化的理性实践目的和能够用来甄别"各种不同程度的实践的"①客观形式标准。换言之，作为客观形式标准的实践理性目的是衡量和评判各种一般实践准则的客观尺度。这就意味着，既然每个民俗之"民"都先验地具有自由意志能力并且能够具有为自己的民俗实践立法的文化权利，那么，由此可以推论出，"唯独民俗实践的单独'立法'的意志形式才是我们为民俗作自由辩护的最充分的理由"。②正因如此，普遍的公民价值和人权标准才有内在理由和充分根据来充当客观的形式化尺度，来检验从私民到公民以及从民俗到公共文化是否合乎实践法则，"除了文化实践的（善、恶）内容需要接受合法则性的普遍化检验，民俗的实践形式同样需要接受普遍化检验"。③ 这种形式化尺度也是现代社会各种移风易俗实践的客观价值标准，它完全不同于"个人或群体随意的主观宣称和意识形态宣传的噱头"。④ 这样的论证之所以重要，不仅因为理论建设就是通过观念的生产参与到社会实践之中⑤，而且因为实践总是观念与信仰先行，正如《民俗学的学科定位与学术对象》所指出，"理论上的可以是，先要转化为社会需求上的应该是，最后才转化为实际操作上

---

① 福田亚细男的观点，参见［日］福田亚细男、菅丰、塚原伸治《民俗学的实践问题》，彭伟文译，《民间文化论坛》2018年第3期。
② 吕微：《民俗复兴与公民社会相联结的可能性——古典理想与后现代思想的对话》，《民俗研究》2013年第3期。
③ 同上。
④ 户晓辉：《从民到公民：中国民俗学研究"对象"的结构转换》，《民俗研究》2013年第1期。
⑤ 吕微：《反思民间文学、民俗学的学术伦理》，《民间文化论坛》2004年第5期。

的如何是"。① 由此，基础理论进一步从内容目的的一般实践研究转向形式目的的理性实践研究②即实践民俗学，由此论证民俗之"民"在日常生活中先验地拥有自由意志能力和文化权利，从而切实履行关怀民俗之"民"的文化权利和从日常生活理解中国社会的承诺③，让中国民俗学通过关注全局性的社会文化问题而成为一门有益于社会的学问。④ 在这方面，实践民俗学与日本民俗学者室井康成理解的柳田国男民俗学有不谋而合之处："柳田的学问，是企图培养公民、良好选民的政治学。"⑤ 只不过与政治学不同的是，实践民俗学首先要通过观念生产和自我启蒙来完成中国民俗学从认识范式到实践范式的根本转型，通过学科实践来促成从民俗之"民"到人、从私民到公民的实践转变，因为提供思想和观念的表述本身就是学科实践，而且在今天还是一种最彻底的实践形式。⑥

第五节　实践民俗学：学科的先验奠基与日常生活启蒙

近年来，《民俗学：一门伟大的学科》依据康德对人类理性整体

---

① 高丙中：《民俗学的学科定位与学术对象》，《温州大学学报》（社会科学版）2011年第6期。
② 吕微：《民俗学的哥白尼革命——高丙中民俗学实践"表述"的案例研究》，《民俗研究》2015年第1期。
③ 高丙中：《中国民俗学三十年的发展历程》，《民俗研究》2008年第3期。
④ 陈连山：《中国民俗学未来发展的三个基本问题》，《民间文化论坛》2004年第6期。
⑤ ［日］福田亚细男、菅丰、塚原伸治：《民俗学的实践问题》，彭伟文译，《民间文化论坛》2018年第3期。
⑥ 德国哲学家和物理学家卡尔·冯·魏兹泽克（C. F. von Weizsäcker）认为，理论在今天是最彻底的实践形式（die radikalste Form der Praxis），参见 Hilmar Lorenz, *Kantskopernikanische Wende vom Wissenzum Glauben: Systematischer Kommentarzu Vorrede B der Kritik der reinen Vernunft*, Lit Verlag Dr. W. Hopf Berlin, 2011, S. 32。

的先验划分推论出民俗学必然的学科范式格局：我们能够认识的只是人的自然存在（现象界），而不是人的自由存在（本体界）。后者只能是实践理性的意志对象。正因如此，单纯经验认识的学科范式不仅没有为人的自由存在预留位置，甚至会以理性误用的方式遮蔽、侵害人的自由存在，由此造成先验的目的论与经验的方法论相互分裂的民俗学，无法成就以理性目的与理性手段的逻辑统一性为基础的实践民俗学。①

因此，基础理论才需要从实践民俗学立场还原到民俗之"民"的自由意志能力，并把维护这种自由意志能力作为学科实践的形式目的论。② 换言之，实践民俗学的实践范式追求目的论与方法论的统一性，通过还原民俗实践的目的条件，推论出民俗之"民"的先验目的，以此作为学科实践的形式法则。③ 这样一来，实践民俗学就把学科实践的共同基础建立在学者与民俗之"民"先验地具有的自由意志能力之上，由此展现了将自由关切的目的与自律对话的方法统一起来的必然可能性。④

从方法论上说，认识与实践的表象起点根本不同：认识的表象起点是经验事实，而实践的表象起点是自由意志即按照法则的表象来行动的能力。认识的对象是遵循自然因果律的现象界，实践的对象则是遵循自由目的论的本体界。从认识范式转向实践范式意味着从描述和呈现现象界的经验事实转向从每个民俗之"民"在本体界的自由意志能力和理性目的出发，这在整个国际民俗学界都是一个

---

① 吕微：《民俗学：一门伟大的学科——从学术反思到实践科学的历史与逻辑研究》，中国社会科学出版社2015年版，第541页。

② 吕微：《民俗复兴与公民社会相联结的可能性——古典理想与后现代思想的对话》，《民俗研究》2013年第3期。

③ 吕微：《民俗学的哥白尼革命——高丙中民俗学实践"表述"的案例研究》，《民俗研究》2015年第1期。

④ 吕微：《民俗学：一门伟大的学科——从学术反思到实践科学的历史与逻辑研究》，中国社会科学出版社2015年版，第41页。

重大转折，由此带来的是民俗学理论前所未有的大事，即把维护每个民俗之"民"的自由意志能力和文化权利当作学科实践的形式目的论。借用康德的理想型划分来说，以理性的认识用法为基础的传统民俗学从经验现象出发，归纳地描述实践现象的自然因果性，以理性的实践用法为基础的实践民俗学则从先验原则出发，在逻辑上演绎地建构实践现象的理性条件的自由因果性或目的与手段的理性关联。① 相应地，实践民俗学不是为了说明感性事实的经验条件，而是为了实践并实现理性事实的先天条件。② 换言之，认识范式从自然出发，关注的是现象界的自然因果关联，实践范式则从自由出发，涉及的是本体界的自由关联，也就是目的与手段的理性关联。人的实践不仅以目的预设为根本特征，而且以理性目的与理性手段的统一性为本质属性。因此，从认识范式转向实践范式的重新定位意味着一种全新的民俗学③，即实践民俗学。民俗学的基本问题就是要克服内在范式的自我冲突，把自身建设成为用先验的意志（决定根据）形式统领经验的意志对象（内容）的实践科学，即实践民俗学。④ 这正如《民或俗？二分法的代价》所指出，以道德的方式研究民俗不同于以理智的方式研究民俗，以道德的方式并不单指对待合作者要遵守道德准则，而是首先追求社会公正和意志自由能力的实现，其次才是追求知识；⑤ 同样，《从"科学的民俗研究"到"实践的民俗学"》也表明，中国民俗学已经从科学主义的实在论范式转向实践

---

① 吕微：《"过渡礼仪"理论概念与实践模型的描述与建构——对话张举文：民俗学经典理论概念的实践使用》，《民间文化论坛》2016年第1期。

② 吕微：《民俗复兴与公民社会相联结的可能性——古典理想与后现代思想的对话》，《民俗研究》2013年第3期。

③ 高丙中：《日常生活的未来民俗学论纲》，《民俗研究》2017年第1期。

④ 吕微：《民俗学：一门伟大的学科——从学术反思到实践科学的历史与逻辑研究》，中国社会科学出版社2015年版，第581页。

⑤ [美]爱略特·奥林：《民或俗？二分法的代价》，张茜译，《温州大学学报》（社会科学版）2013年第3期。

主义的价值论范式，更多地关注民俗内涵中的人性要素。① 正因如此，基础理论不再满足于单纯的经验归纳和偶然的经验知识，而是从自由立场出发，用逻辑演绎的方式思考并寻求具有必然性的实践知识，积极推行以实践法则为目的的学科实践。更重要的是，这种逻辑演绎以人的自由与理性的整体理念为出发点，所以它注定了实践民俗学在理论上的必然可能性和在现实上的必然可行性。

如今，基础理论不仅已经初步建立了民俗学的"理论框架"②——以实践理性意义上的目的与手段相统一的实践民俗学为本体论，以维护每个民俗之"民"的自由意志能力和文化权利为目的论——而且超越以往学者以实然和偶然的道德性为民间信仰所做的经验辩护，立足日常生活整体的道德神圣性为民间信仰的必然正当性做出主观必然性的先验辩护。③ 实践民俗学试图以迥异于传统民俗学的关键概念、知识谱系、话语方式、问题意识④来让传统民俗学脱胎换骨、浴火重生，并由此承担起从人的理性整体出发来推导学科范式这一"世界各国民俗学者为重建学科理想而应当承担的共同责任"。⑤ 正是在这个意义上，我们有理由赞同这样的断言："没有其他哪个学科更关注于或者更应该关注于发现成为人意味着什么。正是这种发现我们共同人性的基础和我们人类生存律令的企图把民俗学研究置于人文科学研究的核心。"⑥ 只有当学科的未来与民俗之

---

① 尹虎彬：《从"科学的民俗研究"到"实践的民俗学"》，《中央民族大学学报》（哲学社会科学版）2017 年第 3 期。

② 陈卫东：《当前民俗学研究中的几个理论问题》，《民俗研究》1993 年第 1 期。

③ 吕微：《"日常生活—民间信仰"自觉的相互启蒙者——对"罗兴振—陈泳超公案"的康德式道德图型论思考》，《民族文学研究》2019 年第 1 期。

④ 王杰文：《"实践民俗学"的"实践论"批评》，《民俗研究》2018 年第 3 期。

⑤ 吕微：《两种自由意志的实践民俗学——民俗学的知识谱系与概念间逻辑》，《民俗研究》2018 年第 6 期。

⑥ William A. Wilson, "The Deeper Necessity: Folklore and the Humanities," in Journal of American Folklore, Vol. 101, No. 400, 1988, pp. 157 – 158.

"民"的未来成为同一个未来时,中国民俗学才算走上一条康庄大道[1],才能推动学者与民俗之"民"的自我启蒙和相互启蒙,才能真正成为以实践民俗学为本体论、以维护每个民俗之"民"的自由意志能力和文化权利为目的论的"现在学"。

---

[1] 高丙中:《日常生活的未来民俗学论纲》,《民俗研究》2017年第1期。

第十二章

岁时节日研究

董德英　萧　放

纵观民俗学科建设 70 周年，岁时节日资料和研究论著层出不穷，不同时期的岁时节日研究各有特色，又有许多共通之处。同时每一时期的岁时节日研究又与各时期国家政策层面的重视程度相关，如节假对岁时节日及节日生活的时间保障，岁时民俗与节日文化是否纳入国家传统文化重视与宣传范围，是否属于国家级、省级等非物质文化遗产名目等。

第一节　岁时节日文献志与岁时节日文化史研究

岁时民俗文献载录岁时节日民俗生活，包括节日活动、节物节俗、节日信仰、节日商业、节日表演等多方面内容，是社会生活的微观缩影，亦是日常生活在岁时节日特殊时间段的集中呈现，表现出一种日常与非日常的差异与融合。岁时节日是与天时、物候的周期性转换相适应，在人们的社会活动中约定俗成的、具有某种风俗

第十二章　岁时节日研究　243

活动内容的特定时日。① 岁时节日是社会生活的重要组成部分，岁时节日史的研究是社会生活史与民俗史研究的重要内容，现在岁时节日生活风貌也是各民族各地区民众社会生活风貌的体现，融入节日经济、节日旅游、宗教信仰、人际关系、民间技艺等各方面的内涵。尽管岁时节日的文化意义和社会意义在传统与现代之间有着明显的差异，如"古人用古代文化观去看待周围的民俗，今人用现代文化观和民俗学的眼光去看待古代民俗文献"②，但都重视人与自然物候的认识、调适与适应，重视岁时节日在生产和生活之间的调节作用，重视岁时节日的文化功能、经济功能、教育功能及社会组织等功能。

岁时节日文献志与岁时节日文化史研究，主要包括岁时文献整理与研究、岁时节日文化史研究几个方面。岁时民俗文献整理主要包括两个方面：一是关于亡佚之书的文本整理，包括作者、版本、成书时间、内容的辑佚等，如宗懔《荆楚岁时记》③、吕希哲《岁时杂记》④ 等。对这些文献的辑佚和整理是民俗文献研究的重要方面。二是对于现存文献的整理，如周密《乾淳岁时记》、顾禄《清嘉录》⑤ 等文献整理。岁时民俗文献研究主要包括：一是专书岁时民俗文献研究，二是通史与断代岁时民俗文献研究，三是历史民俗文献

---

　① 钟敬文主编：《民俗学概论》，上海文艺出版社 1998 年版，第 131 页。
　② 钟敬文：《中国民俗史·总序》，钟敬文主编《中国民俗史》，人民出版社 2008 年版。
　③ 如宗懔撰，[日] 守屋美都雄校注：《荆楚岁时记》，平凡社 1978 年版；谭麟：《荆楚岁时记》，湖北人民出版社 1985 年版；姜彦稚辑校：《荆楚岁时记》，岳麓书社 1986 年版；宋金龙校注：《荆楚岁时记》，山西人民出版社 1987 年版；王毓荣：《荆楚岁时记校注》，台北文津出版社 1988 年版。
　④ 学者多认为其已散佚，2011 年拍卖版本似为宋坊间刻本，因未见，故不得知。有周必大《题吕侍讲希哲〈岁时杂记〉后》、陆游《跋吕侍讲〈岁时杂记〉》、朱熹《跋吕氏〈岁时杂记〉》、周密《武林旧事》、四库全书总目等均有序跋题记。
　⑤ 薛正兴：《〈清嘉录〉校点琐议》，《苏州大学学报》（哲学社会科学版）1987 年第 1 期；[日] 稻畑耕一郎：《〈清嘉录〉著述年代考——兼论著者顾禄生年》，《新世纪图书馆》2006 年第 1 期等。

中的岁时民俗研究，四是地方志或其他文献中的岁时民俗研究。钟敬文对岁时民俗文献有较多关注，曾对《杭俗遗风》[①]《帝京岁时纪胜》[②]《东国岁时记》[③] 等进行学术评介。萧放的《〈荆楚岁时记〉研究——兼论传统中国民众生活中的时间观念》[④] 从时间观念变迁角度，考察了《荆楚岁时记》所反映的民众时间观念与时间生活，分析其作为最早的岁时民俗志在中国民俗学史、中国民俗史上的独特贡献。

概括来说，岁时民俗文献主要包括：一类是专记岁时民俗的文献，如《礼记·月令》《淮南子·时则训》《四民月令》《荆楚岁时记》《岁时广记》等"岁时"著作；另一类是历史民俗文献中记录岁时节日内容较多的那一部分文献，有较高的民俗学（包括岁时民俗）价值，如《东京梦华录》《梦粱录》《帝京景物略》等虽不是专门的岁时著作，但其中岁时部分占有较多篇幅；三类是地方志中的岁时节日载述，诗词、曲赋、杂剧、话本、笔记、碑刻等所包含的岁时民俗资料。民俗学视野下的岁时民俗文献研究主要侧重于前两类和第三类中的地方志岁时节日研究。其他资料类别则多由古典文学、文献学、戏曲学等其他专业涉及，从一个侧面反映了岁时民俗资料的丰富及其蕴含的重要民俗学价值。

岁时节日文化史和生活史研究，除了利用文字记载的文献资料外，还需要借助图画、雕塑及其他文物考古资料来进行岁时节日研

[①] 钟敬文：《介绍一部 60 多年前的风俗书——〈杭俗遗风〉》，《民俗》1928 年第 4 期；见《钟敬文文集·民俗学卷》，安徽教育出版社 2002 年版，第 539—542 页。

[②] 钟敬文：《〈帝京岁时纪胜〉中的禁忌》，《艺风》1935 年第 3 期；见《钟敬文生平及主要著作年表》，《钟敬文民俗学论集》，上海文艺出版社 1998 年版，第 347 页。

[③] 钟敬文：《东国岁时记》，《艺风》1935 年第 8 期；见《钟敬文文集·民俗学卷》，安徽教育出版社 2002 年版，第 543—550 页。

[④] 萧放：《〈荆楚岁时记〉研究——兼论传统中国民众生活中的时间观念》，北京师范大学出版社 2000 年版；萧放：《岁时记与岁时观念——以〈荆楚岁时记〉为中心的研究》，华中师范大学出版社 2019 年版。

究，如张择端《清明上河图》《金明池夺标图》。

第二节　岁时节日研究的分期及特点

岁时节日研究基本上可以1978年为界，分为两个历史阶段，一是1978年之前30年；二是1978年之后40年，中国民俗学科建设与民俗学研究突飞猛进的历史时期。

一　1978年之前的岁时节日研究

这一时期一些报纸和杂志上发表了一些节日文章，侧重对节日民间资料的搜集及少数民族节日的介绍，如《旅行杂志》发表川流的《新北京的新春节》（1950年3月）；《民族团结》发表了一些少数民族节日的介绍文章，如李鹏《八月十五在侗家》（1957年试刊号）、林耀华《凉山彝族的年节》（1957年第3期）、《藏族、傣族、苗族人民是怎样过年的》、黄宝瑶《佧佤族风俗片断》（1958年第2期）、程十发《泼水节日忆旧》（1958年第4期）、《苗族节日"四月八"》（1958年第5期）等。《民间文学》发表吴子信《灶王爷的来历》（1957年第12期），《新观察》发表金受申《节日的烟火》（1958年2月16日），《光明日报》发表吴小如《小谈祭灶》（1962年2月1日）等。

这一时期岁时节日研究侧重考证，如于省吾《岁、时起源初考》（《历史研究》1961年第4期）、何联奎《中国之节序礼俗》（台北《故宫季刊》1972年第7期）、劳干《上巳考》（《民族学研究所集刊》1970）、闻一多《端午考》[①]、黄石《端午礼俗史》（台湾鼎文书局1979版）等。古代岁时民俗文献的整理有清潘荣陛《帝京岁时纪胜》、清富察敦崇《燕京岁时记》（北京出版社1962年版）。通俗

---

① 闻一多：《神话与诗》，古籍出版社1956年版。

节俗研究有唐青《人民的纪念节日》（上海编译社1951年版）、骆承烈《节日民俗故事》（山东人民出版社1959年版）、中华书局上海编辑所编辑《节令风俗故事》（上海中华书局1963年版）。

这一时期没有专门的民俗学组织、刊物，但仍有一些研究者在坚持开展民俗学活动，如杨成志。这一时期主要以民间节日资料搜集为主，进行少数民族节日风俗调查，注重提倡劳动节日和革命节日等。

二 1978年之后的岁时节日研究

党的十一届三中全会后，全国各族人民开启了国家和社会建设的新局面，中国民俗学发展也进入了一个新时期。1983年中国民俗学会成立，钟敬文致开幕词时说："我国是一个领土广阔、历史悠久、人民和民族众多的国家，民俗事象极为丰富多彩。现在它又处在社会大变动的历史时期，民俗正在急剧地发生变化。这正是对它进行搜集、研究大好时机，而这种工作也是客观现实对我们学术界所提出的迫切任务。"[1] 1983年春节期间，北京首都博物馆举办了"北京春节民俗展览"。

改革开放40周年，出版了一大批高水平的岁时节日研究论著，对岁时节日研究进行了深入探索。另有一些节日和非物质文化遗产的论著，从实用和非物质文化遗产的角度，探索我国节日文化的现实价值。此外，《民俗研究》《文化遗产》《江西社会科学》及一些民族院校社科学报在岁时节日研究成果的刊发中发挥重要的作用。组织了多次全国性岁时节日学术研讨会，出版了岁时节日研究论文集，岁时节日研究获得多项国家级省部级课题基金立项。这些岁时节日活动及研究成果，体现了改革开放40年岁时节日研究的丰富性和多样性，也彰显着岁时节日研究的崭新时代特征。

改革开放40周年，岁时节日研究无论从节日调查、古代岁时民

---

[1] 王文宝：《中国民俗学史》，巴蜀书社1995年版，第368—369页。

俗文献整理，还是从中外节日比较与交流、节日经济、节日旅游、节日交际、节日宗教信仰、节日民间技艺与戏曲舞蹈等许多方面，岁时节日研究都以前所未有的速度和成就，向社会、向学界推出了许多优秀的成果。

三 节假日制度与文化政策保障

亚里士多德曾经说，"休闲是一种成为人的过程"，我国休假制度变迁的背后，既是对传统岁时节日的重视，对节日带动经济与旅游发展的期望，也体现了人们工作与生活观念的转变，由"革命人"到独立"个人"的转变。随着经济和社会的发展，人们越来越重视休闲，越来越希望有高质量的休闲生活。劳动创造财富，休闲也创造财富。

节假既是对节日的认可，也是对节俗活动、节日生活、节日旅游的重要促进。1949 年后，中国的节假经历了三次制定和调整，分别是 1949 年、1999 年和 2007 年。从放假天数来看，由 7 天增至 11 天，2007 年的节假日调整纳入了传统节日清明节、端午节、中秋节。

第三节 节日理论的研究

一 节日分类研究

岁时节日"既具有自然属性又具有人文属性"，岁时是"包含着自然的时间过程与人们对应自然时间所进行的种种时序性的人文活动"。[①] 陶立璠认为："岁时民俗是随着时序节令变换、气候物候变化在民间自然形成的风俗习惯。这种风俗习惯和客观自然条件的变化密不可分，有着很强的黏着性，有时甚至不以人的意志为转移。而节日民俗就不一样了。节日民俗，是岁时民俗的一种独特的表现

---

① 萧放：《岁时——传统中国民众的时间生活》，中华书局 2004 年版，第 7 页。

形式。二者共同的地方是都以时序、节令为转移，不同的季节，有不同的岁时节日。不同的是，节日民俗有强烈的人为因素，文化色彩更浓。"[1] 而且岁时节日在形成和发展过程中受多种因素的影响，这决定了有些节日及节俗初期是单一的，但随着后世的添加和融合，其存在形态渐变为综合性的，"所以，很难按单一的性质将它们作相应的归类"。[2] 关于岁时节日的分类，按节日的时代类型分传统节日和现代节日，按节日的民族类型分汉族节日和少数民族节日，按节日的活动范围分国际节日、国家节日和地区节日，按节日的季节时序分春、夏、秋、冬四季节日，按节日的性质分宗教祭祀节日、农事节日、纪念节日、社交游乐节日、庆贺节日和现代商贸旅游节日等。[3]

二 岁时节日特征研究

每一种文化都有其外在和内在双重的文化特征，其中岁时节日的文化特征是节日研究论著中主要关切的内容之一。目前的研究论著一般认为岁时节日具有周期性、纪念性、群众性、民族性、地域性、复合性、变异性、传承性、多样性等。[4] 其中复合性是岁时节日的重要特征，钟敬文曾经说过："民间节日，作为一种文化事象，有

---

[1] 陶立璠：《民俗学》，学苑出版社2003年版，第239—240页。

[2] 钟敬文主编：《民俗学概论》（第二版），高等教育出版社2010年版，第112页。

[3] 叶涛：《岁时节日风俗综述》，《民俗研究》1986年第1期；戴桂凤：《简议中国少数民族的节日文化类型》，《民俗研究》1992年第2期；徐万邦：《节日文化与民族意识》，《云南社会科学》1994年第2期；孟慧英：《从多元文化视角看民族传统节日》，《民间文化论坛》2006年第1期；李科：《中国民间传统节日》，巴蜀书社2011年版；冯贤亮：《岁时节令：中国古代节日文化》，广陵书社2004年版；赵东玉：《中华传统节庆文化研究》，人民出版社2002年版。

[4] 陶立璠：《民俗学》，学苑出版社2003年版，第248—252页；韩养民、郭兴文：《节俗史话》，社会科学文献出版社2011年版，第23—31页；金毅：《论民族节日文化的现代化》，《黑龙江民族丛刊》2004年第3期。

一个值得注意的特点，就是它的复合性。"① 刘晓峰认为中国古代岁时节日体系的内在节奏特征，分别以年、季、月以及一个月的内部为单位，认为岁时节日的排列不是单纯的物理时间的排列，而是有其内部理路可循的。② 户晓辉将传统节日与现代性的时间观进行比照，分析传统节日在过去、现在和将来的不同存在形式，并提出现代民族国家应该在这两种时间观的"冲突"中起到积极的调和甚至挽救的作用。③

还有一些论著侧重节日的断代特征和地域特征，如巩宝平《略论汉代节日的基本特征》④、张勃、李学娟《唐代节日特征述论》⑤、萧放《北京端午礼俗与城市节日特性》指出：城市节日习俗的仪式性明显；城市节日信仰氛围浓郁；城市节日娱乐功能突出，城市节日与乡村节日具有明显的形态差异。⑥

三　岁时节日功能与价值研究

钟敬文说："节日，是民族社会生活中的创造物和传承物。它是由于生活需要而产生的，是适应社会生活的发展而完善和变更的。"⑦某些岁时节日在起源时或许是作为单一功能而服务的，随着时代发展不同的节俗内容加入，节日就成为"各种活动的复合体，这是它

---

① 钟敬文：《话说民间文化》，人民日报出版社1990年版，第54页。
② 刘晓峰：《论中国古代岁时节日体系的内在节奏特征》，《河南社会科学》2007年第6期。
③ 户晓辉：《中国传统节日与现代性的时间观》，《安徽大学学报》（哲学社会科学版）2010年第3期。
④ 巩宝平：《略论汉代节日的基本特征》，《民俗研究》2008年第4期。
⑤ 张勃、李学娟：《唐代节日特征述论》，《华中师范大学学报》（人文社会科学版）2009年第1期。
⑥ 萧放：《北京端午礼俗与城市节日特性》，《华中师范大学学报》（人文社会科学版）2012年第1期。
⑦ 钟敬文著，黄涛根整理：《民间节日与民族文化》，《民族艺术》2008年第3期。

作为文化现象的一种特点"①,"因为节日民俗是一种综合性的文化现象。它虽然在一定的时令举行,但其内容是包罗万象的。特别是一些大的节日,几乎是政治、经济、生产、生活(衣食住行)、宗教信仰、文化艺术、社会交往、民族心理等综合反映,具有全息性质"。②

民俗学者的研究认为,岁时节日的功能和价值主要包括以下几点:①认识并适应自然生态体系,调节生产、生活节奏。②提供宗教知识体系,科学分析评判民众民间信仰。③通过节日仪式和公共空间活动,追古思今,寄托愿景;或通过节日活动互动,进行社会交际,情感沟通。④纪念历史人物和历史事件,提高民族文化自豪感,增强国家文化认同和民族凝聚力。⑤进行节日国际文化交流,促进民间文化知识的理解和沟通。⑥参与节日游戏娱乐活动,聚合亲情,强身健体,身心健康。⑦弘扬传统,继承优秀文化,提高思想道德修养,维系社会秩序,构建和谐社会。③

一些论著采用新的研究视角进行节日功能分析,如林继富通过节日文化主体"人"的角色转换来体现节日文化内涵和节日文化思想,通过节日仪式活动凸显神圣与世俗的分离与重合。④李峰借用社会学的视角来研究节日结构、节日发展、节日现状,指出传统社会、

---

① 钟敬文著,黄涛根整理:《民间节日与民族文化》,《民族艺术》2008年第3期。

② 陶立璠:《民俗学概论》,中央民族学院出版社1987年版,第187页。

③ 宋兆麟、李露露:《中国古代节日文化》,文物出版社1991年版,"序言"第15—16页;黄涛:《传统节日是文化生存的节点》,《江南论坛》2008年第1期;刘晓春:《传统节日的功能》,《学习时报》2004年4月12日;刘魁立:《东亚的时间——岁时文化的比较研究·序》,刘晓峰:《东亚的时间——岁时文化的比较研究》,中华书局2007年版;廖冬梅:《节日沉浮问——节日的定义、结构与功能》,广西师范大学出版社2007年版;李保强:《中国传统节日:生命意义的生发及其教育价值》,《山东社会科学》2011年第1期。

④ 林继富:《角色转换与文化认同——中国节日文化中的人》,《中南民族大学学报》(人文社会科学版)2003年第6期。

民族国家形成及新的市场力量的历史变迁中，节日功能相应变化。[1]还有一些是就某个少数民族的传统节日，个别论述其特别的功能和价值的。[2]

在不同时代，岁时节日的特征、功能与价值既有共同之处，也有相异之点，这些变化与发展不仅体现了时代的文化诉求与文化风貌，也体现了节日服务社会的功能与价值。当然随着时代的变化发展，传统岁时节日的功能与价值会出现新的变化，有增添、有删减，有更新，更加情趣化与多样化。

五 岁时节日起源与传承、变迁研究

关于节日起源，主要有两种观点：一是单一起源，后来渐趋增加和融合；二是综合起源，是多元因素的融合。

有的学者认为农业祭祀是节日的源泉，而在节日的演变过程中才受到经济、文化、宗教等多方面因素的介入和影响，如王笠荃《节日规律研究》。[3] 有的学者则强调从天文历法角度阐释节日的起源，天文知识为节日的最初选择提供了时序基础，岁时和历法密切相关，传统岁时节日基本按照阴历来确定节期，如张旭《白族的古老历法》[4]、陈久金等《论彝族的太阳历》[5]、陈久金、卢莲蓉《中国节庆及其起源》[6]、杨光民《傈僳族的自然历法》[7] 等。刘宗迪从历法史的角度，分析了节气与节日的紧密关系，并考察了从节气到节

---

[1] 李峰：《节日的功能及其社会学隐喻》，《河南社会科学》2008年第4期。
[2] 杨志娟：《回族传统节日文化意义探析》，《回族研究》1999年第2期；马东平、周传斌：《回族节日民俗及其社会功能》，《甘肃社会科学》2000年第3期。
[3] 王笠荃：《节日规律研究》，《民俗研究》1988年第1期。
[4] 张旭：《白族的古老历法》，《西南民族大学学报》（人文社会科学版）1981年第1期。
[5] 陈久金、刘光汉：《论彝族太阳历》，《中央民族学院学报》1982年第3期。
[6] 陈久金、卢莲蓉：《中国节庆及其起源》，上海科技教育出版社1990年版。
[7] 赵伯乐等编：《新编怒江风物志·傈僳族的自然历法》，云南人民出版社2000年版。

日以及节日系统的形成和变迁因素及过程。① 韩养民、郭兴文《节俗史话》认为节日的产生与天文、历法、数学有着密切的关系，原始崇拜、迷信与禁忌才是节日产生的最早渊源。②

节日起源与发展的因素都是多元的，"节日在一定历史条件下产生，是社会生产发展和人类认识自然的一个突破……节日的产生有一定的历史原因，一方面是人类社会发展到一定阶段，对节日产生了强烈的社会要求，如随着农业生产、宗教信仰和社会生活的提高，要求有一系列节日。另一方面，必须有产生节日的可能，如天文、历法有了一定的发展，为节日的产生和发展提供了必要的条件，从而产生了节日……它的起源是多元的"。③

对节日发展和演变过程的探讨离不开节日发展的时代背景和节日功用，结合时代背景的社会经济、政治、文化、社会组织、精神生活与休闲娱乐等的综合考察，也是节日之所以世代相传，成为时间之段、生活之节的内理所在。有些学者将节日形成和演变的进程放在历史中评析，寻求传统节日的断裂带和接续点，如"五四"时期是中国传统文化经历重大变革时期，也是对某些节日风俗产生巨大冲击的时期，陈连山认为"五四"以来对节日迷信思想的批判，使中国传统节日受到极大冲击，许多节日习俗被当作迷信而加以制止。④ 张勃对唐代节日进行了宏观体系与微观个案的深入考察。⑤

有些论著以具体节日为例来体现节日的历史传承和时代变迁，如关于仫佬族依饭节的讨论有银浩《民族节日的传承与变迁——以

---

① 刘宗迪：《从节气到节日：从历法史的角度看中国节日系统的形成和变迁》，《江西社会科学》2006年第2期。

② 韩养民、郭兴文：《节俗史话》，社会科学文献出版社2011年版，第1—11页。

③ 宋兆麟、李露露：《中国古代节日文化》，文物出版社1991年版，"序言"第2页。

④ 陈连山：《重新审视五四与中国现代民俗学的命运——以20世纪对于传统节日的批判为例》，《民俗研究》2012年第1期。

⑤ 张勃：《唐代节日研究》，中国社会科学出版社2013年版。

仫佬族依饭节为例》(《社会科学家》2012 年第 3 期)、雷晓臻《仫佬族依饭节文化的传承及其演变》(《广西民族大学学报》2009 年第 2 期)等。还有讨论因突变事件而对民族节日产生的影响,如王俊鸿论述了 2008 年汶川地震居民安置前后羌年的变化①,从节日角度进行地震前后民众生活研究,有较强的现实研究意义。

对节日的利用性保护、节日的经济价值和社会文化价值的利用方面,高丙中沿袭费孝通"文化自觉"的概念,反思中国现代历程和知识分子的作用的研究思路,再借助"社会再生产"的概念,正视传统节日民俗复兴的现实,正面看待节日习俗所代表的民间生活传统对于中国当下的社会文化再生产的意义和建构有效的认同文化的价值,提出:"传统节日以习俗的力量让民众自动在同一个时间经历相同的活动,在相同的仪式中体验相同的价值,一个共同的社会就这么让人们高兴地延续下来。这就是传统节日最经济、最有效的生活文化再生产功能。"传统节日是具有现实生命意义的,"今天仍然活在我们的现实生活之中的所谓'传统节日',应该被理解为具有传统属性的现代节日。我们生活在现代,我们的一些节日无论多么传统,归根结底都是多少已经'现代'的节日"。②

第四节 节日习俗的研究

在探讨节日起源及节日形成的动力机制时,自然崇拜、祭祀信仰、神话传说、民间故事等都是重要的因素,有的还被一些学者看作单一因素。

---

① 王俊鸿:《文化展演视角下少数民族移民节日文化变迁研究——以汶川地震异地安置羌族搬迁前后的羌历年庆祝活动为例》,《贵州民族研究》2012 年第 3 期。
② 高丙中:《对节日民俗复兴的文化自觉与社会再生产》,《江西社会科学》2006 年第 2 期。

一 节日民间信仰研究

葛剑雄将信仰看作传统节日的基础,并指出节日类型有:宗教信仰的、政治性的、世俗性或物质性的。尽管各种节庆的方式大同小异,但因其基础不同,流行的范围与延续的时间也迥然相异,但是,唯有宗教或信仰性的节日最为稳定,他认为传承中国传统节日最根本的保证,是将节日与信仰结合起来,以信仰为基础,但这信仰绝不等同于传统的信仰,而是新的信仰,也就是将传统文化中还有积极意义的信仰赋予新的内容,给予新的解释,使之发扬光大。① 萧放阐述了"岁时的原始宗教性质":一是节气时令往往代表了一种神秘的宇宙力量;二是人们所从事的岁时活动主要是宗教祭祀的内容,是上古人们调节、联系、沟通人与神秘自然的重要形式。② 宣炳善亦从节日与信仰的关系,研究春节与福文化信仰、端午节与阴阳五行信仰之间的内在联系。③ 美国学者太史文研究了亡灵信仰与中元节俗。④ 庞朴认为寒食禁火习俗源于上古的改火仪式,改火仪式背后是古人对大火的星宿崇拜。⑤

二 节日传说研究

节日民间传说是中国民间传说的重要类别,传统岁时节日在形成和发展过程中,附丽了许多美丽的节日故事和传说,而这些故事、传说又促进了节日的传承和扩布。程蔷、董乃斌对节俗与传说的关系进行了论述,他们提出了"归一化"的理论,"传说与节俗动态结合:

---

① 葛剑雄:《传统节日的基础是信仰》,《环球人文地理》2014年第5期。
② 萧放:《岁时——传统中国民众的时间生活》,中华书局2004年版,第15页。
③ 宣炳善:《春节与端午节的节日信仰及其类型》,《文化艺术研究》2009年第3期。
④ [美]太史文:《中国中世纪的鬼节》,侯旭东译,上海人民出版社2016年版。
⑤ 庞朴:《寒食考》,《民俗研究》1990年第4期。

竞争、选择、逐步归一"。① 贺学君论述了《牛郎织女》与乞巧节、《梁山伯与祝英台》与双蝶节、《孟姜女》与寒衣节、《白蛇传》与端午节的联系，分析传说与节日习俗产生的先后关系及相互之间的关联。② 汪玢玲《牛郎织女传说考释》一文证明了七夕节形成于前，牛女结合在后的节俗与传说的一般关系。③

传说与节日仪式之间的结构关系是一个有关节日研究的深层次问题，李亦园、李少园认为，五月五日端午节先与介子推传说关联，后用屈原投江传说来关联，表现了古代季节性仪式与传说之间的"任择"（arbitrary）关系。仪式与传说之间并无真正的关联，或者更明白地说，仪式举行的背后并不一定真正有一个戏剧性的"本事"存在，但是为了保证仪式的合理执行，就需要借用一则动人或富有戏剧性的传说来支持肯定它。④ 还有一些节日传说通俗读本出版⑤，有助于社会群体的节日传播。

节日传说与节日之间是一种双向互动的关系，传说增添了节日的文学和人文色彩，节日的重视和流传又增加了传说的可信度。对节日传说的研究可以从不同角度切入，将其放在时代、社会语境中，结合民众的精神生活等开展更为广阔的探索。

三 节日饮食社交与节日竞技娱乐研究

"节日是集中展示广大民众民族艺术才能的最好时机。"⑥ 饮食

---

① 程蔷、董乃斌：《唐帝国的精神文明——民俗与文学》，中国社会科学出版社1996年版，第107—102页。

② 贺学君：《论四大传说与节日习俗》，《南风》1991年第1期。

③ 参见袁学骏等编《七夕文化论文集》，中国文联出版社2002年版，第6—17页。

④ 《中国神话与传说学术研讨会论文集》，台北天恩出版社1996年版，第319—334页。

⑤ 靳海林：《中国传统节日及传说》，重庆出版社2005年版；严敬群主编：《中国传统节日趣闻与传说》，金盾出版社2010年版。

⑥ 刘魁立：《东亚的时间——岁时文化的比较研究·序》，刘晓峰《东亚的时间——岁时文化的比较研究》，中华书局2007年版。

既是节日风俗的重要内容,也是节日养生及节日馈赠亲朋好友的重要节物。如春节饺子、元宵汤圆、二月节糖豆、寒食清明冷食、端午节粽子、中秋月饼、冬至饺子等。俗言讲"冬病夏治",许多饮食养生也在相应的时节得以注重,如三伏天喝羊肉汤、冬吃萝卜夏吃姜等。戏曲舞蹈等是节日活动中必不可少的一项民俗内容,其中由文化部民族民间文艺发展中心、山东大学联合主办的《节日研究》第四辑"节日与戏曲专辑",集中研究和刊发了19篇关于节日与戏曲的论文。

节日专题研究不仅是对节日文化内涵的多层面挖掘,也在一定程度上体现了节日的丰富性和多样性。岁时节日是多种成分的集中显现,也是民众智慧和情感的集中体现和抒发。在传统节日舞台上,民众的生活世界和精神世界得以真实再现。

第五节　岁时节日的应用研究

一　岁时节日与非物质文化遗产研究

联合国教科文组织于2003年10月发布《保护非物质文化遗产公约》,节庆仪式等被纳入了非物质文化遗产的保护范围。非物质文化遗产运动促进了节日的文化品牌效应和文化传统的国家认同和民族认同。许多论著从"非遗"角度进行节日遗产的保护和应用研究,探讨传统节日的现代性、面临的现实困境和未来走向。"节日遗产"热和节日现代化是学者用力较勤的方向。黄涛既强调了传统节日文化的复兴与创新是弘扬民族文化的一个重要契机和有效方式,又倡导要繁荣传统节日,采取有效措施增强节日的现代性、娱乐性与公共性。[1]

---

[1] 黄涛:《保护传统节日文化遗产与构建和谐社会》,《中国人民大学学报》2007年第1期;黄涛:《开拓传统节日的现代性》,《河北大学学报》(哲学社会科学版)2008年第5期。

王文章《弘扬传统节日文化现状与对策：中国传统节日文化调研实录》（文化艺术出版社2012年版）提供了节日决策咨询意见、中国传统节日的文化内涵、传统节日符号和仪式的探讨与调研等重要资料。萧放《传统节日与非物质文化遗产》（学苑出版社2011年版）对节日与"非遗"的关系进行了综合论述。

如何正确地处理好传承保护与利用的关系，避免打着传承保护的旗号进行的过度利用，亦是学者关注的重点和难点。邢莉分析了民族节日现状、困境及发展出路，认为要强化族群自己的"节日遗产"文化自觉；保护民族节日的核心价值体系；保护民族节日的文化空间；保护民族节日的传承人。①

二 城市节日与市民节日生活研究

随着中国城镇化的发展和移民阶层的流动，使城市节日与市民节日生活呈现出新的时代风貌，同时也使城市公共文化空间与节日生活成为新的研究领域。城市节日是中国传统节日突破乡土领域的一个全新的文化空间，而且城市的融合性相较乡村来说更为包容，人员流动、文化对内对外交流，都将赋予城市节日以更多的研究空间。萧放认为城市节日传统中，公共性是其根本特性，城市节日中公众娱乐性特征明显、集会游观与广场性娱乐是城市节日的主要内容，城市节日消费性特色突出城市节日的宗教性集会活跃，并运用日韩节日事例说明城市节日与城市文化空间的相互关系。② 王霄冰亦从公共文化空间角度进行节日研究。③

---

① 邢莉：《民族民间节日的价值体系及保护原则》，《河南社会科学》2010年第3期。
② 萧放：《城市节日与城市文化空间》，《文史知识》2011年第2期。
③ 王霄冰：《节日：一种特殊的公共文化空间》，《河南社会科学》2007年第4期。

三 岁时节日与国家法定假日研究

2005年，中国民俗学会、北京民俗博物馆主办了"民族国家的日历：传统节日与法定假日国际研讨会"。2007年通过的《国务院关于修改〈全国年节及纪念日放假办法〉的决定》，正式将清明节、端午节和中秋节三大传统节日纳入国家法定年节体系，在标注放假时有公历农历区分。在中国传统节日法定化道路上，既有"非遗"运动的推动，也有韩国江陵端午祭申遗的影响，更多的是许多学者对中国传统节日的重视，对传统节日复兴的不懈努力，使中国传统节日拥有国家法定的休假时间，让中国传统节日在民众的生活中拥有重要的时间点。

这一方面的主要成果有：刘魁立主持《四大传统节日应该成为国家法定假日》（《河南教育学院学报》2007年第2期）、杨琳《重阳节应列为法定节日》（《文化学刊》2008年第1期）、余悦《传统节日成为法定假日的文化意义与未来发展》（《江西社会科学》2008年第2期）、陈华文《传统节日放假的意义及其如何弘扬的对策研究——以浙江新调查个案为例》（《非物质文化遗产研究集刊》，浙江工商大学出版社2010年版）等。学者通过学术研究和现实探索，为传统节日的法定化进言献策，以民间的力量影响官方对节日政策的制定，实现"官方对传统节日的积极干预"，也使这种法定的节日又反作用于普通民众的生产和生活。

四 中外节日交流与比较研究

岁时节日民俗作为一种"民众创造、享用和传承的生活文化"，并不是静止不动的，而是始终在民众中进行着文化的交流和共享。不仅在国内民众中进行节日文化交流，而且在中外民众之间进行节日交流。中日韩三国一衣带水，在岁时节日民俗上有着千丝万缕的联系。从中外学者的研究成果来看，中日韩岁时节日交流与研究有以下几个特点：其一，岁时节日大多异于形而同于质，其根源在于共同的农耕文化基础和季节感觉。其二，风俗习惯在形式上之所以相异是因为其具有民族特色，深受民族思维方式和行为模式的制约，它的相互传播和影响，必然受到各自民族文化的筛选和改造，所以在吸收异国、异民族文化的过程中，始终融合、改造外来文化，使之从属于本国主题，保持本国的民族文化特质。其三，农耕民俗文化源远流长，从历时的与共时的角度看，我们中外岁时节日交流与比较研究有着广阔的发展前景。陶立璠论述了日本南方的农耕仪礼与中国南方的农耕仪礼及民俗文化的异同。[①] 刘晓峰《寒食不入日本考》《东亚的时间：岁时文化的比较研究》《日本冬至考——兼论中国古代天命思想对日本的影响》[②]、何彬《蛇王节·闽越文化·稻作习俗——浅谈闽北樟湖的蛇王节》[③] 等，皆注重中日韩节日比较研究。

70年来，多种研究方法、多学科研究视角被运用到节日研究当中。民俗学者不仅注重理论研究，也关注应用研究，如推动传统节日的法定化，节日作为非物质文化遗产的传承保护和利用，节日与旅游、地区文化发展，城市传统节日的公共文化空间建设等，充分体现了节日的"活态生活文化"的内涵。尤其是改革开放40周年来，节日学术活动及会议频繁，大家集思广益，进言献策，各学术会议以"论文集"的形式集中刊发了一批节日方面的论文，以这种"聚结"的力量影响国家的节假日政策制定，反映并影响了民众的节日生活。节日文化交流活跃，既有国外节日方面的研究，也有本国节日文化的对外推介，促进了中外节日文化的交流互动，加强了中外文化的沟通理解。这些都将中国传统岁时节日研究推进到历史的新时期，中国的节日研究与节日文化建设成果卓越。

---

① 陶立璠：《年中行事与农耕礼仪的变迁——中日农耕民俗文化比较》，《中央民族大学学报》（哲学社会科学版）1994年第1期。

② 刘晓峰：《日本冬至考——兼论中国古代天命思想对日本的影响》，《清华大学学报》（哲学社会科学版）2007年第3期。

③ 何彬：《蛇王节·闽越文化·稻作习俗——浅谈闽北樟湖的蛇王节》，《思想战线》2001年第3期。

第十三章

人生仪礼研究

邵凤丽

每个人的一生中都要经历几个重要的生命阶段，出生、成年、结婚、去世等，对于人生的这几个重要阶段，世界上不同地区、不同民族的人们无一例外地都要举行一定的仪式，即人生仪礼。在我国，人生仪礼传统历史悠久，主要包括诞生礼、成年礼、婚礼和丧葬礼，同时，祖先祭祀、生日庆贺和祝寿也属于人生仪礼的构成部分。

70年来，人生仪礼研究的实践转向、历史研究、理论研究、非遗保护研究等方面均取得了一定的成绩。经过70年的努力，人生仪礼研究逐渐从重历史梳理、重个案描述，转变为阐释性、实用性、"朝向当下"的学术研究范式，学者的社会参与意识、问题意识得到前所未有的强化。

20世纪初期，中国现代民俗学发轫之初，学界已经开始关注和研究人生仪礼，但是当时的研究还处于初始阶段，难免显得片断、零散。80年代之后，民俗学学科得到恢复，民俗学研究也迎来了繁荣期，人生仪礼的研究成果也逐步涌现，业已积累了数量丰富的研究成果。这些成果总体上可分为两大类，一是综合性的整体研究，旨在对人生仪礼的历史阶段、表现形态、构成要素等进行综合研究，如彭林、叶国良、岳永逸等人，对人生仪礼进行了综合的研究。① 二是针对某一个礼仪事象进行专题研究，如万建中、邢莉等人对诞生礼的研究，汪玢玲、吉国秀、刁统菊等人对婚礼的研究，徐吉军、陈华文、郭于华等人对丧礼的研究，杜希宇、黄涛、刘晔原、郑惠坚、邵凤丽等人对祭礼的研究。② 另外，一些论文集也对人生仪礼的研究成果进行了集中整理，如1992年就出版了《中国民间文化》第七集《人生礼仪研究》，陈允金、王泉根、曲彦斌、陈华文、欧阳宗书、蒋炳钊、郑土有、徐吉军、杨知勇、赵橹、聂玉文等学者分别对生养习俗、婚娶习俗、祝寿习俗、丧葬习俗进行了或是古代文献或是现代实践的深入研究。③ 以上这些人生仪礼研究成果夯实了中国民俗学人生仪礼研究的基石，基本澄清了人生仪礼的发展路径及其相关重要理论问题。

进入21世纪以来，随着学科体系的进一步完善和学科交叉研究的深入发展，新材料不断出现，新理论不断引进，研究视野更加广阔，民俗学的人生仪礼研究得以更加深入、系统，产生了一大批可喜的成果，既有理论探讨，也有实践引导；既有历史性的研究，也

---

① 彭林：《中国古代礼仪文明》，中华书局2004年版；彭林：《儒家礼乐文明讲演录》，广西师范大学出版社2008年版；彭林：《中华传统礼仪概要》，商务印书馆2017年版；叶国良：《中国传统生命礼俗》，上海书店出版社2017年版；岳永逸：《人生仪礼：中国人的一生》，光明日报出版社2015年版。

② 参见万建中《民间诞生礼俗》，中国社会出版社2008年版；邢莉：《摇篮边的祝福——中国诞生礼》，上海文艺出版社2001年版；刁统菊：《华北乡村社会姻亲关系研究》，中国社会科学出版社2016年版；吉国秀：《婚姻仪礼变迁与社会网络重构：以辽宁省东部山区清原镇为个案》，中国社会科学出版社2005年版；徐吉军：《中国丧葬史》，江西高校出版社1998年版；陈华文：《丧葬史》，上海文艺出版社1999年版；郭于华：《死的困扰与生的执着——中国民间丧葬仪礼与传统生死观》，中国人民大学出版社1992年版；汪玢玲：《中国婚姻史》，上海人民出版社2001年版；杜希宇、黄涛：《中国历代祭礼》，北京图书馆出版社1998年版；刘晔原、郑惠坚：《中国古代的祭祀》，商务印书馆国际有限公司1996年版；邵凤丽：《朱子〈家礼〉与传统社会民间祭祖礼仪实践》，中国社会科学出版社2019年版。

③ 上海民间文艺家协会编：《人生礼俗研究》，学林出版社1992年版。

有当代传承与重建的研究；既有本土传统传承，也有外来文化的比较。为了推进中国民俗学人生仪礼研究，《民俗研究》《文化遗产》《民族文学研究》《民间文化论坛》等众多民俗学专业期刊分别发表文章，集中介绍人生仪礼研究的最新成果。如《广西师范大学学报》于2013年第2期推出"复兴传统礼仪，传承民族文化"专栏，指出当代社会礼仪的复兴与传承是摆在我们面前的现实问题。作为民俗学人的首要任务是研究我们的礼仪文明传统，调查礼仪文明的存在状态，进而为当下传承提出相应的对策。《民间文化论坛》于2016年第1期推出"民俗学的实践：人生仪礼研究的重要转向"专栏，开启了人生仪礼研究的实践转向。《文化遗产》于2018年第4期继续推出"传统仪礼的当代实践"专题，重点推出人生仪礼当代实践研究的系列成果。这些论文或是以经典礼仪文本为研究对象，或是利用一手田野调查资料，对人生仪礼的传承、演变与当代生存状态进行了专题研究，极大地推进了人生仪礼实践研究的进程。

第一节　传承与重建：人生仪礼研究的实践转向

人生仪礼传统的当代传承与重建是中国民俗学界长期关注的重点问题。尤其是进入21世纪以来，随着中国民俗学研究的整体转向，人生仪礼的研究不再局限于朝向过去，而是倾向于将传统人生仪礼和当代社会、民生结合，重视将学术研究与社会重大问题相结合，将学术成果回馈社会，把学科发展放置于国家文化建设之中，为国家和社会的发展提供建议和策略。①

一　关于人生仪礼实践性的讨论

民俗学学者努力尝试为当下中国社会礼俗制度的恢复和重建做

---

① 林继富：《漫谈人生礼仪研究的复杂性》，《民间文化论坛》2016年第1期。

出民俗学科的助力，对人生仪礼在当代社会面临的传承问题以及新时期的实践问题进行了分析，旨在指出当代人生仪礼的时代价值、意义，并从学术角度加快对当代实践问题的解析。

萧放指出："人生仪礼是人的生命历程中所经历的通过仪式，它在中国社会具有久远的历史传统与丰富的仪式表现。当代中国正处在古今中西交汇的历史关口，民族文化传统的传承与发展是时代赋予我们的重要使命，人生仪礼作为中国文化传统的重要组成部分，它的传承与重建自然是我们应当充分关注并深入进行研究的课题。"[①] 在社会变迁语境中，"生命仪礼传统并没有随着社会的变迁成为过去，而是随着人们生活环境的改变在保障功能传承的同时，在形式上不断地发生适应性的调整变化，而融入当代生活之中。传统的深刻与生活的灵动在生命仪礼中有着丰富的表现"[②]。因此，我们应该重视研究当代人生仪礼的重建问题。对此，陈连山回应指出，"以往民俗学研究只是学理方面，不干涉实际生活，现在要进行当代传承与重建研究，这是民俗学研究方法的重要转向。民俗学要关注当下正在进行的人生仪礼重建活动，对其展开研究，为民俗学的未来发展开启新路"[③]。

在人生仪礼重建过程中，学者们认为应该注重内在的结构与要素。"不同民族之间的礼仪有不同的表现形式，道德要求方面的具体规则可能都有很大的差别。但是如果要去追寻的话，会发现一个非常一致的结构，我想，如果能够就这个思路，从中提炼出一些基础概念或关键词的话，它的意义可能就不只是对于中国传统礼仪的重建了，而是会对整个世界的文化交流、民族交往贡献自己的思考……最为重要的，还是应该从诸多传统礼仪的表现形式中提炼那些最抽象的因

---

① 萧放：《"传统仪礼的当代实践"专栏导语》，《文化遗产》2018年第4期。
② 同上。
③ 陈连山：《如何实现民俗学研究方法的转向》，《民间文化论坛》2016年第1期。

素，那些能够为大家所接受的元素，作为传递给当代大众的知识性的内容，供他们参考，而不是做出规范性的指导。这其实已经就是作为学术研究者能够做出的了不起的贡献了。"①

在当代人生仪礼重建过程中，萧放提出不仅要加快理论研究，同时要制定礼仪手册，为人生仪礼重建提供直接的参考样本。王霄冰进一步指出礼仪手册做出来之后，可以在田野点试验，检测其可行性与适用性问题。② 对于礼仪手册问题，也有学者提出不同的看法，认为民俗学的实践不一定是参与到现实礼仪重建中去，学者应在观察过程中，生产一种具有理论预见性的观念，这种观念被大众接受，成为动力，影响他们的行动，这本身就是一种参与实践。③

二　人生仪礼传承与重建的基本模式

实践导向下的人生仪礼研究，将目光放在了当代日常生活中的礼仪重建，直接体现为对具体礼仪表现形态的观察和总结分析。人生仪礼的当代形态既体现了历史传统的强烈传承性，也融入了许多新时代的文化元素。"当代传统礼仪的实践，应该与现代理念相结合，摈弃不适合现代社会的内容，保留可彰显亲情和现代价值的内容。"④

虽然自清代以来，《仪礼》《家礼》所规定的冠礼传统已经消亡，但是在民间仍然保存着形式多样的成人礼俗。贺少雅对这方面

---

① 安德明：《如何提高人生礼仪研究的实效性》，《民间文化论坛》2016年第1期。

② 参见陈连山《如何实现民俗学研究方法的转向》、王霄冰：《也谈人生礼仪研究的实践性》、张勃：《民俗学研究的视角与方法：从日常生活体验说开去》，以上文章均出自《民间文化论坛》2016年第1期。

③ 参见吕微《实践民俗学的提倡》、户晓辉：《再谈理论与实践的关系》、安德明：《如何提高人生礼仪研究的时效性》，以上文章均出自《民间文化论坛》2016年第1期。

④ 何斯琴：《当代传统婚礼的礼俗再造与价值重建》，《文化遗产》2018年第4期。

进行了深入调查，指出目前我国很多地方都有成年礼俗，从地域上看，基本以长江为界，北方和南方地区分别存在着的是"过十二岁"和"做十六岁"两种成人礼俗传统。虽然他们与传统冠礼之间差异明显，但是成人礼俗在儿童教育、家庭发展和社区关系调适等方面都发挥着不可或缺的作用。① 另外，20 世纪 90 年代以来，成人礼出现了新的发展动向，即各地在共青团组织主导下，以 18 岁高中生为对象，在学校开展"成人礼宣誓"活动。周星认为这是中国现代社会一项重要的文化建构实践，现代成人礼无疑具有强烈的教育功能。但是需要指出的是，这种建构尚处于摸索阶段，而以现代社会为指向的民俗学应对其予以高度关注。②

作为春节、清明节、中元节等节日的重要习俗，当代祭祖礼仪获得了较大范围的复兴。祭礼在当代重现生机，除了作为外因而存在的宽松的社会氛围、传统文化复兴浪潮，以及非物质文化遗产保护政策的持续推进外，更直接的原因是家族组织和家族活动逐渐重现。③

三 当代人生仪礼的文化内涵与功能

人生仪礼习俗能够长期传承，得益于其丰富的文化内涵和强大的社会文化功能，学者们将人生仪礼或是放置于特定的历史时期，或是放置于当下的民俗生活中，考察礼仪与生活之间的内在关联。如郑艳通过对山西闻喜县诞生礼的考察，指出诞生礼的仪式功能非常突出，是家庭内部关系延续与外部关系构建的重要契机，是人口流动较为显著的地域中完成社会关系构建的重要方法之一。④

---

① 贺少雅：《当代成人礼俗的类型、源流与发展》，《文化遗产》2018 年第 4 期。
② 周星：《"现代成人礼"在中国》，《民间文化论坛》2016 年第 1 期。
③ 邵凤丽：《当代祭祖礼仪传统重建的内在生命力》，《文化遗产》2018 年第 4 期。
④ 郑艳：《人生礼仪传承与社会关系构建——山西省闻喜县诞生礼的个案调查研究》，《中国文化论衡》2018 年第 2 期。

当下，成年礼在社会上的流行程度不高，很少有人举行专门的成人礼，这种现象的出现，在一定程度上意味着成年礼文化内涵的丧失。传统社会，成年礼对个体道德的养成具有重要作用。[1] "冠礼构建出一套符合社会主流价值观念的象征话语体系，并通过仪式的操演，实现对受礼者的身体规训。相较之下，当代成人仪式的建构恰恰缺乏对仪式主体的关照，缺乏主体的身体体验，导致仪式效果差强人意。"[2] 对于当下一些地方在学校举行成人礼，周星认为，在某种程度上，这是一种学校的政治仪式和教育仪式，而非传统意义上的成人礼。[3]

近年来，民俗学界开始从具体的人生仪礼探究其背后的社会关系。吉国秀指出，20世纪80年代以来，清原镇婚礼功能已经从原来的血缘姻亲关系组建扩展为同学、同事等社会网络的重建。在地方社会，民众利用、筛选并重新组合了传统的婚姻仪礼，将其扩展为资源储备的社会网络，共同转移和释放了在社会变迁中承受的压力和冲击，以此来应对生活的变化。[4] 刁统菊同样关注了婚礼与社会的问题，但选择从姻亲关系角度对婚姻仪礼进行分析。作者认为对姻亲关系运行机制本身及其作用和意义应予以充分关注与估计。这并非是强调姻亲关系重于宗族制度，而是因为二者对于华北乡土社会的基本结构的建构不可或缺。与父系继嗣通过血缘关系牵连的大多是一个村落相比，女人的流动建立起来的姻亲关系在族际、村际互动中展开的结果就是地域社会的形成。[5]

---

[1] 汤海艳：《成人之道：中国传统礼仪及其道德教育功能研究》，南京大学出版社2015年版。

[2] 贺少雅、毕啸南：《中国古代冠礼的文化内涵及其当代意义》，《遗产与保护研究》2017年第5期。

[3] 周星：《"现代成人礼"在中国》，《民间文化论坛》2016年第1期。

[4] 吉国秀：《婚姻仪礼变迁与社会网络重构：以辽宁省东部山区清原镇为个案》，中国社会科学出版社2005年版。

[5] 刁统菊：《华北乡村社会姻亲关系研究》，中国社会科学出版社2016年版。

陈华文、徐吉军、杨知勇、郭于华、何彬等学者对丧葬礼仪的关注尤多。杨知勇指出传统丧葬祭仪的核心是孝道、丧葬祭仪的负效应是将现在带入过去，"把祖先的行为和业绩熔铸于生者的观念和心理之中，用生者对死者的尊崇和继承弥补死者形体的销亡"。[①] 郭于华进一步指出人们通过隆重甚至繁复的丧葬礼仪，表达了对生命的执着追求。[②]

通过传承葬礼还可以增加群体的文化认同。王琛发指出历代华人迁流他乡开拓新天地，依靠着延续传统殡葬礼仪的社会教育，在异地重塑自身文化认同，建立异地无殊中华的生存认识，取得持续与增强族群文化传承与内聚力的显著效果，并与当今的公民生活相辅相成。[③]

四 婚丧改革问题

人生仪礼是为了更好地满足生活的仪式感需求，理应随着社会的发展而不断变革，但是在如何改革以及未来的发展走向问题上，至今尚未形成统一的看法。《中国民俗文化发展报告》连续多年关注婚丧改革问题，刁统菊等人对此进行了追踪调查、分析。[④] 对于当下婚礼改革，刁统菊等人认为婚礼改革应在继承婚礼文化内涵的基础上进行适当改革。从参与主体上看，一方面要依靠政府的力量，对不良社会现象加以管制；另一方面也要吸收社会力量参与

---

① 杨知勇：《中国传统丧葬祭仪功能剖析》，载《中国民间文化》第七集《人生礼俗研究》，学林出版社1992年版。

② 参见郭于华《死的困扰与生的执着——中国民间丧葬仪礼与传统生死观》，中国人民大学出版社1992年版。

③ 王琛发：《华人传统殡葬礼仪的社会教育功能》，《广西师范大学学报》（哲学社会科学版）2013年第2期。

④ 参见刁统菊、张青《2015年度中国婚俗发展报告》，收入张士闪、李松主编《中国民俗文化发展报告2016》，山东大学出版社2018年版；刁统菊、邵凤丽《2016年度中国婚俗发展报告》，收入张士闪、李松主编《中国民俗文化发展报告2017》，山东大学出版社2019年版。

婚俗改革，实现"共治、共享"。同时，要通过有效方式对民众进行价值引导，使其树立正确的婚姻观、家庭观，从观念上为婚俗改革提供保障。

民俗学界对人生仪礼的改革问题向来重视。近年来，中国民俗学会年会中都专门设置了"人生仪礼"专题，对人生礼仪改革问题进行集中讨论。[①] 2019年《京师文化评论》针对丧葬改革发表系列文章。萧放指出丧葬礼俗是基于中国社会生存环境的精巧而周到的文化设计，是中华民族文化传承的重要载体，是中华民族"慎终追远"的生命伦理的重要呈现。[②] 龙晓添认为，一些地方的丧葬改革"忽视了丧葬礼俗作为中华传统礼仪文化重要组成部分的基本属性，人为割裂当代丧葬改革与文化传统之间的有机关联……部分地区推行丧葬改革的具体措施简单粗暴，混淆了丧葬陋俗与优秀丧葬文化传统的关系，造成恶劣的社会影响"[③]，另外，城乡丧葬改革存在"一刀切"现象，忽略了地方文化差异。

在谈及丧葬改革问题时，田兆元指出都市丧葬具有葬地公墓化、丧事承办机构化、丧事活动商业化的特点，这样的模式化、缺乏情感的丧葬仪式是让人难以接受的，应该通过改革让丧葬仪式成为都市文化的重要组成部分。一是要"挖掘都市自身的传统"，二是"让进入城市的群体带入他们的丧葬传统，丰富都市丧葬文化的内涵"，三是"要适应城市的生态与城市环境"，只有这样，才能让都市丧葬文化成为都市文化的重要组成部分。[④]

[①] 参见孙正国《土家族丧葬礼俗的生存智慧》、梅联华：《现代殡葬礼仪文化的思考——以江西"绿色殡改"为例》、王秋萍：《如何理清农村殡葬改革与丧葬习俗传承的关系——基于江西省鄱阳县的田野调查》，以上文章均为2018年民俗学年会论文。

[②] 萧放：《"慎终追远"与风俗教化：中国丧葬礼俗的当代价值》，《京师文化评论》2019年春季号。

[③] 龙晓添：《当代丧葬改革的问题与建议》，《京师文化评论》2019年春季号。

[④] 田兆元：《都市丧葬改革与都市文化传承》，《京师文化评论》2019年春季号。

五 人生仪礼与乡村振兴

在探讨人生仪礼社会文化功能的时候，部分学者更加敏锐地发现，当代礼仪文化重建与乡村振兴、社会治理之间存在密切关系。人生仪式传统可以"增强乡村人际互动，传承与增进乡风文明"。首先，丧葬礼仪"这实际上是对生命的尊重，对生命的礼敬通过丧葬仪式活动来体现……我们讲乡风文明，移风易俗，反对铺张浪费，是对的。但是不能简化到仅仅是对人生命个体的机械处理，如果这样，人生的意义就会大大减损"。[1] 另外，当今社会极需要成人礼，对年轻人做一个仪式的唤醒，以仪式方式催熟其成年。"目前整个社会处在一个过渡的状态，处在从不成熟走向成熟的过程中，正在民族文化复兴的路上，我们需要进行包括成人礼在内的礼仪文化建设。人生仪礼的推行，其实就是一个实现社会秩序化的过程。"[2]

恢复重建祭祖礼仪是当下部分乡村重新凝聚乡民的重要方式。邵凤丽通过调研发现，通过恢复传统的春祭活动，村落可以实现历史文化传统与当下生活需求的良性衔接、国家基层管理与血缘家族延续的和谐并存与共促发展。同时，恢复祭祖不仅能对一个具体的村落产生重要影响，同时也可能对一个地区产生积极影响。[3] 从以上个案研究可以看到，传统祭祖礼仪为乡土社会的发展提供了积极助推力。虽然现在对于这一问题的讨论还处于初步发展阶段，但可以预测这种思考方式将被继续推进。

---

[1] 萧放：《民俗传统与乡村振兴》，《西南民族大学学报》（人文社会科学版）2019 年第 5 期。

[2] 同上。

[3] 邵凤丽：《岁时祭祖与当代乡村社会治理——以浙南 S 村春祭为例》，《社会治理》2016 年第 1 期。

第二节　人生仪礼的历史研究

在历史发展过程中，人生仪礼形成了自己的发展脉络与特点，对此，民俗学者开展了大量的研究。既有对礼仪文献的深入解读，也有对人生仪礼发展阶段与特点的归纳，还有对礼仪中不同身份角色的分析等，学者们从不同角度对人生仪礼的历史进行了深入探究，厘清了人生仪礼的发展脉络。

一　礼仪文献研究

历代人生仪礼的经典文献主要有《仪礼》《礼记》《家礼》《书仪》等书。为了进一步厘清中国传统人生仪礼的发展历程，梁伟弦、钱玄、黄维华、曾昭聪等学者先后对这些经典文献进行了剖析。梁伟弦对《礼记·昏义》中"合体同尊卑"问题进行了分析。[1] 武宇嫦对《礼记》中的礼与俗关系问题进行了分析，指出它们是混同与互涵的存在状态，共同作用于现实生活。[2]

《家礼》是继《仪礼》之后又一部礼仪经典著作。龙晓添、萧放通过《家礼》与《仪礼》的比较看出，《仪礼》确立了丧礼的基本框架，被《家礼》继承了下来，但是《家礼》删除了《仪礼》中诸多繁缛仪节，使得其更适合宋代社会需要。[3] 同样，在祭礼方面，朱熹沿用了《仪礼》中的基本程序，但也进行了大胆革新，简化了

---

[1] 梁伟弦：《〈礼记·昏义〉之"合体同尊卑"解——辨夫妇关系有两种古礼说》，《古籍整理研究学刊》1994年第3期。

[2] 武宇嫦：《礼与俗的演绎——民俗学视野下的〈礼记〉研究》，博士学位论文，北京师范大学，2007年。

[3] 龙晓添、萧放：《〈家礼〉对〈仪礼〉丧葬礼仪知识的继承与发展》，《文化遗产》2016年第3期。

许多仪式环节。①

在人生仪礼文献中,除了经典礼仪文本,还有民间类书、日用知识读本等民间知识文本也对人生仪礼内容进行了辑录。王尔敏、刘同彪、龙晓添、邵凤丽等人指出民间日用类书中记载了大量的人生仪礼知识,这对于人生礼仪的广泛社会传播具有重要影响,不仅提供了参考文本,而且在不同程度上规范了民间人生仪礼行为。另外,黄景春另辟蹊径,对告地书、买地券、镇墓文等丧葬礼仪中的各种具体文献进行了研究,进一步丰富了丧葬礼仪文献的研究成果。②

二 人生仪礼发展历程研究

在诞生仪礼方面,王泉根、陈允金、曲彦斌、万建中、邢莉、黄英、郑艳、秦树景等人分别对诞生礼的生殖崇拜、相关习俗、区域民俗等内容进行研究。其中万建中《民间诞生礼俗》、邢莉《中国诞生礼》两部著作对诞生礼仪的研究更加全面、系统,为我们澄清了诞生礼的基本内容框架。另外,一些学者也通过田野调查对一些地区的诞生礼进行了详细的记述。如陈允金对20世纪80年代浙江义乌地区的生养习俗与禁忌进行了民俗志的记述。③

近年来,人生仪礼研究的一个重点问题是成人礼,陈华文、叶国良、戴庞海、贺少雅等人对冠礼的起源、发展、仪式要素等相关内容进行了深入研究。陈华文通过对吴越地区"文身"习俗的研究指出,"性文化或习俗的发展导致了成人礼(包括文身式成人礼)习俗的形成……文身并不仅限于图腾同样化,它还包容许多目的,

---

① 邵凤丽:《朱子〈家礼〉与传统社会民间祭祖礼仪实践》,中国社会科学出版社2019年版。

② 黄景春:《中国宗教性随葬文书研究——以买地券、镇墓文、衣物疏为主》,上海人民出版社2018年版。

③ 陈允金:《浙江义乌山区生养习俗与禁忌》,载上海民间文艺家协会编《人生礼俗研究》,学林出版社1992年版。

吴越的文身习俗就具有这样多种的文化功能"。① 古代冠礼的一个重要仪式是命字,到了元代,发展出了字说,这表明,一方面古代冠礼的"加冠命字"仪式正在重建,另一方面,冠礼仪式各环节之间正发生着转化和分离。同时,字说文体中对冠者名字内涵的解说折射出了当时儒家的成人观念和价值导向。②

"夫礼,本于婚。"婚礼是人生仪礼当中极为重要的一项礼仪。自古迄今,一直延传不断。对于不同历史时期的婚姻形态,贾晋华、姜彬、郭人民、刑铁华、秋浦、涂石、张光汉、王玉波、欧阳宗书、汪玢玲、彭林、鲍宗豪、鲁达、曲彦斌、蒋炳钊、江林等学者进行了考证研究。涂石认为,按照《礼记》记载,婚礼不用乐,儒家反对婚礼用乐,这实际上是因为当时部分地区还存在群婚陋习。③ 欧阳宗书通过古代家谱的文字记载,对婚礼中的对象选择、媒妁的作用、婚姻当事人的年龄、特殊的小儿婚、婚姻仪式以及离婚和再婚等六项内容进行了较为系统的考察。④ 后来,汪玢玲援引多种资料,将婚礼分为原始氏族社会、夏西周、春秋战国、秦汉、魏晋南北朝、隋唐五代、宋代、辽金、元代、明代、清代、现代十二个历史阶段,并详细描述了各个历史阶段的婚姻形态,为我们呈现了清晰的中国婚姻发展史。⑤ 另外,蒋炳钊、丁荣辉等人也较早地对不同地区的婚俗进行了田野调查,并做了民俗志记录。⑥

---

① 陈华文:《吴越"文身"习俗研究——兼论"文身"的本质》,载上海民间文艺家协会编《人生礼俗研究》,学林出版社1992年版。
② 贺少雅:《从字说创作看元代冠礼的传承与变迁——兼论儒家的成人观念》,《文化遗产》2016年第5期。
③ 涂石:《"古代婚礼不贺、不用乐"辨》,《学术论坛》1986年第1期。
④ 欧阳宗书:《合二姓之好 传祖宗血脉——从家谱透视中国古代宗族婚姻》,载上海民间文艺家协会编《人生礼俗研究》,学林出版社1992年版。
⑤ 汪玢玲:《中国婚姻史》,上海人民出版社2001年版。
⑥ 参见蒋炳钊《福建惠安小岞乡婚俗调查》,载上海民间文艺家协会编《人生礼俗研究》,学林出版社1992年版;丁荣辉、汪峰:《惠安崇武镇城区的婚礼习俗》,载《闽台婚俗——"福建婚俗的调查和研究"研讨会论文集》,1990年。

与婚礼一样，丧葬礼仪也是民俗学者研究的重点问题。迄今已有多部丧葬史方面的重要著作，如徐吉军、贺云翱《中国丧葬礼俗》，周苏平《中国古代丧葬习俗》，刘亚勇、李忠孝《中国殡葬忧思录》，张铭远《生殖崇拜与死亡抗拒》，靳凤林《窥视生死线：中国死亡文化研究》，徐吉军《中国丧葬史》，陈华文《丧葬史》，万建中《中国历代葬礼》等，这些著作对丧葬礼仪的历史发展进行了非常细致的梳理，廓清了中国丧葬礼仪的发展历程与基本形态。另外，李玉洁《先秦丧葬与祭祖研究》、黄宛峰《汉画像石与汉代民间丧葬观念》、吴丽娱《礼俗之间：敦煌书仪散论》等著作分别对先秦、汉代、唐代等不同历史时期的丧葬礼仪进行了详细研究，从整体上看，这些著作充分完成了对丧葬礼仪发展历史的全面梳理，夯实了丧葬礼仪研究的根基。[1]

与婚礼、丧礼丰厚的历史研究成果相比，祭礼的历史研究略显薄弱。学者对祖先祭祀礼仪的研究主要是将其放入中国祭祀大传统中，与神灵祭祀、先师圣杰祭祀、土地祭祀等并举，如杜希宇和黄涛《中国历代祭礼》、刘晔原和郑惠坚《中国古代的祭祀》、杨志刚《中国礼仪制度研究》等。[2] 另外，也有学者对特定历史时期的祭礼进行研究，如傅亚庶对上古祭祀文化的研究，常金仓对周代祭祀文化的研究，刘源、郭旭东、刘雨、庄志玲对商周时期祭祖礼的研究，徐扬杰、常建华、邵凤丽等人对宋至民国时期祭礼的研

---

[1] 参见徐吉军《中国丧葬史》，江西高校出版社1998年版；陈华文：《丧葬史》，上海文艺出版社1999年版；万建中：《中国历代葬礼》，北京图书馆出版社1998年版；李玉洁：《先秦丧葬与祭祖研究》，科学出版社2015年版；黄宛峰：《汉画像石与汉代民间丧葬观念》，中国社会科学出版社2015年版；吴丽娱：《礼俗之间：敦煌书仪散论》，浙江大学出版社2015年版。

[2] 参见杜希宇、黄涛：《中国历代祭礼》，北京图书馆出版社1998年版；刘晔原、郑惠坚：《中国古代的祭祀》，商务印书馆国际有限公司1996年版；杨志刚：《中国礼仪制度研究》，华东师范大学出版社2001年版。

究等。①

三 人生仪礼中的女性角色研究

传统人生仪礼的主导群体多以男性为主，女性处于辅助、配合和缺位的境地。由于这种原因，传统的人生仪礼研究也相对缺乏对女性角色的关注。近年来，开始有学者从性别身份角度关注人生仪礼中的女性群体。龙晓添指出，在中国的礼仪记述中，《仪礼》和朱子《家礼》书写了女性在丧礼中的社会分工与角色安排，反映了当时的社会现实和社会理想，表达了制礼者规范社会行为的目的。② 与之相比，宋代以后，宗祠祭礼中绝对以男性为主导，女性缺位的情况更加普遍。邵凤丽指出："从先秦《仪礼》的士人祭礼模式初创，到宋明宗族对《家礼》祭礼的继承、变革实践，女性在宗祠祭礼中的角色由居于核心地位的主妇逐步被边缘化为专司祭品的厨娘。女性祭祀角色的历史变迁表明岁时祠祭的举行是对宗族生活中性别秩序与伦常关系的维护与强化。"③ 在当代春节祭祖时，女性身份也具有特殊性，王卫华指出，"婚姻对于乡村女性而言，就包含着更多超越婚姻本身的意义，家祭资格就是一个重要的成分，即女性的家祭资格要靠婚姻获得"。④

学者对女性角色的关注增添了人生仪礼研究的一个新维度，使得人生仪礼研究更加全面，但目前为止这种研究仍处于探索阶段，

---

① 参见傅亚庶：《中国上古祭祀文化》，高等教育出版社 2005 年版；常金仓：《周代礼俗研究》，黑龙江出版社 2005 年版；刘源：《商周祭祖礼研究》，商务印书馆 2004 年版；徐扬杰：《宋明家族制度史论》，中华书局 1995 年版；邵凤丽：《朱子〈家礼〉与传统社会民间祭祖礼仪实践》，中国社会科学出版社 2019 年版。

② 龙晓添：《丧礼中的女性——以〈仪礼〉〈朱子家礼〉记述为例》，《广西师范大学学报》（哲学社会科学版）2013 年第 2 期。

③ 邵凤丽：《从主妇到厨娘——传统宗祠祭礼中女性角色的历史变迁》，《民俗研究》2017 年第 3 期。

④ 王卫华：《春节习俗与女性身份意识》，商务印书馆国际有限公司 2013 年版，第 80 页。

尚有许多问题有待进一步深入探讨。

第三节 "过渡礼仪"与"礼俗互动"

长期以来，人生仪礼研究乃至民俗学研究都被贴上了"缺乏理论贡献"的标签。鉴于此，当代民俗学者一方面秉持"眼光向下"，为民众做学问的基本理念，另一方面也积极进行理论探索。在人生仪礼研究理论中，突出表现为"礼俗互动"与"过渡礼仪"理论渐趋深化，极大地推动了人生仪礼研究的深入。

一 "过渡礼仪"理论的引入与本土化讨论

人生仪礼研究过程中先后引入了两部重要理论著作，即《过渡礼仪》和《仪式过程：结构与反结构》，学者在引入外国理论同时进行了本土化讨论。① 虽然"过渡礼仪"的概念已经被提出了100年之久，但是对于中国民俗学研究而言仍具有重要意义。2006年，张举文发表了《重认"过渡礼仪"模式中的"边缘礼仪"》一文，开启了对这一古典概念的现代应用。在人生仪礼乃至民俗学研究史上具有划时代的意义。

通过仪式理论引入中国后，学者们先后应用此理论分析人生仪礼现象。周星应用结构主义人类学概念结构，借鉴"过渡礼仪"经典理论，对汉文化人生礼俗，包括诞生礼、成人礼和婚礼中从"生"到"熟"的隐喻性表述进行探讨，强调了中国社会促进人由"生涩"向"成熟"过渡的成人仪式是普遍存在的，但是从中国社会整

---

① 参见［法］阿诺尔德·范热内普《过渡礼仪》，张举文译，商务印书馆2010年版；［美］维克多·特纳：《仪式过程：结构与反结构》，黄剑波、柳国赟译，中国人民大学出版社2006年版。

体来看，尚未确立统一的"成人礼"。① 在西方理论与中国民俗现实的对接时，张举文指出民俗学学界运用"过渡礼仪"模式进行中国的人生仪礼研究时，与中国传统的"人生礼仪"观念发生了混淆，特别是"边缘礼仪"概念的误译和误解以及现实应用。②

2015 年北京大学社会学人类学系召开了"经典概念的当代阐释：过渡礼仪的理论与经验研究"学术研究会，民俗学界对"过渡礼仪"经典概念的研究进入高潮。③ 在分析中国礼仪文化现象时，吕微指出，"儒学'三礼'并不是对过渡礼仪实践形式的现象结构的描述性归纳，而就是理性意志对出于道德法则的实践形式之'理想类型'的建构性演绎的'去存在'先验筹划"，民俗学者做的是"用概念的实践使用，揭示被概念的理论使用所遮蔽的过渡礼仪实践形式的道德目的论即自由—理性的本质规定性"。④

二　礼俗互动研究

近年来，随着研究的不断推进，学界开始关注礼与俗之间的复杂关系问题，并提出礼俗互动的观点。⑤ 彭牧指出："儒家的礼作为从上古习俗中固定化、文本化的传统，始终与其根源之俗遥相呼应。在漫长的历史中，一方面是精英以礼化俗，另一方面是民间的习俗

---

① 周星：《汉文化中人的"生涩""夹生"与"成熟"》，《民俗研究》2015 年第 3 期。

② 张举文：《重认"过渡礼仪"模式中的"边缘礼仪"》，《民间文化论坛》2006 年第 3 期。

③ 参见宋靖野《从仪式理论到社会理论：过渡礼仪的概念系谱》、周星：《"现代成人礼"在中国》、陈泳超：《一次人神合谋的民间调停——以"动力学"致敬"过渡礼仪"》，以上文章均出自《民间文化论坛》2016 年第 1 期。

④ 吕微：《"过渡礼仪"概念的古典新用主持人语》，《民间文化论坛》2016 年第 1 期。

⑤ 参见王贵民《中国礼俗史》，文津出版社 1993 年版；常金仓：《周代礼俗研究》，黑龙江人民出版社 2004 年版；杨志刚：《中国礼仪制度》，华东师范大学出版社 2001 年版。

不断改变礼。礼与俗代表了不同社会等级阶层中彼此平行而并行不悖的社会实践行为。精英之所以鄙视俗，正是出于保证礼的纯洁与正统的目的，因为俗很容易影响到礼。历史上的礼不仅产生、提炼于俗，而且始终与俗的实践传统密切互动。而俗和现实生活、具体实践密切相关，敏于变化，又为礼提供了根本的动力。可以说，两者存在彼此的对立和紧张。"①

在礼俗互动研究中，以往研究更多关注自上而下的以礼化俗、以礼导俗。刘志琴指出："礼与俗，分处于国家与民间的不同层次。俗一旦形成为礼，上升为典章制度就具有规范化的功能和强制性的力量，要求对俗进行教化和整合。精英文化通过以礼化俗把观念形态推向下层民众，从而使世俗生活理性化，精英思想社会化。礼俗整合的后果，使得礼中有俗，俗中有礼，礼和俗相互依存、胶着，双向地增强了精英文化与民间文化的渗透。"②

张士闪认为，在中国历史社会中，礼俗互动不仅是一种社会现象、话语形式，更是"理解中华文明内部一种自我制动、制衡的传统政治智慧与社会运作机制"，具体表现为"在传统中国的复杂社会系统中，'礼俗互动'奠定了国家政治设计与整体社会运行的基础，并在'五四'以来的现代民族国家建构中有所延续。礼俗互动的核心要义，是借助全社会的广泛参与，将国家政治与民间'微政治'贯通起来，保障社会机制内部的脉络畅通，以文化认同的方式消除显在与潜在的社会危机"。③

---

① 彭牧：《同异之间：礼与仪式》，《民俗研究》2014年第3期。
② 刘志琴：《礼俗互动是中国思想史的本土特色》，《东方论坛》2008年第3期。
③ 张士闪：《礼俗互动与中国社会研究》，《民俗研究》2016年第6期。

第四节　公共民俗学视角下的人生仪礼"非遗"保护研究

在人生仪礼的"非遗"保护方面，婚礼、祭礼两种人生仪礼已有多个代表性项目。如婚礼方面，2006年鄂尔多斯婚礼、土族婚礼、撒拉族婚礼被列入《第一批国家级非物质文化遗产代表性项目名录》。2008年、2011年、2014年又增加了多项婚俗内容。在祭礼进入"非遗"名录方面，2008年山西省洪洞县大槐树祭祖习俗被列入《第二批国家级非物质文化遗产代表性项目名录》，之后，2011年、2014年又增加了八项。从人生仪礼进入国家级"非遗"名录的情况看，人生仪礼中各个礼仪分布并不均衡，其中婚礼、祭礼两个礼仪较多，诞生礼、成年礼、丧葬礼等较少。

除了将具有典范意义的人生仪礼列入"非遗"名录加以保护和传承外，相应的学术研究成果也不断推进。在人生仪礼的"非遗"保护中，首先需要关注人生仪礼与民族文化自觉、民众文化认同问题，其次是进入"非遗"名录会对人生仪礼产生重要影响，祁庆富等人指出，在"非遗"保护过程中应该坚持在社区中"活态性"传承，不能为了对外表演而丧失内在的生命力。[①]

经过70年的发展，民俗学的人生仪礼研究逐渐从重历史梳理、重个案描述，转变为阐释性、实用性、"朝向当下"的学术研究范式。民俗学者在坚守"为人民做学问"的学术理念和"眼光向下"的学科属性基础上，一方面不断累积丰硕的历史研究成果，夯实人生仪礼研究的根基，另一方面不断强化社会参与意识、问题意识。

[①] 参见祁庆富《非物质文化遗产的真魂在于"活态传承"——由"徽州祠祭"引发的一点思考》，《重庆三峡学院学报》2009年第2期；郑文清：《非物质文化遗产的社区属性与地方性的内在联系》，《浙江工贸职业技术学院学报》2018年第3期。

面对社会转型的现实,民俗学者持续关注当代人生仪礼重建的文化传统、主体力量、礼仪形态、礼仪经济、思想内涵等现实问题,并有针对性地推出学术成果,为当代礼仪文化传统重建贡献了民俗学的力量,也使得民俗学学科的学术使命和社会担当得到了进一步的强化。

第十四章

民间游戏研究

王 丹 王 祺

中国民间游戏研究在多学科综合发展中取得不俗成就，已经成为"当代科际整合研究趋势中一个不可忽略的支点"。[①] 纵览中国民间游戏研究 70 年发展历程，更能凸显其跨学科学术特点。

第一节 民间游戏研究态势

学界对民间游戏关注经历了漫长的学术发展过程，早在 20 世纪初便有外国学者关注中国民间游戏。然而受时代的局限，中国民间游戏研究未得到充分的研究，其 70 年的发展历史，起初经历了一段空白时期，目前所能找到的刊载记录中仅有《江苏教育》对民间游戏的体育教育应用有所关注。[②] 改革开放以来，特别是 20 世纪 90 年

[①] 张士闪:《游艺民俗：当代科际整合研究趋势中一个不可忽视的支点——〈中国民间游戏与竞技〉读后》，《民俗研究》1997 年第 3 期。

[②] 虞静霞:《我们是怎样领导幼儿进行民间游戏的》，《江苏教育》1956 年第 1 期；佚名:《体育游戏》，《江苏教育》1961 年第 12 期；佚名:《体育游戏》，《江苏教育》1962 年第 1 期；佚名:《体育游戏》，《江苏教育》1962 年第 2 期；佚名:《体育游戏》，《江苏教育》1962 年第 3 期。

代后的近三十年，民间游戏研究开始兴起繁荣，至今已成为多学科共同关注的研究范畴。

刘春阳和杨占东应用文献计量法和科学知识图谱分析方法，对我国民间游戏研究领域相关文献的内外部特征进行了探索分析。[①] 其借助计量统计学进行文献研究的方法为研究综述提供了借鉴，但其检索的文献类型和主题词范围较小，仅从期刊和博硕士学位论文中检索了"民间游戏"和"传统游戏"，忽略了"游艺"这一同义关键词。为整体了解中国民间游戏 70 年的研究态势，本章以中国知网（CNKI）为数据来源，选取"民间游戏""传统游戏""民间游艺""传统游艺"作为主题词，检索全部文献 1825 篇。

从中国知网发文量年度分布趋势来看，自 1949 年以来的前 30 年，我国民间游戏研究几乎一直处于空白时期；1979 年以后研究成果逐年增多，每年都有新的研究成果面世；21 世纪以来，尤其从 2004 年至今，中国民间游戏研究日渐繁荣，相关论文发表量呈现井喷式增长，到 2018 年止仍有上升趋势。从总体上看，综合民间游戏相关著作情况以及论文发表频率，民间游戏研究可以分为两个阶段。

第一阶段：起步时期（1980—2004 年），改革开放后的 25 年里，学界开始关注民间游戏，逐渐展开研究，相关著作与论文陆续出现。

第二阶段：繁荣时期（2005 年至今），相关论文发表量持续、快速增长，取得了不俗的学术成果，特别是 2016 年《中国民间游戏总汇》的诞生和 2019 年东北亚民间游戏文化论坛的召开，渐将中国民间游戏研究引向新的阶段。

中国民间游戏 70 年的总体发展趋势和时代发展紧密联系，从相

---

① 刘春阳、杨占东：《我国民间游戏的研究动态、热点及前沿探索——基于 CiteSpace 的科学知识图谱分析》，载中国民俗学会、中国民族学学会东北亚民族文化研究会、北京师范大学体育与运动学院《2019 东北亚民间游戏文化论坛论文集》，2019 年，内部资料，第 250 页。

关文献来源分布来看，排名前 30 位的文献来源刊物以教育类为主，其中核心期刊仅有《学前教育研究》《体育文化导刊》《民俗研究》三种，分别为教育学、体育学和民俗学的核心刊物，但核心期刊发文量较少。一方面反映出中国民间游戏研究的跨学科属性，至少为教育、体育、民俗三种学科主导，其中更以教育为主，特别是学前教育成果较多、影响较大；另一方面也反映了我国民间游戏研究的核心成果尚不丰富。

从关键词共现网络来看，围绕"民间游戏"的关键词，学前教育、体育教育等问题依然是主要讨论对象，而民间游戏作为传统文化的传承与创新策略、价值与应用问题也是学者热议的话题。特别值得关注的是，电子游戏、网络游戏与民间游戏存在极强的关联性，这反映出学界已经关注到民间游戏在网络时代传承与创新的新形式。无论是网络游戏，还是幼儿教育、体育教学，都可以视为民间游戏的主要传承形式，因此，民间游戏作为传统文化的传承创新策略、价值与应用问题始终是学界讨论的核心议题。教育学、体育学所涉及的多是具体传承形式的研究，而民俗学更偏重理论研究与宏观把握。

从研究层次分布来看，中国民间游戏以基础社会科学研究为主，而基础教育与中等职业教育研究也占据重要比重；从研究机构分布来看，除高校科研发文外，各地方幼儿园也有大量发文，这在中国知网的论文统计中是十分罕见的。这是民间游戏作为"雅俗共赏""老少皆宜"的社会文化现象，可以沟通高等教育、职业教育与幼儿教育，纵贯基础理论研究与基础教育实践的独特魅力所在。民间游戏成为民俗学研究的重要领域，包括文学、历史学、社会学和教育学在内的不同学科都从不同视角、立场研究民间游戏，为民间游戏的搜集整理和理论建立提供了不同的发展方向。中国民间游戏研究不仅需要各学科学者相互借鉴交流，更需要不同研究层次与不同研究机构之间的沟通合作。

第二节 "民间游戏"概念与分类

一 民间游戏的概念

民间游戏顾名思义由"民间"和"游戏"两个核心要素构成,"民间"是民俗学的基本视角,"游戏"是游戏学本体概念。钟敬文主编的《民俗学概论》定义民间游戏"指流传于民间,以嬉戏、消遣为主的娱乐活动"[1],乌丙安亦认为"民间游戏是指流传于广大人民生活中间的嬉戏娱乐活动,俗语称'玩耍'"。[2] 早期探索者尚未接触到前人游戏学的研究成果,对于概念的认识也停留于感性层面,多聚焦于民俗学研究视角,突出民间因素,强调其流传于广大民众中。

从更广的范畴上概括民间游戏,即以"游艺"指称,泛指各种娱乐活动,或许更切合实际,如杨荫深、崔乐泉对游艺的定义。乌丙安则以列举法定义游艺民俗"凡是民间传统的文化娱乐活动,不论是口头语言表演还是动作表演的,或用综合的艺术手段表演的活动,都是游艺民俗"。[3] 林继富、王丹对民间游艺的定义是:"以调节人们身心健康为目的,在空闲时间进行的文化娱乐活动,在民众中广为流传并成为世代传承的文化传统,这就是民间游艺习俗。"[4] 这已经具备从感性认识向理性认识过渡的特点,不仅突出了民间与传统要素,还点明游艺目的与空闲时间的特征。但是,仍然无法厘清游戏与一般娱乐的分野,也不能突出游戏的本质特征。

---

[1] 钟敬文:《民俗学概论》,高等教育出版社2010年版,第290页。
[2] 乌丙安:《中国民俗学》,辽宁大学出版社1985年版,第343页。
[3] 同上书,第317—318页。
[4] 林继富、王丹:《解释民俗学》,华中师范大学出版社2006年版,第136页。

当游戏学对"游戏"主体界定成果被应用于民俗研究之后，民俗学者可以充分发挥独特的以人为本的民俗视角，而无须顾虑游戏与娱乐的区别，再定义民间游戏便容易许多。陈连山提出民间游戏"就是指那些在广大民众中广泛流行，并且成为代代传承的文化传统的游戏"。[①] 他将民间游戏最终落脚在游戏的核心概念之上，突出了民间游戏的游戏本质，又体现民众生活与文化传统的民俗特性。林继富在《中国民间游戏总汇》中通过综合游戏学与民俗学双重核心概念，对民间游戏做出科学的定义："民间游戏是广大民众创作、传承的生活文化，是民众在特殊的时间、空间内，通过一定的活动和相应的规则彼此之间游乐嬉戏的活动。"[②] 这里突出了"民间游戏作为游戏中以'人'为核心的活动"[③] 的特点，并且总结出中国民间游戏普遍性、时段性、竞技性、规则性、寓教于乐的特征。

二 民间游戏的分类

我国近代出版的《游戏大观》罗列了文字游戏、益智游戏、幻术游戏、栽花游戏和养物游戏五种游戏类型。[④] 近代我国游戏研究还未起步，游戏分类难免简陋，但是对于游戏概念的理解已经包括了花鸟鱼虫的饲养与观赏。到杨荫深《中国游艺研究》，其分类范围有所缩小，分为杂技、弈棋和博戏三种，这三种分类又过于狭隘。在后来的游戏研究中，分类标准与分类方法更显多样，主要依据以下几种标准：以游戏教育作用为依据；以认知发展为依据；以社会性

---

① 陈连山：《游戏》，中央民族大学出版社2000年版，第18页。
② 林继富：《中国民间游戏总汇·总序》，湖南文艺出版社2016年版，第4页。
③ 林继富：《从生活智慧到文化传统——中国民间游戏起源研究》，《原生态民族文化学刊》2016年第2期。
④ 佚名：《游戏大观》，中国书店1987年版，据上海广文书局1919年版影印。

发展为依据；以利用的替代物为依据；以游戏活动对象为依据等。[①]还有以游戏涉及的身体部分为依据，以中国古代主要游戏为依据[②]，还有以朝代为依据[③]等，不一而足，每一种分类结果几乎总有交叉或遗漏。

起初以游戏涉及的身体部分为依据分类较多。其分类方法来源于民间歌谣，钟敬文在《儿童游戏的歌谣》中说，"游戏之歌谣，分有面的游戏，手的游戏，手指的游戏及他各种游戏等等"[④]，归之为游戏歌谣的分类，其实即为游戏的分类，其后各家皆有借鉴。陈连山引用 AT 分类法对民间游戏进行分类也避免不了选取一定分类标准问题，其最主要的分类"身体活动的游戏"[⑤] 便借鉴了钟敬文的发现。纷繁的分类标准下，如果一定要加以概括，或许应用最广的应当是提取一类游戏的核心要素作为标准进行的分类。以身体部位分类也可以看成是一种以身体部分作为游戏核心，这种游戏核心可以是物，可以为事，也可以为特定时间或场所，可以是人，也可以是人的某一部分，可以是人的行为或动作。因为提取的游戏核心各不相同，民间游戏的分类也就不一而足，一方面反映出游戏分类的困难，另一方面也体现出中国民间游戏资源的丰富。当人们意识到某些游戏涵盖了多个核心要素，有学者提出了综合性民间游戏，"其中有两种或两种以上的游戏方式或技巧、动作来完成的嬉戏和玩耍活动，我们称之为'综合类民间游戏'"。[⑥]《中国民间游戏总汇》依据游戏方式不同划分民间游戏类型：角力类、棋牌类、球类、跑跳

[①] 申健强、王文乔、申利丽：《仡佬族地区民间游戏荟萃》，民族出版社 2012 年版，第 26—30 页。

[②] 蔡丰明：《游戏史》，上海文艺出版社 2007 年版。

[③] 王宏凯：《中国古代游艺》，中国国际广播出版社 2010 年版。

[④] 钟敬文：《儿童游戏的歌谣》，《民间文艺丛话》，国立中山大学语言历史学研究所 1928 年版，第 44 页。

[⑤] 陈连山：《游戏》，中央民族大学出版社 2000 年版，第 39 页。

[⑥] 林继富：《中国民间游戏总汇·综合卷》，湖南文艺出版社 2016 年版，第 1 页。

类、表演类、手工制作类、语言文字类和综合类。① 这种分类标准影响到游戏学的研究与分类，游戏设计专业的课本《传统民间游戏》也依据游戏规则、游戏特点的相似性做出了与《中国民间游戏总汇》大同小异的分类。② 民间游戏在传承过程中相互交流借鉴，彼此之间或多或少存在一定关联，这种交叉交融给民间游戏分类造成了相当的困难，综合类民间游戏的提出为中国民间游戏综合特性探索出可行之路。

民间游戏的分类问题虽然困扰人心，无法找到一个尽善尽美的标准，但根据研究需要，学者总能找到适合开展各自研究的分类方法，至于如何分类整理则是见仁见智。

第三节　民间游戏价值、功能的讨论

民间游戏的主体是人，游戏活动的价值是对人内在的作用，游戏功能是指游戏对社会文化系统的作用。为突出人的主体地位，学者分别讨论了民间游戏的内在价值与外部功能。

一　民间游戏的价值

萧放将民间游戏的价值分为对儿童和对成人两类游戏人的作用，对儿童教育主要有开展智能、增强体能、塑造人格的作用，对成人主要有调节生活的作用。③ 陈连山总结民间游戏社会文化功能分别是人格发展、缓解心情、体育锻炼、开发智力。④《中国民间游戏总汇》总结的民间游戏功能多半是对个人的意义，分别是协调合作

---

① 林继富：《中国民间游戏总汇》，湖南文艺出版社2016年版。
② 高金燕：《传统民间游戏》，中国传媒大学出版社2017年版，第15页。
③ 萧放：《文化视野下的中国民间游戏娱乐》，《民俗研究》1993年第1期。
④ 陈连山：《游戏》，中央民族大学出版社2000年版，第26—33页。

能力的提升、身体机能的锻炼和健全人格的塑造。① 施小菊和徐志诚认为民间游戏具有儿童早期启蒙和自娱谐和、宣泄身心的价值。② 曹中平通过对幼儿园民间体育游戏的实验研究，发现民间体育游戏对幼儿体质发展、运动技能和社会行为等健康教育具有重要的意义。③ 李玉峰从学前教育的角度，分析了民间幼儿体育游戏具有的生命、心理和文化意义：传承幼儿健身智慧，增进幼儿健康发展；塑造幼儿游戏生活，满足幼儿心理需求；延续幼儿文化生活，奠定终身文化适应之基础。④ 游戏精神也是我国学前教育界正大力提倡的，其内涵为"自由、自主、愉悦、创造"，关注幼儿的主体地位，民间游戏精神的传承在儿童心理发展中也有重要作用。⑤ 民间游戏所蕴含的游戏精神更是人类的天然需求，然而当代中国社会缺乏游戏精神，陈连山等学者都在呼唤重建游戏精神。⑥ 民间游戏整体价值研究，多是从生理、心理的角度出发，认为民间游戏强健体魄，开发智力，有益身心，有利于人格发展，为人的全面健康发展奠定基础。

学界除了对整体民间游戏价值进行探讨之外，也着重发掘具体类型或特定区域的民间游戏价值。周竞红以赫哲族传统儿童游戏为例，挖掘其训练智能、训练体能、塑造人格的教育价值及其背后的

---

① 林继富：《中国民间游戏总汇·总序》，湖南文艺出版社2016年版，第20—26页。

② 施小菊、徐志诚：《论我国民间游戏与民间竞技的社会价值》，《体育文化导刊》2003年第5期。

③ 曹中平：《民间体育游戏应用于幼儿健康教育的实验研究》，《学前教育研究》2005年第1期。

④ 李玉峰：《民间幼儿体育游戏：特性、价值及入园策略》，《学前教育研究》2005年第6期。

⑤ 沈艳凤：《游戏精神：幼儿园民间游戏传承的立足点》，《教育现代化》2017年第50期。

⑥ 陈连山：《论游戏的精神价值》，载《2019东北亚民间游戏文化论坛论文集》，2019年，第25页。

文化意义。① 徐莉、彭海伦对毛南族儿童棋类游戏进行研究，总结其对儿童心智发展，培养竞技意识、规则意识的社会性发展以及强化民族文化认同的教育价值。② 王丹认为语言文字类民间游戏在人类思维、语言表达能力、启迪心智、道德培养、地方知识教育、接受文字传统、文学艺术熏陶等方面具有显著作用。③ 对具体类型或地域民间游戏价值研究更有针对性，但依然以教育学或心理学角度为主，探讨民间游戏对人身心发展的作用。

学界讨论的民间游戏功能以内在价值为主，换言之，民间游戏的主要意义还是作用于人本身，"人"在游戏活动及其产生游戏效果中依然具有核心地位。民间游戏寓教于乐的特点使之同时存在于学习与生活之中，对包括儿童和成人在内的所有人群德、智、体、美、生活和工作都具有积极意义。

二 民间游戏的功能

将民间游戏放在历史发展与社会文化背景下，讨论民间游戏对文化传统和社会运行的作用，学者们对民间游戏功能研究多从社会学和文化学角度切入。民间游戏具有"增强群体意识，培养集体情操"④ 的作用，无论是作为儿童进入社会的准备，还是作为成人调整人际关系的形式，都起到整合人与人之间关系的作用，促使人走到一起，增加集体或社会的凝聚力。陈连山从社会角色和社会化角度强调儿童从民间游戏中习得的角色意识完成儿童社会化的作用⑤，他认为，"民间游戏也体现着人类社会的一种基本理

---

① 周竞红：《赫哲族儿童传统游戏的文化功能》，《民俗研究》1994年第2期。
② 徐莉、彭海伦：《毛南族儿童的棋游戏及其教育价值》，《学前教育研究》2009年第2期。
③ 王丹：《语言文字类民间游戏的教育功能研究》，《民俗研究》2018年第4期。
④ 萧放：《文化视野下的中国民间游戏娱乐》，《民俗研究》1993年第1期。
⑤ 陈连山：《游戏》，中央民族大学出版社2000年版，第26—31页。

想：自由、平等、公正"。① 民间游戏可以虚构独立的游戏时空，在这个时空中儿童可以练习步入社会的准备。民间游戏的特点也正是理想社会的特点，自由、规则、秩序、平等、正义、公平等，人们在游戏中可以构建起一个合乎理想标准的临时社会。《中国民间游戏总汇》认为，民间游戏可以将这种理想投射到现实社会，例如民间游戏有利于"均等思想的普及"②，民间游戏能够参与"传统文化的建构"③，具有"文化认同功能"。④ 施小菊和徐志诚认识到民间游戏具有培养认同感和民族精神功能，他们还从体育学的角度，对民间游戏和民间竞技与文艺体育的关系进行了探讨，认为民间游戏是"文艺和体育的滋养源"。⑤ 李玉峰从文化角度认识到民间幼儿体育游戏具有承载"文化母题"的功能。⑥ 李亚妮从儿童社会性别和角色分工角度考察民间游戏在陕西关中地区青春期民俗教育中的重要作用。⑦

民间游戏作为人际互动的活动，能够增强群体意识和社会凝聚力。民间游戏可以模仿社会，为儿童学习社会化、步入社会，成人从中寻觅社会理想并投射现实提供虚拟实践。民间游戏建构传统文化，构成民众文化记忆，具有文化认同功能。

---

① 陈连山：《游戏》，中央民族大学出版社 2000 年版，第 33 页。

② 林继富：《中国民间游戏总汇·总序》，湖南文艺出版社 2016 年版，第 20 页。

③ 同上书，第 24 页。

④ 同上书，第 25 页。

⑤ 施小菊、徐志诚：《论我国民间游戏与民间竞技的社会价值》，《体育文化导刊》2003 年第 5 期。

⑥ 李玉峰：《民间幼儿体育游戏：特性、价值及入园策略》，《学前教育研究》2005 年第 6 期。

⑦ 李亚妮：《陕西关中地区青春期民俗教育的传承与变迁》，《民俗研究》2008 年第 1 期。

第四节　民间游戏的起源与发展演进研究

民间游戏起源与发展演进研究，是学者着力最多的领域，尤以历史学者为甚，其研究方法大多属于文献研究，依据古代文献梳理出民间游戏整体发展史或民间游戏专题史。

一　民间游戏的起源

从民俗学角度讲，民间游戏作为整体类民俗事象起源，也如宏观上的民俗起源一样是"民众共同智慧的结晶"。[1] 以游戏为主体的现代游戏理论认为，"游戏的本质是先于人类、更是先于人类文化而存在的"。[2] 学者对于民间游戏起源研究的多元起源研究成果颇丰，通过游戏与其他社会文化现象关系的追溯，厘清以"民间游戏"为中心参与编织的社会文化网络，从而印证游戏的主体地位。郭泮溪发现民间游戏、民间竞技与经济生产、信仰崇拜、神话传说、繁衍教育的关系。[3] 蔡丰明从考古发现石球中发现了生产与游戏交融的情况，并发现游戏与狩猎等生产活动、古代军事、社会风俗、外域交流、岁时节令、各色人物的关系。[4] 李玉新、高学民、李玉超认为中国古代体育游戏起源于生产劳动、社会风俗和战争，分析了中国古代体育游戏受政治、经济、社会文化的影响较大，未形成类似西方的体育游戏专门化。[5] 李屏从发生学角度讨论我国游戏起源，他把我国传统游戏活动分为间接发生和直接发生两类，总结了前人对中国

---

[1] 林继富、王丹：《解释民俗学》，华中师范大学出版社2006年版，第61页。
[2] 陈连山：《游戏》，中央民族大学出版社2000年版，第7页。
[3] 郭泮溪：《民间游戏与竞技》，中国社会出版社2006年版，第6—11页。
[4] 蔡丰明：《游戏史》，上海文艺出版社2007年版。
[5] 李玉新、高学民、李玉超：《中国古代体育游戏文化的解读》，《体育文化导刊》2006年第11期。

各种游戏起源研究成果的五种途径：生产劳动、军事战争、社会风俗、神话传说、文化交流，并得出结论："游戏的产生是一个漫长而复杂的过程……是许多人长期实践创造出来的产物，是众人智慧的结晶。"①《中国民间游戏总汇》认为，"生产活动、宗教祭祀、巫术活动、社会习俗、军事活动等既是中国传统民间游戏来源的主要渠道，也是构成中国传统民间游戏的基本主题"②，本书还从民间游戏与其他社会文化现象的互文关系中寻求民间游戏的起源。

二 民间游戏的发展演进

蔡丰明《游戏史》不仅探索了古代游戏的历史渊源，还依据最新考古发现推进了最早的游戏年代，简要梳理了中国游戏发展史，以唐宋作为中国游戏发展的鼎盛时期，并选取各时期流行的典型游戏进行介绍，研究了历史上游戏对社会的影响。③崔乐泉《忘忧清乐——古代游艺文化》将民间游戏分为六大类，收录近百项古代游艺④，并"对每一种游艺活动的来龙去脉和游戏方式考证，穿插许多与各类游艺活动相关的历史故事和传说"⑤，勾勒出我国丰富多彩的游艺史画卷。王宏凯《中国古代游艺》以朝代划分描述各种民间游戏于当时的流行状况，主要是以历史学的视角进行文献梳理。⑥

游戏断代史研究尤以汉魏、唐宋时期为盛。汉代游艺习俗已然成风，从考古发现的汉代画像石中窥得当时民间游戏情状，黄芬从

---

① 李屏：《中国传统游戏研究——游戏与教育关系的历史解读》，山西教育出版社2012年版，第35页。
② 林继富：《中国民间游戏总汇·总序》，湖南文艺出版社2016年版，第5页。
③ 蔡丰明：《游戏史》，上海文艺出版社2007年版。
④ 崔乐泉：《忘忧清乐——古代游艺文化》，江苏古籍出版社2002年版。
⑤ 古柏：《留住民族文化的记忆——评〈忘忧清乐——古代游艺文化〉》，《体育文化导刊》2002年第6期。
⑥ 王宏凯：《中国古代游艺》，中国国际广播出版社2010年版。

汉画中发现汉代游艺风俗状况①，游敏、任开慧、尹钊《汉代人的民间游戏》通过汉代画像石刻的研究与文献记载相互补充，介绍了九项汉代流行的民间游戏。② 王子今、周苏平结合画像石刻和古籍文献研究汉代鸠车、竹马等游戏，并从心理学、社会学的角度分析了民间游戏对儿童发展的作用。③ 聂济冬发现东汉士人中间盛行游艺风气，认为由传统"六艺"向琴棋书画转变，反映出东汉士人对艺术的喜爱与游戏心理的加重。④ 对唐宋游戏史的研究更加兴盛，王永平《唐代游艺》是史学界较早关注社会生活中休闲娱乐方面的研究⑤，并在此基础上完成了《游戏、竞技与娱乐——中古社会生活透视》，其以汉唐时期游戏、竞技、娱乐的情状透视时人的生活方式和社会风尚，关注其间中外文化交流中的游戏、竞技与娱乐⑥。张婷对唐代游艺赋进行了相关研究。⑦ 李钰探索了唐代体育游艺和游艺诗繁盛的状况及原因，并分析了各类型游艺诗⑧，王赟馨以《全唐诗》为范本整理研究唐代游艺诗歌，展现了唐代游艺活动的诸多方面和社会生活风貌。⑨ 刘玉红⑩和张宝强、王丽⑪都从《宫词》中研究唐朝宫廷游艺活动。唐代儿童游戏进一步发展，张宝强由路德延《少儿诗》

---

① 黄芬：《从汉画看汉代游艺风俗》，《中原文物》2012 年第 3 期。
② 游敏、任开慧、尹钊：《汉代人的民间游戏》，《东方收藏》2018 年第 16 期。
③ 王子今、周苏平：《汉代儿童的游艺生活》，《中国史研究》1999 年第 3 期。
④ 聂济冬：《东汉士人的游艺风气》，《民俗研究》2008 年第 3 期。
⑤ 王永平：《唐代游艺》，西北大学出版社 1995 年版。
⑥ 王永平：《游戏、竞技与娱乐——中古社会生活透视》，中华书局 2010 年版。
⑦ 张婷：《唐代游艺赋研究》，硕士学位论文，江西师范大学，2014 年。
⑧ 李钰：《唐代体育游艺诗初探》，硕士学位论文，内蒙古师范大学，2010 年。
⑨ 王赟馨：《唐代游艺与诗歌》，硕士学位论文，吉林大学，2012 年。
⑩ 刘玉红：《从王建〈宫词〉看唐代宫廷游艺习俗》，《贵州文史丛刊》1999 年第 4 期。
⑪ 张宝强、王丽：《由〈宫词〉看唐五代宫廷游艺活动》，《咸阳师范学院学报》2014 年第 6 期。

研究唐代少儿游艺的繁荣情况。① 李冠楠关注到唐代游艺活动中的岁时节日因素，深入探讨唐代岁时节日与民间游戏之间的互文关系。② 丛振从敦煌文献中研究中古时期世家大族的游戏活动。③ 俞婕对宋代体育游艺进行考略，凸显宋代游艺活动的奇特性与稀有性、传统性与创新性。④ 杨志柏综合各种文献资料，运用文献分析和比较研究方法展现宋代民间游戏的形式、内容、发展演变、社会文化特征、存在环境和交流影响。⑤

区域游戏发展史研究包括区域断代游戏史和区域整体游戏史。区域断代游戏史研究以清代、民国等较近历史时期为多，杨英杰对清代满族的游艺风俗进行了研究⑥；庞羽考察了清代呼和浩特的游艺民俗⑦；樊志斌以李声振的《百戏竹枝词》为依据研究曹雪芹生活时代的京师游艺⑧；王燕考察了1927年至1937年上海游艺会活动⑨；张金庚根据儿时个人经历与目睹的民间游戏记忆介绍了潍县城镇儿童民间游戏数种。⑩ 区域整体游戏史研究大多起于历史梳理，从中发现其现实意义。周传志梳理了福建民间游艺的历史发展落脚在民间

---

① 张宝强：《由路德延〈少儿诗〉看唐代少儿游艺》，《兰台世界》2013年第6期。
② 李冠楠：《唐代岁时节日与游艺研究》，硕士学位论文，兰州理工大学，2018年。
③ 丛振：《敦煌文献中的游艺资料研究——以敦煌书仪所见中古大族游艺为中心》，《图书与情报》2012年第5期。
④ 俞婕：《宋代体育游艺考略》，《商丘师范学院学报》2013年第12期。
⑤ 杨志柏：《宋代游艺活动探析》，硕士学位论文，四川师范大学，2013年。
⑥ 杨英杰：《清代满族游艺风俗述略》，《辽宁师范大学学报》（社会科学版）1990年第6期。
⑦ 庞羽：《清代呼和浩特游艺民俗小考》，《前沿》2008年第6期。
⑧ 樊志斌：《曹雪芹生活时代的京师游艺——以李声振的〈百戏竹枝词〉为中心》，见《北京民俗论丛》，中国社会科学出版社2017年版，第163—176页。
⑨ 王燕：《民国时期上海游艺会活动考察（1927—1937）》，硕士学位论文，河南大学，2015年。
⑩ 张金庚：《儿时游戏的记忆——潍县城镇四五十年代儿童民间游戏数种》，《民俗研究》1994年第3期。

游艺传承的当代意义上①；唐婷婷对河南传统游艺源流综合考述，提出保护传统游艺的思考②；少数民族地区游戏史研究有邓浩从《突厥语词典》中发掘古代维吾尔族的游艺民俗文化③；李娟从汉籍文献发掘蒙古族游艺竞技民俗④；吴恩婵对湖北恩施土家族民间儿童游戏形成、流变及发展的研究，对当前民间游戏发展提出了可行性策略⑤。

专项游戏发展史研究是对某一项民间游戏进行历史演进梳理。穆田恬对汉代乐舞百戏类游艺活动进行了研究⑥；张金峰介绍了宋代民间的风筝游艺活动情形⑦；邢金善研究了斗鸡游艺在宋代的传承与发展，及其在当时民众日常生活中的地位⑧；吴安宇从音乐角度分析了清代琴人游艺现象⑨；丛振从敦煌、吐鲁番文献中考证藏钩游艺发展历史⑩；蔡中民《中国围棋史》⑪、张如安《中国象棋史》⑫等是对中国流传千年棋牌类民间游戏发展的历史研究；张斌结合古文献中

---

① 周传志：《福建民间游艺的历史发展及当代意义》，《体育文化导刊》2010年第12期。
② 唐婷婷：《河南传统游艺的源流及保护思考》，硕士学位论文，华中师范大学，2015年。
③ 邓浩：《从〈突厥语词典〉看古代维吾尔族的游艺民俗文化》，《语言与翻译》1995年第1期。
④ 李娟：《简论汉籍文献所见蒙古族游艺竞技民俗》，硕士学位论文，内蒙古师范大学，2015年。
⑤ 吴恩婵：《湖北恩施土家族民间儿童游戏的形成、流变及发展研究》，硕士学位论文，云南师范大学，2016年。
⑥ 穆田恬：《汉代乐舞百戏的游艺研究》，硕士学位论文，福建师范大学，2014年。
⑦ 张金峰：《宋代民间的风筝游艺活动》，《兰台世界》2012年第28期。
⑧ 邢金善：《宋代斗鸡游艺的文化传承与发展》，《体育文化遗产论文集》，中国体育科学学会，2014年。
⑨ 吴安宇：《清代琴人游艺现象分析》，《音乐研究》2014年第4期。
⑩ 丛振：《敦煌、吐鲁番文献所见藏钩游艺考》，《吐鲁番学研究》2017年第1期。
⑪ 蔡中民：《中国围棋史》，成都时代出版社2007年版。
⑫ 张如安：《中国象棋史》，团结出版社1991年版。

记载塞棋的演变过程，探讨塞棋的具体玩法与分化，指出塞棋在古代游艺史上具有重要的史料价值。①

民间游戏起源及发展演进研究皆属于民间游戏史研究范畴，汇集了以历史学、民俗学为核心的多学科力量，从宏观到微观，既见树木，又见森林。但其间依然存在一定问题，如民间游戏起源研究多以文献研究为主，依据的是零散史料记载；民间游戏起源、演进研究的关系论、记忆论的研究成果有待加强；文献研究与田野调查，包括考古发现和口述史研究等综合整体性研究还需进一步系统化和科学化。

第五节　回到生活的民间游戏传承

民间游戏的传承路径主要有以下几种：民间游戏与现代生活、民间游戏进课堂、民间游戏与网络技术、民间游戏与产业开发。

一　融入现代生活的民间游戏

随着城镇化和现代化进程加速，民间游戏的自然群体正在锐减，民间游戏的生活属性在不断消失。如何使传统民间游戏融入现代生活，是民间游戏传承的根本道路。

苗雪红期望通过丰富交往生活、创设物质场所、合理利用资源、适度自主支持等方式探寻儿童自然游戏群体的回归。② 蒋明智、王爱仪以朗镇大井头社区为例，探究当代东莞舞龙游艺习俗从求神祈福向文体活动嬗变的原因，从传统被发明的过程中探索民间游戏现代

---

① 张斌：《古老的游艺塞棋考略》，《社会科学论坛》2015 年第 4 期。
② 苗雪红：《儿童自然游戏群体：传统的失落与当代的重建》，《学前教育研究》2004 年第 11 期。

化转型路径。[①] 广州市猎德村游龙探亲游艺具有亲睦功能，对改善邻村关系、建设和谐新农村具有重要作用。[②] 贾秀海对大连中青年休闲文化进行研究，发现大连人对传统纸牌类民间游戏"打滚子"活动借助街头巷尾的棋牌室和大众传媒，已经成为流行的休闲游戏。[③]

在休闲时代到来的今天，民间游戏需要游戏群体。在保护和发展游戏群体的同时，还要增强民间游戏的娱乐休闲性，努力保持其生活属性，才能得到持续传承。

二 走进课堂的民间游戏

民间游戏进课堂是当前民间游戏传承的主要形式，学者对此多有讨论。吴宝珊分析了儿童游戏进入幼儿园教育的搜集途径、选编原则和组织策略。[④] 曹中平从幼儿健康教育角度，试图构造合理分类分层、改编改造继承幼儿民间体育游戏应用模式。[⑤] 李玉峰从意识形态、教学条件、实施策略方面入手，提出民间幼儿体育游戏的入园策略。[⑥] 杨静探讨了欠发达地区幼儿园游戏活动的组织原则和组织方式。[⑦] 莫晓超、李姗泽探讨了从搜集到筛选再到改编创新民间游戏进

[①] 蒋明智、王爱仪：《东莞舞龙游艺习俗的嬗变及其原因探析——以大朗镇大井头社区为中心》，《文化遗产》2010年第4期。

[②] 彭伟文：《民间体育活动的民俗功能——以广州市猎德村的游龙探亲为例》，载《2019东北亚民间游戏文化论坛论文集》，第175页。

[③] 贾秀海：《大连城市中青年游戏休闲行为研究》，博士学位论文，东北财经大学，2011年。

[④] 吴宝珊：《浅谈民间儿童游戏在幼儿园教育中的开发与运用》，《学前教育研究》2004年第1期。

[⑤] 曹中平：《民间体育游戏应用于幼儿健康教育的实验研究》，《学前教育研究》2005年第1期。

[⑥] 李玉峰：《民间幼儿体育游戏：特性、价值及入园策略》，《学前教育研究》2005年第6期。

[⑦] 杨静：《欠发达地区幼儿园游戏活动组织方式探析》，《学前教育研究》2006年第1期。

入幼儿教育的可行性路径。[①] 冯林林总结了区域性、适宜性和家长参与性的幼儿园民间游戏课程的构建原则。[②] 秦元东从儿童角色视角,提出教师可以借助外部奖赏与"留白"策略促进幼儿园民间游戏从游戏的参与者阶段向创造者阶段积极转化。[③] 王海燕从儿童教育角度提出彰显正确民间传统游戏观、纳入课堂体系、引入教学活动的操作建议[④]。罗红辉针对幼儿园民间体育游戏存在的素材、运动和安全等问题,提出拓展资源、优化过程和组织方式等相应的解决对策[⑤]。李冬颖从"非遗"的角度提出:"高校应利用优势,多渠道地开展体育与游艺类非物质文化遗产项目的介绍,让学生可以从课程、社团活动等方面更多地接触到项目本身;制定符合高校自身特点的体育与游艺类非物质文化遗产保护的机制。"[⑥]

三 民间游戏与网络技术

民间游戏与网络游戏的关系成为主要探讨对象。高金燕探讨了中国民间游戏和电子游戏的社会功能差异,"民间游戏的游戏内容相对稳定,但传播形式单一,缺少积极的有效组织和系统的传播,而电子游戏的文化传播则体现在全球范围内的一种文化共享,从速度

[①] 莫晓超、李姗泽:《民间游戏资源在幼儿园活动中的运用及其策略》,《学前教育研究》2006年第9期。

[②] 冯林林:《幼儿园民间游戏课程的构建》,《学前教育研究》2010年第3期。

[③] 秦元东:《幼儿园民间游戏的阶段与转化:儿童角色的视角》,《学前教育研究》2012年第4期。

[④] 王海燕:《民间传统游戏的失落与回归》,《广西师范学院学报》(哲学社会科学版)2013年第1期。

[⑤] 罗红辉:《幼儿园民间体育游戏存在的问题与解决对策》,《学前教育研究》2012年第6期。

[⑥] 李冬颖:《体育与游艺类非物质文化遗产在少数民族地区高校生存状态调查研究》,《体育文化导刊》2016年第6期。

和广度及内容的丰富性上要远远强于民间游戏"①，两者各有优势，民间游戏融入网络游戏在现代传播上的优势，或许能够成为民间游戏现代传承的理想路径。毛静将电子游戏与中国传统民间游戏进行对比，探讨其规则的共通性和游戏形态引发的差异性，以及两者之间如何进行优势互补，从艺术设计、内容的设计、行为的设计、反思的设计和数字技术对民间游戏的实现及数字娱乐新体验等角度，探讨了民间游戏在数字游戏中的应用方法。②

民间游戏与网络技术的融合是民间游戏的发展方向。其他现代先进科技也为民间游戏传承提供了新的可能。陈岩论述了 VR 和混合动捕技术在民间游戏推广和传承中的应用，认为民间游戏通过高新数字化能够得到更好的保护和传承。③

民间游戏与网络技术的融合成为文化与科技融合的创新领域，在网络时代民间游戏必将呈现出新的操作模式和文化表征。民间游戏与网络技术的深度融合是民间游戏现代转型的趋势，也是推陈出新的传承新路径。

四 民间游戏与产业开发

民间游戏产业开发以文化旅游产业为主。周宜君、黄蓉、曹诗图以鄂西地区为例讨论传统儿童游戏的旅游价值，提出景观化、体验化、线路化、商品化的鄂西生态文化旅游圈传统儿童游戏旅游开发的具体设想。④ 江西省万安县夏木塘村，在万安县委县政府提出旅

---

① 高金燕：《中国民间游戏和电子游戏的社会功能差异》，《艺术与设计（理论）》2010 年第 1 期。

② 毛静：《我国传统民间游戏在数字游戏中的应用探究》，硕士学位论文，江南大学，2013 年。

③ 陈岩：《VR 和混合动捕技术在民间游戏推广和传承中的应用》，载《2019 东北亚民间游戏文化论坛论文集》，2019 年，内部资料，第 417 页。

④ 周宜君、黄蓉、曹诗图：《论传统儿童游戏的旅游价值及其保护性开发》，《中华文化论坛》2011 年第 1 期。

游兴县战略后，以"游戏"为兴奋点，力图将夏木塘村打造为中华民间传统游戏村，让昔日的空心村成为旅游"趣村"，为古村落保护和利用走出"旅游+扶贫"的新路子，为中国新农村建设提供新案例新思路，也为中国民间游戏的传承探索产业开发的新路径。[①]

以文化旅游为代表的民间游戏产业开发作为新兴传承路径拥有巨大的市场价值与深厚的学术价值，但相关学术研究尚不充分。民间游戏的传承不仅需要民俗学者的讨论与研究，更需要各学科、各领域人才的共同努力。

未来的民间游戏发展需要多学科综合研究成果的理论指导，生活中的民间游戏和表演化的民间游戏的关系问题值得我们进一步关注、研究，不同场域中民间游戏的实践过程和意义呈现应该得到重视；对于作为非物质文化遗产类型的民间游戏的挖掘、保护应该加大力度，寻找到与当代民众生活相适应的民间游戏可持续发展道路，使民间游戏更好地融入民众生活；民间游戏在当代生活中创造性转化和创新性发展的应用研究也有待深化。

[①] 龙玉然:《三叹夏木塘》,《井冈山报》2019年4月3日。

第十五章

民间信仰研究

王霄冰　林海聪　王玉冰

"民间信仰"是民俗学、人类学、历史学、宗教学、社会学、民族学等人文社会学科普遍关注的议题。在中文语境，学者们在不同的语境中也用俗信（包括"民间俗信""民间信俗""民俗信仰"）、民间宗教（包括"民众宗教""大众宗教"）、民俗宗教、民生宗教、通俗信仰、普化宗教（包括"扩散性宗教""弥漫性宗教""混合宗教"）、宗法性传统宗教、民众祠神信仰等词语来指代民间信仰。[①]从概念用语的繁杂中不难看出，学界对中国民众的宗教信仰与实践活动存在着不同的定位标准和分类观念。同时，不同语境下不同的词汇选择也会造成概念在内涵上各有侧重，表现出使用者对这一研究对象所持的不同学术立场。然而无论概念有多繁杂，他们讨论的具体范畴大致包括民众的宗教思想、信仰和仪式实践活动。因此，本章仍然选择"民间信仰"这一受到广泛采纳的概念来指称民众的信仰与仪式行为。根据钟敬文主编的《民俗学概论》，民间信仰

[①] 各个术语的出处与使用情况，详见王霄冰、林海聪、周波《2012年度中国民间信仰研究报告》，载张士闪主编《中国民俗文化发展报告2013》，北京大学出版社2014年版，第202—255页。

（民俗信仰）即"在长期的历史发展过程中，在民众中自发产生的一套神灵崇拜观念、行为习惯和相应的仪式制度……它的内容主要包括灵魂、自然神、图腾、生育神、祖先神、行业神等"。①

当然，在梳理民间信仰的研究成果时，我们不仅仅局限于民间信仰这个关键词。正如高丙中所言："关于民间信仰的学术成果，我们不能仅从一个单纯的范畴进入，而要从一个知识谱系的宽度来把握。围绕'民间信仰'，从制度发展水平来看，相关研究的范围包括系统化、组织化的'民间宗教'，也包括弥散性的民俗活动；从学者立场来看，相关研究的对象包括偏向贬损的'迷信'，也包括偏向正面对待的'民间文化'，后者现在又转化出价值肯定的'非物质文化遗产'概念。"②

第一节 民间信仰研究的发展脉络

对于中国民众宗教信仰活动的学术关注，始自明末清初的中西方礼仪之争，及至晚清的定孔教为国教，将中国宗教问题的争议推到了顶峰。从"清末新政"的"废庙兴学"、民国"风俗改革运动"与"反封建、反迷信"运动、中华人民共和国成立后的"破四旧"到当代的"非物质文化遗产"运动，民间信仰不断地被重新解读和阐释。1949年以来，政府和学术界对于民间信仰的态度与研究，主要经历了以下三个阶段。

一 1949年至1978年对于民间信仰的定位与研究

民间信仰的学术研究在中华人民共和国成立之后，经历了一段

---

① 钟敬文主编：《民俗学概论》，上海文艺出版社1998年版，第187页。
② 高丙中：《作为非物质文化遗产研究课题的民间信仰》，《江西社会科学》2007年第3期。

长时间的低潮期，但并不意味着民间信仰的研究全面停止。一方面，仍有一部分历史学者针对以会道门为代表的民间信仰活动进行了一些学术研究。这些历史学者们"比较普遍地使用过'农民宗教'或'起义者的宗教'等概念来表述民间教门"[①]，且多使用历史文献研究法展开。例如曾在民国时期对中国秘密宗教展开研究的李世瑜，就利用过去积累的学术人脉，开始搜集与整理民间宝卷这种特殊的民俗文献，在1961年出版了《宝卷综录》。[②] 另一方面，各地方政府也搜集整理了大量会道门的组织情况，一部分发表在诸如《人民日报》《公安通讯》《人民司法》和《人民警察》等报刊上，更多的则以内部资料的形式，流通和保存在政府部门或高校的研究机构资料室里。[③]

此外，全国在1956年至1964年间开展了大规模、有组织的中国少数民族社会历史调查，其中也涉及少数民族宗教信仰习俗的内容。这些资料最初多数以内部资料的形式保存，1979年之后，在国家民族事务委员会的主持下，学者们才陆续将之重新编辑整理，出版成五种丛书：《中国少数民族》《中国少数民族简史丛书》《中国少数民族语言简志丛书》《中国少数民族自治地方概况丛书》和

[①] 曹新宇：《从非常态到常态历史——清代秘密社会史近著述评》，《清史研究》2008年第2期。

[②] 李世瑜：《现代华北秘密宗教》，上海文艺出版社1990年版；李世瑜编：《宝卷综录》，中华书局1961年版；李世瑜：《社会历史学文集》，天津古籍出版社2007年版。

[③] 《人民日报》有关取缔反动会道门的文章可参阅《1949年人民日报索引》，人民日报出版社1961年版，第161—162页；《1950年人民日报索引》，人民日报出版社1960年版，第125—126页。发表在其他报纸的文章有《重点取缔会道门工作情况与经验》，《公安通讯》1950年6月2日；《提高警惕彻底消灭反动会道门的活动》，《人民司法》1958年第14期；《群众提高了对反动道会门的认识》，《人民警察》1951年第5卷第7期，等等。内部资料有北京政法学院刑事侦查教研室编《敌情基础知识参考资料——反动党团、反动会道门部分之一》，1963年。

《中国少数民族社会历史调查资料丛刊》。①

二　1978年至2000年民间信仰学术价值的重新发现

1982年3月，中共中央下达了《关于我国社会主义时期宗教问题的基本观点和基本政策》文件（简称"19号文件"），这既是党的宗教问题基本观点的一个修订版，也是新时期宗教政策和法规的一个大纲。文件提到，在社会主义中国，虽然"宗教存在的阶级根源已经基本消失"，但是由于人们意识的发展总是落后于社会存在，旧的思维方式会继续存在，因此宗教仍然会继续存在并且发挥它的功能。

与此同时，学术界也重新展开民间信仰的调查与研究。首先是对民间信仰的文化价值重新定位，弱化概念所引起的政治敏感。吴真曾指出，"1979年顾颉刚、钟敬文诸先生发起《建立民俗学及有关机构的倡议》之后，全国民间文学研究者们开始广泛讨论如何重建民俗学，其中一项便是恢复对信仰风俗的研究调查。由于长期以来整个文化界惯用的'迷信'一词容易引起意识形态的政治敏感，1980年以后，民俗学者们非常默契地共同使用了'民间信仰'一词，借以取代'迷信'一词"。② 例如乌丙安在1985年出版的《中国民俗学》便辨析了民间信仰与宗教的十大区别，以凸显民间信仰的民俗性。③ 其次，宗教学、历史学的学者们以"眼光向下"的姿态开始对民间信仰进行研究，但是一般使用"民间宗教"这一概念，来替代传统的"秘密宗教""秘密结社"以及"会道门"研究。④

---

① 据统计，从1979年1月至1991年4月，《民族问题五种丛书》共计出版了399本，总印数100多万册，先后有32家出版社参与出版发行。参见胡钧《民族文化建设的巨大系统工程——介绍〈民族问题五种丛书〉》，《民族研究》1992年第4期。
② 吴真：《民间信仰研究三十年》，《民俗研究》2008年第4期。
③ 乌丙安：《中国民间信仰》，上海人民出版社1995年版，第238—247页。
④ 较为典型的是马西沙、韩秉方的"民间宗教史"研究。可参考马西沙、韩秉方《中国民间宗教史》，中国社会科学出版社2004年版。

进入20世纪90年代后,民俗学者们全方位展开了有关中国境内民间信仰的调查研究,出版了一批具有广泛学术影响力的研究丛书。如上海三联书店的《中华本土文化丛书》,收录了十多本民间信仰研究著作。① 这些民间信仰著作或以"萨满""中国巫术""神判"等特定的民间信仰表现形式为研究对象,或以特定的神祇崇拜类型如关公、财神信仰等为研究主题。刘锡诚、宋兆麟与马昌仪等主编了《中华民俗文丛》(学苑出版社1994年版)和《中国民间信仰传说丛书》(花山文艺出版社1995年版)。前者按神灵崇拜对象进行分类,涵盖了20个民间信仰主题,单独成册,后者则主要是针对传说这一民间文学文类,分为12个民间信仰主题进行整理。

这一时期民间信仰研究的特点还表现为区域民间信仰研究成为一种趋势,正如吴真所总结的,这些区域民间信仰研究大致可以分为江南地区(以稻作文化与蚕神崇拜为主)、东南沿海地区(以妈祖研究为核心)以及华北地区(主要围绕碧霞元君、女娲、关公等神祇展开)。这些研究成果汇集起来,形成了一个相当可观的"民间信仰志"体系,它们"大多遵循一定的写作模式:追溯本地信仰源流与历史,分析巫鬼、祖灵、地方俗神等信仰形态,介绍岁时节日风俗与庙会盛况,铺陈禁忌习俗,最后总结本地区民间信仰的若干特性"。②

此外,少数民族地区的民间信仰情况也受到了民俗学者的关注,研究的方式既有跨学科的团队合作,也有学者个人的深入调查与研究。其中吕大吉主编的《中国各民族原始宗教资料集成》凝聚了包括民俗学者在内的五十多位学者的成果。学者个人的研究也涵盖了全国不同地区少数民族独特的信仰传统,如北方少数民族满族、蒙

---

① 另有由中国华侨出版社出版的同名丛书一套共15本,其中数本也属于民间信仰的研究专著,如宋兆麟《巫与民间信仰》,中国华侨出版社1990年版;郭子枡:《北京庙会旧俗》,中国华侨出版社1989年版;李乔:《中国行业神崇拜》,中国华侨出版社1990年版。

② 吴真:《民间信仰研究三十年》,《民俗研究》2008年第4期。

古族等的萨满信仰①、彝族的毕摩信仰②、西藏高原的各种民间信仰③、土族的民间信仰源流④，广西壮族的师公信仰与仪式等。⑤

三 21世纪以来民间信仰活动的合法化及相关研究

经过多年来的政策实践和学术讨论，21世纪以来的民间信仰活动得到了更为充分和迅速的发展。首先是国家宗教管理方面，政策制定进入了成熟阶段。地方政府根据当地的民间信仰发展现状，逐步形成了湖南模式、福建模式、浙江模式。⑥民间信仰一定程度上被视为特定的宗教文化现象，将其重新纳入政府部门的管理之下，赋予其信仰场所的合法性。2005年，国家宗教事务局设立业务四司，负责民间信仰（此外还负责政策研究和新兴宗教）的管理工作。

在全球化与现代化的语境下，民间信仰还获得了另一种寻求制度合法化的路径——"非物质文化遗产保护"。国家政府部门在实际操作过程中倾向于将民间信仰纳入民俗文化体系进行管理，以充分肯定民间信仰的传统性与民俗性，重塑地方社会的活态文化，增进民众的文化自觉。文化部于2006年在首批"国家级非物质文化遗产名录"中纳入了"祭典"这一"非遗"项目类别。2009年，文化部

---

① 富育光、孟慧英：《满族萨满教研究》，北京大学出版社1991年版；黄强、色音：《萨满教图说》，民族出版社2002年版。
② 巴莫阿依：《彝族祖灵信仰研究》，四川民族出版社1994年版；巴莫曲布嫫：《鹰灵与诗魂——彝族古代经籍诗学研究》，社会科学文献出版社2000年版。
③ 林继富：《灵性高原——西藏民间信仰源流》，华中师范大学出版社2004年版。
④ 文忠祥：《神圣的文化建构——土族民间信仰源流》，人民出版社2012年版。
⑤ 杨树喆：《师公·仪式·信仰》，广西人民出版社2007年版。
⑥ 陈进国：《传统复兴与信仰自觉——中国民间信仰的新世纪观察》，载金泽、邱永辉主编《中国宗教报告（2010）》，社会科学文献出版社2010年版，第170页；范丽珠、陈纳：《中国民间信仰及其现代价值的研究》，载金泽、邱永辉主编：《中国宗教报告（2012）》，社会科学文献出版社2012年版，第167页；陈进国：《中国民间信仰如何走向善治》，《中央社会主义学院学报》2018年第3期。

公布的新一批"国家级非物质文化遗产名录"中增加了"庙会"与"民间信俗"项目。民间信仰的表述形式也发生了很大的变化，妈祖信俗的合法化与申遗过程，就是这方面的一个典型案例。①

21世纪以来的民间信仰研究可谓成果丰硕、枝繁叶茂。以《民俗研究》为例，2004—2018年发表的民间信仰类论文共有337篇，而且2008—2018年的民间信仰类论文与杂志每年发文总篇数的比率都超过了20%，2005年和2010年两年甚至高达30%和34%。从主题来看，大部分论文都可以归至高丙中总结的民间信仰研究四大系列，即"神灵系列""庙会系列""灵媒系列""仪式系列"。②此外，"综合性研究""概念和学术史""礼俗互动系列""民间信仰与制度性宗教的互动研究"这些研究主题也受到学者们的关注。其中有超过一半的论文是围绕"仪式"和"神灵"展开的，可以说"仪式"和"神灵"是民间信仰研究的重点。"神灵系列"涉及的神祇有碧霞元君、女娲、关公、妈祖、四大门等30多个信仰类型。"仪式系列"包括进香仪式、民间祭典、冥婚、祖先祭祀以及其他地方仪式活动。

综上所述，国家对民间信仰的态度与定位不仅深刻地影响到中国民间信仰的生存状况，也影响到民间信仰的学术研究的走向与进展。20世纪50年代至70年代，国家将民间信仰定性为"封建迷信"，学术研究多数围绕"反动会道门"的历史发展与文化属性展开，仅有少量历史学者对民间信仰的民俗文献进行搜集和整理。改革开放后的40年，民间信仰得以重新恢复，其文化价值与社会功能再度得到学术界的关注，相关的研究成果也如雨后春笋般增长。民间信仰成为中国民俗学研究的重要领域之一。

---

① 王霄冰、林海聪：《妈祖：从民间信仰到非物质文化遗产》，《文化遗产》2013年第6期。

② 高丙中：《中国民俗学三十年的发展历程》，《民俗研究》2008年第3期。

第二节　新时期以来民俗学在民间信仰研究中的理论贡献

纵观新时期以来国内的民间信仰研究历史，民俗学至少在以下三个方面做出了自己的理论贡献。

一　民间信仰的概念与本质属性研究

自 20 世纪 80 年代以来，有关民间信仰概念的探讨，始终贯穿着这一领域的理论研究，并大多围绕民间信仰的宗教性和民俗性两重属性展开。主张使用"民间宗教""大众宗教"或"民众宗教"概念的学者，多来自人类学或宗教学。他们对于民间信仰宗教性的强调往往出于两方面原因，一是受到国外人类学理论的影响，参照英语中 popular religion、folk religion、diffused religion 等表述方式，为求与国际学界保持一致而将民间信仰视为一种特殊的宗教形式。例如王铭铭在 1996 年发表的一篇介绍海外人类学研究的论文中就使用了"中国民间宗教"的概念，并在开篇指出："中国民间的宗教文化包括信仰（神、祖先和鬼）、仪式（家祭、庙祭、墓祭、公共节庆、人生礼仪、占验术）和象征（神系的象征、地理情景的象征、文字象征、自然物象征）三大体系。"[①]

第二种原因是从借鉴国外经验、完善我国宗教政策的角度出发，主张将民间信仰上升到与五大宗教平等的地位加以讨论和对待。持这一观点的代表人物周星认为，可以"把包括祖先祭祀、表现为各

[①] 王铭铭：《中国民间宗教：国外人类学研究综述》，《世界宗教研究》1996 年第 2 期。不过，王铭铭本人 1997 年发表于《民俗研究》的另一篇论文，却仍然以"民间信仰"为题，见王铭铭《地方道教与民间信仰——"法主公"研究笔记》，《民俗研究》1997 年第 4 期。

种庙会形态的民间杂神崇拜（如关帝、妈祖、龙王、娘娘、老母、王爷、刘猛将、家宅六神等）、各种形态的民间道教、民间佛教以及基于泛灵论的自然精灵崇拜和鬼魂崇拜等在内的民间信仰，概括地定义为'民俗宗教'，进而对相当于'民俗宗教'的上述少数民族社会中各种不能为官方宗教分类所包罗或容纳的信仰和崇拜现象，则可对应地称之为'民族宗教'。然后，再进一步修订官方现行的宗教分类体系，把此类'民俗宗教'和'民族宗教'均纳入到国家宗教政策和法规的切实保护之下"。① 与王铭铭有所不同的是，周星的立场似乎更加坚定。虽然他在 2013 年发表的一篇论文题目中也使用了"民间信仰"，但特意在脚注中重申他在民间信仰概念选择上的学术取向："笔者倾向于用'民俗宗教'一词取代'民间信仰'，但为尊重本课题负责人的立场，本章仍使用'民间信仰'这一用语。"②

金泽在概念使用上一直对"宗教"和"民间信仰"进行区分。虽然他最早将宗教人类学的理论应用到对于民间信仰现象的观察和分析中，并和陈进国一起创办了《宗教人类学》杂志，但他始终强调民间信仰的特殊性，认为"民间信仰属于原生性宗教，而不属于创生性宗教"。③ 从 1989 年出版的专著《中国民间信仰》，到 2018 年的论文《当代中国民间信仰的形态建构》，金泽更多地把民间信仰看成是一种"长期存在的社会文化现象"，并指出"民间信仰与其他的宗教形态，与民俗文化，与社会文化的传承或再生产，有着复杂的互动关联"。④

与上述人类学者和宗教学者有所不同的是，一些民俗学者另辟

---

① 周星：《"民俗宗教"与国家的宗教政策》，《开放时代》2006 年第 4 期。
② 周星：《民间信仰与文化遗产》，《文化遗产》2013 年第 2 期。这里的"本课题负责人"指的是笔者（王霄冰）以及本人主持的教育部人文社科重点研究基地重大项目"非物质文化遗产保护与民间信仰"（2012—2014）。
③ 金泽：《民间信仰的聚散现象初探》，《西北民族研究》2002 年第 2 期。
④ 金泽：《中国民间信仰》，浙江教育出版社 1989 年版；金泽：《当代中国民间信仰的形态建构》，《民俗研究》2018 年第 4 期。

蹊径，选择了一条"去宗教化"的定义路线。为替代被污名化了的"迷信"和"民间信仰"，他们创造出了"俗信""信俗""信仰民俗"等一系列概念。早在1984年，乌丙安从日本访问回来不久，在接受《民俗研究》采访时就提出了"俗信"概念，用以指代那些并非"迷信"，而"是要长期存在的，也是可以存在和允许存在的"民众信仰现象，并强调"这就是民俗学的观点"。① 很多年后，他自己又回忆道："有关'俗信'的概念，我最早是在1985年出版的《中国民俗学》一书中，论述'信仰的民俗及其特征'时提出，后来又在《中国民族报》上发表了几篇文章加以阐释。"② 但在乌丙安的民间信仰理论体系中，"俗信"与"民间信仰"一直都是并存的。他本人在为10年后出版的概论性著作命名时，也没有使用"俗信"，而是采用了与金泽此前出版的著作一样的名称——《中国民间信仰》。③ 事实上正是这两部同名的著作，奠定了新时期民间信仰研究的理论基础，同时也确立了"民间信仰"作为一个通用名称的学术地位。

在民俗学研究中，"信俗"虽然并未能取代"民间信仰"，但在21世纪的非物质文化遗产保护运动中，这一概念却为许多民间信仰事象进入"非遗"名录提供了文化价值当代转换的学术依据。用当事人乌丙安的话说，"信俗"就是民俗学研究中的"民间信仰习俗"的简称，这是"一个中立的、在学术上能成立而官方话语也能接受，国际组织评审也认同的词语"。④ 在"申遗"的过程中，把"妈祖信仰"改称为"妈祖信俗"，实质上就为其进入国家"非遗"名录并

---

① 路远：《民俗研究要面向现代化——访乌丙安教授》，《民俗研究》1985年第1期。
② 乌丙安、胡玉福：《"俗信"概念的确立与"妈祖信俗"申遗》，《文化遗产》2018年第2期。
③ 乌丙安：《中国民间信仰》，上海人民出版社1995年版。
④ 乌丙安、胡玉福：《"俗信"概念的确立与"妈祖信俗"申遗》，《文化遗产》2018年第2期。

申报 UNESCO 的"人类非物质文化遗产代表作名录"开辟了道路。而促成这件事的,恰恰就是像刘魁立、乌丙安这样一批热爱中国民间文化并能从国家立场出发考虑问题的民俗学家们。

除去表面上的这种实用功能,"非遗"保护语境下"信俗"概念的确立对于民俗学来说还带有另外一层特殊的意义,即它"更多地把人们的关注目标引向了民间信仰的主体",强调"把民众的信仰形式重新还原为活生生的生活"。而且正因为民间信仰往往"通过一系列的民俗活动,在家庭/家族、社区和自发性民间群体当中完成其信仰实践",所以,"注重亲自到场、身体感受和个体叙事的民俗学方法"才更显优越。[1]

当然,"信俗"概念本身的理论建构尚未完成,仍有很大的讨论空间。在概念上,信俗与信仰文化有何区别?在方法上,信俗研究与宗教研究又有何区别?民俗学能否通过树立信俗的概念及其相关的学术方法,找到本学科独具特色的宗教信仰研究路径?诸如此类的问题,都需要民俗学者去继续探索和解决。

二 礼俗互动——民间信仰的核心要义与运作机制

张士闪《礼俗互动与中国社会研究》指出了"礼俗互动"视角之于中国社会研究的重要性:"在传统中国的复杂社会系统中,'礼俗互动'奠定了国家政治设计与整体社会运行的基础,并在'五四'以来的现代民族国家建构中有所延续。礼俗互动的核心要义,是借助全社会的广泛参与,将国家政治与民间'微政治'贯通起来,保障社会机制内部的脉络畅通,以文化认同的方式消除显在与潜在的社会危机。"[2]

在彭牧看来,中国的礼起源于人情,是为了教化、节制和规范

---

[1] 王霄冰、任洪昌:《妈祖信俗的概念与内涵——兼谈民间信仰的更名现象与制度化问题》,《文化遗产》2018年第2期。

[2] 张士闪:《礼俗互动与中国社会研究》,《民俗研究》2016年第6期。

人情而设置的。因此人情既是礼产生的基础，又是礼所节制、规范的对象。礼既包括国家层面上的正统礼仪，也包括民间层面上的礼，即"人们交往互动和日常行为中视为理所当然而共同遵循的规范与准则"。她通过对湖南茶陵民间礼仪的考察，发现"在很多场合中，礼和俗两个概念大致同义而可以替换使用"。① 民间礼仪的性质，就是"地方风俗传统和精英礼仪在长期的历史过程中为了生存而彼此斗争、互动融合的产物，而儒家的礼亦源于俗，所以俗与礼实际上是一对共生的二元"。②

基于礼俗共生的认识，并将礼俗互动的视角带入到民间信仰的历史研究和田野调查中，民俗学界近年来产生了一批富有新意的学术成果。张士闪《民间武术的"礼治"传统及神圣运作——冀南广宗乡村地区梅花拳文场考察》通过深描当地梅花拳传统的文化形态及其运作机制，探讨了民俗文化作为"在野之礼"的功能特征。作者认为，"这种在民间自发生成的规范力量，与国家政治的规范意志之间有分立也有合作，有异议也有对话，可在对话与合作中从地方生活规范上升为当代公共价值，从而为中国社会礼治传统的当代重构提供难得契机，为中华民族的伟大复兴奠定深厚基础"。③

"礼俗互动"作为历史学、民俗学和人类学共同关心的话题，今后也将是民间信仰研究的重要方向之一。民俗学对于"民间礼仪"及其文化功能的发现，是礼俗关系研究中的一大突破。如何将此视角应用到相关研究中，在分析具体案例的基础上形成可为其他学科所借鉴的理论，是目前应着重考虑的问题。目前这一领域的研究多从历史角度切入，也有学者倾向于使用文献研究结合田野

---

① 彭牧：《同异之间：礼与仪式》，《民俗研究》2014年第3期。
② 同上。
③ 张士闪：《民间武术的"礼治"传统及神圣运作——冀南广宗乡村地区梅花拳文场考察》，《民俗研究》2015年第6期。

考察的方法。① 在今后的研究中，民俗学应更多地运用田野调查的方法，探索在具体的社会语境下和现实的信仰实践中礼俗互动的形态与机制。

三 非物质文化遗产保护与民间信仰

非物质文化遗产保护为民间信仰提供了新的生存契机，使得很多信仰形式从历时性的存在又转变为民众日常生活中的有机组成部分。同时，"申遗"和非物质文化遗产保护行为本身又构成了一个又一个的文化事件，人们的社会关系及其与传统之间的关系都在这些事件之中得以确认或重组。

在研究理念上，高丙中提出"以广义的社会理论为依据梳理中国民间信仰的历史演变，调查民间信仰的当前状态，反思关于'民间信仰'的表述与现代学术和政治的关系，探讨把它转变为建构民族国家内部正面的社会关系的文化资源的可能性和方式"。② 这意味着首先要在经验的层次，"调查、描述、理解民众在日常生活中的仪式活动及其相关的组织和观念"，其次要在理论的层次，"换一个角度认识中国近现代以来的社会史、思想史、政治史和学术史"，进而要在实践的层次，"厘清民间信仰与国家的文化认同和公民社会建设之间的密切关系"。③

在过去的十多年中，确已有大量经验、理论和实践层次的研究呈现在我们面前。这些文章都带有反思性质，且都围绕非物质文化遗产保护运动给民间信仰实践带来的影响这一中心话题。例如日本

---

① 赵世瑜：《二元的晋祠：礼与俗的分合》，《民俗研究》2015 年第 4 期；陈志勤：《礼俗互动与民间信仰内涵置换的逻辑——"孝女"的曹娥和"水神"的曹娥》，《民俗研究》2016 年第 6 期；岳永逸：《革"弊"？中国人—神敬拜的礼俗辩证》，《民俗研究》2016 年第 4 期。

② 高丙中：《作为非物质文化遗产研究课题的民间信仰》，《江西社会科学》2007 年第 3 期。

③ 同上。

学者佐藤仁史《"迷信"与非遗之间：关于江南的民间信仰与农村妇女的一些思考》指出，非物质文化遗产保护运动的展开，只使得部分曾被认为是"封建迷信"的民俗活动获得了合法的地位，而让剩下的不适合成为"非遗"的民俗，仍作为"封建迷信"存在，这只不过是"'封建迷信'主流叙事的新面貌而已"。即便不再冠之以"封建迷信"的帽子，但将民俗文化视为"迷信"或"邪"的表象认知方式仍然根深蒂固。①

叶涛《关于泰山石敢当研究的几个问题》回溯了"石敢当"成为"泰山石敢当"，进而在海内外得以广泛传播并成为非物质文化遗产的历史过程。在此基础上，作者对当地政府提出了具体的保护建议，即"政府恰恰要做到有所不为——绝不为石敢当的产品开发、市场运作去买单，把精力用到前面所说的文化宣传、政策把关等方面上，把商业性的开发、创意产品的设计、市场的培育等交给企业去做、交给市场去检验"。②

王霄冰有关祭孔礼仪的系列研究，一方面对其在当代社会的传承模式进行了总结，③ 另一方面则探讨了这一祭典作为"非遗"项目应如何得到"本真"传承的问题。由于"祭孔大典"特别是其中的"祭孔乐舞"本身就带有表演性质，所以仪式展演的正当性不存在争议，但为了达成一种"表演的本真性"，她认为首先应制定一套相对标准的表演程式，④ 其次，表演者和参与者都须怀有一颗"真诚之心"，不求"形似"，但求"情真"，以建构"非遗"表

---

① ［日］佐藤仁史：《"迷信"与非遗之间：关于江南的民间信仰与农村妇女的一些思考》，《民俗研究》2018年第1期。
② 叶涛：《关于泰山石敢当研究的几个问题》，《民俗研究》2017年第6期。
③ 王霄冰：《国家祀典类遗产的当代传承——以中日韩近代以来的祭孔实践为例》，《山东社会科学》2012年第5期。
④ 王霄冰：《试论非物质文化遗产本真性的衡量标准——以祭孔大典为例》，《文化遗产》2010年第4期。

演的"灵韵"。①

总之，面对非物质文化遗产保护这一新鲜事物，民俗学者并非持观望或批评态度，而是积极投入到了研究和保护的实践当中。这也说明了民俗学是一门很"接地气"的学科。这里的所谓"接地气"，指的不仅仅是人类学家一贯强调的田野调查，②而是包含了能够直面当下、研究和解决现实问题的意思。不过，目前的研究多数还存在视角单一、田野调查不够深入的缺点，有待于今后进一步拓展和加强。

第三节 从事象研究到事件研究
——以民俗关系为方法

陈进国曾指出，民俗学的民间信仰研究大多限于以下三种研究或写作范式：一是"通论性研究"的范式。即以概论或通论的手法描述民间信仰或其中的某一门类。二是"民俗事象研究"的范式。主要"吸纳了史学之重视考辨和文化重建的传统"，加之以搜集史料的田野功夫。事象研究的主题则大多集中在"神灵崇拜类型"和"特定信仰习俗"两大块。三是"民俗整体研究"的范式。即"从活态的信仰民俗事象入手，参与观察在特定语境下的信仰主体的存在方式和生活状态、历史心性和文化表情"。其"特点是重视当下的、日常的信仰生活，透过语境（context）看信仰民俗变迁，既审视信仰民俗事象活态的生成机制，也关照信仰生活的历史、社会、文化背景。在突出民间信仰的'民俗性'、'民间性'、'生活性'之

---

① 王霄冰：《从〈祭孔乐舞〉看"非遗"的舞台表演及其本真性》，《民族艺术》2014年第4期。

② ［美］魏乐博、张士闪：《当代中国民间宗教研究要"接地气"——波士顿大学魏乐博教授访谈录》，李生柱译，《民俗研究》2017年第5期。

余,该研究取向也关注'宗教性'要素,诸如仪式过程、象征体系、主体灵验经验或体验、社区性的祭祀组织等等"。①

上述的第三种研究范式的局限性,恰如陈进国所批评的那样,就在于往往把关注点放在"构成信仰底色的'语境'、'生活'、'整体'等等之上,难免忽略了民间信仰作为信仰要素——宗教性本身的整体性思考,如宇宙观、崇拜体系、仪式与象征体系、信仰体验等";同时,在使用以社区等"微世界"为中心的田野调查方法时,又不如人类学者娴熟,故而未能"将民间信仰放在社区的宗教生态处境中考察",以至于一些民俗志的"立体深度"还赶不上传统的民俗事象研究本身。②

陈进国在反思现状之后曾提出如下疑问:"在'地方'的民间信仰研究当中,关注语境的民俗学家止于何处,非'民俗学的叛徒'止于何处?"③ 这个问题的答案,还得在民俗学自身的学术史中去寻找。民俗学的研究取向实际上并不完全局限于静态的事象或"事象+语境"。在许多研究案例中,学者们都采取了在动态的事件中研究事象的考察方法。其特点是以民俗事件为中心,通过研究者的现场跟踪与亲身感受,发掘、记录事件过程中呈现出的人与人、人与社会、人与文化之间的关系。王霄冰把这种关系统称为"民俗关系",并将此定义为"民(民众群体)与俗(知识体系)的关系",在类型上有传承型、革命型与认同型等。④ 考虑到在现实生活中,作为"民"的民俗主体经常都不是一个均质化的存在,而是由多元主体以各种方式组合而成的社会/文化共同体,所以民俗关系也应是反映在民俗行为与民俗过程中的各种社会—文化关系的总和。它包括

---

① 陈进国:《民俗学抑或人类学?——中国大陆民间信仰研究的学术取向》,载金泽、陈进国主编《宗教人类学》(第一辑),民族出版社 2009 年版,第 366—393 页。
② 同上。
③ 同上。
④ 王霄冰:《民俗关系:定义民俗与民俗学的新路径》,《民间文化论坛》2018 年第 6 期。

以下三种主要关系：(1) 民俗主体（整体、部分或个人）与民俗文化之间的关系；(2) 民俗主体之间的社会关系；(3) 民俗研究者与被研究对象之间的关系。民俗学的研究目的，就在于揭示一种生活文化实践背后的各种民俗关系，进而挖掘其中的社会心理、价值观和精神信仰因素，即该项文化实践的民俗意义。

以第一种民俗关系为例，张士闪《灵的皈依与身的证验——河北永年县故城村梅花拳调查》就为我们展现了一个现代社会难得一见的案例。由于该村落相对比较封闭，历史系统保留比较完整，所以尽管村中人际关系复杂，但在民间信仰方面却体现出了高度的一致性。村民普遍信仰梅花拳，尽管经历过岁月的洗礼，但直到现在，村中仍存在"泛梅花拳信仰"。[①]

如果说上述案例反映出的民俗关系相对还比较单纯，民俗主体建构文化的过程脉络也较为清晰的话，那么，在刘晓春《"约纵连衡"与"庆叙亲谊"——明清以来番禺地区迎神赛会的结构与功能》[②]、徐天基《地方神祇的发明：药王邳彤与安国药市》[③] 等论文中，民间信仰的仪式展演和神灵符号的建构过程都呈现出了地方社会结构与民俗功能的复杂性。民俗学家们在研究这类事件时，不仅着重于揭示不同人群与信仰文化之间的关系，而且还勾勒出了多元民俗主体之间的相互关系。我们从中也可以看到美国民俗学家诺伊斯（Dorothy Noyes）所说的"分裂的本土"。[④] 乡土社会的这种裂变在陈泳超所关注的山西洪洞一带"接姑姑迎娘娘"信仰活动中表

[①] 张士闪：《灵的皈依与身的证验——河北永年县故城村梅花拳调查》，《民俗研究》2012 年第 2 期。

[②] 刘晓春：《"约纵连衡"与"庆叙亲谊"——明清以来番禺地区迎神赛会的结构与功能》，《民俗研究》2016 年第 4 期。

[③] 徐天基：《地方神祇的发明：药王邳彤与安国药市》，《民俗研究》2011 年第 3 期。

[④] ［美］陶乐茜·诺伊斯：《民俗的社会基础》，王艺璇等译，《民间文化论坛》2018 年第 6 期。

现尤为明显。针对民俗的实践主体，他提出一个"民俗精英"的概念，并将"民俗精英"分为七个层级：普通村民、秀异村民、巫性村民、会社执事、民间知识分子、政府官员、文化他者[1]，并指出"民俗精英"之间"既互相联合，又充满纷争，总是维持一种动态平衡"。[2]

应当指出的是，以事件为中心、通过跟踪事件过程来研究反映其中的各种民俗关系的调查方法，实际上并不是当代民俗学者的发明。早在20世纪20年代，中国民俗学的创始人顾颉刚在妙峰山香会调查中就使用了这种方法。妙峰山香会，从历史研究和民俗志书写的角度来看，可算是一种民俗事象。然而出身史学的顾颉刚却没有采取史学研究的方法，而是抓住了每年四月香客们"朝山进香"这一民俗事件，通过与香客们一道步行登顶，考察其中由实实在在的人所组成的香会组织，他们在进香中的活动，以及在活动中呈现出来的个体的信仰实践。[3]

1996年，中央民族大学、北京大学、北京师范大学、中国社会科学院文学研究所、中国历史博物馆等单位的30多名中外学者和研究生考察了河北省赵县范庄村的"龙牌会"，开启了当代民俗学范庄研究的先河。部分调查结果当年以专题形式在《民俗研究》发表。[4]调查围绕"龙牌会"活动，从起会、准备供品、吊棚、迎龙牌，到正会、进香、送龙牌的整个过程。"龙牌会"的19位会头，参与活

---

[1] 陈泳超：《背过身去的大娘娘：地方民间传说生息的动力学研究》，北京大学出版社2015年版，第132页。

[2] 陈泳超：《对一个民间神明兴废史的田野知识考古——论民俗精英的动态联合》，《民俗研究》2014年第6期。

[3] 顾颉刚编著：《妙峰山》（影印本），上海科学技术文献出版社2014年版，第6页。

[4] 陶立璠：《民俗意识的回归——河北省赵县范庄村"龙牌会"仪式考察》，《民俗研究》1996年第4期；周虹：《"龙牌会"初探》，《民俗研究》1996年第4期；冯敏：《范庄二月二"龙牌会"考察记事》，《民俗研究》1996年第4期。

动的范庄人、外村花会，以及上述人员在活动中担任的不同角色，成为调查关注的重点。

此后，在叶涛《泰山香社研究》[①]、吴效群《妙峰山：北京民间社会的历史变迁》[②]等研究中，事象与事件相结合的研究方法得到了更为娴熟的应用。王晓葵、周星等在对为灾难死难者举行的祭祀活动进行研究时，则完全采取了以事件为中心的考察方法。[③] 这种调查方式，与人类学的长时期蹲点式调查有所不同。它强调的是在一个重要的时间节点，在流动的事件过程中，民俗学者把自己的身体变为工具，通过亲身参与以及与当事人的互动，感受和体会其中的民俗模式、民俗关系与民俗意义。这种身体感受型的事件调查法，是必须基于同族人或者同乡人的亲近感才有可能付诸实现的。

刘铁梁曾把民俗学定义为"感受生活"的学问。他指出，民俗学的独特性，应该表现在它直接面对生活本身时，会具有怎样的学术眼光和运用怎样的研究方法。民俗学者"感受生活的深刻程度决定着他研究的深度。劳里·航柯主张从'民俗过程'的整体着手来发展搜集民俗的手段，争取获得'深度资料'，这也说明了后来民俗学者对于感受生活中各种人的经验是越来越重视的"。[④] 显然，这里的感受所指的并不只是民俗学者个人的感受，而是包括了参与活动的所有人的感受。搜集他们的感受经验，即"个人生活史"，也就成了民俗学者调查的主要内容之一。例如叶涛《泰山香社研究》记录

[①] 叶涛：《泰山香社研究》，上海古籍出版社2009年版。
[②] 吴效群：《妙峰山：北京民间社会的历史变迁》，人民出版社2006年版。
[③] 王晓葵：《国家权力、丧葬习俗与公共记忆空间——以唐山大地震殉难者的埋葬与祭祀为例》，《民俗研究》2008年第2期；王晓葵、雷天来：《"祭祀"与"纪念"之间——对"东方之星"事件"头七"公祭的考察》，《民俗研究》2017年第4期；周星：《现代中国的"亡灵"三部曲——唐山、汶川、玉树大地震遇难者的悼念、祭祀与超度问题》，《民俗研究》2017年第4期。
[④] 刘铁梁：《感受生活的民俗学》，《民俗研究》2011年第2期。

了邹城泰山香社香头刘绪奎如何成为民间信仰组织头领的个人生命史。① 徐霄鹰《歌唱与敬神——村镇视野中的客家妇女生活》聚焦于具有灵媒身份的"童身"秋分姑的得神经历，及其得神后家人的态度，和她本人在家庭中的地位及自我评价。②

对于田野调查中研究者与被研究者的互动，尤其是在身体感受方面，彭牧在研究中践行着自己提出的"从信仰到信"的观察视角转换。③ 在湖南茶陵农村调查纸扎技艺的过程中，她不仅从旁观察，而且亲自动手、跟随纸扎师傅学习纸扎，并对自我与当事人的身体感受加以细致描述。作者指出，作为传统学徒制核心的模仿和实践，"其本质上旨在通过长期的身体训练来特化和锤炼特别的感觉方式。因此仪式专家不仅凭借背诵秘传的文本，更通过学徒生活培养的训练有素的身体和敏锐的感觉而成为乡村社会中特别的一群"。④

民俗学在民间信仰研究中可谓独树一帜，无论在理论和方法论上都做出了重要的贡献。这些探索将有助于宗教学的理论建构以及人类学研究的本土化。面对目前民间信仰研究中的多学科参与现状，民俗学者更应该坚持事象研究与事件研究相结合的学术传统，提高观察、解读田野中的民俗关系的能力。研究民俗文化与民俗生活中各种错综复杂的关系，并对其进行学理化的抽象，理应成为民俗学学科的追求方向与立足点。民俗学者应通过踏实、细致的田野调查，做出高质量的个案研究，建立自己的理论模式，以与兄弟学科展开对话。

---

① 叶涛：《泰山香社研究》，上海古籍出版社2009年版，第158—163页。

② 徐霄鹰：《歌唱与敬神——村镇视野中的客家妇女生活》，广西师范大学出版社2006年版，第32—47页。

③ 彭牧：《从信仰到信：美国民俗学的民间宗教研究》，《民俗研究》2011年第1期。

④ 彭牧：《模仿、身体与感觉：民间手艺的传承与实践》，《中国科技史杂志》2011年增刊。

第十六章

乡村社会治理研究

孙英芳　萧　放

社会治理是当代学术界的一个新概念。1995 年，联合国全球治理委员会发表的《我们的全球伙伴关系》研究报告中，提出了被认为具有代表性和权威性的"治理"（governance）定义，即"治理"是"个人和各种公共的或私人的机构管理其共同事务的诸多方式的总和。它是使相互冲突的或不同的利益得以调和并且采取联合行动的持续的过程"。[1] 它的基本含义是指"在一个既定的范围内运用权威维持秩序，以增进公众的利益"。[2] 20 世纪 90 年代以来，治理理论逐渐成为国际学术界的热门理论问题，并形成了丰富的内涵和理论体系。作为政治学和社会学领域产生的新概念，进入到民俗学研究领域则稍晚一些。从民俗学角度探讨社会治理问题，对民俗学研究来说是一种新的尝试和探索。

---

[1] 全球治理委员会：《我们的全球伙伴关系》，牛津大学出版社 1995 年版，第 2—3 页，转引自俞可平《作为一种新政治分析框架的治理和善治理论》，《新视野》2001 年第 5 期。

[2] 俞可平：《作为一种新政治分析框架的治理和善治理论》，《新视野》2001 年第 5 期。

由于民俗学的学科传统和研究对象特点,民俗学对乡村社会治理的研究主要表现在文化治理方面。与"社会治理"概念的出现类似,我国现代学术上关于"文化治理"概念的提出及研究也是一个新兴的内容。在理论渊源上,"文化治理"的理念主要来自西方葛西兰(Antonio Gramsci)的"文化霸权"理论、福柯(Michel Foucault)的"治理性"概念、托尼·本尼特(Tony Bennett)的"治理性文化"观等。① 我国学术研究中对文化治理的探讨较早的是台湾地区,廖世璋在其文章中把文化治理定义为:"一个国家在特定的政治、经济、社会时空条件下,基于国家的某种发展需求而建立发展目标,并以该目标形成国家发展计划书而对当时的文化发展进行干预,以达成国家原先设定的发展目标。"② 台湾学者王志弘、吴彦明等对文化治理的概念都曾进行了分析。③ 大陆学术界对文化治理的探讨稍晚。郭凤灵、胡惠林、吴理财等学者从不同视角、不同领域对文化治理的概念、功能进行了论述。④ 2013年11月党的十八届三中全会提出全面深化改革的总目标"完善和发展中国特色社会主义制度,推进国家治理体系和治理能力现代化"后,关于文化治理的讨论增多,更加强调文化的治理作用,强调文化治理是国家治理的重要

---

① 参考吴理财等《文化治理视域中的公共文化服务体系建设》,高等教育出版社2016年版,第34—37页。

② 廖世璋:《国家治理下的文化政策:一个历史回顾》,《建筑与规划学报》2002年第2期。

③ 可参见王志弘《台北市文化治理的性质与转变:1967—2002》,《台湾社会研究季刊》2003年第52期;王志弘:《文化治理是不是关键词》,《台湾社会研究季刊》2011年第83期;吴彦明:《治理与"文化治理":福柯、班内特与王志弘》,《台湾社会研究季刊》2006年第82期。

④ 可参见郭灵凤《欧盟文化政策与文化治理》,《欧洲研究》2007年第2期;胡惠林:《国家文化治理:发展文化产业的新维度》,《学术月刊》2012年第5期;吴理财:《文化治理的三张面孔》,《华中师范大学学报》2014年第1期;吴理财:《把治理引入公共文化服务》,《探索与争鸣》2012年第6期;吴理财:《公共文化服务的运作逻辑及后果》,《江淮论坛》2011年第4期。

内容。在国家政策影响下,文化治理成为热门话题。关于文化治理的讨论虽然与本文要论述的民俗学乡村社会治理的研究有一定的距离,但却是近五年来民俗学研究中乡村社会治理研究增多的重要背景。

必须说明的是,从社会治理的角度看民俗学 70 年来的学术研究,毫无疑问是一种回溯性质的、反思性质的总结。因为社会治理作为一个新起的概念,并未在民俗学近 70 年的学术史中有明确的话语体现,但民俗学有关社会治理方面的研究却是实际的存在,即在"社会治理"概念缺失的背景中,民俗学自觉地进行着乡村社会治理的相关问题的研究。所以,通过对这个问题的回顾,我们可以看到民俗学关于乡村社会治理研究中的关注点、着力点,研究的效果、影响、社会价值和意义,可以更清楚地看到民俗学乡村社会治理研究与民俗学学科及其学术传统之间的内在关系,对未来民俗学研究的发展方向也有着重要的参考价值。

第一节　民俗学乡村社会治理研究的缘起与发展

民俗学对乡村社会治理的研究有来自学科内部的历史文化渊源,与民俗学诞生之时的学科目标和研究内容有着密切关系,同时也受到中国古代社会国家政治视角下"观风知政"文化传统的影响。

一　民俗学乡村社会治理研究的学术缘起

民俗学关于乡村社会治理的研究与民俗学学科的先天性质有内在关系。民俗学学科从一诞生开始,有两个重要的方面与乡村社会治理密切相关:一是以下层民众为主要研究对象;二是在研究目标上重视民俗功能的发掘和阐释。

(一) 以下层民众为对象的民俗学研究

诞生于"五四"新文化运动时期的中国民俗学,一开始就把研究对象和研究目光锁定在广大底层民众身上。一些知识分子以颠覆传统精英主导的知识系统和学术研究体系的巨大勇气，以胸怀天下的浩然正气和使命感走向民间，进行"眼光向下的革命"，力求发现民族、国家获得新生的积极力量。他们力图"打破以贵族为中心的历史，打破以圣贤文化为固定的生活方式的历史"，"揭示全民众的历史"。[①] 他们关注下层文化，并高度评价下层文化的意义和价值，开启了中国民俗学界进行下层文化研究的历程。比如钟敬文先生曾把中华民族的传统文化分为三条干流，并指出研究民俗文化的主要目的是"提高国民的精神的、文化的素质，以帮助改善国情，促进民族自强"。[②] 下层文化在空间上往往处于广大乡村，站在民众的立场上来认识民众，以田野调查的方法来倾听民众的声音成为民俗学研究的共识。

（二）研究目标上对民俗功能的侧重

民俗学对民俗功能的侧重与民俗学研究的最初目的有关。在西方思想和学术影响下产生的中国现代民俗学，高度评价民间文化的价值，力图发掘民间知识的力量。在"五四"新文化运动时，北京大学发起的歌谣征集活动中明确提出歌谣征集的目的：一是进行民俗学的研究；一是把歌谣当作民族的诗，认为它表现了人民的真感情，不仅具有很高的文艺价值，还有着引导未来的民族的诗的发展的重要意义。早期民俗研究者这样的研究对象和研究目标，对后来民俗学的发展影响深远，体现出民俗学者"民俗治世"的理想目标。这样的目标，贯彻在从始至今的民俗学研究中。不论是关于理想的"人"的探讨或者是对于现代公民社会的追求，都看出了民俗学者的理想和志向。"我们不仅要'眼光向下'，不仅把目光集中在人民大

---

① 顾颉刚讲，钟敬文记：《圣贤文化与民众文化——1928年3月20日在岭南大学学术研究会演讲》，《民俗周刊》1928年第5期。

② 钟敬文：《民俗文化学发凡》，《钟敬文民俗学论集》，上海文艺出版社1998年版，第289页。

众的生活文化那里，还要'自下而上'，即从人民大众的生活文化或者社会的基层那里出发，反观和改造国家构造和精英文化。"① 所以，民俗学的应用性，与其学科性质、特点和研究追求有密切关系。民俗学研究的民族主义倾向，本质上体现的也是研究者对于民俗学现实功能的期待和应用实践。20世纪中期以后，从民俗学中发展出来的应用民俗学、公共民俗学等分支也说明了民俗学学科的应用性特点。而在民俗学关注的广阔空间里，乡村社会无疑是其最为用心之处。

（三）中国古代"观风知政"的文化传统

虽然民俗学学科的产生是在20世纪以后，但是中国学术界对民俗功能的认识和利用却有着悠久的历史，积累了极其丰富的文献资料，民俗的资政功能在漫长的历史时期里有着显著的体现。钟敬文先生曾指出："他们（指古代知识分子）观察民俗，不像现代的民俗学者，是采取科学的方法去研究，而是从人们生活的需要上去看的；他们谈论对民俗知识的运用，是为了建设和巩固上层阶级的社会制度，讲究的是一种民俗对一种政治制度的发展好不好。"② 萧放对中国古代"观风知政"的传统有比较详细系统的分析。③ 虽然产生于新文化运动中的中国民俗学对传统学术有着反抗和挑战的意图，但在不自觉中也继承了中国古代"观风知政"的传统风俗观念，强调民俗研究裨益社会的作用。

所以，总的来说，民俗学能够与乡村社会治理发生关联，与民俗学诞生以来强调民俗功能及其应用性有关，如周星指出："中国民

---

① 赵世瑜：《眼光向下的革命——中国现代民俗学思想史论（1918—1937）：自序》，北京师范大学出版社1999年版，第6页。
② 钟敬文：《建立中国民俗学派》，黑龙江教育出版社1999年版，第14—15页。
③ 萧放：《中国传统风俗观的历史研究与当代思考》，《北京师范大学学报》（社会科学版）2004年第6期。

俗学从它诞生之初，就从不忌讳学科的应用性追求。"① 同时，中国古代利用民俗修正政治、教化百姓、稳固统治的文化传统在当代民俗学研究中有着重要影响。当今学界中对民俗学应用的呼声仍然不容忽视，田兆元认为："民俗学需要的转型，是走向实践与应用的民俗学。如果说民俗研究与日常生活有关，那就是为了改变日常生活，提高日常生活的文化层次，使之具有文化传统属性。"②

二 70年来民俗学乡村社会治理研究的发展历程

1949 年以来，中国民俗学界对于乡村社会治理的研究大致可以分为几个阶段：从新中国成立的 1949 年到"文化大革命"前的 1965 年，是民间文艺获得快速发展的时期，民间文艺的研究呈现出蓬勃发展的面貌。在《在延安文艺座谈会上的讲话》提出的文艺方针的指导下，民间文学的搜集、整理和研究成为新中国成立后文艺工作的一个重要内容，民间文艺的功能受到格外重视，民间文艺的研究中对其功能的研究明显增多。因此，在这一阶段，发挥民间文艺的教育、认识和娱乐作用，是民间文艺搜集、整理和研究的主要目标。但这一时期关于乡村社会治理的研究很少。

1966—1976 年的"文化大革命"期间，民间文学和民俗学研究工作处于停滞状态。1979 年中国民间文艺研究会恢复，民间文学和民俗学的搜集和研究进入新的时期，获得快速发展。从这一阶段开始，"从单一文学角度研究民间文学的阶段已经终结，民间文学研究与民俗学等多学科相结合的局面开始形成"。③ 民俗学论文中关涉民俗功能、民间社会治理的成果增多，但是对于乡村社会治理的具体内容并未涉及。

---

① 周星：《民俗主义、学科反思与民俗学的实践性》，《民俗研究》2016 年第 3 期。
② 田兆元：《民俗学的学科属性与当代转型》，《文化遗产》2014 年第 6 期。
③ 刘铁梁：《中国民俗学发展的几个阶段》，《民俗研究》1998 年第 4 期。

21世纪以来，伴随着民俗学研究中的日常生活研究的转向，以"民间风俗习惯"为研究对象的民俗学研究更重视从民众日常生活的视角进行研究，形成了大量成果。民俗学以田野调查和熟悉民众生活的自身优势，在乡村社会治理的研究中逐渐显示出独特的力量。尤其是近五年，民俗学研究中明确与乡村社会治理有关的论文增多，显示出民俗学研究的新动向。近几年，北京师范大学连续举办"中国社会治理论坛"，在此论坛中，一些议题涉及乡村文化与社会治理问题。① 在北京师范大学社会学院主办的《社会治理》杂志上，发表了多篇有关民俗学与乡村社会治理的论文。比如萧放从《教民榜文》分析了明代的乡治方略，进而分析了"老人"制度在乡村基层社会治理中发挥的作用。② 贺少雅、萧放在对山西闻喜县民俗礼仪文化研究会调查基础上，分析了乡贤参与基层社会治理的传统和当代实践。③ 龙晓添以清代桂林的"禁扒龙船"为例，分析了民间风俗与地方治理的关系。④ 萧放、邵凤丽通过对江南叶氏祭祖的历史传统和当代传承状况的论述，分析了祖先祭祀、乡土文化传承对于当代社会的积极意义。⑤ 钟亚军分析了移民村落民间信仰在新环境下的自我调适状况，论述了民间信仰与移民村落社会治理的关系。⑥ 邵凤丽通过对山西闻喜县裴氏家训在当代乡村社会日常生活实践表现的具

---

① 参见魏礼群主编《社会治理：40年回顾与展望》，中国言实出版社2018年版。
② 萧放：《"老人"制度与基层社会治理——从〈教民榜文〉看明代的乡治方略》，《社会治理》2015年第3期。
③ 贺少雅、萧放：《礼仪实践：当代乡贤参与基层社会治理的重要途径》，《社会治理》2016年第2期。
④ 龙晓添：《民间风俗与地方治理的互动——以清代桂林"禁扒龙船"为例》，《社会治理》2015年第3期。
⑤ 萧放、邵凤丽：《祖先祭祀与乡土文化传承——以浙江松阳江南叶氏祭祖为例》，《社会治理》2018年第4期。
⑥ 钟亚军：《移民村落民间信仰的自我调适与社会治理——以宁夏闽宁镇原隆村汉族移民为例》，《社会治理》2018年第4期。

体分析，体现了裴氏家训在当代乡村社会治理中的价值。[①] 萧放、王宇琛通过对乡村学校教育在社会治理中作用的分析，提出了学校成为基层社区文化培育和精神聚合中心的具体建议。[②] 李晓松分析了非物质文化遗产保护与社会治理的关系，认为非物质文化遗产在乡村振兴中具有促进乡风文明、乡村和谐、生活富裕的作用。[③] 于学斌分析了现代民族节日的特点和功能，提出了政府助推民族节日发展的建议。[④] 朱霞、王惠云通过对浙江松阳县竹源乡小竹溪村松香业的考察，分析了行业发展对于村落民生改善和社会治理的影响。[⑤] 孙英芳通过对当代山西乡村社会"过三十六"习俗的考察，分析了其对于推动当地乡村文化建设和社会治理的积极意义等。[⑥]

总的来看，70年来民俗学关于乡村社会治理研究的发展，其主要变化体现在以下几个方面：

其一，研究视野的发展转变。新中国成立后，民俗学者对于乡村社会治理的研究，大致经历了一个从学术文化到学术文化和国家的双重视野的发展和转变过程。民俗学者对于乡村社会治理的研究的自觉意识，以探析民俗功能为主要动力，试图解释民俗所发挥的社会作用。随着非物质文化遗产保护活动的大规模开展，政府对文化保护的干预力量加强，使得国家政策、政府行动与民俗学者之间形成了密切的合作和互动。民俗学者之所以能够与国家密切合作，在政府主导下进行非物质文化遗产保护的学术研究和社会活动，与

[①] 邵凤丽：《裴氏家训参与基层社会治理的路径》，《社会治理》2018年第8期。
[②] 萧放、王宇琛：《发挥乡村学校的基层治理体系塑造功能》，《社会治理》2018年第6期。
[③] 李晓松：《传承非物质文化遗产　助力社会治理创新》，《社会治理》2018年第5期。
[④] 于学斌：《现代民族节日的功能和治理建议》，《社会治理》2018年第9期。
[⑤] 朱霞、王惠云：《行业发展、民生改善与村落社会治理——以浙江省松阳县竹源乡小竹溪村松香业为个案》，《社会治理》2018年第10期。
[⑥] 孙英芳：《山西"过三十六"习俗与当代乡村社会治理》，《社会治理》2019年第2期。

民俗学一贯追求的民俗功能的研究目标是一致的。

其二，研究视野的拓展和研究内容的深化。民俗学以"一个国家或民族中广大民众所创造、享用和传承的生活文化"①为研究对象，指明这种文化的社会生活性质，体现出民俗学对学科研究对象的明晰认识。对民俗事象和文化生活进行深入描写，是民俗学擅长的本领。细致观察和深刻分析，是民俗学进行民众生活现象研究的强有力的武器，在此基础上形成的对中国文化和社会的认识和阐释能力，是民俗学的独到之处。因此关注文化表现，探讨民众精神世界，是民俗学区别于社会学的显著特征。在此基础上，伴随着民俗学70年来学术研究的发展，民俗学对乡村社会治理研究的视野也在不断拓展，研究内容逐步深化。

其三，研究方法更加多元。从人类学研究中借鉴而来的田野调查方法，在中国70年来的民俗学研究中发挥了重要作用并不断被发扬光大。中国民间文化的地域性及其丰富性、多样性也给田野调查提供了不可估量的广阔空间。在田野调查基础上形成的民俗志的研究方法，成为民俗学基本的学术方法。同时，随着对人类学、社会学研究方法的大量借鉴和使用，民俗学在乡村社会治理研究中使用的研究方法也更加多元，并出现与其他学科交叉研究的趋势。

第二节　民俗学乡村社会治理研究的内容

近70年来，由于"社会治理"概念在民俗学研究中的缺失，关于乡村社会治理的专门研究没有出现，但是在民俗学研究的多个领域中涉及乡村社会治理，其主要内容是对民俗功能、价值的分析和探讨。这在民间文学、民间信仰、民间组织的研究以及近些年来关于非物质文化遗产和古村落保护的研究中均有涉及，研究成果也颇

---

① 钟敬文主编：《民俗学概论》，高等教育出版社2010年版，第3页。

为丰硕。

从功能研究的角度看,由于民俗学社会治理研究涉及范围较广,本章以民间信仰的功能研究为例进行简要论述。民间信仰是当代民俗学研究的一个重要内容,但是由于新中国成立以来特殊的政治和文化环境,关于民间信仰的研究在较长一段时间内处于空白期,直到 20 世纪 80 年代之后才有了探讨。2000 年之后,相关研究增多,产生了大量的学术论文和研究著作。但是与乡村社会治理相关的内容仍然很少。凌树东从民间信仰的功能角度,对靖西"祭月请神"活动进行反思,指出壮族的民间信仰与社会主义精神文明建设的冲突,体现出 20 世纪 80 年代在刚刚改革开放和思想解放的背景下学界对于民间信仰的谨慎态度。[①] 20 世纪 90 年代以后,学界对民间信仰的研究增多,有学者在讨论闽台民间信仰的功利主义特点时,涉及地方信仰与民众生活的关系。[②] 2000 年以后,学界关于民间信仰的研究论文有了大幅度增长,且更多学者指出了民间信仰具有的积极功能。如詹石窗认为传统宗教与民间信仰保存了以黄帝、尧、舜为传序的道统文化,包含了丰富的中华民族伦理规范,是海峡两岸文化交流的重要形式或途径。[③] 刘朝晖通过对福建省长汀县濯田镇移民性乡村社区的田野调查,发现神明信仰是整合和稳定民间社会的重要力量,对于地方性族群关系的形成和发展有着重要作用。[④] 陈心林以一个传统的土家族村落——拉西峒村为个案,考察了其民间信

[①] 凌树东:《壮族的民间信仰与社会主义精神文明建设的冲突——靖西"祭月请神"活动反思》,《广西民族研究》1989 年第 3 期。

[②] 徐心希:《闽台民间信仰的功利主义特点探论》,《福建师范大学学报》(哲学社会科学版) 1996 年第 2 期。

[③] 詹石窗:《传统宗教与民间信仰在海峡两岸交流中的作用》,《世界宗教研究》2001 年第 4 期。

[④] 刘朝晖:《乡土社会的民间信仰与族群互动:来自田野的调查与思考》,《广西民族学院学报》(哲学社会科学版) 2001 年第 3 期。

仰在村落生活中具有的整合、与生态环境适应、慰藉和娱乐的功能。[1] 林国平认为民间信仰对于闽台社会历史有着重要影响，曾经为闽台先民拓展生活空间提供精神支柱，并在维系基层社会的正常秩序、传承文化传统、丰富民众经济文化生活，以及参与社会教化、凝聚民族精神等方面起着重要作用。[2] 罗勇认为民间信仰能够有效地调控祖先崇拜对传统社会的负面影响，给社会带来和谐安宁。[3] 蔡少卿认为关帝、观音、妈祖信仰在社会生活中可以给人们精神支柱，起到安定社会的作用，同时具有民族的凝聚力，在祖国的统一和现代化大业中，可以发挥积极作用。[4] 龙海清认为民间信仰在新农村建设中可以为提升农民的伦理道德水平与整体素质及乡风文明建设服务，还可以开展民俗文化旅游，发展文化产业，推动农村经济发展。[5] 王存奎认为民间信仰是社会控制机制的重要组成部分，具有教化功能，对人们的日常生活具有强大的影响力和约束力，具有较强的社会整合功能，是维护社会稳定的基本因素。[6] 有学者从社会资本的角度，把民间信仰看作乡村社会治理重要基础的社会资本，对于乡村治理具有积极作用，因此可以通过构建新型的民间信仰社会管理模式来提高政府管理绩效。[7] 张祝平以浙南L村的养老参与实践为

---

[1] 陈心林：《土家族民间信仰的功能研究——以拉西峒村为个案》，《黔东南民族师专学报》2002年第2期。

[2] 林国平：《论闽台民间信仰的社会历史作用》，《福建师范大学学报》（哲学社会科学版）2002年第2期。

[3] 罗勇：《论民间信仰对客家传统社会的调控功能》，《西南民族大学学报》（人文社会科学版）2004年第7期。

[4] 蔡少卿：《中国民间信仰的特点与社会功能——以关帝、观音和妈祖为例》，《江苏大学学报》（社会科学版）2004年第4期。

[5] 龙海清：《略论民间信仰在新农村建设中的作用》，《三峡文化研究》2008年。

[6] 王存奎：《民间信仰与社会和谐：民俗学视角下的社会控制》，《中国人民公安大学学报》（社会科学版）2009年第6期。

[7] 徐姗娜：《民间信仰与乡村治理——一个社会资本的分析框架》，《中南学术》2009年第5期。

例，认为民间信仰可以成为官方和民间养老事业的重要补充。① 张翠霞通过对"非遗"时代民间信仰研究的分析和反思，提出把民间信仰作为"非遗"文化资源和社会资本参与到乡村社会治理的研究，是该领域跨学科应用研究的新尝试。② 甚至有学者提出中国民间信仰能够为世界文明的共存提供有价值的经验。③ 也有学者关注到民间信仰对于乡村基层组织的影响以及民间信仰在古代社会的功能等。④

值得注意的是，近三年从乡村社会治理的角度对民间信仰的研究增多，如《乡村社会治理视域下民间信仰的规范与引导》⑤《乡村治理中民间信仰的作用机制研究：以永德送归布朗族为例》⑥ 等，其中包括一些硕士学位论文，如商秀敏《民间信仰组织与乡村社会治理关系的研究——以青圃村为例》⑦、杨思琪《社会资本视角下民间信仰在乡村社会治理中的作用研究——基于浙江省台温两地的社会调查》⑧ 等，这些论文多基于田野调查的案例，论述民间信仰和乡村

---

① 张祝平：《当代乡村社会民间信仰的养老参与》，《武汉大学学报》（人文科学版）2017年第5期。

② 张翠霞：《民间信仰与乡村社会治理——从民间信仰研究的现代遭遇谈起》，《中央民族大学学报》（哲学社会科学版）2018年第4期。

③ 范丽珠：《中国民间信仰对全球化时代文明共生的价值》，上海市社会科学联合会编：《当代中国：发展·安全·价值——第二届（2004年度）上海市社会科学界学术年会文集》，上海人民出版社2004年版。

④ 可参见林盛根、张诺夫：《宗教和民间信仰对福建沿海地区部分农村基层组织建设的影响及对策》，《中共福建省委党校学报》2001年第2期；贾艳红：《汉代民间信仰的社会功能探析》，《民俗研究》2009年第4期；李秋香：《秦汉民间信仰文化认同功能研究综述》，《天中学刊》2010年第3期。

⑤ 郑秋凤：《乡村社会治理视域下民间信仰的规范与引导》，《深圳大学学报》（人文社会科学版）2018年第3期。

⑥ 子志月：《乡村治理中民间信仰的作用机制研究：以永德送归布朗族为例》，《广西民族大学学报》2018年第3期。

⑦ 商秀敏：《民间信仰组织与乡村社会治理关系的研究——以青圃村为例》，硕士学位论文，福州大学，2017年。

⑧ 杨思琪：《社会资本视角下民间信仰在乡村社会治理中的作用研究——基于浙江省台温两地的社会调查》，硕士学位论文，浙江工商大学，2017年。

社会治理关系问题。袁方明通过对民间信仰特点的分析，认为民间信仰可以提高民众道德水平，促进乡风文明建设，丰富节日节庆文化，因此应该发挥民间信仰对于乡村振兴的促进作用。[①] 田有煌等以江西省抚州市南丰县三溪乡石邮村的傩文化为例，论述了民间信仰组织的社会功能，阐述了传统民间信仰在乡村社会治理中的作用。[②] 明跃玲等通过对湘西浦市古镇土地神信仰在社会转型时期的积极功能的分析，提出在现代社会的社区治理中应当构建民间信仰参与的多元共治机制，进行文化的调适和整合。[③] 张祝平通过对中国菇民区核心地带村落——X村的乡村建设实践的考察，认为其文化实践的方式主要表现在村落传统信仰的复兴上，所以，村落信仰习俗是激发传统村落生机、涵育乡村精英再造机制、助推现代文明反哺和传承发展提升农耕文明的一种重要方式。[④]

此外，需要注意的是，从民俗学研究的经验来看，特别强调对"传承的民俗事象"的研究，常以"传承"为重心，把民俗事象视为特定人群传承的文化传统，梳理民俗现象的发展变迁及相关问题。民俗学在乡村民俗传统各种事象的研究中，有时候会论述到民俗事象的社会关系、运行结构以及社会功能等，虽然没有明确指出是对于"乡村社会治理"的影响或意义，但却是可以包含在本章论述的范围之内。比如纳钦《口头叙事与村落传统——公主传说与珠腊沁村信仰民俗社会研究》一书以一个蒙古族聚居村落的传说等口头叙事为切入点，结合村落历史和文化，对其相关的口头叙事和祭祀民

---

① 袁方明:《民间信仰在乡村振兴战略中的作用——兼论中国人的信仰模式》，《云南社会科学》2019年第2期。

② 田有煌、刘敏帅、谭富强:《民间信仰仪式的乡村治理功能——以江西省南丰县的石邮傩为例》，《赣南师范大学学报》2019年第2期。

③ 明跃玲、文乃斐:《民间信仰对社区秩序的整合与调适——以湘西浦市古镇土地神信仰为例》，《青海民族研究》2019年第1期。

④ 张祝平:《论乡村振兴中的民间信仰文化自觉——中国菇民区核心地带村落40年变迁考察》，《学术界》2019年第1期。

俗事象做了剖析，在村落传统中解释口头叙事的文化运行过程、内涵与功能，展示一个多元多层次的村落信仰民俗世界。① 景军在《神堂记忆：一个中国乡村的历史、权力与道德》中通过对大川村孔家人搬迁之后重建孔庙及恢复祭祀仪式的过程，展示了集体的社会记忆下传统信仰的复兴情形，② 从中可以看出民俗对于文化重建的功能。刘峰等人以贵州清水江流域的苗族为例，分析龙塘苗寨"地鬼"信仰及其传统权威与现代权威之间的关系，由此分析地方文化资源在乡村社会治理中的作用和表现。③ 张祝平以江南山区的北村为例，论述村落传统信仰城镇化迁移的问题，认为"信仰的迁移之于农民的迁移及其城镇化融入有着特殊的意义，对传统信仰的恰当'征用'，或可成为有序城镇化的一种有效'策略'"④，因此，"要以文化之理性和政治之理性的结合，建构有利于更好聚合传统村落文化要素价值集成的制度空间，重建民间信仰的当代意义"。⑤

总的看来，民俗学关于乡村社会治理的研究虽然涉及内容丰富，成果数量可观，但这些研究多是具体的个案分析，缺乏更有针对性且系统的理论研究。

第三节　民俗学乡村社会治理研究的特点

民俗学关于乡村社会治理的研究，一直以来遵循学科自身的研

---

① 纳钦：《口头叙事与村落传统——公主传说与珠腊沁村信仰民俗社会研究》，民族出版社2004年版。
② 景军：《神堂记忆：一个中国乡村的历史、权力与道德》，吴飞译，福建教育出版社2013年版。
③ 刘峰、靳志华、徐英迪等：《地方文化资源与乡村社会治理》，社会科学文献出版社2018年版。
④ 张祝平：《论民间信仰的城镇化空间——一个异地城镇化村落传统信仰重建的考察》，《民俗研究》2017年第6期。
⑤ 同上。

究传统，研究对象、研究思路体现出民俗学的鲜明特征，但近五年来较多地表现出与其他学科的交叉趋势。

一　从文化治理的角度研究乡村社会

民俗学关于乡村社会治理的研究，虽然涉及民间文学、民间信仰、民间组织、非物质文化遗产保护、古村落保护等广阔领域，但其研究内容上都侧重对文化事象传承演变、内部构成及功能的分析，研究侧重点相对比较集中。尤其是关于民俗功能的分析，是民俗学研究传统中比较擅长的内容，积累了丰厚的研究经验。虽然目前来看民俗功能的研究与乡村社会治理还存在一定差异，但这种研究积累为新的国家政策和学术发展背景下民俗学乡村社会治理研究奠定了很好的基础。

二　微观个案研究的实绩与和宏观理论研究的失衡

从民俗学关于乡村社会治理的研究实际看，很多学者能够自觉运用功能理论对民俗事象的现实意义进行阐发，具体而微的研究多，但是对乡村社会治理的宏观研究和理论探讨较少。

不过，近几年民俗学对乡村社会治理的理论探讨有了较大发展。一些民俗学者致力于乡村民俗调查，将民俗研究与社会治理相结合，取得了令人瞩目的成果。比如北京师范大学的"百村社会治理调查"项目，有不少民俗学者参与其中。萧放、鞠熙从"实践"的角度对民俗学的实践特征进行了分析，总结了中国民俗学者在谈论实践中的三种使用方式，并通过对中国民俗学实践传统的梳理，揭示了中国古代"观风知政"的内涵与当代实践研究理论取向的相似之处，指出其不仅具有教化民众、服务统治的政治目的，也有着"促进不同人群间的理解、交流与协商"的意义。[1] 其重要意义在于更加明晰了民俗学研究的"实践"特征，提出了民俗学者参与社会行动的首

---

[1] 萧放、鞠熙：《实践民俗学：从理论到乡村研究》，《民俗研究》2019 年第 1 期。

要目标是促进知识的交流和社会合作，探讨了未来民俗学研究的可行方向。

此外，萧放还集中地论述了乡村民俗传统与乡村社会治理的关系，并提出村落民俗传统助力乡村振兴的七大途径和三大原则[1]，是作者近年对民俗学关于乡村社会治理研究深入思考的成果，也是目前所见关于此问题分析最为全面、深刻的论文。

三　社会学、人类学研究方法的借用

不可否认，现代以来最早关注中国乡村社会文化并进行学术研究的是在社会学、人类学领域。19世纪末，美国传教士明恩溥，根据自己在中国的生活经历写成了《中国乡村生活》[2]一书。"自此开始，中国村落文化开始进入了西方人类学、社会学学者的研究视野。凯恩、狄特摩尔、白克令、卜凯、甘布尔、兰姆森、布朗等一系列西方学者，都以社会学的调查方法和欧美社会研究的范式，对中国传统村落展开了不同程度的研究。"[3] 20世纪二三十年代开始，中国本土学者如梁漱溟、吴文藻、萧公权、林耀华、费孝通、杨懋春、杨庆堃等都对村落进行过研究，也产生了不少具有影响力的著作，如费孝通《江村经济》、周大鸣《凤凰村的变迁：〈华南的乡村生活〉追踪研究》、阎云翔《礼物的流动——一个中国村庄的互惠原则与社会网络》、萧公权《中国乡村：论19世纪的帝国控制》、黄宗智《华北的小农经济与社会变迁》和《长江三角洲小农家庭与乡村发展》、李怀印《华北村治》等。这些著作都是从社会学的角度，对村落或村落群进行宏观或微观的研究。也有学者对乡村社会的某一内容进行考察，如施坚雅对农村集市的研究，林耀华、杜赞奇、

---

[1] 萧放：《民俗传统与乡村振兴》，《西南民族大学学报》（人文社会科学版）2019年第5期。

[2] ［美］明恩溥：《中国乡村生活》，午晴、唐军译，时事出版社1998年版。

[3] 胡彬彬、吴灿：《中国传统村落文化概论》，中国社会科学出版社2018年版，第16页。

弗里德曼等人对宗族村落社会的研究等，提出了不少有影响力的学术观点。①

民俗学对乡村社会治理的研究，在很大程度上借鉴了社会学、人类学的研究。由于民俗学关注民间的学科特点，乡村研究是民俗学研究的重要内容，在近些年的传统村落保护和村落非物质文化遗产保护上更是发挥了独特的作用。民俗学对村落的研究涉及范围广泛，涵盖村落生产、组织、经济、文化、政治等各个方面，其中一些内容与社会学、人类学研究相近，如村落生产组织、村落生产方式、乡村制度、村落宗族等。如刘铁梁在广泛的田野调查基础上，对社会转型期村落生活和市场关系进行分析，提出了"劳作模式"的概念，并认为劳作模式"不仅是指获得某种物质利益的生产类型，而且是指向身体体验意义上的日常生活方式。运用这个概念，有助于全面考察村民在特定的生产过程中所积累起来的身体体验和丰富的感性知识"。② 这个概念得到一些学者进一步的分析和阐释。③ 他们不仅把"劳作模式"看作村落研究的一个重要内容，也把它作为民俗学研究的一个视角，具有方法论的意义。再比如民俗学对村落日常生活研究的倡导，不仅体现出民俗学研究内容从关注具体民俗

---

① 可参见［美］施坚雅《中国农村的市场和社会结构》，史建云、徐秀丽译，虞和平校，中国社会科学出版社 1998 年版；林耀华：《义序的宗族研究》，生活·读书·新知三联书店 2000 年版；［美］杜赞奇：《文化、权力与国家——1900—1942 年的华北农村》，王福明译，江苏人民出版社 2003 年版；［日］井上彻：《中国的宗族与国家礼制》，钱杭译，上海书店出版社 2008 年版；［英］莫里斯·弗里德曼：《中国东南的宗族组织》，刘晓春译，上海人民出版社 2000 年版。

② 刘铁梁：《劳作模式与村落认同——以北京房山农村为案例》，《民俗研究》2013 年第 3 期。

③ 蔡磊：《劳作模式与村落共同体——京南沿村荆编考察》，《民俗研究》2012 年第 6 期；蔡磊：《村落劳作模式：生产民俗研究的新视域》，《学海》2014 年第 4 期；蔡磊：《劳作模式与村落共同体——一个华北荆编专业村的考察》，中国社会科学出版社 2015 年版；李向振：《劳作模式：民俗学关注村落生活的新视角》，《民俗研究》2018 年第 1 期。

事象向民众日常生活整体性研究的转向，也同样具有方法论的意义。① 但是整体来说民俗学的研究与社会学、人类学研究的不同在于，社会学、人类学领域对于中国乡村的研究主要集中在乡村经济和人际关系上，较少关注乡村文化传统，民俗学一直把"传承的生活文化"作为研究的重心。

但是值得注意的是，由于国家对乡村发展的重视和学界对文化治理问题的探讨，关于乡村文化治理的研究不断增多，形成了乡村社会文化治理多角度、多学科交叉研究的局面，有对中国乡村文化治理发展过程的分析，有对乡村文化治理路径的分析，还有的学者从乡村文化的具体方面论述其对于农村文化治理的作用。如刘彦武运用嵌入性理论，指出当代中国乡村文化发展的根本性特征是嵌入性，从嵌入到耦合，体现出中国乡村文化治理机制的演进过程。② 吴理财等从文化治理视角阐述了乡村文化振兴与乡村振兴的多重价值目标耦合，进而提出通过优化乡村公共服务体系、完善乡村农耕文化传承体系、构建乡村现代文化产业体系、创新乡村现代文化治理体系等措施加快推进乡村文化振兴。③ 张晓琴对乡村文化生态从传统向现代的历史变迁进行了分析，并指出了转型过程中存在治理错位问题，提出乡村文化生态重塑的建议。④ 黄荆晶等人通过对"一带一路"背景下西北地区乡村文化治理的分析，提出了如下路径：进行

---

① 参见高丙中《中国人的生活世界：民俗学的路径》，北京大学出版社 2010 年版；刘晓春：《从"民俗"到"语境中的民俗"——中国民俗学研究的范式转换》，《民俗研究》2009 年第 2 期；刘铁梁：《感受生活的民俗学》，《民俗研究》2011 年第 2 期；李向振：《迈向日常生活的村落研究——当代民俗学贴近现实社会的一种路径》，《民俗研究》2017 年第 2 期。

② 刘彦斌：《从嵌入到耦合：当代中国乡村文化治理嬗变研究》，《中华文化论坛》2017 年第 10 期。

③ 吴理财、解胜利：《文化治理视角下的乡村文化振兴：价值耦合与体系建构》，《华中农业大学学报》（社会科学版）2019 年第 1 期。

④ 张晓琴：《乡村文化生态的历史变迁及现代治理转型》，《河海大学学报》（哲学社会科学版）2016 年第 6 期。

乡村教育；培养乡村精英和乡村自治组织；进一步加强乡村公共文化服务体系建设；整合优势资源形成地域文化，发挥现代文化产业在乡村治理中的引导和规约作用等。[1] 陈野以浙江的农村文化礼堂为例，对其文化治理成效进行了分析。[2] 崔榕分析了湘西苗族乡村由民间精英、民间仪式、民间信仰、社会规约等文化因素组成的"文化网络"在社会治理中发挥的重要作用。[3] 丁峰、李勇华以浙江文化礼堂为例，分析文化礼堂在农村社区治理上的功能。[4] 何建华在其论文中，对乡村文化的道德治理功能进行了详细的分析，认为乡村文化具有凝聚村民价值共识、化解乡村社会矛盾、规范村民行为、构建村民精神家园等道德治理功能。[5] 吕宾等分析了农民在乡村文化自信培养方面面临的诸多困境和挑战，提出通过强化乡村文化自信的主体基础、夯实乡村文化自信的经济基础、筑牢乡村文化自信的教育基础、改变乡村文化治理模式等途径，提高农民的乡村文化自信意识，推动乡村文化的发展。[6] 金绍荣等提出优秀农耕文化嵌入乡村社会治理具有多方面的积极功能，因此厘清农耕文化嵌入乡村社会治理的理论逻辑、化解障碍、构建路径，是乡村文化振兴的需要和乡村德治能力提升的必然。[7] 这样，对于乡村社会文化治理研究多学科

---

[1] 黄荆晶、邓淑红、郭萌：《"一带一路"背景下西北地区乡村文化治理路径探析》，《现代农业》2017年第7期。

[2] 陈野：《文化治理功能的浙江样本浅析——以农村文化礼堂为例》，《观察与思考》2017年第4期。

[3] 崔榕：《湘西苗族乡村"文化网络"与社会治理创新研究》，《青海民族研究》2018年第1期。

[4] 丁峰、李勇华：《论文化礼堂与农村社区治理功能》，《长白学刊》2018年第4期。

[5] 何建华：《乡村文化的道德治理功能》，《伦理学研究》2018年第4期。

[6] 吕宾、俞睿：《乡村文化自信培养困境与路径选择》，《学习论坛》2018年第4期。

[7] 金绍荣、张应良：《优秀农耕文化嵌入乡村社会治理：图景、困境与路径》，《探索》2018年第4期。

参与的研究现实，在一定程度上对于厘清民俗学研究和其他学科研究的区别带来了困难。

总之，社会治理作为一种过程，强调的是集体、个人之间的协调互动。社会治理的主体是多元的，既包括个体的公民，也包括组织化的个体，如党政机构、企事业单位、群众性团体、社会组织以及其他利益群体等。乡村社会治理需要发挥多元主体尤其是广大乡村民众和民间组织的作用，从这个角度看，民俗学在乡村社会治理方面有着广阔的研究空间，可以进行更多更深入研究。而且，社会治理既然强调社会多元主体的交流与协商，这与中国古代的"观风知政"的民俗研究传统有着内在的一致性，因此民俗学研究的历史积累可以为当代乡村社会治理的研究提供很好的历史基础和研究路径。一些致力于民俗学当代应用的学者，关于"实践""协商"以及"民俗传统"的论述，可以为我们思考民俗学关于乡村治理研究提供重要启示。把"民俗传统"作为乡村社会治理研究的最核心内容，以"促进交流、理解和协商的实践性特征"作为"民俗传统"的关键内容，从目前来看，是较好地指出了民俗学关于乡村社会治理的研究路径。但是总的来看，民俗学关于乡村社会治理的研究路径值得进一步的探索和思考。

第十七章

旅游民俗研究

程　鹏

旅游与民俗，两者之间有着千丝万缕的联系。无论是旅游的最早发展形态，还是当今蓬勃发展的大众旅游业，都贯穿着民俗的身影。这些存在于旅游活动中的民俗事象是民俗学研究旅游的主要关注对象，它不仅包括旅游目的地作为旅游资源的民俗事象，还包括在旅游活动中游客所遵循和产生的民俗。

虽然在历史上有许多记述游历风俗见闻的著作，但是在现代学科意义上有关民俗与旅游的研究则是在20世纪大众旅游兴起之后。早在1935年，江绍原就撰写了《中国古代旅行之研究》，以民俗学的视角对汉前的旅游环境、旅游心理、旅游风俗及旅游设施、设备等进行了初步研究。虽然有学者认为其开创了中国旅游学学术研究的先河，但也有人认为这是一部典型的民俗学著作，只"重视旅行和旅游的民俗形式和意见，不太重视旅游的经济效应"。[①] 换句话说，这部未完成的著作并不是借民俗发展旅游的实用之作，它关注的是旅游中的信仰民俗，其研究的侧重点在旅游民俗而非民俗旅游。

---

① 张群：《江绍原〈中国古代旅行之研究〉新探》，《旅游论坛》2013年第1期。

中国的旅游业起步较晚，发展也相对滞后。1949年后很长一段时间里，旅游都是作为政务接待而存在，旅游学基本处于停滞阶段，而民俗学也只有民间文学一枝独秀，无暇触及旅游领域的民俗事象。旅游民俗的研究，主要是在20世纪80年代大众旅游兴起之后。

第一节　民俗旅游资源的开发

20世纪80年代以后，伴随着改革开放的热潮，国内大众旅游开始逐渐兴盛，在名胜古迹与自然风光之外，民俗也成为吸引游客的重要旅游资源，其所隐藏的巨大潜力极大地激发了民俗旅游的开发。因此，这一时期对旅游的研究主要集中在民俗旅游资源的开发等角度，围绕作为旅游资源的民俗文化特征、属性及开发价值等问题展开探讨。

1982年，莫高就在《浙江民俗》上发表《民俗学与旅游学》，探讨两者的关系，对民俗文化之于旅游的意义进行了研究。之后在《民俗研究》1985年的试刊号上所发表的《民俗与旅游》，进一步探讨了民俗应用于旅游的方式和方法。[1] 1988年，陆景川的《民俗旅游发展浅探》一文也对开展民俗旅游的意义及方式进行了探讨。[2] 作为民俗学研究的重要阵地，《民俗研究》从20世纪80年代末至90年代中后期，关于民俗与旅游的文章可谓不胜枚举，甚至为此开设专栏，足见这一问题的关注度之高。

进入20世纪90年代后，学界对民俗与旅游的关注持续升温，并且研究的问题也有所丰富。像姜文华《论民俗旅游资源的利用和

---

[1] 莫高：《民俗与旅游》，《民俗研究》1985年试刊号。
[2] 陆景川：《民俗旅游发展浅探》，《民俗研究》1988年第2期。

开发》①、张铭远《大力开发民俗文化旅游业》②等文章，除了对民俗文化作为旅游资源开发的价值、形式等进行探讨外，也开始关注民俗旅游开发中需要注意的民俗文化保护等问题。而在研究视角上，同样有所开阔。如陶冶就从宣传的角度提出民俗旅游必须针对旅游者、旅游设施、旅游服务人员三个方面进行有意识的宣传，同时对宣传方式和手段也进行了介绍。③ 而张建新则以旅游心理的视角来谈博物馆中的民俗陈列，从学术性与观赏性、民俗陈列的分类、展示手段三个方面讨论了民俗物品的陈列。④ 还有展舒言对旅游纪念商品与民俗的研究，认为对民俗旅游纪念品的研究，关系民俗学理论研究与科普工作，关系民俗学的田野作业，关系民俗学的成果，关系民俗学科研工作者。⑤ 另外，山曼对民俗旅游的技术和技术人才问题的探讨也有一些新意。他认为民俗旅游的技术应当包括："当地民俗资源的全面的调查、在全面调查的基础上选择开发的方向提出具体开发方案、对方案进行论证和必要的试验（包括短期的和长期的效益等项目）、设备的搜集建造与布置、旅游过程中各种细小内容的设计、实施过程中的各种技术问题等等。"⑥ 并且将旅游业中的技术人才分为高、中、初三级，指出民俗旅游业中的高级技术人才应具有民俗学理论修养，应具有较高的田野作业的水平。开展民俗旅游，应先对所有从业人员进行民俗方面的业务训练。

与早先研究侧重于从宏观的角度对民俗应用于旅游的研究有所差别，此时也开始注重区域民俗旅游的开发等问题。如李慕寒就对民俗旅游的区域特征及开发前景做了简要的概述，并依据民俗旅游的区域特征把全国划分为：东北地区、内蒙古地区、西北地区、青

---

① 姜文华：《论民俗旅游资源的利用和开发》，《民俗研究》1990年第2期。
② 张铭远：《大力开发民俗文化旅游业》，《民俗研究》1991年第3期。
③ 陶冶（叶涛）：《浅议民俗旅游的宣传》，《民俗研究》1991年第3期。
④ 张建新：《从旅游心理谈民俗陈列》，《民俗研究》1992年第4期。
⑤ 展舒言：《由纪念谈到旅游纪念商品》，《民俗研究》1991年第3、4期。
⑥ 山曼：《论民俗旅游的技术和技术人才》，《民俗研究》1990年第4期。

藏地区、西南地区等少数民族聚居的民族民俗旅游区和汉族聚居的华北、华东、中南、华南等民风民俗旅游区。[①] 王荣国则以山东为例，从地理环境入手探讨民俗旅游活动，认为山东的民俗旅游活动具有明显的农耕文化特征和渔业文化特征，而山东民俗的地域差异性使其民俗旅游资源丰富多彩。[②] 而吕继祥更是将研究聚焦在更小的区域，对泰山的民俗文化及民俗旅游资源的开发与利用进行了研究。[③]

学界研究的热潮，与时代背景及国家战略有着密切联系。1995年，国家旅游局在全国开展"95中国民俗风情游活动"，《民俗研究》在第一期上刊发了一组围绕"民俗与旅游"撰写的文稿，如刘锡诚《民俗旅游将成为旅游的主潮之一》、沈受君《民俗旅游的现状与发展》、宋兆麟《切勿把民俗庸俗化》、蔡宗德《发展民俗旅游是中国特色旅游的需求》、罗汉田《专项旅游必须重视民俗文化》等，这些文章虽不能算作严格意义上的学术论文，但从一个侧面可以反映出民俗旅游研究的热潮。还有《中国民俗·旅游丛书》的出版，分31卷对中国大江南北的民俗旅游文化进行了展示，对中国民俗旅游的发展有着重要意义。对民俗旅游研究的热潮可以说一直持续到当下，其间许多民俗学者如钟敬文、叶涛等都有文章或正面或旁涉到民俗旅游的问题，而且将之作为应用民俗学的一个重要研究领域。如叶涛就从民俗旅游的文化特质和经济特质入手，对民俗旅游的优势进行了分析，认为民俗旅游大有可为，同时强调在民俗旅游开发中要注意宣传策划。[④] 而他关于济南和青州

[①] 李慕寒：《试论民俗旅游的类型及其区域特征》，《民俗研究》1993年第2期。
[②] 王荣国：《山东民俗旅游与地理环境》，《民俗研究》1991年第3期。
[③] 吕继祥：《试谈泰山民俗文化与民俗旅游资源的开发》，《民俗研究》1990年第3期。
[④] 叶涛：《关于民俗旅游的思考》，《东岳论丛》2003年第3期。

两地城市民俗旅游资源开发利用的设想,则是其实践化的思考。[1]

进入 21 世纪之后,关于旅游民俗的研究持续升温,尤其是在 2006 年以后,每年都有百余篇相关的论文,而其中关于民俗旅游资源开发的文章更是占了大多数。涉及的区域几乎涵盖了中国的大江南北,大到省、市、自治区,小到州、区、县,甚至某一具体的村落或景区,都有关于其民俗旅游资源开发的探讨。而除了具体的个案研究之外,一些学者也关注到了某一区域内的民俗文化的异同等特点,从而探讨合作及构建民俗旅游圈等问题。如陈国生、张瀚文、赵晓军就从共生理论的视角探讨了湘黔渝川边缘地区实施民俗生态旅游开发"竞合"模式的必要性和可行性,并提出了建设民俗生态旅游圈实施竞合模式的对策。[2] 吴元芳通过对山东运河区域的民俗旅游资源进行梳理和总结,提出"以运河遗产廊道为主要开发模式,并贯穿其他旅游开发模式,以便形成'长藤结瓜'的大旅游格局"。[3] 此外,还有彭顺生对穗港澳民俗文化旅游资源异同的比较[4],魏来对东北地区民俗旅游圈的构建与发展问题的研究[5],周争蔚对环洞庭湖经济圈民俗体育旅游现状的调查[6],杨铭铎、杨娟、邵雯对黑龙江省渔猎旅游文化圈民俗旅游发展对策的分析等[7],这些论文都对区域民俗旅游有

---

[1] 叶涛:《城市民俗旅游资源开发利用断想——以济南和青州为例》,《民俗研究》2002 年第 4 期。

[2] 陈国生、张瀚文、赵晓军:《基于共生理论视角的区域旅游"竞合"模式研究——以湘黔渝川边缘地区民俗生态旅游发展为例》,《荆楚学刊》2013 年第 3 期。

[3] 吴元芳:《山东省运河区域民俗旅游开发研究》,《经济问题探索》2008 年第 2 期。

[4] 彭顺生:《穗港澳民俗文化旅游资源比较》,《广州大学学报》(社会科学版) 2003 年第 4 期。

[5] 魏来:《大东北民俗旅游圈构建与发展研究》,硕士学位论文,陕西师范大学,2008 年。

[6] 周争蔚:《环洞庭湖经济圈民俗体育旅游的现状调查》,《佛山科学技术学院学报》(社会科学版) 2010 年第 3 期。

[7] 杨铭铎、杨娟、邵雯:《黑龙江省渔猎旅游文化圈民俗旅游发展对策分析》,《黑龙江对外经贸》2010 年第 12 期。

不同程度的分析和探讨，对这些地区的民俗旅游发展有着一定的借鉴意义。

对民俗旅游的研究，除了传统乡土社会及蒙古族、满族、土族、土家族、瑶族、黎族等民族民俗，还涉及许多城市的民俗文化。如崔云兰就针对城市民俗旅游资源的类型与经营特性，提出了品位和丰度的概念及其指标测算，并分别从城市民俗旅游产品"实体"与"虚体"两个方面进行了阐述。[①] 郭前进则以厦门畲族民俗村为例，从城市记忆的角度对其旅游开发进行了研究。[②] 而范宝俊则在新型城镇化背景下，以黑龙江省群力文化产业示范区为例，对城市民俗旅游开发的模式、类型、思路等进行了研究。[③]

对民俗旅游资源的分析，囊括了节日庆典、民俗体育、民俗表演、民间文学、民间音乐、戏曲曲艺、民间信仰、民间手工艺等民俗文化。节日节庆因其自身特点，一直担任着"文化搭台，经济唱戏"的重要功能，在民俗旅游开发中可谓独树一帜，许多学者也对其进行了研究。如徐赣丽围绕作为旅游开发对象的节日遗产是否能得到合理的保护、"政府办节"语境下如何进行节日的旅游开发、展演作为文化旅游开发的主要方式在节日遗产旅游中的实际运用等问题进行了讨论和评析。[④] 而赵念念则在明确传统节庆民俗旅游内涵的基础上，深度剖析传统节庆民俗的旅游开发价值和意义，结合传统节庆缺乏文化内涵、宣传不足等现实状况，提出了传统节庆民俗旅

[①] 崔云兰：《城市经营视角：城市民俗文化旅游规划与建设问题研究》，硕士学位论文，西安建筑科技大学，2003年。

[②] 郭前进：《基于城市记忆的旅游开发研究——以厦门畲族民俗村为例》，《经济师》2009年第11期。

[③] 范宝俊：《新型城镇化背景下城市民俗旅游开发研究——以黑龙江省群力文化产业示范区为例》，硕士学位论文，黑龙江大学，2016年。

[④] 徐赣丽：《体验经济时代的节日遗产旅游：问题与经验》，《青海社会科学》2014年第5期。

游资源创新开发的对策和建议。[①] 还有王会战以灵宝市东西常骂社火为例的个案研究,则探讨了其旅游开发与保护互动的路径选择。[②] 毛巧晖考察了广西百色市布洛陀民俗文化旅游节的建构,提出应该警惕新型民俗节庆"脱域"现象。[③]

在民俗旅游开发中,政府、企业、社区等各方的作用和力量也一直是学者所关注的问题。张士闪在其主持研究的《中国民俗文化发展报告:2013》中指出,在民俗旅游新模式的构建中,政府部门需要大力发挥主导作用,架构社会参与的良性运转机制,在符合市场规律的条件下,开展民俗旅游事业。政府的这种主导作用在时少华和宁泽群对北京什刹海旅游社区居民参与的研究中也有所体现,他们认为,"当地政府创造旅游参与的制度、环境和服务,以及构建社区内部和谐信任的社会关系成为社区居民参与旅游的必然选择"。[④] 而同样涉及民俗文化旅游社区参与问题的佟玉权则以永陵镇满族旅游为例,指出"提高民俗文化旅游的社区参与度应增强居民对自身文化的认同感,要充分利用教育培训手段和发挥民间社团组织的作用、提高社区居民参与民俗文化旅游的能力,并通过政策引导和各项机制保障,来达到提高参与效果的目的"。[⑤] 秦红增、郭帅旗和杨恬的研究也涉及社区居民的"文化自觉"问题,认为要提升广西乡村生态旅游文化产业,就要进一步增强农民的文化自觉,不断推进

---

① 赵念念:《传统节庆民俗旅游资源的创新开发策略》,《东南大学学报》(哲学社会科学版) 2014 年第 2 期。

② 王会战:《民俗节庆旅游开发与非物质文化遗产保护互动模式研究》,《中华文化论坛》2014 年第 9 期。

③ 毛巧晖:《非物质文化遗产与民俗节庆文化的建构——基于广西百色市布洛陀民俗文化旅游节的考察》,《贵州社会科学》2018 年第 3 期。

④ 时少华、宁泽群:《城市景区社区一体化中居民参与旅游发展的困境、成因与路径选择——以北京什刹海旅游社区为例》,《华侨大学学报》(哲学社会科学版) 2014 年第 1 期。

⑤ 佟玉权:《民俗文化旅游的社区参与评价——以永陵镇满族旅游为例》,《大连民族学院学报》2014 年第 6 期。

其文化创意的科学实践，形成以"文化农民"为核心的乡村文化自觉与文化创意网络体系。[①]

随着旅游业的发展以及精准扶贫、特色小镇、智慧旅游、全域旅游等特色项目的实施，民俗旅游的研究吸引了越来越多的学者加入。在学科上也呈现出交叉与合作的态势，许多学者运用社会学、人类学、旅游学、经济学等学科的理论方法展开研究。但一些文章也存在着重复研究、浅尝辄止等不足之处，尤其是许多对策型研究泛泛而谈，缺乏深入细致的调查，不仅无力指导旅游开发实践，对学科发展也贡献甚微。

第二节　民俗旅游的影响与民俗文化的保护

民俗旅游的蓬勃发展具有深远的社会影响，这些影响既有积极的，也有消极的，涉及经济、政治、文化等多方面，而且关涉到旅游目的地政府、当地居民、旅游企业、游客等各方群体。林德山《民俗旅游开发检讨》一文中就列举了民俗旅游的积极意义，如促进经济发展，提高居民生活水平；增加地域自豪感，促进文化自觉。同时指出民俗旅游开发对旅游目的地的民俗文化也具有许多消极作用，主要体现在臆造、破坏、同化三种形式中。并提出要重新认识民俗文化的经济价值和文化价值，在民俗旅游业进行得如火如荼的时代，必须高度关注民俗文化的保护，做到开发与保护并重。[②]

民俗旅游的发展，客观上可以引起目的地居民的文化自觉，促进当地民俗文化的传承。梁丽霞、李伟峰《民俗旅游语境中女性东道主与民俗传承》就重点关注了民俗旅游开发背景下，旅游地女性

---

① 秦红增、郭帅旗、杨恬：《农民的"文化自觉"与广西乡村生态旅游文化产业提升研究》，《广西民族研究》2014 年第 2 期。

② 林德山：《民俗旅游开发检讨》，《人文天下》2015 年第 11 期。

东道主在民俗文化传承中的重要角色。文章指出女性东道主民俗传承主体地位的形成,既源于旅游地社会男女性别角色与分工这一内在因素,亦深受民俗旅游中的性别消费文化以及民俗旅游村落人口流动等外在因素的影响;女性东道主对民俗文化的传承,对女性东道主自身以及旅游地的民俗文化都产生了重要影响。[1] 而余宏刚《旅游业视野下少数民族文化的保护与传承》,则指出强化和加强载体的认识观念,提高民族认同感,提高民族、族群凝聚力,才是保护和传承少数民族文化最为本质的基石。[2] 还有张婷婷的硕士学位论文《旅游视角下的敦煌民俗文化活态传承研究——以敦煌月牙村和鸣山村为例》以敦煌民俗旅游的发展现状为基点进行总结分析,从民俗文化传承人、民俗文化的可持续性和民俗文化的生存环境三者之间的密切关联性出发,根据敦煌民俗文化的特性,以及传承过程出现的问题,以旅游的视角对敦煌民俗文化的活态传承进行了研究。[3] 而周琳《非物质文化遗产曲艺的传承构想——以开发利用"广西戏曲艺术"为例》则提出对非物质文化遗产的曲艺项目进行旅游开发,有利于其传承发展,并且还可与高校教育相结合,有的放矢地培养具有地方特色的、能为旅游开发所用的曲艺人才。[4] 此外,有些学者的研究也旁涉民俗文化的旅游化传承问题,如徐赣丽在其《当代民俗传承途径的变迁及相关问题》一文中就指出当代民俗的传承途径发生变迁,依靠市场和旅游场域传承也成为一条重要路径。"日常生活中越来越少看到的传统民俗文化,却在旅游场域中得到展演或复

---

[1] 梁丽霞、李伟峰:《民俗旅游语境中女性东道主与民俗传承》,《民俗研究》2015年第2期。

[2] 余宏刚:《旅游业视野下少数民族文化的保护与传承》,《深圳职业技术学院学报》2015年第6期。

[3] 张婷婷:《旅游视角下的敦煌民俗文化活态传承研究——以敦煌月牙村和鸣山村为例》,硕士学位论文,西北师范大学,2015年。

[4] 周琳:《非物质文化遗产曲艺的传承构想——以开发利用"广西戏曲艺术"为例》,《社会科学家》2015年第5期。

兴或再生产。"[1]

　　旅游活动是游客与东道主之间的文化接触过程，早期民俗旅游刚刚起步，对当地民俗文化的影响尚未显露明显，随着时间的推移，各种影响也逐渐显现，引发众多学者的研究。孙天胜指出，由于开发者和旅游者的功利主义，民俗旅游开发"导致民族风情徒具形式，手工艺品艺术价值降低，文化的多样性渐趋丧失"[2] 等负面影响。而周星《旅游产业给少数民族社会带来了什么？》一文则从经济、社会、文化、心理、生态环境等方面分析了旅游产业对旅游目的地的积极影响和消极影响。另外，祝鹏程对京东高碑店村所做的研究，也指出民俗旅游开发既可以促进传统饮食的复兴和发展及民众对日常饮食的文化自觉。"同时，也在一定程度上造成了饮食统一化的趋势，对民众日常饮食产生了负面的干预。"[3]

　　张婧的硕士学位论文《民俗文化视角下贵州西江千户苗寨旅游资源开发》则指出，在旅游的发展和建设中，西江千户苗寨地区出现了扭曲民俗原貌方式追求旅游发展、当地苗族群众风俗淡化、景观和民俗同质化加强、周边环境过度开发、防火防洪等配套设施建设不足等问题。[4] 然而面对强有力的外来文化的冲击，本土文化是否只能逆来顺受，单纯跟随市场的导向，而将自身文化置于万劫不复之地？学者的研究是否定的。周星通过对贵州郎德上寨旅游业发展的研究，发现当地社区在面对外来文化的冲击时并不是被动地接受，当地居民具有变通能力，"通过展示和表演来引导游客的选择，同时兼顾本民族的传统和社区形象。这种文化的展演正是他们积极地应

---

[1] 徐赣丽：《当代民俗传承途径的变迁及相关问题》，《民俗研究》2015 年第 3 期。

[2] 孙天胜：《民俗旅游对民间文化的伤害》，《民间文化论坛》2005 年第 3 期。

[3] 祝鹏程：《民俗旅游影响下的传统饮食变迁：前台与后台的视角——以京东高碑店为例》，《民间文化论坛》2013 年第 6 期。

[4] 张婧：《民俗文化视角下贵州西江千户苗寨旅游资源开发》，硕士学位论文，华中师范大学，2015 年。

对挑战而促进文化变迁的一种机制,这同时也是在旅游场景下当地社区居民的一种文化创造的机制"。① 岳坤对泸沽湖畔落水下村的旅游开发情况的研究也表明,当地的摩梭人面对着代表现代文明的旅游冲击,不是被动地接受,而是积极主动地选择性适应。这种态度不仅造就了当地旅游业的蓬勃发展,也为他们传统文化在现代的生存和展示开拓了空间。董林对旅游场域下迪庆藏族锅庄传承现状的研究,也指出"面对'旅游化生存'的语境,作为非物质文化遗产的迪庆锅庄是具有自我延续和自我调适能力的,但变化的原则和核心仍然是对原生文化精神和内涵的延续"。②

传统文化在当代旅游业中如何被开发利用一直是学者关心的问题,然而此前许多人所关注的仅仅是民俗文化资源化所带来的经济效益,而对民俗文化的影响置之不理。徐赣丽通过对广西龙脊地区民俗旅游的研究指出,"民俗旅游村通过旅游开发,引进了市场机制,使民俗的价值被重新调整,传统民俗被赋予新的市场价值而得到突出与强调,民族文化的整体价值被提升"。③ 而她的博士学位论文《民俗旅游与民族文化变迁——桂北壮瑶三村考察》更是她多年心血的结晶。通过对桂北三个民俗旅游村的民俗传统变迁和文化再造过程的研究,分析其中变迁的形态、特点、方向、程度及影响因素,揭示了旅游开发和民俗旅游村建设的互动关系。在她的研究中,我们可以发现"旅游带来的文化变迁呈现出多方向、多支系、多层面的复杂性",④ 而这背后的影响因素也是多重复杂的。杨杰宏以丽江东巴文化为例,探讨了在政府、精英、民众、游客的多元互动中,

---

① 周星:《旅游场景与民俗文化》,《西北民族研究》2013 年第 4 期。

② 董林:《旅游场域之下的迪庆藏族锅庄传承现状考察》,《民间文化论坛》2014 年第 6 期。

③ 徐赣丽:《广西龙脊地区旅游开发中民俗文化的价值化》,《广西民族研究》2005 年第 2 期。

④ 徐赣丽:《民俗旅游与民族文化变迁——桂北壮瑶三村考察》,民族出版社 2006 年版,第 253 页。

旅游给东巴文化带来了同质化，并使其民俗功能呈现出世俗化、展演化、碎片化、庸俗化、城镇化等变异。高婕则对作为民族关键符号的民族服饰在旅游中功能的"突生"与"减抑"两种异化及原因进行了研究。[①]

在民俗旅游语境下，民俗文化在变迁的同时也在不断地发生重构，一些学者的研究也涉及这一问题，如冯海英《利益相关者理论视角下民俗旅游与土族文化重构——以青海互助土族自治县庄村为例》一文运用利益相关者的理论视角来分析民俗旅游发展过程中土族文化重构问题。作者从微观层面考察各利益相关者的活动并分析他们的角色与作用。基于对庄村民俗旅游发展的研究发现：在自发阶段和市场化阶段利益相关者的角色和作用变化很大，并建构出民俗旅游发展过程中文化重构的关系模型。[②] 李洁的硕士学位论文《旅游语境中文化遗产的再生产研究——以湘西乾州古城为个案》指出，原本作为居民生活空间的乾州古城，在文化旅游情境中，受制于文化遗产再生产诸多因素的综合影响，逐渐成为一个文化旅游景点。其文化遗产再生产的主要方式有物质上的复原、文化遗产的展演化打造和文化产品的开发。政府、学者、媒体等多方面的力量推动了文化遗产的变迁过程，并引导了其方向的转变。[③] 而王杰文在其《论民俗传统的"遗产化"过程——以土家族"毛古斯"为个案》中也提到土家族"毛古斯"被"去语境化"、改编后作为湘西民俗旅游的"文化资源"在舞台上表演。并指出这种与节日语境、仪式功能、地方民众、社区生活、戏剧形态相剥离的"毛古斯"，与社区文化传统中的"毛古斯"相区别，是一种被复兴的、被重新发明的所谓

---

① 高婕：《民族关键符号在旅游场域中功能的异化——以民族服饰为例》，《广西民族研究》2014年第1期。

② 冯海英：《利益相关者理论视角下民俗旅游与土族文化重构——以青海互助土族自治县庄村为例》，《青海民族研究》2015年第3期。

③ 李洁：《旅游语境中文化遗产的再生产研究——以湘西乾州古城为个案》，硕士学位论文，吉首大学，2015年。

"传统文化"。[1]

民俗旅游在给旅游目的地带来经济发展的同时，也对当地居民的权益造成诸多损害，其消极影响除了民俗文化之外，还涉及价值观、道德感等多个方面。张萍的硕士学位论文《民俗旅游开发中的居民权益保护研究——以怀化侗族民俗旅游开发为例》指出，在民俗旅游开发过程中，常常存在损害当地居民生存发展权、社会经济权和文化传承权等问题，影响旅游产业可持续发展。对此应坚持依法保护、以人为本的原则，建立有效的居民保护模式，政府应当积极制定政策引导开发方向、规范开发过程和监督相关企业组织的经营活动；相关企业应当积极承担社会责任、建立环境保护机制、让利于民；居民应当树立主人翁意识，积极地投入景区建设管理，主动维护自身权益。[2] 而邹烽《旅游对目的地居民道德影响的研究综述》则将近年来国内外旅游对目的地影响中有关道德方面的相关研究成果进行归类，分别从价值观、家庭伦理和社会伦理三个方面进行了阐述。[3]

对于在民俗旅游的开发过程中造成的消极影响，已经引起了普遍关注，对此许多学者也从文化保护等方面展开了研究。如田茂军以湘西民俗旅游为例，探讨了民俗旅游开发与文化保护的辩证关系。[4] 吴育标、陈方正也探讨了民俗文化保护与旅游开发之间的矛盾统一的辩证关系，并提出"应将旅游开发纳入到民俗文化保护的大

---

[1] 王杰文：《论民俗传统的"遗产化"过程——以土家族"毛古斯"为个案》，《北京师范大学学报》（社会科学版）2016年第4期。

[2] 张萍：《民俗旅游开发中的居民权益保护研究——以怀化侗族民俗旅游开发为例》，硕士学位论文，湘潭大学，2015年。

[3] 邹烽：《旅游对目的地居民道德影响的研究综述》，《企业导报》2015年第2期。

[4] 田茂军：《保护与开发：民俗旅游的文化反思——以湘西民俗旅游为例》，《江西社会科学》2004年第9期。

系统中，提高两者之间的内在协调性"。① 邱扶东则提出，"在实际的保护工作中，必须坚持依法保护、共同保护、整体保护、运用现代科技保护等基本原则，综合运用生态系统保护模式、聚焦式保护模式和参与式保护模式，才有可能实现保护民俗旅游资源的目的"。② 对于保护性开发，薛群慧指出，民俗旅游村是实现活态文化保护与开发的一种重要载体。③ 周博也认为，通过建立民俗文化村这一封闭式的开发模式能够实现保护性地开发民俗旅游资源，并指出在建立民俗文化村的过程中，要坚持独特性、参与性、全面开发、环境保护等原则。④

第三节　民俗主义与本真性

　　德国民俗学者汉斯·莫泽在1962年发表于《民俗学杂志》上的《论当代的民俗主义》一文中以当代社会中的民歌与民间艺术表演为例，列举了大量的事实来描述一种十分常见的现象，即用"第二手的"、经过加工处理或者甚至重新发明的所谓"传统风俗"来吸引外地游客，为本地区及其文化做宣传的行为。其目的既有可能是政治上的，但更多的却是商业上的。莫泽把这种现象统称为"民俗主义"。后经赫尔曼·鲍辛格的批判性发展，成为民俗学研究尤其是民俗旅游研究中的一个重要内容。民俗主义的提出不仅可以促进对于

---

① 吴育标、陈方正：《民俗文化保护与旅游开发之间的辩证关系及保护主体的选择》，《贵州民族研究》2009年第6期。
② 邱扶东：《论民俗旅游资源的保护原则与方法》，《宁夏社会科学》2007年第4期。
③ 薛群慧：《民俗旅游村：活态文化保护与开发的一种载体》，《思想战线》2007年第3期。
④ 周博：《论民俗旅游的保护性开发——以建立民俗文化村为中心》，《吉林工商学院学报》2015年第5期。

民俗在不同发展阶段的变异的研究，而且强调了传统在真实程度上的相对性。

对于民俗主义，中国民俗学早期只是停留在译介阶段，应用其进行研究的并不多，但是对于民俗文化的本真性及伪民俗等问题，却早已有学者进行研究。陈勤建就认为，在开发民俗资源时，要拒绝伪民俗。并且提出要普及真正的民俗知识，民俗旅游开发时要有民俗学等学科的专家论证，同时，通过立法手段，设立民俗资源文化保护法，从根本上杜绝伪民俗的流行。[①] 付超《略论旅游开发中的"伪文化"现象》，也提出近年来一些地区在对旅游资源进行开发的过程中出现了一系列扭曲文化的现象，即旅游"伪文化"现象，对旅游业、社会环境和传统文化造成了消极影响。为此，必须要坚持开发与保护并重的原则，深度挖掘文化内涵，坚持真实性和商品化并重、传统化和现代化相互融合，以实现旅游与文化科学有效地融合。[②]

而徐赣丽关于金竹寨民俗旅游歌舞表演的考察，则表明"旅游中的文化表演，是为迎合游客对真实性的追求而制造的理想化意象，是一种依据市场规则和商业化原则来进行的文化生产。民俗旅游的开发重新建构了地方文化和民族文化，从而形成新民俗"。[③] 而在另一篇论文中，她通过对民俗旅游表演的主体、内容、情境和目的所做的分析，揭示了舞台展演与现实的差别。指出了民俗旅游的表演化"既兼顾了游客希望在短时间里方便快捷地浏览更多内容、获得审美感受的欲求，又能使当地人的私人生活不因游客的进入而受太多影响"，在一定程度上使当地的民俗文化得到了保护。但旅游表演

---

① 陈勤建：《文化旅游：摒除伪民俗，开掘真民俗》，《民俗研究》2002年第2期。

② 付超：《略论旅游开发中的"伪文化"现象》，《滇西科技师范学院学报》2015年第3期。

③ 徐赣丽：《生活与舞台：关于民俗旅游歌舞表演的考察和思考》，《民俗研究》2004年第4期。

"脱离了生活中的原来情境，不单冲击了日常生活的节奏，也降低了其文化价值，其固有的凝聚力和认同作用越来越小。而且脱离了现实的表演，不能体现文化的原貌，也会淡化景区的文化特色，势必会影响旅游的可持续发展"。[1] 周永广、粟丽娟则通过对一名茶僧参与策划径山茶宴全过程的民族志研究，讨论和反思了旅游背景下非物质文化遗产的真实性问题，呼吁我们反思非物质文化遗产认证存在的批量化、标准化以及文化多元性等问题。[2] 还有白敷登巴托的硕士学位论文《民俗旅游中文化表达形式实践研究——以蒙古风情园为例》对蒙古风情园蒙古族文化表达过程中的文化真实性以及近些年在少数民族地区旅游文化开发中普遍存在的文化"舞台化"、文化"涵化"等现象和问题进行了解析和探讨。[3]

当前，民俗主义已经成为一个普遍现象，对民俗旅游的研究大多可以从民俗主义视角去理解，[4] 辩证看待其影响。周星《"农家乐"与民俗主义》一文就指出当下的"农家乐"项目是民俗主义的具体表现，"农家乐"及民俗旅游会造成"民俗、民俗承载者的客体化以及各种形态的特化，这在一方面有助于提升当地民众的文化自觉，甚至可能带来民俗传承的契机；另一方面，也促使民俗发生各种影响其本真性的变化"。[5] 张敏、方百寿对旅游工艺品商品化与真实性的探讨，认为在旅游全球化的大潮中，旅游工艺品或主动或被动地经历了许多变化，"在大规模低质工艺品不断涌现的同时，许多民族工业也得以复兴，出现了许多更具特色的民族艺术品。因此，

---

[1] 徐赣丽：《民俗旅游的表演化倾向及其影响》，《民俗研究》2006年第3期。

[2] 周永广、粟丽娟：《文化实践中非物质文化遗产的真实性：径山茶宴的再发明》，《旅游学刊》2014年第7期。

[3] 白敷登巴托：《民俗旅游中文化表达形式实践研究——以蒙古风情园为例》，硕士学位论文，内蒙古师范大学，2015年。

[4] 周星：《民俗主义、学科反思与民俗学的实践性》，《民俗研究》2016年第3期。

[5] 周星：《"农家乐"与民俗主义》，《中原文化研究》2016年第4期。

不能忽视这种商品化浪潮对旅游地居民、工艺品生产者、当地政府的影响，及其对此做出的反应"。① 游红霞《民歌的"旅游化"及其开发路径——以恩施民歌"六口茶"为例》，指出恩施民歌"六口茶"在大众旅游的时代背景下，完成了乡野民歌到地方旅游名片的完美过渡，是民俗主义与旅游相结合的典范，对民歌旅游等民俗旅游的开发有借鉴意义，并提出"民俗主义"视角下的"旅游化"是民俗文化在时代语境下"应用"的有效动力机制。②

民俗主义与本真性的探讨，虽然源自民俗学，可以说是非常具有"民俗学特色"的一种研究视角，然而多年来的研究成果可谓屈指可数，研究力度也有待深化。正如雒珊珊对国内关于文化旅游真实性的研究综述中所指出的，这些文章绝大多数是旅游真实性的应用研究，鲜少有旅游真实性的理论研究。而且大多是定性研究，很少有定量研究。并且大多数也只是将真实性作为开发旅游需要考虑的一大因素，并非全部以此为依据展开旅游产品的研究。③

第四节　旅游民俗学的学科建构和理论探索

1989年，何学威创新性地提出了"旅游民俗学"的概念，认为其是应用民俗学中功利性极强的一门分支，并且认为也可将它称为"民俗旅游学"。除了建议在全国范围内因地制宜设置几个极富代表性的"民俗旅游村"外，还对旅游民俗学的教育、科研方面提出了设想。但这一提法并没有得到学界的认同，甚至直到现在，民俗学

---

① 张敏、方百寿：《旅游工艺品商品化与真实性探讨》，《民俗研究》2006年第2期。

② 游红霞：《民歌的"旅游化"及其开发路径——以恩施民歌"六口茶"为例》，《湖北民族学院学报》（哲学社会科学版）2015年第3期。

③ 雒珊珊：《国内关于文化旅游真实性的研究综述》，《旅游纵览》2014年第1期。

的各大研究刊物上也很少出现旅游民俗学的概念，而是以民俗旅游代之，如陶思炎在其《略论民俗旅游》中就对民俗旅游的概念、特征、类型、开发原则等进行了介绍。① 刘丽川编著《民俗学与民俗旅游》② 一书，是第一本系统论述民俗学与民俗旅游的著作，该书从民俗学的概念和范围入手，不仅论述了民俗的特征、种类，还对民俗旅游的资源开发、市场旅游服务与民俗等问题进行了研究。此后，吴忠军《民俗文化与民俗旅游》③、巴兆祥《中国民俗旅游》④ 等多本关于民俗旅游的著作问世，从不同角度探讨了民俗旅游的问题。高国藩《旅游民俗学》⑤ 一书则是中国第一本以"旅游民俗学"命名的专著，它总结了中国自改革开放以来所开拓的民俗旅游的主要内容，包括国家旅游局公布的"中国旅游胜地40佳"和《中国最佳旅游景点图册》新增的9处景点的民俗旅游，以及各省新开辟的民俗旅游、红色旅游和乡村旅游。这些著作对于旅游民俗学的发展有着重要的作用，然而内容方面主要侧重于民俗旅游资源的描述分析及开发等问题的探讨，未能形成系统、科学的理论体系和方法论。

随着民俗学朝向当下的转向，许多学者开始由民俗旅游转向旅游民俗的研究，积极探索旅游民俗学的独特理论，并尝试构建这一分支学科。⑥ 如杨利慧通过对中国、德国和美国的三种个案的考察，抽绎出遗产旅游成为成功保护民间文学类"非遗"途径的"一二三模式"："一"代表一个核心原则，即民间文学的基本情节类型或文类特征应保持不变；"二"表示其他两个要素：一篇导游词底本和若

---

① 陶思炎：《略论民俗旅游》，《旅游学刊》1997年第2期。
② 刘丽川编著：《民俗学与民俗旅游》，同济大学出版社1990年版。
③ 吴忠军：《民俗文化与民俗旅游》，广西民族出版社2001年版。
④ 巴兆祥：《中国民俗旅游》，福建人民出版社2006年版。
⑤ 高国藩：《旅游民俗学》，东亚文化出版社2006年版。
⑥ 参见程鹏《民俗旅游与旅游民俗：中国民俗学之于旅游研究的双重取向》，《民间文化论坛》2017年第1期。

干主题性的旅游吸引物;"三"代表另外三个要素:即一场紧扣该民间文学类"非遗"的主题演出、社区和专家共同认可的传承人以及公共民俗学家的指导。并且认为该模式各要素的重要性是依次递减的,运用时要注意灵活性。① 而她对河北涉县娲皇宫景区导游词底本以及导游个体叙事表演的分析,则详细展示了遗产旅游语境中神话主义的具体表现,并且指出导游也是当代口承神话的重要承载者。杨泽经对娲皇宫的五份导游词进行了历时分析,发现这些导游词经历了从简洁至详细,从表层至深入,从书面至口语,从偏重文本到强调语境的动态变化,但具有很强的内在稳定性。其中蕴含着丰富的女娲神话知识,经不断增补后,底本神话叙事越加有史料依据,成为神话当代传播与传承的重要媒介。② 这种借旅游来研究神话等民俗事象的取向与江绍原借旅游来研究信仰的路径可谓是异曲同工,都是立足民俗学学科立场所做的思考,其所运用的理论方法也体现了民俗学的专业特色。

同时,这种研究取向也在推动民俗学学科的发展。如杨利慧在《民俗研究》2014年第1期中主持了关于遗产旅游的一组文章,"力图以当下如火如荼的'遗产旅游'为窗口,进一步展示并探讨民俗学在研究这一新兴领域时的特点和潜力,切实推进中国民俗学朝向当下的学术转向"。③ 安德明通过对广西中越边境地区的旅游类型的概括和分析,探讨了边境旅游如何使"国家"的意识和认同得以具象化和强化。这一独特视角,为深入考察国家在场以及国家意识形成的复杂多样性做出了贡献。而李靖关于云南景洪市傣历新年旅游化的民族志个案,"注重权力的流动性和对权力利用的创造性,细致考察角色的具体多元性、角色本身的行动话语以及他们之间的互动

---

① 杨利慧:《遗产旅游与民间文学类非物质文化遗产保护的"一二三模式"——从中德美三国的个案谈起》,《民间文化论坛》2014年第1期。
② 杨泽经:《从导游词底本看女娲神话的当代传承——河北涉县娲皇宫五份导游词历时分析》,《长江大学学报》(社会科学版)2014年第5期。
③ 杨利慧:《遗产旅游:民俗学的视角与实践》,《民俗研究》2014年第1期。

所上演的'戏剧',由此对学界流行的、注重对节庆空间的单向权力结构进行分析的做法进行了补充和修正"。① 还有张巧运关于2008年汶川地震后由政府主导并迅速兴起的灾难旅游和遗产旅游让羌族浴"难"重生的个案,对于当前中国民俗的保护和利用,也有着重要的启示。

刘铁梁则不仅反思了以往民俗旅游的研究取向,同时还积极构建旅游民俗学这一分支学科。在其《村庄记忆——民俗学参与文化发展的一种学术路径》一文中,他对以往关于民俗旅游的研究提出了批评,认为没有体现出"旅游民俗学"根本和深层次的问题,反映了民俗学在关注当下生活的学术转型过程中还不够成熟。他指出,民俗学者应该看到,旅游本身就是民俗,而不只是在利用民俗。这一观点不仅有异于以往的民俗旅游研究取向,而且将旅游民俗的研究扩大到极致,将所有旅游活动都纳入民俗学的研究视野。据此他提出:"所谓旅游民俗学,就是从民俗学的角度来研究旅游现象的一种学问,是将旅游作为现代人的一种生活方式,一种显要的生活文化现象来研究的。"② 而于凤贵在其博士学位论文《人际交往模式的改变与社会组织的重构——现代旅游的民俗学研究》中则对旅游民俗学进行了更加全面的论述:"旅游民俗学是以民俗学的视角,把现代旅游休闲作为民俗事象,对其发生、发展、原因及规律,基本事象分类及特点、人文意义及社会意义等进行分析、抽象、综合、概括的专门学科。"③ 并且对旅游民俗学的理论工具和研究方法、研究宗旨和意义也进行了论述。而他关于"游缘"这种新型的人际交往模式的探索,正是其开拓旅游民俗学的实践研究。

田兆元、程鹏则将旅游民俗学的研究内容概括为四个方面:一

---

① 杨利慧:《遗产旅游:民俗学的视角与实践》,《民俗研究》2014年第1期。
② 刘铁梁:《村庄记忆——民俗学参与文化发展的一种学术路径》,《温州大学学报》(社会科学版) 2013年第5期。
③ 于凤贵:《人际交往模式的改变与社会组织的重构——现代旅游的民俗学研究》,博士学位论文,山东大学,2014年。

是可用于旅游的民俗资源及其转化研究，二是对于民俗旅游的经济研究与服务，三是对于旅游者与从业者的研究与服务，四是对于旅游与民俗文化传承及其社会发展问题的研究。并将民俗叙事研究定位为旅游民俗学的学科基础和前提，提出"以语言叙事、仪式表演行为叙事和景观叙事为一体的民俗大叙事观，是旅游民俗学的研究入口"。[①] 近年来，许多学者在民俗叙事尤其是景观叙事等领域已经取得了许多研究成果，如姜南对云南诸葛亮南征传说的研究[②]、张晨霞对帝尧传说的研究[③]、余红艳对白蛇传的研究[④]，都涉及景观叙事和景观生产。余红艳通过对法海洞和雷峰塔的研究，指出景观叙事在提升地域形象、发展旅游经济等方面发挥着重要作用。[⑤] 程鹏则以泰山遗产旅游为例，对遗产旅游中的民俗叙事进行了研究，对其作用机制、内涵和保护等问题进行了探讨。[⑥] 游红霞通过民俗叙事对普陀山观音圣地的朝圣旅游进行了研究，探讨了朝圣旅游中信仰与旅游、神圣性与世俗性互动交织、相互裹挟的关系。[⑦] 这些论文都是民俗叙事研究的重要实践，推动了旅游民俗学的发展。

　　回首 70 年的历程，旅游民俗的研究已经取得了一些研究成果，虽然与民俗学的其他研究领域相比还较为薄弱，但研究者的队伍在不断壮大，研究对象也从民俗旅游扩展至遗产旅游、朝圣旅游等其

---

① 田兆元、程鹏：《旅游民俗学的学科基础与民俗叙事问题研究》，《赣南师范大学学报》2017 年第 1 期。

② 姜南：《云南诸葛亮南征传说研究》，民族出版社 2013 年版。

③ 张晨霞：《帝尧传说与地域文化》，学苑出版社 2013 年版。

④ 余红艳：《景观生产与景观叙事——以"白蛇传"为中心》，博士学位论文，华东师范大学，2015 年。

⑤ 余红艳：《走向景观叙事：传说形态与功能的当代演变研究——以法海洞与雷峰塔为中心的考察》，《华东师范大学学报》（哲学社会科学版）2014 年第 2 期。

⑥ 程鹏：《遗产旅游中的民俗叙事研究——以泰山遗产旅游为例》，博士学位论文，华东师范大学，2016 年。

⑦ 游红霞：《民俗学视域下的朝圣旅游研究——以普陀山观音圣地为中心的考察》，博士学位论文，华东师范大学，2018 年。

他类型的旅游，并开始关注旅游中的民俗事象。这种研究视角的转换不仅拓宽了中国民俗学对旅游研究的道路，而且也促进了民俗学自身的发展，推动了旅游民俗学的建设。虽然与旅游社会学、旅游人类学等学科相比，旅游民俗学还很羸弱，缺乏系统独特的理论方法，尚未形成一门成熟的分支学科，但我们也欣喜地看到，有学者在不断地努力探索实践，相关的研究成果也在不断涌现，所以我们相信旅游民俗学会日益成熟壮大！

第十八章

学术期刊与学科建设

施爱东

专业性的学术期刊，在学术共同体的形成、研究范式的传播、学术梯队的培育、学科新概念的认受、学术热点的引导等方面，都起着不可替代的重要作用。相对于大学的专业教育自上而下、教学相长的知识传授，专业学术期刊则是平行的、相互促进的信息交流。一个学科的主流学术期刊的成败，关系到学科整体学术水平的提升，以及专业学术方向的调整，在学科发展中起着至关重要的作用。"办好一家有学术品格的期刊，能开创和代表一个学术时代。民间文学理论研究期刊和丛刊的创办，是新时期民间文艺学的研究局面飞跃发展的重要标志之一。"[1]

1949年7月，中华人民共和国成立前夕，第一次中华全国文学艺术界联合会（以下简称第一次"文化会"）在北京宣告成立，来自解放区、国统区的文艺工作者们，欢聚一堂，展望着中国文艺的新纪元。第一次"文代会"之后，相继成立了各专业的文艺团体，中国民间文艺研究会的筹备工作也随即紧锣密鼓地运作起来，并于1950年3月29日召开成立大会。

---

[1] 刘锡诚：《20世纪中国民间文学学术史》，河南大学出版社2006年版，第753页。

中国民间文艺研究会主要由两方面的文艺工作者组成，一是解放区的文艺工作者，二是国统区的民间文学工作者。前者以贾芝为代表，后者以钟敬文为代表，他们之间的合作与分歧，深刻地影响着20世纪下半叶的中国民间文艺学和民俗学的学术取向。

第一节 《民间文艺集刊》与民间文艺理论建设的启动

中国民间文艺研究会一经成立，很快就把"办刊"当成了一项重要工作来抓。由于中华人民共和国成立初期，百废待兴，但是文艺工作者们又急于建功立业，仓促之下，只能沿用1949年以前的办刊模式，先创办一份不定期的民间文艺研究刊物。就这样，中华人民共和国成立后的第一个全国性、综合性的民间文艺学刊物《民间文艺集刊》，于1950年11月在北京诞生。

集刊是中国民间文艺研究会的机关刊物，但以研究性的理论文章为主，也发表一些新征集的民间文学作品。第一册主要刊载了两篇讲话：郭沫若《我们研究民间文学的目的》、老舍《老百姓的创造力是惊人的》；八篇论文：钟敬文《口头文学：一宗重大的民族文化遗产》、安波《谈蒙古民歌》、胡蛮《论民间美术的风格》、游国恩《论〈孔雀东南飞的思想性及其他〉》、俞平伯《民间的词》、王亚平《民间艺术中的梁山伯和祝英台》、贾芝《茏苏区民歌》、李敷仁《谈谚语》；一篇译著：高骏千译《普希金与民间文艺》；还有一组传统民歌、一组革命歌谣，以及毛主席、朱总司令等一批革命传说，一幅剪纸，以及徐悲鸿对剪纸艺术家的介绍等。

从用稿结构上看，"这一册中的文字，大体可分做三类：一是研究、谈论，二是材料的选录，三是本会情形的报告"。[①] 从作者阵容

---

① 编者：《编后记》，中国民间文艺研究会编《民间文艺集刊》（第一册），人民文学出版社1950年版，第110页。

来看，全是不同学科方向的名家。从选题方向来看，"民间文艺"不仅包括民间文学，也包括民间音乐、民间美术、民间工艺。再从《本会理事会及各组负责人名单》可知，民间文艺研究会包含了五个业务小组：民间文学组、民间戏剧组、民间音乐组、民间美术组、民间舞蹈组。从政治倾向来看，所有的稿件都不可避免地带有浓厚的时代气息，强调适应时事政治的需要。

从学术影响的角度看，钟敬文《口头文学：一宗重大的民族文化遗产》是最值得关注的一篇学术纲领性论文。文中将民间文学视为"口头创作"和"劳动人民创作"的学术理念深刻地影响了整个20世纪下半叶的中国民间文学研究，凡是"案头文学""小市民文学""统治阶级的文学"等"非劳动人民创作"和"非口头创作"的文学形式都被摒弃在民间文学范畴之外。这也是导致戏曲、说唱等体裁的文学研究者逐渐被排斥在钟敬文主导的"中国民间文艺家协会""中国民俗学会"之外，另外成立"中国俗文学学会"的重要原因。

出完第三册之后，由于中国民间文艺研究会的隶属关系和经费来源等问题，集刊不得不停刊。但是，《民间文艺集刊》对于20世纪下半叶中国民间文学研究所造成的学术影响却是巨大的，总的来说，该刊"希望办成个以繁荣民间文艺理论研究为主的学术性集刊，在约稿、编稿方面，既容纳了来自解放区的和国统区的两支作者队伍以及不同学术倾向的文章，又表达了编者的思想倾向，即：（1）民间文艺是劳动人民的创作；（2）把作家文学的批评标准——以形象的塑造、内容的是否深刻作为判断作品的标准，亦即把作品的社会政治历史作用放在首位——移用于民间文学，把民间作品等同于一般作家文学"。[①] 这些编辑思想深刻地影响了20世纪50—80年代的民间文学观念与研究进路。

---

① 刘锡诚：《20世纪中国民间文学学术史》，河南大学出版社2006年版，第593页。

第二节 《民间文学》对全国民间
文学工作的领导作用

　　《民间文学》（月刊）是以发表各民族民间文学作品为主，兼发学术评论的全国性民间文学期刊，由中国民间文艺研究会主办，1954年4月创刊，刊名为郭沫若亲笔题写。该刊是中华人民共和国成立之后最早正式发行的民间文学连续出版物，1962年起一度改为双月刊。至1966年停刊，共出版107期。1979年1月恢复出刊，仍为月刊，先后由人民文学出版社、中国民间文艺出版社出版，一直延续到今天。该刊是坚持时间最长，出版期次最多的民间文学类杂志。

　　由钟敬文撰写的《发刊词》，在当时"左倾"思想比较严重的形势下，无疑具有借着"劳动人民""历史真实"这些革命话语为民间文学争取"学术合法性"的书写策略，这样的限定和观念，在今天的民间文学工作者看来，已经明显过时，但在当时，却为民间文学的研究奠定了基本的方向和基调。比如下面三个方面的表述，整整影响了两代民间文学工作者。（一）民间文学的教育作用："人民创作，是人民思想、感情和艺术才能的表现。""人民不仅有美好的精神和性格，他们同时还是艺术上的能手……一般的民间作者都是非职业的，但是他们却往往创造出非常美丽动人的作品。这种作品是封建地主阶级或资产阶级的许多文人墨客的诗文所不能比拟的。"（二）民间文学的认识作用："过去人民所创造和传承的许多口头创作，是我们今天了解以往的社会历史，特别是人民自己的历史的最真实、最丰饶的文件。""作为古代社会的信史，特别是人民生活和思想的信史，人民自己创作和保留的无数文学作品，正是最珍贵的文献。""我们今天要比较确切地知道我国远古时代的制度、文化和人民生活，就不能不重视那些被保存在古代记录上或残留在现在口头上的神话、传说和歌谣等。"（三）口头文学是一切文学的源头："原始社会的文学，是全民的口头文学。它是一切文学的总源头……它还是那些伟大作家的文学的奶娘或亲眷。"①

《发刊词》对于20世纪下半叶民间文学观念的影响是巨大的，正如毛巧晖注意到的：

> 这一时期"文学民间源头论"成为文艺领域的主流思想，新编纂的文学史都以它为方向指导，民间文学在中国文学史中的作用被夸大，这引发了文学领域民间文学与作家文学重要性之争论，一度流行"文学民间正统论""文学民间主流论"等论调。②

《发刊词》中还提到了《民间文学》杂志的办刊宗旨和用稿原则：

> 这个刊物的主要任务，是推动对全国人民口头创作的收集、整理，同时并促进这方面的理论研究，和帮助群众创作、通俗文艺的发展。因此，我们要用较多的篇幅来刊载整理过的各种人民口头创作。我们要发表那些应用马克思主义理论写作的研究论文和批判资产阶级错误观点的文字。关于各地区、各民族间人民创作的流布和活动情况，及收集、整理的经验的记述文字，我们也要给以一定的地位。此外，还要刊载一些较好的用口头文学的形式写作的作品。③

---

① 以上引文均出自钟敬文（未署名）《发刊词》，《民间文学》1955年创刊号。
② 毛巧晖：《民间文学批评体系的构拟与消解——1949—1966年"搜集与整理"问题的再思考》，《西北民族研究》2018年第2期。
③ 钟敬文（未署名）：《发刊词》，《民间文学》1955年创刊号。

早期的《民间文学》很好地执行了《发刊词》提出的办刊宗旨,不仅发表民间文学作品,也发表了大量的理论文章,如刘守华《谈动物故事的艺术特点》、贾芝《民间故事的魅力》、许钰《民间文学中巧匠的典型》等。据日本"中国民话会"所编《〈民间文学〉分类目录》的统计,这一时期《民间文学》发表的理论文字如下:(1) 民间文学理论 14 篇;(2) 研究史(学术史)15 篇;(3) 故事(包括评论)29 篇;(4) 神话 6 篇;(5) 历代革命传说 27 篇;(6) 少数民族故事 18 篇;(7) 歌谣 95 篇。[①] 发生在《民间文学》杂志最著名的学术讨论是关于"搜集整理"问题的论争。

> 最早出现的争论是围绕着当时中学课本中选用的《牛郎织女》一文展开的,李岳南肯定和赞赏整理编写的成功,刘守华则批评故事中对人物心理的细致入微的刻画,不符合民间作品的艺术风格。继而刘魁立在《民间文学》1957 年 6 月号发表《谈民间文学的搜集工作》,除阐述自己的见解外,还对董均伦、江源的做法有所非议,于是引出了董、江二人的答辩。一场讨论从此展开。许多从事搜集和研究工作的同志都参加了讨论。[②]

这些讨论文章最后还被结集为《民间文学搜集整理问题》,1962 年由上海文艺出版社正式出版,对当时的民间文学搜集整理工作产生了难以估量的巨大影响。

1966 年之前的《民间文学》发表了大量新搜集的民间文学作品,包括歌谣、神话、故事、谚语和叙事长诗等,在提供读物,推动民间文学搜集整理和研究,为民间文学研究积累资料,为学术研

---

① 转引自刘锡诚《20 世纪中国民间文学学术史》,河南大学出版社 2006 年版,第 598 页。

② 刘锡诚:《20 世纪中国民间文学学术史》,河南大学出版社 2006 年版,第 624 页。

究培养后备人才等几个方面，都起到良好的作用。

《民间文学》编辑部的实际主持者，由于民研会领导干部的变动，前后也有过一些变动。从创刊到1957年春天，主要由贾芝负责；从1957年到1962年底，主要由林山负责；从1963年起，先后由刘超和由贾芝负责，直到1966年6月停刊。

改革开放之后，《民间文学》于1979年1月复刊，仍为月刊，先后由人民文学出版社、中国民间文艺出版社、中国民间文艺家协会主办。《复刊词》基本沿袭了《发刊词》的观点和思路，同时申明复刊后的首要任务是为实现四个现代化服务，"在深揭狠批'四人帮'和他们的反革命修正主义路线，肃清其流毒和影响的基础上，拨乱反正，正本清源，坚持毛主席的革命文艺路线"。①《复刊词》着重强调的几项工作，除了政治上的拨乱反正，业务上还是搜集整理、加强研究、引进经验老三套：（一）"及时抢救各民族民间文学遗产，必须坚持全面搜集的方针"；（二）"从某种意义上说，研究工作是做好民间文学工作的中心环节"；（三）"注意学习世界各国的先进经验"。②

1979年9月《民间文学》杂志发表刘守华《一组民间童话的比较研究》，较早地在民间文学界打出了"比较研究"的旗帜，此后，他又相继发表了一系列比较故事学论文，起到了一个很好的示范作用，在当时的民间文学界掀起了一股比较研究的小高潮。但是，类似的学术高潮并没有持续发生在《民间文学》。20世纪80年代以降，复刊后的《民间文学》日渐脱离传统民间文学，逐渐向《故事会》等通俗读物趋同，以刊载充满时代气息、贴近百姓生活的新故事为主，几乎不再发表学术性的理论文章。传统的民间文学、民俗学研究对于这些新故事、新对象并没有建立起新的、适用的研究范式，多数学者选择了视线转移，逐渐远离了《民间文学》。

---

① 佚名：《复刊词》，《民间文学》1979年第1期。
② 同上。

第三节　上海民间文化三刊在学科建设中的意义

上海拥有赵景深、罗永麟、姜彬等一批杰出的民间文艺学家，20世纪80年代初，上海是民间文艺研究最活跃的地区之一，仅次于作为全国中心的北京。

早在中华人民共和国成立之初，上海就有两所大学开设了民间文学课程，据罗永麟回忆："当时钟敬文先生在北京师范大学，赵景深先生在复旦大学，震旦大学就是我教，当时开民间文学课最早就是我们三个人，那是1951年。"[1] 因为没有全国统编教材，三人各有一套民间文学理论体系和概念体系。如果说上海的赵景深和罗永麟相当于北京的钟敬文，那么，上海的姜彬则相当于北京的贾芝。1981年至1997年间出版的《民间文艺集刊》《民间文艺季刊》《中国民间文化》，均与姜彬的组织和推动密切相关。

《民间文艺集刊》对自己的定位是"民间文学理论刊物"，由中国民间文艺研究会上海分会主编，上海文艺出版社出版，系以书代刊性质的半年刊，1981年11月出版第一集。卷首《编者的话》说明了用稿范围："（一）民间文艺和民俗的理论学术研究著作与实际调查材料；（二）外国民间文艺、民俗的理论学术文章和学术研究情况的介绍；（三）供理论研究用的民间文艺资料和作品。"[2]

《民间文艺集刊》一问世，就显示出它的宏阔视野和全国影响力。与京派民间文艺学界专注学习苏联老大哥不同的是，海派民间

---

[1] 郑土有：《问道民间世纪行·罗永麟》，上海世纪出版股份有限公司2011年版，第5页。

[2] 中国民间文艺研究会上海分会编：《民间文艺集刊》（第一集），上海文艺出版社1981年版。

文艺学界不仅学苏联，对英国、美国等欧美国家，以及日本学者的相关研究也进行了尽可能的译介，其中第三、四两集还专门开设了"外国民间文艺学及其他诸学派介绍"栏目，显示出编辑者的精心策划和用心组稿。该刊持续出刊四年，在全国民间文艺学界形成了很大的影响。

随着影响加大，来稿增多，姜彬决定扩充篇幅，自1986年第1期（总第9期）起改为季刊，刊名也随之改为《民间文艺季刊》。其改刊启事再次强调了"本刊面向全国"的办刊方针，其办刊主张中有一段话，充分说明了上海民间文艺家开放、包容的学术胸襟："凡是持之有故、言之成理的文章，纵使我们认为不科学，也同样发表。学术上的是非，彼此处于平等地位，应该通过争鸣来解决。我们相信读者有这样的辨别能力。我们也尊重民间文艺学术研究上的各个流派，为运用各种方法研究的文章提供园地。"①

《民间文艺季刊》的主要栏目有：民间文学与民俗学基本理论研究、民间文学各体裁研究、民歌手和故事家研究、民间文学与其他文化现象关系研究、巫术研究、吴越文化和民间文艺研究、社区民俗信仰调查、都市民俗学、文艺民俗学、民间美术研究、新故事研究等，此外还有诸如争鸣与探索、读书札记、学术动态等。季刊最大的特色是加强了专题研究的组稿力度，如改刊第1期就有三组引人注目的专题，分别是"《魏二郎》研究""冯梦龙研究""《刘二姐》资料"，第4期更是整本全为"孟姜女传说研究专辑"，继承并发扬了《民俗周刊》的"研究专集"传统。为了加强国际交流，改刊后还增加了英文目录，开设了"国际学术往来"栏目。

该刊不仅作为一个民间文艺学学术平台为学界所重视，它生产的一些学术概念，也逐渐为学界通用，如："自1988年上海民协主办的《民间文艺季刊》开辟'仙话研究'以来，已经取得了令

---

① 佚名：《改刊致读者、作者》，《民间文艺季刊》1986年第1期。

人瞩目的成绩，（截至1993年）出版了学术专著三部，发表学术论文百余篇，'仙话'作为一类独立的民间文学作品已得到了学术界的普遍肯定。"①

从1991年第一集起，该刊再次更名《中国民间文化》，另行编号，仍为季刊。改刊后《编者献辞》中说："正像一切文化一样，民间文化本身也有优劣之别。民间文化中的优秀部分，促进社会的进步，加快人类文明进程；其劣陋部分，则阻碍社会的发展。我们的目的是辨别良莠、批判和改造民间文化中的劣陋的成分，弘扬和光大民间文化中的优秀部分，促进社会主义精神文明的建设。"② 这一指导思想跟今天我们所奉行的"非物质文化遗产"和"文化多样性"的理念还是有一定差距的。今天的我们一般不会对不同社区的民间文化进行优劣评判，更不会轻易地对它们进行批判和改造。这也折射出近20年来知识精英对于民间文化的观念转换。

《中国民间文化》之所以在民俗学界影响巨大，更重要的还在于编者的策划意识，几乎每一集都会有一个专题，比如，第一集是民间信仰研究，第三集是上海民俗研究，此后相继推出的，还有人生礼俗研究、都市民俗学研究、民间礼俗文化研究、民间稻作文化研究、民间口承文化研究、民间神秘文化研究、吴越地区民间艺术、地方神信仰、丧葬文化研究、改编再创作研究，等等。

"海派三刊"是较早在中国提出"都市民俗学"的集刊，在1991年的"上海民俗研究专题"中，编者即说：

> 城市（或称都市）民俗学是民俗学的一个重要分支，是目前世界民俗学研究中一个热点。由于种种原因，我国对城市民

---

① 郑土有：《"道家思想、仙话与民间文化"研讨会综述》，《世界宗教研究》1994年第1期。
② 《中国民间文化》丛书编辑室：《编者献辞》，上海民间文艺家协会编：《中国民间文化》（第一集），学林出版社1991年版。

俗学的研究起步迟、进展缓慢。尽管在1986年就已有学者撰文呼吁加强都市民俗研究，但至今为止尚未有一本研究专著，就连研究论文也不多。这与我国民俗学研究整体发展水平是不相称的，应该引起民俗学家们的足够重视。①

上海是中国最大、最现代化、最有代表性的大都市之一，以上海民俗研究为代表，发起都市民俗研究，对于带动全国的都市民俗研究无疑会起到一个龙头作用。在此基础上，1992年，《中国民间文化》再次推出一期"都市民俗学发凡"的专集，正式将城市化的民俗现象定名为"都市民俗"。

尽管上海民间文艺家协会一直竭力坚持，但由于丛刊系自筹经费主办，受到整个20世纪90年代"全民经商"社会浪潮的裹挟，民间文化不受重视，杂志发行量难以取得突破，出版经费日见困难。从1995年第一集（总第一十七集）起，丛刊再次改为半年刊，至1997年底出至第二十二集后，不得不接受停刊的命运。

该刊物是上海民间文艺家协会自筹经费创办的专业学术性理论季刊，每集20余万字，由姜彬主编，王文华、陈勤建任副主编，本着"适当多发表一些吴语地区民间文学研究文章"，同时又"面向全国"的办刊宗旨，前后出版了48集，一千余万字，是中国二十世纪八九十年代民间文学、民俗学研究的权威刊物。为当时民间文学吴语协作区和全国民间文学专业研究人才培养作出了特殊贡献。②

---

① 佚名：《编者的话》，上海民间文艺家协会编《中国民间文化》（第三集），学林出版社1991年版。

② 王铁仙、王文英主编：《二十世纪中国社会科学·文学学卷》，上海人民出版社2005年版，第247页。

第四节 《民间文化论坛》对民间文学研究的引领作用

从1966年7月《民间文学》杂志停刊以后，中国民间文艺研究会的日常工作基本处于停顿状态。1978年4月，"钟敬文、贾芝、毛星、马学良、吉星、杨亮才组成筹备组，筹备恢复中国民研会的工作"[①]，中国民间文化研究事业进入了一个全新的时期。在新的政治、文化条件下，中国民间文学和民俗学的出版事业、理论建设迅速被提上了议事日程。

1980年，在贾芝等老一辈民间文化工作者的呼吁和努力下，中国民间文艺出版社成立，贾芝担任第一任社长，随后，贾芝马上紧锣密鼓地筹备一份民间文学的研究专刊。1982年，贾芝打破年度周期，匆忙于5月份发行《民间文学论坛》"创刊号"，该年只出版了三期杂志。贾芝担任了杂志的首任主编，他在《发刊词》中说道：

> 《论坛》既然是民间文学工作战线的一个学术理论刊物，它和《民间文学》今后的分工是：《民间文学》主要是发表作品，作为群众性的民间文学读物；《论坛》主要是发表民间文学的评论和理论研究文章，也发表有科学价值的调查报告、重要的文献资料以及民族风土介绍等。[②]

《民间文化论坛》原主编刘德伟将1982—1998年的16年《民间

[①] 毛巧晖：《20世纪下半叶中国民间文艺学思想史论》（修订版），学苑出版社2018年版，第242页。

[②] 贾芝：《发刊词》，《民间文学论坛》1982年创刊号。

文学论坛》时期归纳为"品牌确立时期",这也是《民间文化论坛》至今为止的历史中最为辉煌的一个时期。这一时期的历史沿革为:

> 创刊时的《民间文学论坛》,出至1984年第4期,为季刊。自1985年第1期起,为适应民间文学工作发展的新阶段新形势,加强理论研究工作,开创新局面,进行了创刊以来第一次改版,改为双月刊。继而在1986年第1期,又进行了第二次改版,意在提倡创新思维,拓展研究领域,提倡整体研究,增强面向世界意识。在这样的指导思想下,出至1998年第4期。[①]

《民间文学论坛》创刊初期没有固定栏目,每期凑齐一组论文就设一个栏目,但总体上说,民间文艺学总论、神话研究、民间故事研究、歌谣研究、史诗研究是其中最重要,也是所占篇幅最多的栏目,此外,国内外学术动态和方法论介绍、作家文学与民间文学关系、古代民间文学方面的论文也占据不少篇幅。

北京《民间文学论坛》与上海《民间文艺集刊》最大的不同,在于《民间文学论坛》是中国民间文艺研究会的官方学术刊物,先天拥有全国影响力和学术权威性,所以来稿量大,需要照顾的学术关系也更复杂。它不像上海的杂志,编辑者有更多的自主策划,更大的约稿自由。《民间文学论坛》早期的作者大多是从北京的主流学术圈中产生的,正如杂志早期执行副主编陶阳所说:

> 第一流的学者,就是"五四"时代留下的老学者们,再就是解放后培养起来的中青年骨干力量,北京以及各省市都有许多,一想到这些,心中有数了。再就是留学生中的翻译力量,可以弥补我们对外国民间文学及民俗学的缺失。这方面我们首

---

① 刘德伟:《使命双肩气自华——〈民间文化论坛〉创刊30周年回顾与展望》,《民间文化论坛》2012年第5期。

先选中了刘魁立同志来执笔,他写的介绍西方民俗学、神话学方面的文章,很受大家的欢迎。①

《民间文学论坛》作为中国民间文艺研究会的官方学刊,从一开始就自觉地担负起了为中国民间文学事业培养人才的使命,并且努力地从两个方面来完成这一使命:一是挖掘有学术潜力的中青年作者,使之成为民间文艺研究事业的中坚力量;二是广泛培养民间文学爱好者,为民间文艺研究培养后备力量。他们主要采取了三种发现和鼓励人才的措施:一是评奖,二是开会,三是组织专题讨论。

《民间文学论坛》并不是一份单纯的学术刊物,编辑部也不是单纯的编辑机构,"而是一个国家级的民间文学和民间文化方面的学术刊物,是这一学术领域的一个标志"。②《民间文学论坛》实际上自觉地承担起了民间文学学科的学术组织者的角色,全面推动着中国民间文学的理论建设和人才培养,通过召开学术会议的方式,推介方法,介绍经验,制造热点,引领民间文学研究。比如,1985年5月召开的"田野作业与研究方法座谈会",可谓是在学界正式推出"田野作业"的概念,以全面取代"搜集整理""采风""采录"等传统民间文学概念。

20世纪80年代下半叶,《民间文学论坛》多次在各地召开学术研究或专题讨论、座谈会,就当代民间文学研究中出现的各种问题展开讨论,培养了一大批卓有成就的民间文学研究人才,"不仅推动了民间文学工作重心向理论研究的转移,也拓展了民间文艺学的视野与研究深度"③,对于新时期的民间文学和民俗学发展起到了巨大的推进作用。

---

① 陶阳:《〈民间文学论坛〉的创刊及其成长》,《民间文化论坛》2012年第5期。
② 刘锡诚:《坚守学术品格 创新学术理念》,《民间文化论坛》2012年第5期。
③ 胡敬署等主编:《文学百科大辞典》,华龄出版社1991年版,第567页。

由于办刊经费紧张，为适应市场需求，从 1999 年第 1 期（总第 84 期）起改名《民间文化》（季刊），从 2000 年第 1 期（总第 88 期）起改为月刊，刊物主编虽由中国民协领导挂名，实际由赖亚生编辑发行，办刊方针上也有所改变，以"走进民间世界，感受生活本色"为宗旨，主要面向普通民众刊发通俗性、普及性的民俗知识，不再以学术研究为宗旨。不过，为平衡学术需求，2001 年头尾的第 1 期和第 12 期曾经以"学术专号"的面目出现，曾有部分收取了"版面费"。2002 年第 1 期（总第 113 期）开始尝试民俗和旅游综合版。但是，这种在通俗读物与学术期刊之间摇摆不定的杂志，发行量并不高，连年亏损，坚持了三四年，最终在 2003 年第 6 期（总第 136 期）后休刊。

2004 年，学苑出版社承办杂志，将其改名为《民间文化论坛》（双月刊）。学苑出版社孟白社长是个有学术理想和学术情怀的编辑家，他从接手《民间文化论坛》开始，就坚决地认定杂志应该重新回到学术研究的轨道上，可惜的是，学苑出版社也只坚持了三年多，2007 年第 3 期（总第 156 期）出刊后，再度休刊。休刊的原因之一，学苑出版社不满于在他们承办《民间文化论坛》期间，同一刊号的《民间文化》通俗版并未停刊（该刊出至总第 193 期），导致《民间文化论坛》在发行中出现许多障碍。

2008 年 12 月，《民间文化论坛》第二次复刊，"重回论坛队伍，但所涉猎的学术视野与领域将更广阔，民间文艺学、民间文化学、民俗学仍然是我们的三大学术支柱，非物质文化遗产学、文化遗产学、民间文艺的抢救与保护研究、民间文艺继承与弘扬的实践与理论、民间文艺知识产权著作权保护研究等等，也将是本刊特别关注的学术对象"。[①]

《民间文化论坛》近五年来最大的变化，是依托于杂志主持者安德明、冯莉的海外学术资源，大大加强和改进了对于海外民俗研究

[①] 本刊编辑部：《编者短语》，《民间文化论坛》2008 年第 6 期。

的介绍。其特点，一是不再局限于对海外民俗研究方法论、经典研究等"过去完成时"的介绍，加大了前沿学术、当代学术等"现在进行时"的介绍，努力与欧美日等发达国家民俗学保持同步；二是不再局限于面上的介绍、第二手介绍、概述式介绍，而是对前沿学术论文的完整而非局部的直接译介。比如，以美国民俗学为主的"多样化的文本书写形式与女性民俗研究"，以日本民俗学为主的"福田亚细男系列民俗学讲座""关于日本民俗学何去何从的两代人之间的对话"等，都在中国民俗学界产生了较大的影响。

《民间文化论坛》几经波折，折射着民间文学与民俗学在学科定位及学科关系上的摇摆和尴尬。纵观其办刊历史，最辉煌的时期还是创刊时期，正如刘锡诚所说："《民间文学论坛》出刊16年的历史证明了，它的创办，以及编者和作者的支持，使它成为20世纪80年代中期到90年代中期中国民间文学学术思潮和学术成就的标志，在它的周围，团结和培养了一大批中青年民间文学学者，铸造了一个民间文学研究初步繁荣的时代。"[①]

第五节 《民俗研究》成长为学科建设的中流砥柱

《民俗研究》由山东大学主办，初为季刊，从2012年第1期（总第101期）开始改为双月刊，同时加大开本，由原来的大32开改为16开。《民俗研究》是目前中国唯一以民俗学为主的专业核心期刊。与《民间文化论坛》不同的是，《民俗研究》从1985年试刊一期，1986年6月正式创刊至今，从未间断出刊，也从未更改刊名。作为中国民俗学的重要学术平台，《民俗研究》一直在为全国广大民

---

① 刘锡诚：《20世纪中国民间文学学术史》，河南大学出版社2006年版，第753—754页。

俗学者默默服务，终于从《民间文化论坛》的捧哏角色，走到了民俗学舞台的最中央，这主要得益于叶涛、张士闪两位主编前后相继的坚守和不懈努力。

《民俗研究》在这一时期的创刊既有历史的必然性，也有偶然性。偶然性方面主要表现在承办者的个人志趣和决心，据叶涛回忆，山东大学社会学系成立之初，就筹备了民俗学专业，1985 年春节，叶涛和简涛一起在招远做了一次田野调查，回来后整理出三四万字的调查资料，可是，"当我们想把这些文字发表出来时，举目四望，才发现根本没有可以发表的地方：没有任何刊物可以刊发这类民俗调查资料。进而，又发现根本没有专门的杂志可以刊登民俗学方面的专业研究成果。这就促使我和简涛兄萌生了办一个杂志的念头。很快，在学校和老先生们的支持下，自 1985 年 6 月起，我们俩就投入了创办杂志的工作中，也就有了现在这本《民俗研究》杂志"。①

无论杂志的创办者叶涛、简涛，还是幕后的主要支持者徐经泽，都不是民俗学专业出身，为了让杂志接上民俗学的血脉，叶涛专程到了北京，先后拜访钟敬文、启功、杨堃、杨成志、容肇祖、罗致平等，并请他们为创刊号题词。同时邀请张紫晨、乌丙安、段宝林、叶大兵、陈之安、关德栋、王青山撰写文章。

早期的《民俗研究》人手极度缺乏，约稿、编辑、校对、印刷、发行主要靠叶涛和简涛两人亲力亲为。由于稿源不充足，自然也就没什么特别栏目和特别策划，只能笼统地以"本刊专访""民俗学讲座""民俗学史""书评"来划分。由于人手、稿源、经费等问题，1986 年《民俗研究》印刷了两期，1987 年只印了一期，直到 1988 年，杂志才按照季刊的要求，一年四期逐渐走上正轨。"到了 1998 年、1999 年，更多高校设立了民俗学、民间文学的硕士点，反映在《民俗研究》发文方面，对学科基本分类和基本理论的关注越来越多，如'民俗志''民俗史''民俗学史'开始作为常设的重要

---

① 叶涛：《漫忆当年创刊时》，《民俗研究》2011 年第 4 期。

栏目出现。"①

地方大学创办全国性学术期刊,道路曲折艰难,为了获得刊号,叶涛和赵申等人几经周折。1987年底,《民俗研究》杂志获得了山东省内部期刊的刊号,从1988年第4期开始,《民俗研究》上面就印上了国内统一刊号。"当时做这个事真是难,徐经泽老师为了还账,最后不得不动用系里的钱,结果惹得大家意见特多。"②"我们靠募捐来的钱,在印刷厂的帮助下将刊物一期一期地支撑下来。"③

《民俗研究》创办时期由山东大学社会学系创系主任徐经泽任主编,简涛在回忆中说:

> 我们都赞同走民俗学和社会学相结合的道路,从社会研究和文化研究的视野出发,运用社会学、文化人类学的方法来研究民俗,着重研究当代民俗,研究民俗在当代社会中的传承与变迁,寻找、发现和利用其内在规律,理论联系实际,为社会发展服务。不要就民俗论民俗,而是把民俗放在社会大环境中进行考察,把整个社会作为一个系统,而民俗作为社会系统的一部分来看待和研究,进而致力于改进和改善这个系统。这就是当时有关民俗工程和民俗社会学的初步设想。④

进入21世纪以来的《民俗研究》总体上来说有几大特征:一是始终坚守民俗学学科基础,在学术发展中保持传统学术的稳定性。民俗史、民俗学史、田野报告、民间文学、民间信仰、民间艺术一

---

① 刁统菊:《〈民俗研究〉30年发展及存在问题分析》,《民俗研究》2016年第1期。
② 李万鹏:《忆往昔峥嵘岁月稠》,《民俗研究》2011年第4期。
③ 徐经泽口述,赵洪娟、王红霞整理:《草创时期的〈民俗研究〉》,《民俗研究》2016年第1期。
④ 简涛:《天时、地利、人和——〈民俗研究〉创刊琐忆》,《民俗研究》2016年第1期。

直是《民俗研究》占比最大的学术版块。二是积极引导学术讨论，关注前沿话题，推动学术潮流。三是在团结全国民俗学者的基础上，重点挖掘和研究山东民俗文化。由于民俗学的交叉学科性质，《民俗研究》的学科归属也呈现出摇摆不定的特征："比如在CSSCI期刊类别中，属于社会学；在社科院评价体系中属于民族学与文化学；在中国知网属于历史类；在万方数据库中属于文物考古。"[1]

《民俗研究》三十多年的历史，清晰地反映了中国民俗学从20世纪80年代以来的人才结构和学术发展。比如，从各研究机构在《民俗研究》的发文量来看："排在前面的是山东大学、北京师范大学、中山大学、北京大学、中国社会科学院、华中师范大学、上海大学、中央民族大学、华东师范大学、南开大学、浙江师范大学等。可以发现，这些都是有民俗学或民间文学博士点以及其他相关学科如人类学、社会学、历史学、文学等学科的机构，可以说都是民俗学的重镇……2007—2014年发文数量前100位的作者，其中90多位是活跃在民俗学和民间文学领域的专业学者，多数都有本学科博士学位，其中有几位是外籍学者。这表明《民俗研究》具有很强的专业性，团结学界同仁建立了相对稳定又开放的作者群，成为当代中国人文社科领域培养人才和引领学术的重要基地。"[2]

从中国知网提供的数据看《民俗研究》对海外学界的影响力："海外读者约占本刊全部读者的17.1%。相比而言，海外读者所占比例远超海外作者。海外作者一般集中在日本、韩国、新加坡、芬兰、德国、美国，而以日本与德国最多，而这两个国家也是民俗学研究较为发达的地区。被海外访问下载和浏览50次以上的文章，仅占文献总量的1.4%，且主要集中在史料与田野资料方面，而有

---

[1] 刁统菊：《〈民俗研究〉30年发展及存在问题分析》，《民俗研究》2016年第1期。

[2] 同上。

36%的文章甚至没有被海外访问过。"① 由此可见，促进民俗学理论研究的发展，增进海外民俗学的理论交流，依然有很长的道路要走。我们既要建立具有中国特色的理论话语，也要让这些理论话语对接国际学术潮流，一是避免理论研究自说自话，二是避免中国民俗学成为单纯的田野资料供应者。

第六节　《民族文学研究》等学术期刊在学科建设中的贡献

在民俗学领域，还有四份值得特别提出的杂志：《民族文学研究》《民族艺术》《西北民族研究》《文化遗产》。这四份杂志虽不是民俗学的专业期刊，但是每期都会刊载多篇民俗学、民间文学的论文，有时是以单篇论文的形式，有时是以专题或栏目的形式出现。

一　《民族文学研究》

《民族文学研究》创刊于1983年11月15日，由中国社会科学院民族文学研究所主办，始为季刊，第一任主编是贾芝，自1986年第1期（总第10期）改为双月刊。由于许多少数民族都没有文字，他们的文化生活多依赖于口口相传，口传文学相对比较发达，所以，民族文学中有很大一部分是可以归入民间文学范畴的。相应的研究论述，早期是以"民间文学论坛"形式出现的，多为民族民间文学的研究，有时也打破民族界限，发表无族群特征的民间文学、民俗学理论文章。

民族民间文学中，最重要也是最容易做出学术突破的，就是活形态的民族史诗，尤其是《格萨尔》《江格尔》《玛纳斯》三大英雄

---

① 刁统菊：《〈民俗研究〉30年发展及存在问题分析》，《民俗研究》2016年第1期。

史诗。比如在"创刊号"的《编后记》中提到:"史诗在少数民族民间文学中占有重要地位。本期刊载了三篇讨论史诗问题的文章。今后我们准备继续刊登有关史诗的研究文章。"①

早期的《民族文学研究》对民间文学的学术关注主要聚焦在民族民间文学,尤其是少数民族的史诗、神话、叙事诗、民间故事四大领域。《民族文学研究》依据中国社会科学院民族文学研究所的学术资源,在组稿用稿的同时,也起到了全国少数民族文学和民间文学方面的学术组织者、引领者的作用,一方面组织专题学术会议,另一方面遴选优秀论文发表。

进入21世纪之后,《民族文学研究》突破"民族文学"的藩篱,组织一些纯理论问题的探讨,比如关于"口头诗学"理论的持续探讨,关于"民俗学研究伦理""保护非物质文化遗产伦理原则"的讨论,以及《保护非物质文化遗产公约》的文件解读等。

从1983年到2018年35年间,《民族文学研究》共计发表民俗学、民间文学类的论文1000余篇。按主题划分的话,其中占比最大的几个主题有:"民间文学"主题541篇,"叙事诗"主题236篇,"口头文学"主题195篇,"民间故事"主题152篇,"史诗"主题106篇(其中仅《江格尔》主题即达58篇),"民俗学"主题42篇。

二 《民族艺术》

《民族艺术》创刊于1985年6月,由广西壮族自治区文化和旅游厅主管,广西民族文化艺术研究院主办。初为季刊,2013年始改为双月刊。《民族艺术》在34年的发展过程中,逐渐形成"大艺术、多民族、跨学科"的办刊宗旨,倡导在跨学科背景下用人类学、民俗学的理论与方法在民族民间文化艺术领域进行实证性研究与经验性考察。

民间文艺与民族艺术两个范畴有着大面积的交叉,1985年创刊号共发表22篇文章(不含动态消息),其中至少有一半是与民俗学

---

① 佚名:《编后记》,《民族文学研究》1983年创刊号。

或民间文学相关,由此说明,民族艺术先天就与民俗学有着不可分割的天然联系。

《民族艺术》第一任主编周民震在创刊号的《编后小记》中说:"各民族只有不断深入开掘本民族的艺术宝藏,用研究'土特产'的优异成果,来丰富中华民族的艺术理论宝库,促进各民族艺术理论研究的交流、提高和发展。《民族艺术》愿热诚服务,竭尽薄绵。"[1] 有的老作者在创刊十周年的纪念专刊上回顾说:

> 从它诞生之日起,就受到学术界的格外注目,许多研究民族学、民俗学、文化学,以及音乐、舞蹈、戏剧、美术的学者,都把它看作是自己的刊物,而加以支持、关心、爱护。[2]

按《民族艺术》现任主编许晓明的分析,《民族艺术》与民间文学的深度结合与文化部领衔的《中国民族民间文艺集成志书》(俗称"十套集成")密切相关,当时广西艺术研究所承担了其中七套集成的编撰工作,在1985年至1995年期间,可以看到大量和七套集成相关的论文。这些论文以民族民间艺术为研究对象,同时关注到艺术背后的文化,作者构成也不止于广西,还有大量国内外民间文化界的作者,由此形成了《民族艺术》的开放性特质。

1995年廖明君担任《民族艺术》杂志社社长兼总编辑,在其20年(1995—2014)的主编时间里,正值中国人类学、民俗学勃兴时期,他紧紧抓住以费孝通为首的人类学学者群,以及以钟敬文为首的民俗学学者群,借助这两个学术部落,将《民族艺术》推向了新的高峰,使《民族艺术》"跨民族、大艺术、多学科"的办刊宗旨得到凸显。

---

[1] 本刊编辑部:《编后小记》,《民族艺术》1985年创刊号。
[2] 顾朴光:《不要人夸好颜色 只流清气满乾坤——祝〈民族艺术〉创刊十周年》,《民族艺术》1995年第3期。

2014年许晓明接手《民族艺术》之后，进一步开设了"非物质文化遗产研究""艺术遗产纲目""图说传统艺术""工匠和手工艺研究""工匠精神""传统戏曲保护""中华传统艺术的海外传播""发现异邦"等栏目和专题，持续关注社会热点和引领学术前沿，强化了"谣言研究""中国民间文学前沿"等前瞻性学术专题的发文篇幅。

三 《西北民族研究》

《西北民族研究》由国家民族事务委员会主管、西北民族大学主办，1984年试刊，1986年正式发行。初为半年刊，2001年变更为季刊。它以民族学/人类学、社会学、民俗学三大学科为主，多学科共建，立足西北、面向全国，与国际学界对话。目前设有民族学/人类学、宗教天地、民俗研究、民族问题与政策、田野调查报告、民族历史探幽、社会学、学术综述与动态等多个栏目。

《西北民族研究》是以郝苏民为首的西北民族大学学人创办的专业学术期刊，带有明显的郝苏民学术思想的烙印。20世纪末，郝苏民在西北民族学院参与创办"西北民族研究所"，2001年又创办"社会人类学·民俗学所"，继而扩大为系（院），成为中国高校中第一个民俗学系。郝苏民在《西北民族研究》创刊号上的第一篇论文《卫拉特蒙古及其民间文学的研究——关于开拓蒙古民间文艺学一个分支的设想》即是一篇民族民间文学方向的学科构想，可见《西北民族研究》从一开始就奠定了融汇民间文学、民俗学的办刊思路。

对于民族类学术期刊与民俗学的关系，朝戈金在《〈西北民族研究〉与民俗学学科建设》中有一段精当论述：

> 民族学是对民族共同体和民族文化进行比较研究的学问（《麦克米兰人类学词典》），民俗学是研究民众文化［形式］的学问（《民俗：信仰、习俗、故事、音乐、艺术之百科全书》），

一看便知这两者之间有诸多交叉重合的地方。在东西方的学术传统中，两个学科之间常有互相借鉴之处。随手举一个例子，民俗学的研究经常涉及"认同"问题，传统文化往往被认为不仅是民间智慧的结晶，也是特定人群文化认同的源泉。一个典型的例子是《卡勒瓦拉》，其叙事传统就长期被认为是芬兰民族文化认同的最重要资源。站在民族学立场上看，"认同"又是民族学的核心话题之一。在中外民族学文献中，查询关键词"认同"或 identity，会出来数量惊人的成果。所以说，在一本民族学刊物上，出现相当数量的民俗学论文，也可以说是理有固然吧……民俗学问题和民族学问题有时畛域难分，传统文化和民间信仰彼此缠绕，都是比较敏感的问题。恪守民族理论政策的立场，恪守宗教政策的立场，拿捏好文稿中的相应内容，学术上锐意进取，又能稳健周全，这需要很高的智慧。[1]

另据朝戈金统计：

> 从 2009 年至 2018 年这十年间，《西北民族研究》一共刊载了 1223 篇论文，其中民俗学论文 295 篇，占发稿总量的四分之一。[2]

《西北民族研究》三十三年如一日地呼应民族文化建设、注重学术服务社会，比如"一带一路"专栏、非物质文化遗产保护专栏、少数民族史诗传统专栏的建设，都可以看作参与国家建设的重大话题，推动理论与实际相结合的努力。比如，2018 年 11 月，《西北民族研究》编辑部等单位还曾联合主办"丝路民族（民俗）志：跨文

---

[1] 朝戈金：《〈西北民族研究〉与民俗学学科建设》，《西北民族研究》2019 年第 2 期。

[2] 同上。

化的理解与阐释"研习班,立足田野调查,从不同主题和视角对以民族志(民俗志)为特征的跨文化研究进行了解读。

四 《文化遗产》

《文化遗产》前身是创刊于 2001 年的《民俗学刊》。《民俗学刊》系以书代刊的半年刊,由中山大学民俗文化研究中心主办,澳门出版社出版,创办人叶春生教授,具体编辑工作则由施爱东负责,从 2001 年创刊到 2005 年改刊,共出版 8 期。后来由于中山大学中文系整合民俗学与古代戏曲两个学科的力量,共同申报教育部人文社会科学重点研究基地"中国非物质文化遗产研究中心",遂于 2005 年改刊名为《中国非物质文化遗产》(季刊),延续《民俗学刊》的期号,从第九辑始编,仍由叶春生担任主编,改由中山大学出版社出版,共出版 4 期,至 2006 年第十二辑止。由于《民俗学刊》在中国民俗学界影响日益扩大,此前的 2003 年底,中山大学中文系计划将已有国内统一刊号的系刊《中文刊授指导》变更为《民俗学刊》正式刊行,并由系主任欧阳光与副主编施爱东一同进京向主管部门申办此事。在漫长的申办过程中,中文系最终将正式刊名锁定为《文化遗产》,2007 年 8 月经国家新闻出版总署批准,注销《中文刊授指导》旧刊,启用《文化遗产》新刊。

《文化遗产》(季刊) 2007 年 11 月正式发刊,新刊主编仍为叶春生,实际由古代戏曲学科带头人康保成负责。由于《文化遗产》主要依托"中国非物质文化遗产研究中心",该中心设有传统戏曲、口头文艺与民俗、非物质文化遗产保护对策三个研究方向,所以,创刊号 21 篇稿件中,戏曲类计有 6 篇,民间文学及民俗学类计有 10 篇,非物质文化遗产保护类文章计有 5 篇。这个比例大致成为一种定式,后来的《文化遗产》虽然大力刊载戏曲类论文,但是毕竟民俗学学科领域广大,从业人数众多,总体用稿量还是稍大一些。

该刊自 2013 年始改为双月刊,每年 6 期。目前《文化遗产》主要栏目及涉及内容有:文化遗产与文化发展战略、传统戏剧学、民间文艺和民俗学、口传文艺学、古近代文学中的口传诗学、语言学中的濒危方言、非物质文化遗产保护的理论与实践等。该刊延续国际性专业学术期刊的办刊路线，每期刊发一到三篇国外学者的论文，既扩宽读者的国际视野，也增强了刊物在国内外学界的整体影响力。

五 其他民俗学及民间文学刊物

在上述知名民俗学期刊之外，全国各地还曾先后有过大量短暂存在的民俗学和民间文学期刊，为培养基层民俗文化工作者做出了贡献。可惜的是，多数刊物在坚持数年之后就因经费问题而停刊，另外一些为了市场化生存，选择了转型，往往变身为"新传奇故事"之类的通俗读物。这些刊物虽非纯学术刊物，但在培养地方民间文化工作者，以及培育民间文化爱好者方面，起到了很好的作用，也为全国的民间文学工作者提供了源源不断的资料来源，为学院派的民俗学者提供了来自基层民间文化工作者的调查线索和感性知识。

对于纯学术期刊，我们可以借用刘锡诚的这段话来做一小结："这些学术期刊的编辑发行，有力地促进了民间文学学术思潮与学术探讨的发展，推动了学术成果的产生与理论人才的成长，学术期刊的兴办与学术思潮的关系极为密切，而且二者互为促进、相得益彰，期刊办得好、质量高，仰于它的编者能在学术思潮的涌动中得风气之先，以刊发高水平的文章而推波助澜；反过来，学术思潮十分活跃，就能促使期刊编者勇于创新、敢于探索，从而推动学科健康地发展。"[①]

[①] 刘锡诚：《20 世纪中国民间文学学术史》，河南大学出版社 2006 年版，第 755 页。

参考文献

中文著作

巴·布林贝赫：《蒙古英雄史诗的诗学》（蒙古文版），内蒙古教育出版社 1997 年版。

巴莫阿依：《彝族祖灵信仰研究》，四川民族出版社 1994 年版。

巴莫曲布嫫：《鹰灵与诗魂——彝族古代经籍诗学研究》，社会科学文献出版社 2000 年版。

毕雪飞：《日本七夕传说研究》，中国社会科学出版社 2013 年版。

朝戈金：《口传史诗诗学：冉皮勒〈江格尔〉程式句法研究》，广西人民出版社 2000 年版。

朝戈金：《中国史诗学读本》，中国社会科学出版社 2012 年版。

陈泳超：《尧舜传说研究》，南京师范大学出版社 2000 年版。

陈泳超：《背过身去的大娘娘：地方民间传说生息的动力学研究》，北京大学出版社 2015 年版。

陈勤建：《中国民俗》，中国民间文艺出版社 1989 年版。

陈连山：《〈山海经〉学术史考论》，北京大学出版社 2012 年版。

陈连山：《游戏》，中央民族大学出版社 2000 年版。

陈岗龙：《蒙古民间文学比较研究》，北京大学出版社 2001 年版。

陈岗龙：《蟒古思故事论》，北京师范大学出版社 2003 年版。

陈建宪：《神话解读：母题分析方法探索》，湖北教育出版社 1997 年版。

陈建宪：《神祇与英雄——中国古代神话的母题》，生活·读书·新知三联书店 1994 年版。

程蔷：《中国识宝传说研究》，上海文艺出版社 1986 年版。

程蔷：《骊龙之珠的诱惑：民间叙事宝物主题探索》，学苑出版社 2003 年版。

董晓萍、[美] 欧达伟：《乡村戏曲表演与中国现代民众》，北京师范大学出版社 2000 年版。

刁统菊：《华北乡村社会姻亲关系研究》，中国社会科学出版社 2016 年版。

高莉芬：《蓬莱神话：神山、海洋与州岛的神圣叙事》，里仁书局 2008 年版。

顾颉刚、钟敬文等：《孟姜女故事论文集》，中国民间文艺出版社 1983 年版。

郭玉华：《中国四大民间传说的戏剧传播研究》，中国电影出版社 2017 年版。

郭泮溪：《民间游戏与竞技》，中国社会出版社 2006 年版。

户晓辉：《返回爱与自由的生活世界：纯粹民间文学关键词的哲学阐释》，江苏人民出版社 2010 年版。

黄旭涛：《民间小戏表演传统的田野考察——以祁太秧歌为个案》，知识产权出版社 2013 年版。

黄清喜：《石邮傩的生活世界——基于宗族与历史的双重视角》，中国社会科学出版社 2016 年版。

黄景春：《中国宗教性随葬文书研究——以买地券、镇墓文、衣物疏为主》，上海人民出版社 2018 年版。

贾芝：《播谷集》，人民文学出版社 1994 年版。

吉国秀：《婚姻仪礼变迁与社会网络重构：以辽宁省东部山区清原镇为个案》，中国社会科学出版社 2005 年版。

季羡林：《比较文学与民间文学》，北京大学出版社 1991 年版。

金泽：《中国民间信仰》，浙江教育出版社 1989 年版。

康保成：《傩戏艺术源流》，广东高等教育出版社 1999 年版。

罗永麟：《论中国四大民间故事——兼论民间文学与文人文学的关系》，中国民间文艺出版社 1986 年版。

郎净：《董永故事的展演及其文化结构》，上海古籍出版社 2005 年版。

李然：《山东秃尾巴老李传说与信仰研究》，山东人民出版社 2015 年版。

李岳南：《民间戏曲歌谣散论》，上海出版公司 1954 年版。

李世瑜：《现代华北秘密宗教》，上海文艺出版社 1990 年版。

刘魁立：《刘魁立民俗学论集》，上海文艺出版社 1998 年版。

刘宗迪：《失落的天书：〈山海经〉与古代华夏世界观》，商务印书馆 2006 年版。

刘守华：《比较故事学》，上海文艺出版社 1995 年版。

刘守华：《佛经故事与中国民间故事的演变》，上海古籍出版社 2012 年版。

刘惠萍：《神话与图像——日月神话之研究》，文津出版社 2011 年版。

刘锡诚：《20 世纪中国民间文学学术史》，河南大学出版社 2006 年版。

刘锡诚：《双重的文学：民间文学＋作家文学》，百花洲文艺出版社 2016 年版。

刘晓峰：《东亚的时间——岁时文化的比较研究》，中华书局 2007 年版。

吕微：《神话何为——神圣叙事的传承与阐释》，社会科学文献出版社 2001 年版。

吕微：《民俗学：一门伟大的学科——从学术反思到实践科学的历史与逻辑》，中国社会科学出版社 2015 年版。

林继富：《民间叙事传统与故事传承：以湖北长阳都镇湾土家族故事传承人为例》，中国社会科学出版社 2007 年版。

林继富：《中国民间游戏总汇》，湖南文艺出版社 2016 年版。

李扬：《中国民间故事形态研究》，汕头大学出版社 1996 年版。

那木吉拉：《狼图腾：阿尔泰兽祖神话探源》，民族出版社 2009 年版。

纳钦：《口头叙事与村落传统——公主传说与珠腊沁村信仰民俗社会研究》，民族出版社 2004 年版。

孟慧英：《活态神话——中国少数民族神话研究》，南开大学出版社 1990 年版。

毛巧晖：《20 世纪下半叶中国民间文艺学思想史论》（修订版），学苑出版社 2018 年版。

祁连休：《智谋与妙趣——中国机智人物故事研究》，河北教育出版社 2001 年版。

仁钦道尔吉：《蒙古英雄史诗源流》，内蒙古大学出版社 2001 年版。

邵凤丽：《朱子〈家礼〉与传统社会民间祭祖礼仪实践》，中国社会科学出版社 2019 年版。

施爱东：《中国现代民俗学检讨》，社会科学文献出版社 2010 年版。

天鹰：《论歌谣的手法及其体例》，文化生活出版社 1954 年版。

天鹰：《1958 年中国民歌运动》，上海文艺出版社 1959 年版。

田兆元：《神话与中国社会》，上海人民出版社 1998 年版。

吴晓东：《〈山海经〉语境重建与神话解读》，中国社会科学出版社 2013 年版。

乌丙安：《神秘的萨满世界》，上海三联书店 1989 年版。

王宪昭、郭翠潇、屈永仙：《中国少数民族神话共性问题探讨》，中央民族大学出版社 2013 年版。

王娟：《中国古代歌谣：整理与研究》，高等教育出版社 2014 年版。

王杰文：《仪式、歌舞与文化展演：陕北·晋西的"伞头秧歌"研究》，中国传媒大学出版社 2006 年版。

王文宝：《中国民俗学史》，巴蜀书社 1995 年版。

汪玢玲：《中国婚姻史》，上海人民出版社 2001 年版。

闻一多：《神话与诗》，古籍出版社 1956 年版。

吴乔：《宇宙观与生活世界——花腰傣的亲属制度、信仰体系和口头传承》，中国社会科学出版社 2011 年版。

许钰：《口承故事论》，北京师范大学出版社 1999 年版。

巫瑞书：《孟姜女传说与湖湘文化》，湖南大学出版社 2001 年版。

万建中：《20 世纪中国民间故事研究史》，北京师范大学出版社 2011 年版。

吴效群：《妙峰山：北京民间社会的历史变迁》，人民出版社 2006 年版。

徐霄鹰：《歌唱与敬神——村镇视野中的客家妇女生活》，广西师范大学出版社 2006 年版。

萧放：《〈荆楚岁时记〉研究——兼论传统中国民众生活中的时间观念》，北京师范大学出版社 2000 年版。

萧放：《岁时——传统中国民众的时间生活》，中华书局 2004 年版。

岳永逸：《都市中国的乡土音声：民俗、曲艺与心性》，中国人民大学出版社 2015 年版。

袁珂：《山海经校注》，北京联合出版公司 2014 年版。

杨利慧等：《现代口承神话的民族志研究——以四个汉族社区为个案》，陕西师范大学出版社 2011 年版。

杨利慧、张成福编著：《中国神话母题索引》，陕西师范大学出版总社有限公司 2013 年版。

杨恩洪：《民间诗神——格萨尔艺人研究》，中国藏学出版社 1995 年版。

杨旭东：《当代北京评书书场研究》，民族出版社 2013 年版。

尹虎彬：《古代经典与口头传统》，中国社会科学出版社 2002 年版。

叶涛：《泰山香社研究》，上海古籍出版社 2009 年版。

叶舒宪：《金枝玉叶——比较神话学的中国视野》，复旦大学出版社 2012 年版。

袁学骏：《耿村民间文学论稿》，中国民间文艺出版社 1989 年版。

朱自清：《中国歌谣》，复旦大学出版社 2004 年版。

钟敬文：《口头文学：一宗重大的民族文化遗产》，北京师范大学出版社1951年版。

钟敬文：《民间文艺谈薮》，湖南人民出版社1981年版。

钟敬文：《民间文艺丛话》，国立中山大学语言学研究所1928年版。

赵世瑜：《眼光向下的革命——中国现代民俗学思想史论（1918～1937）》，北京师范大学出版社1999年版。

周福岩：《民间故事的伦理思想研究：以耿村故事文本为对象》，中国社会科学出版社2006年版。

祝鹏程：《文体的社会建构——以"十七年"（1949—1966）的相声为考察对象》，中国社会科学出版社2018年版。

祝秀丽：《村落故事讲述活动研究：以辽宁省辽中县徐家屯村为个案》，中国社会科学出版社2013年版。

张振犁：《中原神话研究》，上海社会科学院出版社2009年版。

张紫晨编：《民俗学讲演集》，书目文献出版社1986年版。

张勃：《唐代节日研究》，中国社会科学出版社2013年版。

郑振铎：《中国俗文学史》，岳麓书社2011年版。

译著

［俄］弗拉基米尔·雅可夫列维奇·普罗普：《故事形态学》，贾放译，中华书局2006年版。

［丹］易德波：《扬州评话探讨》，米锋、易德波译，人民文学出版社2006年版。

［法］阿诺尔德·范热内普：《过渡礼仪》，张举文译，商务印书馆2010年版。

［美］布鲁范德：《美国民俗学》，李扬译，汕头大学出版社1993年版。

［美］欧达伟：《中国民众思想史论——20世纪初期～1949年华北地区的民间文献及其思想观念研究》，董晓萍译，中央民族大学出版社1995年版。

［美］杜赞奇：《文化、权力与国家——1900—1942年的华北农村》，王福明译，江苏人民出版社2003年版。

［美］维克多·特纳：《仪式过程：结构与反结构》，黄剑波、柳国赟译，中国人民大学出版社2006年版。

［美］布鲁范德：《消失的搭车客：美国都市传说及其意义》，李扬、王珏纯译，广西师范大学出版社2006年版。

［美］阿兰·邓迪斯编：《西方神话学读本》，朝戈金等译，广西师范大学出版社2006年版。

［美］理查德·鲍曼：《作为表演的口头艺术》，杨利慧、安德明译，广西师范大学出版社2008年版。

［美］洪长泰：《到民间去：中国知识分子与民间文学，（1918—1937）》（新译本），董晓萍译，中国人民大学出版社2015年版。

［美］太史文：《中国中世纪的鬼节》，侯旭东译，浙江人民出版社2016年版。

［美］李·哈林编：《民俗学的宏大理论》，程鹏等译，上海社会科学院出版社2018年版。

［日］后藤兴善：《民俗学入门》，王汝澜译，中国民间文艺出版社1984年版。

［日］田仲一成：《中国的宗族与戏剧》，钱杭、任余白译，上海古籍出版社1992年版。

［日］柳田国男：《传说论》，连湘译，中国民间文艺出版社1985年版。

［日］井口淳子：《中国北方农村的口传文化——说唱的书、文本、表演》，林琦译，厦门大学出版社2003年版。

［瑞士］麦克斯·吕蒂：《欧洲民间童话：形式与本质》，户晓辉译，河北教育出版社2018年版。

［英］莫里斯·弗里德曼：《中国东南的宗族组织》，刘晓春译，上海人民出版社2000年版。

英文文献

Ho Ting-jui, *A Comparative Study of Myths and Legends of Formosan Aborigines*, Taipei: The Orient Cultural Service, 1971.

Richard Bauman, *"Genre" Folklore, Cultural Performances, and Popular Entertainments: A Communications-Centered Handbook*, New York: Oxford University Press, 1992.

期刊论文

安德明、杨利慧：《1970年代末以来的中国民俗学：成就、困境与挑战》，《民俗研究》2012年第5期。

安德明：《如何提高人生礼仪研究的实效性》，《民间文化论坛》2016年第1期。

巴莫曲布嫫：《"民间叙事传统格式化"之批评（下）——以彝族史诗〈勒俄特依〉的"文本迻录"为例》，《民族艺术》2004年第1期。

朝戈金：《关于口头传唱诗歌的研究——口头诗学问题》，《文艺研究》2002年第4期。

朝戈金：《口头诗学》，《民间文化论坛》2018年第6期。

朝戈金：《"回到声音"的口头诗学：以口传史诗的文本研究为起点》，《西北民族研究》2014年第2期。

朝戈金：《〈西北民族研究〉与民俗学学科建设》，《西北民族研究》2019年第2期。

陈连山：《中国民俗学未来发展的三个基本问题》，《民间文化论坛》2004年第6期。

陈连山：《重新审视五四与中国现代民俗学的命运——以20世纪对于传统节日的批判为例》，《民俗研究》2012年第1期。

陈勤建：《文艺民俗学发生论》，《华东师范大学学报》（哲学社会科学版）1986年第6期。

陈泳超：《地方传说的生命树：以洪洞县"接姑姑迎娘娘"身世传说为例》，《民族艺术》2014年第6期。

陈泳超：《状元杀和尚：一个陌生故事的四次演述——从情节增加引起的主题变化》，《民俗研究》2011年第1期。

陈泳超：《对一个民间神明兴废史的田野知识考古——论民俗精英的动态联合》，《民俗研究》2014年第6期。

陈建宪：《中国天鹅仙女故事类型》，《民族文学研究》1994年第2期。

刁统菊：《〈民俗研究〉30年发展及存在问题分析》，《民俗研究》2016年第1期。

段宝林：《论民间文学的立体性特征》，《民间文学论坛》1985年第5期。

冯文开：《20世纪中国少数民族史诗的搜集整理与出版》，《中国出版》2015年第22期。

高丙中：《日常生活的未来民俗学论纲》，《民俗研究》2017年第1期。

高丙中：《中国民俗学三十年的发展历程》，《民俗研究》2008年第3期。

高丙中：《作为非物质文化遗产研究课题的民间信仰》，《江西社会科学》2007年第3期。

郭于华：《试论民俗学的社会科学化》，《民间文化论坛》2004年第4期。

郝苏民：《西蒙古民间故事〈骑黑牛的少年传〉与敦煌变文卷〈孔子项诧相问书〉及其藏文写卷》，《西北民族研究》1994年第1期。

黄旭涛：《民间小戏中的口头诗学——以祁太秧歌为个案》，《民俗研究》2005年第3期。

户晓辉：《民俗与生活世界》，《文化遗产》2008年第1期。

户晓辉：《人是目的：实践民俗学的伦理原则》，《民族文学研究》

2017 年第 3 期。

户晓辉:《民间文学:转向文本实践的研究》,《中国社会科学》2014 年第 8 期。

贺少雅:《当代成人礼俗的类型、源流与发展》,《文化遗产》2018 年第 4 期。

贾芝:《我与中国民间文学集成》,《新文学史料》2010 年第 1 期。

江帆:《口承故事的"表演"空间分析》,《民俗研究》2001 年第 2 期。

江帆:《民间叙事的即时性与创造性——以故事家谭振山的叙事活动为对象》,《民间文化论坛》2004 年第 4 期。

吕微:《现代性论争中的民间文学》,《文学评论》2000 年第 2 期。

吕微:《"内在的"和"外在的"民间文学》,《文学评论》2003 年第 3 期。

吕微:《两种自由意志的实践民俗学——民俗学的知识谱系与概念间逻辑》,《民俗研究》2018 年第 6 期。

林继富:《漫谈人生礼仪研究的复杂性》,《民间文化论坛》2016 年第 1 期。

林继富:《跨族际的故事比较——汉族、藏族"天鹅处女"型故事研究》,《青海民族研究》2016 年第 4 期。

刘宗迪:《从节气到节日:从历法史的角度看中国节日系统的形成和变迁》,《江西社会科学》2006 年第 2 期。

刘宗迪:《从书面范式到口头范式:论民间文艺学的范式转换与学科独立》,《民族文学研究》2004 年第 2 期。

刘守华:《慎重地对待民间故事的整理编写工作——从人民教育出版社整理的〈牛郎织女〉和李岳南同志的评论谈起》,《民间文学》1956 年第 11 期。

刘守华:《纵横交错的文化交流网络中的〈召树屯〉》,《民族文学研究》1990 年第 1 期。

刘守华:《文化背景与故事传承——对 32 位民间故事讲述家的综合

考察》，《民族文学研究》1988年第2期。

刘锡诚：《整体研究要义》，《民间文学论坛》1988年第1期。

刘锡诚等：《民间文学学术史百年回顾》，《民间文化论坛》2005年第5期。

刘魁立：《民间叙事的生命树——浙江当代"狗耕田"故事情节类型的形态结构分析》，《民族艺术》2001年第1期。

刘魁立：《论中国螺女型故事的历史发展进程》，《民族文学研究》2003年第2期。

刘魁立：《民间叙事机理谫论》，《民俗研究》2004年第3期。

刘魁立：《民间叙事的形态研究——历史、视角与方法简谈》，《民族艺术》2017年第1期。

刘铁梁：《民俗志研究方式与问题意识》，《北京师范大学学报》（社会科学版）2005年第6期。

刘铁梁：《中国民俗学思想发展的道路》，《民俗研究》2008年第4期。

刘铁梁：《感受生活的民俗学》，《民俗研究》2011年第2期。

刘晓春：《从"民俗"到"语境中的民俗"——中国民俗学研究的范式转换》，《民俗研究》2009年第2期。

刘晓春：《资料、阐释与实践——从学术史看当前中国民俗学的危机》，《民俗研究》2011年第4期。

刘晓峰：《论中国古代岁时节日体系的内在节奏特征》，《河南社会科学》2007年第7期。

刘晓峰：《日本冬至考——兼论中国古代天命思想对日本的影响》，《清华大学学报》（哲学社会科学版）2007年第3期。

鹿忆鹿：《傻女婿的傻样———兼论中国民间故事中的家族关系》，《民俗研究》2015年第4期。

毛星：《民间文学及其发展简论》，《民间文学论坛》1984年第1期。

毛巧晖：《新秧歌运动的民间性解析》，《民族文学研究》2011年第6期。

毛巧晖：《民间文学批评体系的构拟与消解——1949—1966 年"搜集与整理"问题的再思考》，《西北民族研究》2018 年第 2 期。

毛巧晖：《非物质文化遗产与民俗节庆文化的建构——基于广西百色市布洛陀民俗文化旅游节的考察》，《贵州社会科学》2018 年第 3 期。

马昌仪：《中国鼠婚故事类型研究》，《民俗研究》1997 年第 3 期。

彭牧：《从信仰到信：美国民俗学的民间宗教研究》，《民俗研究》2011 年第 1 期。

施爱东：《故事的无序生长与最优策略——以梁祝故事结尾的生长方式为例》，《民俗研究》2005 年第 3 期。

施爱东：《顾颉刚故事学范式回顾与检讨——以"孟姜女故事研究"为中心》，《清华大学学报》2008 年第 2 期。

施爱东：《孟姜女故事的稳定性与自由度》，《民俗研究》2009 年第 4 期。

邵凤丽：《岁时祭祖与当代乡村社会治理——以浙南 S 村春祭为例》，《社会治理》2016 年第 1 期。

孙英芳：《山西"过三十六"习俗与当代乡村社会治理》，《社会治理》2019 年第 2 期。

陶阳：《〈民间文学论坛〉的创刊及其成长》，《民间文化论坛》2012 年第 5 期。

陶冶（叶涛）：《浅议民俗旅游的宣传》，《民俗研究》1991 年第 3 期。

陶思炎：《民间小戏略论》，《民俗研究》1992 年第 1 期。

陶立璠：《年中行事与农耕礼仪的变迁——中日农耕民俗文化比较》，《中央民族大学学报》（哲学社会科学版）1994 年第 1 期。

田兆元：《民俗学的学科属性与当代转型》，《文化遗产》2014 年第 6 期。

万建中：《〈中国民间文学三套集成〉学术价值的认定与把握》，《广西民族大学学报》（哲学社会科学版）2010 年第 1 期。

万建中、李琼：《20 世纪民间故事研究的文化人类学情节》，《民间文化论坛》2009 年第 2 期。

乌丙安：《致"民俗学基础理论研讨会"的公开信》，《民俗研究》1991 年第 4 期。

乌丙安：《满族神话探索——天地层·地震鱼·世界树》，《满族研究》1985 年第 1 期。

乌丙安：《萨满教的亡灵世界——亡灵观及其传说》，《民间文学论坛》1990 年第 2 期。

巫瑞书：《略谈民间故事讲述家》，《民间文学》1985 年第 7 期。

王娟：《"歌"、"谣"、"诵"小考》，《北京大学学报》（哲学社会科学版）2013 年第 5 期。

王杰文：《"实践民俗学"的"实践论"批评》，《民俗研究》2018 年第 3 期。

王霄冰：《国家祀典类遗产的当代传承——以中日韩近代以来的祭孔实践为例》，《山东社会科学》2012 年第 5 期。

王霄冰、林海聪：《妈祖：从民间信仰到非物质文化遗产》，《文化遗产》2013 年第 6 期。

王霄冰：《民俗关系：定义民俗与民俗学的新路径》，《民间文化论坛》2018 年第 6 期。

王丹：《语言文字类民间游戏的教育功能研究》，《民俗研究》2018 年第 4 期。

吴真：《敦煌孟姜女变文与招魂祭祀》，《北京大学学报》（哲学社会科学版）2012 年第 1 期。

吴真：《民间信仰研究三十年》，《民俗研究》2008 年第 4 期。

许钰：《关于民间文学范围的思考》，《民间文学论坛》1987 年第 5 期。

萧放：《"老人"制度与基层社会治理——从〈教民榜文〉看明代的乡治方略》，《社会治理》2015 年第 3 期。

萧放、邵凤丽：《祖先祭祀与乡土文化传承——以浙江松阳江南叶氏祭祖为例》,《社会治理》2018 年第 4 期。

萧放:《中国传统风俗观的历史研究与当代思考》,《北京师范大学学报》(社会科学版)2004 年第 6 期。

宣炳善:《春节与端午节的节日信仰及其类型》,《文化艺术研究》2009 年第 3 期。

徐赣丽:《生活与舞台:关于民俗旅游歌舞表演的考察和思考》,《民俗研究》2004 年第 4 期。

徐赣丽:《民俗旅游的表演化倾向及其影响》,《民俗研究》2006 年第 3 期。

袁珂:《再论广义神话》,《民间文学论坛》1984 年第 3 期。

杨利慧:《民俗生命的循环:神话与神话主义的互动》,《民俗研究》2017 年第 6 期。

杨利慧:《语境、过程、表演者与朝向当下的民俗学——表演理论与中国民俗学的当代转型》,《民俗研究》2011 年第 1 期。

杨利慧:《遗产旅游:民俗学的视角与实践》,《民俗研究》2014 年第 1 期。

叶涛:《关于泰山石敢当研究的几个问题》,《民俗研究》2017 年第 6 期。

叶涛:《关于民俗旅游的思考》,《东岳论丛》2003 年第 3 期。

叶涛:《城市民俗旅游资源开发利用断想——以济南和青州为例》,《民俗研究》2002 年第 4 期。

叶舒宪:《第四重证据:比较图像学的视觉说服力》,《文学评论》2006 年第 5 期。

叶舒宪:《论四重证据法的证据间性——以西汉窦氏墓玉组佩神话图像解读为例》,《陕西师范大学学报》(哲学社会科学版)2014 年第 5 期。

岳永逸:《城墙内外:曲艺的都市化与都市化曲艺》,《思想战线》2013 年第 1 期。

阎云翔:《纳西族汉族龙故事比较研究》,《民族文学研究》1986 年第 4 期。

尹虎彬：《从"科学的民俗研究"到"实践的民俗学"》，《中央民族大学学报》（哲学社会科学版）2017 年第 3 期。

钟敬文：《70 年学术经历纪程——〈钟敬文学术论著自选集〉自序》，《北京师范大学学报》（社会科学版）1993 年第 4 期。

钟敬文：《建立中国民俗学学派论纲》，《广西民族学院学报》（哲学社会科学版）2000 年第 1 期。

钟敬文：《略谈民间故事》，《民间文学》1955 年第 10 期。

钟敬文：《中日民间故事比较泛说》，《民间文学论坛》1991 年第 3 期。

钟敬文：《谈谈民俗学的理论引进工作》，《清华大学学报》（哲学社会科学版）2003 年第 1 期。

钟敬文：《五四运动以来民间语言研究的传统与新时期语言民俗学的开拓》，《西北民族研究》2002 年第 2 期。

张紫晨：《关于民间故事讲述家的传承活动》，《民间文学》1986 年第 2 期。

张建军、李扬：《都市传说》，《民间文化论坛》2016 年第 3 期。

张志娟：《论传说中的"离散情节"》，《民族文学研究》2013 年第 5 期。

张举文：《重认"过渡礼仪"模式中的"边缘礼仪"》，《民间文化论坛》2006 年第 3 期。

张士闪：《礼俗互动与中国社会研究》，《民俗研究》2016 年第 6 期。

张士闪：《灵的皈依与身的证验——河北永年县故城村梅花拳调查》，《民俗研究》2012 年第 2 期。

张士闪：《民间武术的"礼治"传统及神圣运作——冀南广宗乡村地区梅花拳文场考察》，《民俗研究》2015 年第 6 期。

祝鹏程：《托名传言：网络代言体的兴起与新箭垛式人物的建构》，《民族艺术》2017 年第 4 期。

祝鹏程：《表演理论视角下的郭德纲相声：个案研究与理论反思》，

《民俗研究》2011 年第 1 期。

祝鹏程:《民俗旅游影响下的传统饮食变迁:前台与后台的视角——以京东高碑店为例》,《民间文化论坛》2013 年第 6 期。

祝秀丽:《"猴娃娘"的象征:以民俗学和心理学的方法》,《民族文学研究》2007 年第 2 期。

祝秀丽:《重释民间故事的重复率》,《民俗研究》2005 年第 3 期。

周福岩:《方言、二人转与东北地域文化问题》,《民俗研究》2007 年第 2 期。

周福岩:《日常生活的民俗形式》,《沈阳师范学院学报》2001 年第 1 期。

周星:《"现代成人礼"在中国》,《民间文化论坛》2016 年第 1 期。

周星:《民俗主义、学科反思与民俗学的实践性》,《民俗研究》2016 年第 3 期。

周星:《旅游场景与民俗文化》,《西北民族研究》2013 年第 4 期。

郑土有:《中国螺女型故事与仙妻情节研究》,《民俗研究》2004 年第 4 期。

[德] 沃尔夫冈·卡舒巴:《民俗学在今天应该意味着什么?——欧洲经验与视角》,彭牧译,《民俗研究》2011 年第 2 期。

[美] 马克·本德尔:《怎样看〈梅葛〉:"以传统为取向"的楚雄彝族文学文本》,付卫译,《民俗研究》2002 年第 4 期。

[美] 阿兰·邓迪斯:《21 世纪的民俗学》,王曼利译,《民间文化论坛》2007 年第 3 期。

[美] 丹·本-阿默思:《民俗研究的历史:我们为什么需要它?》,贾琛译,《民间文化论坛》2018 年第 3 期。

[美] 陶乐茜·诺伊斯:《民俗的社会基础》,王艺璇等译,《民间文化论坛》2018 年第 6 期。

[日] 福田亚细男、菅丰、塚原伸治:《民俗学的实践问题》,彭伟文译,《民间文化论坛》2018 年第 3 期。

学位论文

毕旭玲：《20 世纪前期中国现代传说研究史》，博士学位论文，华东师范大学，2008 年。

陈祖英：《20 世纪中国民间传说研究史》，博士学位论文，北京师范大学，2018 年。

程鹏：《遗产旅游中的民俗叙事研究——以泰山遗产旅游为例》，博士学位论文，华东师范大学，2016 年。

高健：《表述神话——佤族司岗里研究》，博士学位论文，云南大学，2015 年。

高艳芳：《中国白蛇传经典的建构与阐释》，博士学位论文，华中师范大学，2014 年。

贾秀海：《大连城市中青年游戏休闲行为研究》，博士学位论文，东北财经大学，2011 年。

康丽：《中国巧女故事叙事形态研究——兼论故事中的民间女性观念》，博士学位论文，北京师范大学，2003 年。

雷伟平：《上海三官神话信仰研究》，博士学位论文，华东师范大学，2013 年。

武宇嫦：《礼与俗的演绎——民俗学视野下的〈礼记〉研究》，博士学位论文，北京师范大学，2007 年。

余红艳：《景观生产与景观叙事——以"白蛇传"为中心》，博士学位论文，华东师范大学，2015 年。

游红霞：《民俗学视域下的朝圣旅游研究——以普陀山观音圣地为中心的考察》，博士学位论文，华东师范大学，2018 年。

于凤贵：《人际交往模式的改变与社会组织的重构——现代旅游的民俗学研究》，博士学位论文，山东大学，2014 年。

张多：《哈尼人的神话世界——以母题的生活实践为中心的民族志》，博士学位论文，北京师范大学，2017 年。

后　　记

在中国民俗学会第九届常务理事会第二次会议上，荣誉会长朝戈金在总结学会过往成就的时候，提议编一本《新中国民俗学研究70年》，参与中国社会科学院"中华人民共和国建国70周年纪念书系"的人文社会科学大合唱，借此全面回顾和总结1949年以来的70年间，中国现代民俗学所取得的成就和经验，以继往开来。该动议得到与会常务理事的热烈响应，常务理事会责成学会会长叶涛领衔主编。经由朝戈金向中国社会科学院院方申请，并经院科研局批准，该项工作于2019年3月正式启动。

编辑小组由叶涛、施爱东、毛巧晖三人组成，叶涛统筹、主编。经过反复磋商，考虑到民间文学与民俗学之间复杂的主从关系，决定分为上下两篇结构全书，上篇民间文学，下篇民俗学，计划分为十八章，分别聘请各章负责人为：毛巧晖（民间文学思想史）、杨利慧（神话）、陈泳超（民间传说）、漆凌云（民间故事）、冯文开（史诗）、王娟（歌谣）、安德明（谚语）、祝鹏程（曲艺说唱）、黄旭涛（民间小戏）、高健（民间文学搜集整理）、户晓辉（民俗学基础理论）、巴莫曲布嫫（非物质文化遗产保护）、萧放（岁时节日）、邵凤丽（人生仪礼）、林继富（民间游戏）、王霄冰（民间信仰）、萧放（乡村社会治理）、程鹏（旅游民俗）、施爱东（学术期刊）。

由于书系是中华人民共和国建国70周年的献礼纪念，必须在国庆前出版，因此将初稿交稿时间划定在5月30日，定稿截止时间划定在6月30日，时间非常仓促，打乱了许多学者的年度学术规划。

部分学者由于学务繁忙，只能以师生合著的形式，或者指导写作的形式，与青年学者合作完成。初稿交齐之后，编辑小组几乎是全力以赴地进行统稿编辑。民俗学涵盖的学术领域广阔，各章作者来自不同专业、不同年龄层次，学术背景和学术训练差异较大，各人的书写体例和思考方式都很不一致。为了能够在形式上做到大致统一，编辑小组做了大量的编辑工作，与作者往返商榷，要求补充和修订，部分章节返回作者修订次数达到四五遍之多，最后由编辑小组进行统一修订。

编辑小组在充分尊重作者思想认识和学术观点的前提下，修订工作主要包括调整结构、修订二级标题、统一政策用语、删除部分内容、订正语法错误、校正人名和论著标题等。在内容上，编辑工作虽有部分删减和表述上的削弱处理，如删去"巨大成就"的"巨大"、"卓越贡献"的"卓越"，以及删减和淡化对于部分健在学者崇高的学术赞美等，但未做任何添加，所以可以肯定地说，书中的基本观点和意思，都是作者本人的，编辑小组只有表述上的削弱处理，没有丝毫篡改。

本书是由中国民俗学会组织的集体写作，但具体章节又体现了章节负责人和作者的个人学术思想，可以说是集体规划与个体认知相结合的学术史写作，既体现了中国现代民俗学在过去70年间的主要学术成绩，也体现了各章负责人和作者的理论思想和认识水平。

70年的学术历史中，民俗学者生产了大量有价值的学术成果，短短数十万字的学术史，加上如此仓促的写作时间，实在无法掬尽学海，只能尽作者和编者的认知所能，择其显者进行大致勾勒，其中一定会遗漏许多学者的重要学术贡献，只能在此诚恳地表达我们的遗憾和歉意。

当代人写当代人的学术史，难度非常大，争议在所难免，但就如此仓促的时间而言，我们已经尽了最大的努力。学术史并不是由一本书盖定的，我们这一辈人的成就也不该由我们自己来论定，我们应该相信，未来的民俗学者站在他们的学术高度上，会有更开阔的视野，更挑剔的眼光，能够抛开学派的偏见和学术江湖中错综复杂的现实关系，做出更近学术本位、更符合学术发展规律的学术史判断。学术发展往往是革命性、覆盖式的发展，没有一种研究范式和一项研究成果能够"历久弥新"，而我们能做的，只是提供我们了解的信息和我们当下的认识，以供后人参考。

施爱东
2019 年 7 月 19 日